भारत की विदेश नीति और इनके पडोसी

भारत की विदेश नीति
और
इनके पडोसी

जे. एन. दीक्षित

GYAN

भारत में सन् 2006 में प्रकाशित

ज्ञान पब्लिशिंग हाऊस
5, अंसारी रोड, दरियागंज,
नई दिल्ली-110002
वेब साइट: www.gyanbooks.com
ई-मेल: books@gyanbooks.com

Distribution Network
gyanbooks.com
India, USA, Canada, UK, Australia, France

भारत की विदेश नीति और इनके पडोसी

ISBN: 978-81-212-0879-6

मुद्रित: ज्ञान प्रेस, दिल्ली

विषय-सूची

आमुख

सबसे पहले मुझे यह कहना है कि यह पुस्तक भारत की विदेश नीति को प्रभावित कर रहे हाल के रूझानों या घटनाक्रमों तथा भारत के अपने पड़ोसियों के साथ संबंधों के ऊपर कोई पूर्वनियोजित या पूर्वसंरक्षित अभ्यास नहीं है। बल्कि यह पुस्तक पिछले सात सालों के दौरान विभिन्न भारतीय और विदेशी अखबारों और पत्रिकाओं में छपे मेरे लेखों का एक संकलन है। यह पुस्तक दरअसल ज्ञान पब्लिशिंग हाउस और विशेष रूप से इसके निर्देशक श्री अमित गर्ग द्वारा दिए गए सुझावों के कारण वजूद में आई है। श्री गर्ग मुझसे करीब आठ महीने पहले मिले और कहा कि वह मेरे लेखों को संकलित कर एक पुस्तक के रूप में निकालना चाहते हैं, क्योंकि ये सारे लेख पिछले सालों के दौरान विदेश नीति से जुड़ी घटनाओं और प्रक्रियाओं पर समकालीन परिदृश्य के सन्दर्भ के साथ एक विश्लेषण और विवरण पेश करते हैं। मैं तैयार हो गया, परंतु मेरी शर्त यह थी कि लेखों का चयन, पुस्तक में उनकी संरक्षित व्यवस्था और जरूरी संपादकीय कार्य, पूरे तौर पर प्रकाशक की जिम्मेदारी होगी। श्री गर्ग इस जिम्मेदारी के लिए तैयार हो गए। परिणामस्वरूप यह पुस्तक आपके सामने है।

मैंने 1 फरवरी 1994 में भारत सरकार से अवकाश ग्रहण किया था और उसके बाद राजनीतिक स्तंभकार के रूप में अपनी नई पहचान बनाने की कोशिश की। जिन अखबारों में मैं लिखता रहा हूं, उनके संपादकों और आम जनता की ओर से मुझे लगातार प्रोत्साहन मिलता रहा, जो मेरे लिए बड़े संतोष की बात है। जिन लेखों को कमोवेश रूपान्तरित कर इस पुस्तक में छापा गया है, वे **दि इन्डियन एक्सप्रेस**, **दि हिन्दुस्तान टाइम्स**, **दि टेलीग्राफ**, **दि हिन्दू** और भारतीय भाषा के अखबार सकाल, **दैनिक हिंदुस्तान** और **अमर उजाला** के सौजान्य से प्राप्त हुए हैं। इस बात को स्वीकार करते हुए कि ये लेख इन अखबारों के माध्यम से ही आम जनता तक पहुंच पाए, मैं इन अखबारों के संपादकीय प्रबंधन को भी धन्यवाद देना चाहता हूं, जिन्होंने मुझे इन लेखों को

पुस्तक के रूप में (कुछ संशोधनों और रूपान्तरणों के साथ) छपवाने में सहयोग दिया।

मैं ज्ञान प्रकाशन के प्रकाशकों को इस पुस्तक के प्रकाशन के लिए किए गए प्रयास पर धन्यवाद देता हूं। मैं अपने दोनों सचिवों श्री आर. एन. शर्मा और श्री एन. राम. नारायण की भी सराहना करता हूं, जिनकी मेहनत और मनोयोग से किए गए उनके प्रयासों के बिना ये लेख नहीं लिखे जा सकते थे।

इस पुस्तक की विषयवस्तु मेरे व्यक्तिगत दृष्टिकोणों और आकलनों को अभिव्यक्त करती है। मैं यह कतई अपेक्षा नहीं करता कि इन लेखों में उल्लिखित मुद्दों से जुड़े दृष्टिकोणों और मूल्यांकनों से सब सहमत हों। इन लेखों में दर्शाए गए नजरिए का जिम्मा पूरे तौर पर मैं लेता हूं, पर यह पुस्तक हमारे क्षेत्र में अन्तर-देशीय संबंधों की प्रकृति और विदेश नीतिगत मुद्दों पर एक बहस की स्थिति या दिलचस्पी पैदा करती है, तो मानो इस पुस्तक का लक्ष्य सिद्ध हो गया।

जे. एन. दीक्षित

जुलाई
2001

भूमिका

एक पुस्तक, जो पिछले पांच-सात सालों की अवधि में लिखे गए लेखों का संकलन है, कुछ प्रासंगिक सवालों को खड़ा करती है: पुस्तक का सार सर्वसाधारण को पहले से ही विदित है, फिर क्यों इसे संकलित स्वरूप में ढाला जा रहा है? विगत की घटनाओं के मूल्यांकनों और उन पर की गई टिप्पणियों की क्या प्रासंगिकता है, खासकर जबकि शैक्षणिक शोधों की अध्ययन-सामग्री के रूप में वे सहायक न हो पाएं?

इन दोनों, सवालों का जवाब इस प्रकार है; पहला, आमतौर पर आदमी की यादाश्त बड़ी कमजोर होती है, अतएव कभी पहले छपे लेखों को जब पुस्तक की शक्ल दे दी जाती है, तो उनमें उल्लिखित घटनाओं और गतिविधियों तथा उनके अंतर्निहित भावों को याद करना आसान होता है; दूसरा, मीडिया द्वारा परोसे गए लेखों और टिप्पणियों में समकालीन आकलनों और विश्लेषणों के रूझानों और कारकों का वह रूप झलकता है, जिसे आधुनिक बोली में ''यथार्थकालिक प्रतिक्रिया और विश्लेषण'' कहते हैं। इन आकलनों और विश्लेषणों के ऊपर निगमनात्मक अति-विश्लेषण का बोझ तो नजर नहीं आता, परन्तु उनमें उत्तरवर्ती तथ्यपरक सूचनाओं पर आधारित न होने का दोष जरूर नजर आता है, जो सिर्फ समय बीतने के साथ ही दूर हो सकता है।

इस पुस्तक की विषयवस्तु मोटे तौर पर 1995 से अभी तक के कालखंड का लेखा-जोखा पेश करती है। पिछली सदी के '90' के दशक और इस सदी के शुरुआती दो सालों ने वैश्विक शक्ति समीकरणों, आर्थिक गतिविधियों और प्रौद्योगिकी की अग्रगामी यात्रा में बड़े नाटकीय बदलाव देखे हैं। भारत खुद राजनीतिक उठा-पटक के दौर से गुजरा है। सोवियत संघ का विघटन हुआ, शीतयुद्ध समाप्त हुआ, द्वितीय विश्व युद्ध के बाद लगभग 44 साल तक विश्व राजनीति में चले वैचारिक मतभेदों का अंत हुआ, इत्यादि।

भारत का अन्तर्राष्ट्रीय राजनीति और राजनीतिक विकल्पों में जो प्रभाव बना हुआ था, वह पूर्व सोवियत संघ के बिखरने से खत्म हो गया। उसे अब विश्व में उभर रहे नये शक्ति केन्द्रों के साथ सम्पर्क तलाश करना था, नये समीकरण बिठाने थे और अपनी आर्थिक, प्रौद्योगिक और राजनीतिक संबंधों को विविध रूप प्रदान करना था। भारत की विदेश नीति के सामने पूर्व सोवियत मध्य एशिया का स्वतंत्र मध्य एशियाई गणतंत्र में रूपान्तरण, रंगभेद को समाप्त कर दक्षिण अफ्रीका में लोकतांत्रिक शासन का अभ्युदय, आसियान जैसे नये क्षेत्री गुटों के उभरते हुए राजनीतिक प्रभाव से निबटने जैसी चुनौतियां खड़ी थीं। गुट-निरपेक्ष आंदोलन अपनी एकता साथ ही साथ सामान्य उद्देश्यों को खोने की वजह से तेजी के साथ प्रभावहीन होता जा रहा था। सार्क निस्तेज पड़ा था। वाजपेयी की लाहौर यात्रा, कारगिल युद्ध और पाकिस्तान में सैन्य तख्ता-पलट, जिससे जनरल परवेज मुशर्रफ सत्ता में आए। इन सारी घटनाओं से भारत-पाकिस्तान संबंधों में बड़े उतार-चढ़ाव देखे गए। 1998 में भारत और पाकिस्तान ने नाभिकीय परीक्षण किए, जिसने दक्षिण एशिया में पूरे रणनीतिक और सुरक्षा वातावरण को बदल डाला। ये उतार-चढ़ाव हाल के वाजपेयी-मुशर्रफ शिखर वार्ता से संबंधों के सामान्य हो जाने की सम्भावना की ओर उम्मीद लगाए बैठे हैं, हालांकि अभी तक कोई आश्चर्यजनक सफलता हाथ नहीं लगी है।

मार्च, 2000 में राष्ट्रपति क्लिंटन के दिल्ली आगमन और सितम्बर, 2000 में प्रधानमंत्री अटल बिहारी वाजपेयी के वाशिंगटन के दौरे से अमेरिका के साथ भारत के संबंधों में गुणवत्तापूर्ण प्रगति हुई है। समानान्तर रूप से, मास्को में राष्ट्रपति पुतिन के सत्ता में आने से रूसी परिसंघ के साथ भी भारत के संबंध को नया जीवन मिला। भारत अपने नाभिकीय परीक्षणों की वजह से विश्व के महत्त्वपूर्ण शक्तियों की तीव्र आलोचना से उबर चुका है और इन सब, खासतौर पर जापान, चीन और पश्चिमी युरोप के देश, के साथ अपने संबंधों को सामान्य बना लिया है। कठिनाइयों और राजनीतिक सीमाओं के बावजूद भारत के आर्थिक सुधारों और पुनर्संरचना का कार्य, हालांकि इन्हें कार्यान्वित करने की गति धीमी है, अपने सही पथ पर बढ़ता जा रहा है। ये घटनाएं और रूझान, जो एक विस्तृत राजनीतिक सीमाओं के सन्दर्भ में उत्पन्न हुए और घटे, जैसे राष्ट्रीय जनमत संग्रह, जिसने स्वतंत्रता के लगभग पांच दशकों तक हमारी विदेश और सुरक्षा नीतियों को प्रभावित किया, अब मौजूद नहीं हैं। भारत सरकार को अपनी सुरक्षा और विदेश नीतियों के स्वरूप को तय करते समय इन चुनौतियों से जूझना था।

एक और जटिल कारक जिसके सन्दर्भ में इस प्रक्रिया का आरंभ होना था, वह है पिछले दस सालों के दौरान यदा-कदा भारत के सारे पड़ोसियों का

राजनीतिक तनावों और अनिश्चितताओं से गुजरना। पाकिस्तान में सैन्य तख्ता-पलट हुआ और उसके भी पहले एक-एक कर निर्वाचित प्रधानमंत्रियों की खारिजी से बार-बार सरकारें बदलती रहीं। श्रीलंका जातीय संघर्ष की वजह से गृह-युद्ध जैसी स्थिति के जंजाल में अभी भी फंसा हुआ है। 1 जून, 2001 मैं नेपाल के पूरे राजपरिवार की हत्या कर दी गई। ये हत्याएं उस देश में साम्यवादी दल (माओवादी) द्वारा भड़काई जा रही हिंसा में वृद्धि के परिप्रेक्ष्य में हुई। कोइराला सरकार ने प्रतिरक्षात्मक रुख अपना रखा है। 1990 में वहां लोकतंत्र की बहाली के बाद से आठ बार सरकार बदली है। भूटान से आए हुए नेपाली मूल के शरणार्थियों और पाकिस्तान की इन्टर सर्विसेज इंटेलिजेंस एजेंसी और भारत से आए विरोधी गुटों की उस देश में उपस्थिति से हमारी परेशानियां और बढ़ी हैं।

बांग्लादेश में 2001 में चुनाव होने वाले हैं। परंतु चुनाव के पहले का माहौल बढ़ती हिंसा और बाधित कानून-व्यवस्था का गवाह रहा है। भूटान में इसके नेपाली नागरिकों के बीच विरोध और इसके क्षेत्र में उत्तर-पूर्वी भारत से अलगाववादी आंदोलनों की उपस्थिति जैसी चुनौतियां अभी भी सिर उठाए खड़ी हैं।

अपने पड़ोसियों के साथ एक व्यावहारिक और स्थिर संबंध का निर्माण करना एक ऐसी जटिल चुनौती है, जिसका पिछले कई सालों से भारत सामना करता चला आ रहा है। विशेष तौर पर इसकी वजह है कि भारत के अपने हर एक पड़ोसी के साथ कई ऐसे मुद्दे हैं जो अभी भी सुलझ नहीं पाए हैं, चाहे सवाल कश्मीर का हो, बांग्लादेश के साथ अवैध आव्रजन और इलाकों के उलट कब्जे की समस्या हो या कुछ और हो। घरेलू परिदृश्य में गठबन्धन सरकारों ने नरसिम्हा राव सरकार को हरा कर पदग्रहण किया, जो 1996 तक बना रहा। गठबंधन सरकारों के अभ्युदय, भारतीय प्रशासनिक समाज के नए वर्गों के बढ़ते सशक्तिकरण, राजनीतिक चेतना के उच्चतर स्तरों और राजनीतिक अपेक्षाओं में परिणामी वृद्धि से भारतीय घरेलू राजनीति में गहरे परिवर्तन हुए। इन गतिविधियों का भारतीय विदेश और सुरक्षा नीतियों के उद्देश्यों और गति पर प्रभाव पड़ा।

भारत घरेलू और अन्तर्राष्ट्रीय संक्रमण के दौर से गुजर रहा है। अतएव भारत की नीतियां इन परिस्थितियों की अन्तर्निहित चुनौतियों का सफलतापूर्वक सामना करने की एक प्रक्रिया को दर्शाती रही हैं।

इस पुस्तक के प्रस्तुत लेखों में सिलसिलेवार रूप से उन मूल्यांकनों और विश्लेषणों को सन्निहित किया गया है जैसे-जैसे घटनाओं ने मोड़ लिया और गतिविधियां घटित हुई। इस पुस्तक का लक्ष्य है इन महत्त्वपूर्ण घटनाओं को लेकर समकालीन परिप्रेक्ष्य में लोगों की यादाश्त को झकझोरना। यह पुस्तक मानक-फैसलों

और आकलनों की शुद्धता का मूल्यांकन करने का प्रयोजन भी सिद्ध करेगी, जब विश्लेषक और अध्ययनकर्त्ता बाद में ऐतिहासिक परिप्रेक्ष्य के साए में इन घटनाओं और गतिविधियों की ओर नजर डालेंगे। कुछ अर्थों में, यह पुस्तक इस बात को समझने में भी सहायक हो सकती है कि किन परिस्थितियों से भारत गुजरा और कैसे भारत ने 20वीं सदी के आखिरी दशक और 21वीं सदी के शुरुआती दो सालों के दौरान विदेश संबंधों और सुरक्षा सरोकारों को संभाला।

मैं ज्ञान पब्लिशिंग हाउस के प्रकाशकों को मेरे लेखों को पुस्तक के रूप में प्रकाशन का प्रस्ताव लेकर आने के लिए धन्यवाद देना चाहता हूं। मैं तहेदिल से उन पत्रिकाओं और अखबारों का भी शुक्रगुजार हूं, जिनमें पिछले दशक के दौरान मेरे लेख मूलतः छपते रहे।

जे. एन. दीक्षित

भाग-एक

भारत की विदेश नीति

1
भारत की विदेश नीति-
एक सिंहावलोकन

मुगल साम्राज्य के रूप में भारत के राजनीतिक-राजनयिक स्वरूप के विघटन के 300 साल बाद, आज जब हम 21वीं सदी में प्रवेश कर रहे हैं, तो यह समय समालोचनात्मक आत्मविश्लेषण का है कि हमारा अपने पड़ोसी देशों के साथ कैसा तालमेल है और अन्तर्राष्ट्रीय समुदाय के स्वतंत्र और संप्रभु सदस्य के रूप में हमारा व्यवहार कैसा है।

पूर्व ब्रिटिश काल में भारत की राजनीतिक-भौगोलिक पहचान को लेकर जो भी व्याख्यात्मक मतभेद रहे हों, अभिलिखित इतिहास में इस मसले पर कोई मतान्तर नहीं कि पहली बार भारतीय उपमहाद्वीप के लोगों ने एक जुट होकर 1946-47 में एक राष्ट्रीय राज्य की नींव रखी। अपनी जटिल विविधताओं और मतभेदों तथा विशिष्ट वर्गों की केन्द्रविमुख आकांक्षाओं के बीच हम अपनी नई राष्ट्रीय पहचान को सुदृढ़ बनाने की ओर अग्रसर हैं। किसी भी सरकार से संबंधित व्यवस्था के शासन से जुड़े विभिन्न कार्यकलापों को दर्शाते दृष्टिकोणों और नीतियों के समग्र मूल्यांकन के लिए उस देश के जीवनकाल के पचास साल की अवधि पर्याप्त नहीं मानी जा सकती है। फिर भी, जिन दृष्टिकोणों और नीतियों का मैंने उल्लेख किया है, उनके अंतरिक्ष मूल्यांकन के लिए आधी सदी का समय सर्वथा पर्याप्त है।

मौजूदा नजरिए से ऐसा लगता है कि भारत अपने स्वरूप के संघटित काल से हट कर संकटपूर्ण काल में चला आया है; निश्चितताओं के संसार का विचार करने वाली (इस हद तक कि निश्चितताएं अवश्यम्भावी हो सकती हैं) संस्थापित सोच से एक ऐसे उबलते माहौल में चला आया है, जो आस-पास की दुनिया के लिए हमारी अपनी प्रतिक्रिया के बारे में आशंकाओं और अनिश्चितताओं

का मिश्रण है। शीतयुद्ध की समाप्ति और प्रथम विश्वयुद्ध के बाद लगभग सात दशकों तक अन्तर्राष्ट्रीय समुदाय को प्रभावित करने वाले वैचारिक विवाद के परिप्रेक्ष्य में हमारे झुकाव व दृष्टिकोणों, और आवश्यकताओं की वैधता सवालों के घेरे में आती है।

हमारी संस्कृति और हमारे अभिप्रेरण के संदर्भ में हमारी विदेश नीति के स्त्रोतों का पुनरावलोकन प्रासंगिक होगा। ये स्त्रोत 1946 में भारत के स्वतंत्र अधिराज्य दर्जे और 1947 में स्वतंत्रता प्राप्ति के समय से कहीं पहले से मौजूद थे। इनकी जड़ें 19वीं सदी के अंत के पुनर्जागरण के हमारे नेताओं की विचारधाराओं और 20वीं सदी के प्रथम चार दशकों के दौरान राष्ट्रीय स्वतंत्रता संग्राम में समाहित थीं। 18वीं सदी के अंत से भारतीय पुनर्जागरण के नेता यह महसूस करने लगे थे कि अगर भारत को राष्ट्र-सुछन्मण्डल में उपयुक्त स्थान प्राप्त करना है तो इसे अपनी भू-राजनीतिक पहचान और सांस्कृतिक अस्मिता को पुनः परिभाषित करना होगा। ब्रिटेन द्वारा प्रत्यक्ष रूप से नियंत्रित कार्यक्षेत्रों में ब्रितानी और भारतीय बुद्धिजीवियों के सांस्कृतिक और बौद्धिक समागम ने ही शायद इस बृहत सजगता को बढ़ावा दिया। भारत में उस काल खंड में ब्रिटेन, फ्रांस, पुर्तगाल और कुछ हद तक डेनमार्क और हॉलैंड सरीखी औपनिवेशिक शक्तियों के बीच भिन्न-सांस्कृतिक और भिन्न-भाषाई संबंधों के शुरूआती दौर ने भारतीय अभिजात्य वर्ग को अन्तर्राष्ट्रीय समुदाय की, जो एक सिरे पर शायद तुर्की और दूसरे सिरे पर दक्षिण-पूर्वी एशिया तक सीमित था, पारंपरिक राजनीतिक और कूटनीतिक-चिंतन से परे की दुनिया का आभास कराया। विश्व के विभिन्न भागों के बीच विस्तार लेती सुविधाएं और संचार की बढ़ती गति के कारण परस्पर नजदीक होते विश्व का हिस्सा बनने के लिए भारत को जिन संदर्भ-तथ्यों की जरूरत थी, उसके लिए सबसे पहले और सबसे प्रभावशाली वक्ता के रूप में उभर कर आने वाले व्यक्ति राजा राममोहन रॉय थे। जोरासांको परिवार के शुरूआती टैगोर सरीखे भारतीय उद्यमियों ने जब औद्योगिक क्रांति और नए आर्थिक रूझान को महसूस किया, तो उसके प्रबुद्ध परवर्ती प्रभाव ने यह आभास करा दिया कि भारत विश्व के विभिन्न भागों में क्रियाशील बृहत्-स्तरीय राजनीतिक और आर्थिक शक्तियों से अलग-थलग नहीं रह सकता है। परिणामस्वरूप, भारत में मौजूद धर्मों की नकारात्मक और घातक रूढ़िवादिता को दूर करने और भारत को यूरोपीय राष्ट्रों के समकक्ष खड़ा करने के लिए अंग्रेजी सीखने और ब्रिटिश राजनीतिक संस्थाओं का समानुकरण करने की आवश्यकता महसूस हुई। राजा राममोहन रॉय, द्विजेन्द्रनाथ और द्वारकानाथ टैगोर सरीखे ब्रह्म समाज आंदोलन के आरम्भिक नेताओं ने उपर्युक्त लक्ष्य की प्राप्ति के लिए भारत के आधुनिकीकरण और दूसरे समाजों के साथ संबंध बनाने की वकालत शुरू

कर दी। यह कहा जा सकता है कि भारत में अन्तर्राष्ट्रीय चेतना के विकास और आधुनिक विश्व का हिस्सा बनने की महत्त्वाकांक्षा के जन्म का यह पहला दौर था। यह दौर पश्चिमी दुनिया के प्रति उत्सुक, यूरोपीय देशों की सैन्य, प्रौद्योगिकीय और आर्थिक शक्तियों से प्रभावित और विश्व के विभिन्न भागों तक विस्तारित उनकी शक्ति और परिणामी राजनीतिक प्रभाव के प्रति चकित भाव को दर्शा रहा था–इसके फलस्वरूप भारतीय समाज और भारतीय नीति के रूपांतरण की एक ऐसी चाहत ने अंगड़ाई ली, जहां इग्लैंड की अधीनस्थ भागीदारी में भारत अन्तर्राष्ट्रीय समुदाय में शामिल होता दिख रहा था।

भारत की अन्तर्राष्ट्रीय चेतना के विकास का दूसरा चरण 1857 में सिपाही–विद्रोह के परिणामस्वरुप शुरू हुआ। उस समय तक, लगभग एक सौ साल के कालखण्ड में, भारत के अनेक भागों में यूरोपियों को आमतौर पर और ब्रितानियों को खासतौर पर पहचाना जाने लगा था। इस परिचय के फलस्वरूप औपिनिवेशिक शक्ति के प्रयोजन की जानकारी ने व्यापक अंसतोष को जन्म दिया जिसने विद्रोह का रूप अख्तियार कर लिया।

विद्रोह के बाद भारतीयों के प्रति ब्रितानियों के रवैये में बुनियादी फर्क दिखने लगा था, न सिर्फ राजनीतिक रुख और प्रशासनिक कार्यकलापों के सन्दर्भ में, बल्कि सांस्कृतिक, बौद्धिक और मनोवैज्ञानिक व्यवहार में भी। जातीय श्रेष्ठता और बौद्धिक अंहकार का एक घातक भाव न सिर्फ ब्रिटिश सरकार में गहरे पैठ गया था, बल्कि भारत में आए प्रवासी ब्रिटानियों में भी इसका असर दिख रहा था। विदेशियों और भारतीयों के बीच पहले जैसे अपेक्षाकृत मेल भरे सामाजिक संबंधों में वैमन्स्य दिखने लगा था। भारत के उपनिवेशीय राज में राजनैतिक सत्ता के समर्थन तले विस्तार लेते (न सिर्फ ब्रितानी भारत बल्कि भारतीय उपमहाद्वीप के बाकी पुर्तगाली और फ्रांसीसी उपनिवेश के भागों में भी) ईसाई मिशनरी ने भारतीयों के सांस्कृतिक अस्तित्व, साहित्यिक अस्मिता और उनके सामाजिक लोकाचारों की प्रासंगिकता पर ही सवाल उठा कर उस घृणा भाव को और बढ़ावा दिया। अतः भारतीय इतिहास में विद्यमान भारतीय आदर्श और भारतीय धार्मिक–सांस्कृतिक गुणों से परिपूर्ण एक भारतीय आवेग का पश्चिम की तर्ज पर अपनी पहचान, धार्मिक सामाजिक एकता और राष्ट्रवाद को फिर से परिभाषित करने के लिए उठ खड़ा होना बहुत ही स्वाभाविक था। उपमहाद्वीप को दर्शाते राजनीतिक और बौद्धिक पुनर्जागरण में बाहरी देशों और उनके समाजों के प्रति व्यवहार और प्रतिक्रियाओं के मद्देनजर दो धाराएं थीं। पहली धारा भारतीय नेताओं द्वारा 18वीं सदी के अंत से शुरू किए गए आंदोलनों और प्रवृत्तियों के साथ–साथ चल रही थी। यह धारा पश्चिम के अनुकरण में पश्चिमी

सिद्धान्तों और संस्थाओं को ग्रहण करने और उन्हें भारतीय वातावरण के अनुकूल ढालने का प्रयत्न कर रही थी। इस धारा ने ब्रिटिश भारत के शहरों में उभर रहे मध्यम वर्ग की प्रवृत्तियों, गतिविधियों और विचारों में अभिव्यक्ति पाई। दूसरी धारा पश्चिमी शासकों के दंभ के विरुद्ध एक सशक्त प्रतिक्रिया के रूप में मौजूद थी। इसमें न सिर्फ भारतीय मूल्यों की प्रासंगिकता, बल्कि इसके महत्त्व पर भी बल दिया गया था। भारतीय इतिहास, इसकी बौद्धिक विरासत और इसके सांस्कृतिक और धार्मिक स्वरूप के सिलसिले में पश्चिमी विश्लेषण और आकलन पर गंभीर सवाल उठाए जा रहे थे। इस धारा में इस प्रतिक्रिया का प्रतिनिधित्व करने वाली विभूतियों में थे बंकिम चन्द्र, स्वामी विवेकानंद, महर्षि दयानन्द, मौलाना अल्ताफ हुसैन हाली और जस्टिस अकबर इलाहाबादी।

ब्रितानी राजनीतिक लेखन के साथ भारतीय बुद्धिजीवियों का बढ़ता परिचय व्यापक विश्व के प्रति भारत की सजगता को और भी विस्तार देने लगा। शिक्षा और दूसरे आर्थिक प्रयोजन से इंग्लैंड जाने वाले भारतीयों की संख्या में उत्तरोत्तर वृद्धि ने भी इस जागरूकता में इजाफा किया। अपने वजूद की पहचान और पूरी दुनिया में इसे स्थापित करने की चाहत को पश्चिमी विद्वानों के लेखन, खासकर ब्रिटिश और जर्मन लेखकों द्वारा भारतीय इतिहास और धर्मग्रन्थों पर किए गए कार्य और पौराणिक भारतीय साहित्य का अंग्रेजी और अन्य पश्चिमी भाषाओं में हुए अनुवाद से काफी बढ़त मिली। मैक्स मूलर, प्रोफेसर जोन्स और सर विलियम विल्सन हन्टर की रचनाएं ज्ञान का भंडार बन कर सामने आईं, जिसे भारतीयों की सामूहिक चेतना ने अंगीकार किया और जिसने उस काल खण्ड के तात्कालिक, परिप्रेक्ष्य में उन्हें अपनी पहचान बनाने में मदद की। एक तरफ जहां सर सैयद अहमद, सुरेन्द्रनाथ बैनर्जी और दादा भाई नौरोजी जैसे व्यक्ति पहली धारा को दर्शा रहे थे; दूसरी धारा न सिर्फ उन लोगों, जिनका मैंने जिक्र किया है, द्वारा अभिव्यक्त हुई, बल्कि ब्रिटिश भारत के विभिन्न भागों में उभरते सांस्कृतिक व धार्मिक आंदोलनों और भारतीय राष्ट्रवादी साहित्य में भी नजर आई। इन आवेगों के समन्वय ने अन्ततः 1885 में भारतीय राष्ट्रीय कांग्रेस की स्थापना का मार्ग प्रशस्त किया। भारत में एक ऐसे संगठित राजनीतिक पार्टी ने आकार ग्रहण किया, जो न सिर्फ घरेलू मसलों, बल्कि बाकी दुनिया के प्रति भारतीय रूझान के संदर्भ में भारतीय महत्त्वाकांक्षाओं और अपेक्षाओं को शब्द देने में समर्थ थी। बोअर युद्ध के दौरान हुए अनुभव और प्रथम विश्व युद्ध के खत्म होने के तुरंत बाद भारतीय राष्ट्रीय कांग्रेस की कमान सम्भालने पर गांधी जी को ब्रिटिश साम्राज्य के लिए किए गए भारत के योगदान के उपयोग की सम्भावना नजर आई, जिसके जरिये ब्रितानी व्यवस्था में भारतीय भूमिका की समुचित

भागीदारी की मांग रखी जा सकती थी। एक ब्रिटिश भारतीय शिष्ट मंडल को प्रथम विश्व युद्ध के बाद के दौर में अन्तर्राष्ट्रीय सम्मेलनों और विचार-विमर्श में अलग से प्रतिनिधित्व करने का मौका दिया गया और भारत को राष्ट्रकुल के स्थापित सदस्य की भूमिका मिलने के साथ भारतीय अन्तर्राष्ट्रीय चेतना को और विस्तार मिला और विदेश संबंधों के भारतीय अनुभवों का अध्याय शुरू हुआ। इन घटनाक्रमों से कुछ नए विचार उभर कर आए जो प्रथम और द्वितीय विश्व युद्ध के बीच भारतीय विदेश नीति के विन्यास में रूपान्तरित हुए। इस प्रारम्भिक और भारतीय विश्व परिदृश्य का सार कुछ इस प्रकार है: ब्रिटिश साम्राज्य का सबसे महत्त्वपूर्ण घटक होने के कारण भारत को स्वतंत्र अधिराज्य का दर्जा दिया जाए और ब्रिटिश साम्राज्य व्यवस्था में एक पहचान भी। दूसरा, यदि इसे वह दर्जा प्राप्त करना था और ब्रिटिश साम्राज्य की स्थिरता और मजबूती के लिए इसके योगदान की अपेक्षा की गई थी, तो इसे ब्रिटिश साम्राज्य तले स्वशासन के अधिकार का मिलना जरूरी था। तीसरा, भारत आधुनिक लोकतांत्रिक राजनीतिक संस्थाओं के साथ एक आधुनिक राष्ट्र के रूप में विकास करने के लिए इच्छुक था। और चौथा, भारत ब्रिटिश साम्राज्य में अन्य स्वतंत्र अधिराज्यों और विस्तृत रूप से उन अन्य ब्रिटिश अधिराज्यों से सरोकार रखने वाले दूसरे देशों के द्वारा, बराबरी का दर्जा चाहता था। इसी ने लगभग 1920 तक भारत की विदेश नीति के साधारण शुरूआती ढांचे का ताना-बाना बुना।

1920 से 1946 के बीच के समय में स्वतंत्र भारत को विदेश नीति के बुनियादी स्वरूप को तैयार किया गया। इस प्रक्रिया में महात्मा गांधी की भूमिका बहुत ही अहम् थी। एक तरफ जहां गांधी जी भारतीय विदेश नीति के ढांचे की परिभाषा तय कर रहे थे, वहीं नेहरू इसके झुकावों और विवरणों को तैयार कर रहे थे। भारतीय विदेश नीति में उनके वैचारिक योगदान के लिए उन्हें याद करना बड़ा प्रासंगिक होगा-सत्य पर आधारित स्वतंत्रता के लिए प्रतिबद्धता; व्यक्तिगत स्वतंत्रता और विविधताओं की रक्षा का आश्वासन देते लोकतंत्र के लिए प्रतिबद्धता और अन्तर्राष्ट्रीय संबंधों में शांति के भावों और कारकों को बढ़ावा देने की प्रतिबद्धता-इन सारे संदर्भ-तथ्यों को महात्मा गांधी ने भारत के स्वतंत्र होने के पहले ही भारतीय विदेश नीति में पिरो दिये थे। उनके कुछ कथनों को यहां उद्धृत करना बड़ा ही उपयुक्त होगा ताकि हम उन स्थायी मानकों को याद रख सकें जो राष्ट्रपिता ने हमें दिये थे और अन्तर्राष्ट्रीय संबंधों की जटिलता के साथ हम सामंजस्य बिठा सकें। उन्होंने कहा–"सच्चाई का बलिदान कर पाई गई आजादी से बेहतर है कि भारतीय नष्ट हो जाएं।" वह आगे कहते हैं–"लोकतंत्र ऐसी अवस्था नहीं जिसमें लोग भेड़ की तरह व्यवहार करें। लोकतंत्र के तहत

विचार और कर्म की व्यैक्तिक आजादी को उदात्त संरक्षण मिलता है।'' और अन्ततः उनकी यह दृढ़ इच्छा कि भारत शांति के लक्ष्यों के लिए प्रतिबद्ध रहे। उन्होंने कहा–''मैं भारत के लिए अहिंसा के पालन की वकालत इसलिए नहीं कर रहा कि वह कमजोर है। मैं चाहता हूं कि वह अपनी शक्ति और दृढ़ता का अहसास करते हुए अहिंसा का पालन करें। अपनी ताकत का अहसास करने के लिए उसे किसी भी प्रशिक्षण या शस्त्रों के संचयन की आवश्यकता नहीं है।''

जवाहर लाल नेहरू पर दो महत्त्वपूर्ण प्रभाव पड़े; विदेश संबंधों के परिप्रेक्ष्य में, पहले विदेश मंत्री की हैसियत से उनकी विदेश नीतियों में स्वतंत्रता संग्राम के दौरान गांधीवादी विचारधारा के साए तले काम करने का प्रभाव दिखाई दिया। दूसरा प्रभाव 20वीं शताब्दी के यूरोप की शुरुआत समाजवादी विचारधारा ने डाला, जो सामाजिक समानता और आर्थिक न्याय की आवश्यकता की वकालत करती और सभी तरह के अत्याचार और शोषण की खिलाफत करती थी। अन्तर्राष्ट्रीय संबंधों में हमारी भूमिका के विगत पचास सालों पर नजर डालें तो हमारी विदेश नीति का पहला महत्त्वपूर्ण रूझान इन्हीं दो प्रभावों का परिणाम था, जो द्वितीय विश्व युद्ध के बाद परेशानियों से घिरे विश्व की स्थिति के प्रति हमारी प्रवृत्तियों और रूख में नजर आया।

आजादी प्राप्त होने से पहले हमारी विदेश नीति बस संकल्पना के स्तर पर ही थी। यह कार्यरूप में तभी ढल पाई जब भारत औपनिवेशक चोला उतार कर एक स्वतंत्र और सम्प्रभु देश बना। अन्तर्राष्ट्रीय समुदाय की स्थापना और संगठन के मसले के हमारी सोच हमारे स्वतंत्रता संग्राम और हमारे लोगों और सभ्यता की ऐतिहासिक पहचान को लेकर बनाए गए निश्चित दृष्टिकोण से प्रभावित हुई। भारतीय ऐतिहासिक पहचान का आत्मबोध संकलित और मानक था। अन्तर्राजकीय और अन्तर्सामाजिक संबंधों के साथ तालमेल बिठाते समय हमने अपने आपको महान नैतिक और बौद्धिक परम्परा के उत्तराधिकारी के रूप में स्थापित किया। इस परम्परा को मूर्त रूप देने की संकल्पना के अन्तर्गत सहिष्णुता, अक्रोध और विवादों व मतभेदों को दूर करने के लिए विवेक के प्रति कटिबद्धता जैसे भाव मौजूद थे और न सिर्फ अन्तर्राजकीय संबंधों में, बल्कि जीवन के प्रति भी अविस्तारवादी और असंचयवादी सोच के जरिये शांति की स्थापना के सर्वोच्च प्रभाव का आभास भी था। यह हमारे अतीत के सार्वभौमिक वजूद का वस्तुपरक या बहुआयामी बोध नहीं था। यह एक चयनात्मक आत्मनिष्ठ अहसास था। यह आधारित था हमारे जनमानस की संगठित सोच पर, जो इस जटिल और स्पर्धापूर्ण दुनिया में हमारे अस्तित्व और सामाजिक–आर्थिक समृद्धि की मंगलकामना कर रही थी। अतएव, यह एक प्रेरित विचारधारा थी। भारतीय राष्ट्रीय कांग्रेस के

आश्रय तले पनपे हमारे स्वतंत्रता संग्राम की प्रकृति, खासतौर पर जब इसका नेतृत्व महात्मा गांधी ने दिया, चयनात्मक ऐतिहासिक बोधता के उन वैचारिक सन्दर्भ तथ्यों को मजबूत करती गई, जिसका मैंने ब्योरा दिया है। भारत शीत युद्ध के जंजाल में फंसी विभिन्न विश्व शक्तियों की स्पर्धापूर्ण और आक्रामक राजनीतिक सैन्य नीतियों के भी विरुद्ध था। भारत के अनुसार इन लक्ष्यों की प्राप्ति का मार्ग सैन्य शक्ति के अधिग्रहण और स्वार्थी आर्थिक शक्तियों से होकर नहीं गुजरता था। बेशक यह अवास्तविक सा लगता हो, पर अन्तर्राष्ट्रीय संबंधों पर अपना असर डालने के लिए भारत ने विवेक से जुड़े रहने और जो कुछ भी नैतिक प्रभाव वह प्रस्तुत कर सकता था, उसी माध्यम की कामना की। 1950 और 1960 में भारत अनपेक्षित और आश्चर्यजनक रूप से इस प्रयोजन में सफल हुआ। संयुक्त राष्ट्र और विश्व के शासनाध्यक्षों के बीच भारत न सिर्फ सबसे महत्त्वपूर्ण बल्कि उपनिवेशवाद, साम्राज्यवाद और सभी प्रकार के भेदभाव की निरर्थकता और खतरों को इंगित करती पहली निर्भीक आवाज बना। भारत द्वारा अहिंसक स्वतंत्रता संग्राम के माध्यम से आजादी प्राप्ति और इसके द्वारा विश्व के विभिन्न भागों में दमित लोगों की स्वतंत्रता और स्वच्छंदता की पुरजोर वकालत करने का प्रभाव यह हुआ कि साम्राज्यिक और उपनिवेशीय राज छिन्न-भिन्न हो गए और अफ्रीका तथा एशिया के सारे देशों में स्वतंत्रता के लिए जागृति नजर आने लगी। इंडोनेशिया और दूसरे दक्षिण एशियाई देशों की स्वतंत्रता में भारत की भूमिका और अफ्रीकी देशों की आजादी के लिए की गई दृढ़ वकालत ऐतिहासिक दृष्टांत हैं। पुनः उभरते व आंदोलनकारी लोक गणतांत्रिक चीन तथा दक्षिण अफ्रीका और फिलीस्तीन के लोगों को दिए गए भारत के समर्थन ने ऐसे आवेग को जन्म दिया जिसकी सार्थक परिणति दशकों बाद 1970 से 1990 के दौरान दिखलाई पड़ी।

भारत और चीन ने मिल कर शांतिपूर्ण सह-अस्तित्व के पांच सिद्धान्तों-पंचशील को परिभाषित किया, जिसने 1961 में निर्गुट आंदोलन की स्थापना की वैचारिक नींव रखी। यह शीत युद्ध के सैन्य विस्तार की त्रासदीपूर्ण स्पर्धा का सारगर्भित और विवेक पूर्ण जवाब था। सबसे महत्त्वपूर्ण बात यह थी कि आंदोलन के लक्ष्यों और तर्क संगत आधार ने औपनिवेशिक और साम्राज्यिक अधीनता से मुक्त स्वतंत्र और स्वछन्द होकर उभरते अन्तर्राष्ट्रीय समुदाय के अनेक देशों के बुनियादी हितों को बढ़ावा दिया। भारत की विदेश नीति के विन्यास और इस जैसी विचारधारा वाले देशों के साथ इसके सहयोग ने अन्तर्राष्ट्रीय परिदृश्य को स्थिर करने में योगदान दिया।

स्वतंत्रता प्राप्ति के बाद से भारतीय विदेश नीति और भारतीय हितों के बदलते सरोकारों का एक संक्षिप्त आकलन बड़ा ही प्रासंगिक होगा। इसके जरिए इस विश्लेषण का क्रमबद्ध नजरिया सामने आएगा। भारतीय विदेश नीति के विकास ने चार ऐतिहासिक दौर देखे हैं। पहला दौर 1946 से 1954 तक का था, दूसरा 1954 से 1962 तक, तीसरा 1962 से मध्य 80 के दशक तक और चौथा मध्य 80 के दशक से वर्तमान समय तक।

1946-1954 के पहले दौर में भारतीय विदेश नीति का जिन चीजों से सरोकार था, उनमें से पहला भारतीय राजनीति को क्षेत्रीय आधार पर दृढ़ करने का था, क्योंकि अभी भी कुछ बड़ी और महत्त्वपूर्ण रियासतों द्वारा स्वतंत्र बने रहने के विकल्प को चुन लिए जाने की संभावना मौजूद थी, जो बंटवारे और पाकिस्तान के निर्माण के धक्के से उबरने की कोशिश कर रहे भारतीय गणतंत्र की भौगोलिक समष्टि को टुकड़े-टुकड़े कर सकता था। हैदराबाद, त्रैवनकोर, भोपाल और कश्मीर की रियासतों के परिप्रेक्ष्य में यहां से वापस लौटती उपनिवेशीय सरकार की साभिप्राय दोहरी भूमिका ने भारत सरकार को इस ओर सजग किया। 1947-48 में कश्मीर में पाकिस्तानी अतिक्रमण ने भारत की भौगोलिक सुदृढ़ता के प्रति चिंता को और बढ़ा दिया।

दूसरा, अमेरीका के नेतृत्व में पश्चिमी मित्र देशों और सोवियत संघ अंतर्गत समाजवादी और साम्यवादी राष्ट्रों के बीच मतभेद के वातावरण में भारत को अपने राजनीतिक और रणनीतिक विश्व दृष्टिकोण को स्पष्ट करने की समस्या से भी जूझना था। तीसरा, भारत को अपने दो सबसे महत्त्वपूर्ण पड़ोसियों पाकिस्तान और चीन, साथ भी संबंध बनाने थे, इनमें से एक (पाकिस्तान) प्रकट रूप से दुश्मनी दर्शा रहा था और दूसरा (चीन) एक अबूझ चीज था (चीन की नई कम्युनिस्ट सरकार कोई भी अस्थिर क्षेत्रीय वातावरण को जन्म दे सकती थी) चौथा, भारत जहां एक ओर उपनिवेशवाद के पतन और एशिया और अफ्रीका में बड़ी संख्या में उभरते स्वतंत्र राज्यों का सही पूर्वानुमान कर पा रहा था, वहीं पूर्व उपनिवेशीय शक्तियों, के प्रति भी वह सर्तक था, जो अपने रणनीतिक और आर्थिक हितों के लिए इन देशों में अपने राजनीतिक प्रभाव (पूर्व उपनिवेशीय अधिकार) को बरकरार रखने में लगी हुई थीं। भारतीय विदेश नीति ने इन संदर्भों की ओर कुछ ऐसी प्रतिक्रिया दिखाई-(अ) शीत युद्ध कालीन टकराव के जवाब में निर्गुट रुख का चुनाव; (ब) पाकिस्तान और हिन्दुस्तानी रियासतों के सापेक्ष भारत की क्षेत्रीय अखण्डता को सुदृढ़ करने के लिए एक निश्चित राजनीतिक-सैन्य रुख का निर्धारण; (स) चीन के साथ एक संतुलित मित्रता का समीकरण, (तिब्बत के मसले पर भारत का समझौता करना और

संयुक्त राष्ट्र संघ के सुरक्षा परिषद् में चीन के प्रवेश का समर्थन करना); और (ह) आम मसलों पर नई आजादी तले उठ खड़े हुए देशों को एक सूत्र में बांधने की कोशिश, ताकि यह सुनिश्चित हो सके कि वे किसी भी सीमा तक पड़ने वाले सम्भावित विदेशी शक्तियों या बाहरी दबाव के प्रभाव से परे अपनी घरेलू, विदेशी और रक्षा नीतियों पर स्वतंत्र निर्णय लेने का हकदार हों।

भारत की विदेश व रक्षा नीतियों का दूसरा दौर 1954 से 1962 तक चला। भारत एक ऐसे संवेदनशील समय के गुजर रहा था, जिसका परिणाम अक्तूबर और नवम्बर 1962 में चीन द्वारा भारत की सैन्य पराजय में नजर आई। ऐसा तब था, जबकि भारत की अन्तर्राष्ट्रीय राजनीति में जटिल ताने–बाने बुने जाने लगे थे और जवाहरलाल नेहरू इस बहुआयामी राजनीतिक विकास के दौर में शीर्षस्थ नेतृत्व की भूमिका में दिख रहे थे–कोरिया के मसले पर तटस्थ राष्ट्र पुनरागमन आयोग के अध्यक्ष के रूप में; *दिंग बिन फू* में फ्रांसीसी पराजय के बाद भारत–चीन के मसले पर जेनेवा सम्मेलन में बतौर उत्प्रेरक; निर्गुट आंदोलन की स्थापना और मध्यपूर्व व कांगो में सयुक्त राष्ट्र के शांति अभियान में एक अहम् भूमिका का निर्वाह करते हुए।

ऐसा कौन–सा कारण था जिसने ऐसी संवेदनशील स्थिति पैदा की? इस प्रश्न के जवाब में ही भारत की नीतियों में दिखते परिवर्तन, साथ ही साथ जिस विलयन और असफलता का उन्हें सामना करना पड़ा, उसकी व्याख्या छुपी है। पाकिस्तान के मसले पर भारत की चिंता और बढ़ गई जब पाकिस्तान ने 1950 के दशक में अमेरीका के साथ रक्षा और सैन्य सहयोग समझौते पर हस्ताक्षर किया। फिर पाकिस्तान द्वारा सिएटो (दक्षिण पूर्व एशिया संधि संगठन) व सेन्टो (मध्य संधि संगठन) में प्रवेश करने से, और खासतौर पर पश्चिमी सामरिक सहयोग व्यवस्था का सदस्य बनने पर पाकिस्तान द्वारा दिए गए संकेतों से निकलते अर्थ ने भारत की आशंका को और बढ़ा दिया। पाकिस्तान ने दावा किया कि अमेरीका के साथ इसकी द्विपक्षीय रक्षा व्यवस्था और सेन्टो और सिएटो में इसकी सदस्यता ने पश्चिम को इस तरह से उपकृत किया है जिसके परिणाम में, भारत के साथ किसी भी तरह के विवाद पर, उसे राजनैतिक व सामरिक समर्थन मिल सकेगा। यही वह शर्त थी जिसे पाकिस्तान ने साम्यवाद–विरोधी गठबंधन का हिस्सा बनने के समय भुनाया था। भारत की चिंता तब घनीभूत हो आई। जब उसने महसूस किया कि पश्चिमी देश भारत को प्रौद्योगिक और रक्षा सहयोग देने के लिए इच्छुक नहीं। इसी के साथ चीन–भारत रिश्तों में भी तनाव दिखने लगा था। 1954–55 से तिब्बत में चीन की दृढ़तापूर्ण मौजूदगी; दलाई लामा की सत्ता का कमजोर पड़ना; जम्मू कश्मीर में लद्दाख के हिस्से के

अक्साई-चिन में सड़क निर्माण; भारतीय उपमहाद्वीप के नक्शे का प्रकाशन, जिसमें भारत के हिस्से को चीन का भाग दिखाया गया था और एशिया (बान डंग) में जवाहर लाल नेहरू के नेतृत्व की भूमिका पर खड़ा किया गया खुला सवाल—इन सब ने मिल कर इन दो देशों के बीच दुराव को जन्म दिया।

अन्य कुछ महत्त्वपूर्ण गतिविधियां इस प्रकार थीं-एक तरफ पाकिस्तान कश्मीर के मसले पर संयुक्त राष्ट्र और कश्मीर दोनों ही जगहों पर अपनी सोच पर बरकरार था, तो दूसरी तरफ, भारत के उत्तर पूर्वी राज्यों में चीन का अलगाववादी उग्रवाद में लिप्त होना। देश की सुरक्षा और स्थिरता के मसले पर कई घरेलू चुनौतियां भी सिर उठाए खड़ी थीं। जहां पश्चिमी देशों से खाद्य सहायता और भारतीय अर्थव्यवस्था के कमतर क्षेत्रों के लिए साधन उपलब्ध थे, वहीं भारतीय अर्थव्यवस्था के बुनियादी क्षेत्रों के लिए निवेश और प्रौद्योगिकीय साधन मुहैया कराने पर उनका प्रतिरोध बरकरार था। इस प्रवृत्ति का सबसे स्पष्ट उदाहरण यह है कि ब्रिटेन, अमेरीका और जर्मनी ने शुरू में इस्पात संयंत्र स्थापित करने के मामले में भारत से सहयोग करने से इंकार कर दिया था। इस क्षेत्र में भारत की जरूरतों पर रूस से सकारात्मक प्रतिक्रिया मिलने के बाद ही ब्रिटेन और जर्मनी आगे आए। अपनी अर्थव्यवस्था को अनिवार्यतः कृषि आधारित स्वरूप से बाहर निकाल कर इसके विविधिकरण और आधुनिकीकरण के भारतीय प्रयासों को इस कमजोरी का नुकसान उठाना पड़ा। घरेलू राजनीतिक वातावरण में जातीय भाषाई केन्द्र विमुख प्रवृत्तियाँ उभर रही थीं, जैसा कि भाषाई राज्यों की मांग से स्पष्ट है। नयी रणनीतिक व सुरक्षा बाध्यताएं भारतीय राजनीति पर प्रभाव डाल रही थीं, जिससे नए ढांचे और नए सरोकारों की जरूरत उभरी। पूर्वी गठजोड़ के नेता के रूप में स्तालिन की जगह खुश्चेव के ले लेने के साथ ही भारत के खिलाफ पुराने राजनीतिक और वैचारिक सोवियत पूर्वाग्रह जाते रहे। सेन्टो और सिएटो के गठन, पाकिस्तान और दक्षिण पूर्व एशिया के देशों के इन सोवियत विरोधी गठबंधनों में शामिल होने से, दक्षिण और दक्षिण पूर्व एशिया में सोवियत संघ की रणनीतिक दिलचस्पी पैदा हुई। माओत्सेतुंग के ख्रुश्चेव से मतभेदों और चीन व सोवियत संघ के बीच बढ़ती दूरियों ने रूस की भारत में दिलचस्पी को अब अतिरिक्त बढ़ावा दिया। भारत के गुट निरपेक्ष आंदोलन में भाग लेने, स्वेज संकट के दौरान नासिर को उसके समर्थन, हंगरी में सोवियत हस्तक्षेप पर उसकी चुप्पी, कश्मीर पर समझौता करने के लिए द्विपक्षीय और संयुक्त राष्ट्र के जरिये डाले गए पश्चिमी दबाव के प्रति उसका दृढ़ता से विरोध और इजरायल के गठन के बाद फिलीस्तीनियों और अरब को उसके समर्थन

ने भारत और पश्चिमी लोकतांत्रिक देशों के बीच राजनीतिक और सुरक्षा हितों के संदर्भ में परस्पर संदेहों और अन्तर्विरोधों की खाई को चौड़ा कर दिया। इसलिए भारत ऐसे समीकरणों और अन्य देशों से सहायक संबंधों की तलाश में था, जो सुरक्षा हितों के साथ उसके राजनीतिक व आर्थिक हितों को भी पूरा करते हों। सोवियत गठजोड़ के देशों और भारत के बीच के परस्पर हितों में सामंजस्य उभरने लगा। भारत ने इस अवसर का फायदा उठाया और पचास के दशक के मध्य में जवाहरलाल नेहरू ही सोवियत संघ की यात्रा तथा 1955 में ख्रुश्चेव व बुल्गारिन की संयुक्त भारत यात्रा ने भारत सोवियत समीकरणों की नींव रखी, जिसने दोनों देशों के अहम हितों को पूरा किया और यह समीकरण नवम्बर/दिसम्बर 1991 तक, पैंतीस सालों के लिए निर्बाध बना रहा।

भारत–सोवियत संघ और सोवियत संघ के मित्र राष्ट्रों के बीच जिस सहयोग का विकास हुआ, इसका एक स्पष्ट वैचारिक और राजनीतिक ढांचा था। भारत अपने आपको एक साम्यवादी देश में रूपातंरित नहीं कर रहा था। सोवियत संघ ने सह–अस्तित्व और निर्गुटीय अवधारणा पर आधारित शांतिपूर्ण संबंध को स्वीकृति दी थी। भारत सोवियत संघ की मदद से अपनी आर्थिक और रक्षात्मक क्षमता को मजबूत कर, भारत सोवियत मैत्री और सोवियत संघ के महाशक्ति होने की रुतबे के प्रभाव को भारत की क्षेत्रीय अखंडता और राष्ट्रीय सुदृढ़ीकरण प्रक्रिया के समक्ष खड़ी राजनैतिक–रणनीतिक चुनौतियों का सामना करने के लिए आजमाना चाहता था। अप्रत्यक्ष रूप से पाकिस्तान की अमेरीका और चीन के साथ बढ़ती नजदीकी से उत्पन्न प्रभाव को निरस्त करना भी जरूरी था। चीन और भारत के बीच 1956–59 के बाद से दिनों–दिन बढ़ती दूरी के साथ–साथ चीन और पाकिस्तान के बीच समीकरण पनपने लगे थे। यह ध्यान देने योग्य बात थी कि भारत ने सोवियत संघ की ओर तभी रूख किया जब पश्चिमी देशों ने इसकी अपेक्षाओं और जरूरतों पर ध्यान देने की आवश्यकता नहीं समझी।

इस अवधि में भारत की भौगोलिक अखण्डता के सामने खड़ी चीनी चुनौती के अलावा विदेश नीति से संबंधित सारी समस्याओं को सुलझाने में भारत सक्षम रहा। चीनी नक्शे में भारतीय क्षेत्र को चीन अधिकृत दर्शाना और चाऊ–एन–लाई के साथ नेहरू के विचार–विर्मश ने यह आभास करा दिया था कि चीन भारत–चीन अन्तर्राष्ट्रीय सीमाओं को फिर से रेखांकित करने की मंशा रखता है। भारत ने चीन के उस बुनियादी तर्क को खारिज कर दिया था, जिसके अनुसार 1947–49 में दोनों देशों के बीच मौजूद सीमा कृत्रिम और एक काल्पनिक औपनिवेशिक और साम्राज्यिक घटना मात्र थी, जिसे पूर्व–उपनिवेशीय

साक्ष्यपरक-राष्ट्रीय और यहां तक कि सामाजिक-सांस्कृतिक क्षेत्राधिकार और समरूपताओं के आधार पर फिर से निर्धारित करने की जरूरत थी। तिब्बत के मसले पर चीन को छूट देने के बाद, भारतीय संघ के महानगरीय प्रदेशों के विस्तार को प्रभावित करने वाले किसी भी भौगोलिक समझौते के लिए भारत तैयार नही था। देश की भौगोलिक अखण्डता को अक्षुण्ण रखने के लिए उच्च-स्तरीय भू-राजनीतिक दुश्चिंचता के अलावा उतना ही महत्त्वपूर्ण मसला था भारतीय राज्यों की बहु-जातीय, भाषाई और धार्मिक चरित्र को बनाए रखना। चीन के साथ भौगोलिक समझौता, जो उत्तर-पूर्वी भारत की आबादी को दूर और अलग कर दे, भारत को कतई गवारा नहीं था।

श्रीमती गांधी ने प्रयोजन सिद्ध और दृढ़ नेतृत्व और भारत-केन्द्रित विश्व दृष्टिकोण ने ऊपर उल्लेखित रूझानों और प्रक्रियाओं को गति दी। राष्ट्रीय सुदृढ़ीकरण और रक्षा तैयारियों के कार्यक्रम तथा अन्य घरेलू राजनैतिक विवादों (1969 में सत्तारूढ़ पार्टी में संकट और बिखराव, उससे भी पहले 1966 में रूपये का अवमूल्यन, बैंको का राष्ट्रीयकरण, पंजाब प्रांत का दो भागों में बंटना) इत्यादि से बाधित हुए बगैर तब तक चलते रहे, जब तक भारत को पूर्वी पाकिस्तान के संघर्ष के संकट का सामना न करना पड़ा। बांग्लादेश के स्वतंत्रता संग्राम की संघटक घटना के रूप में भारत-पाक युद्ध ने बाद के सालों में भारतीय नीतियों को प्रभावित किया। पाकिस्तानी लेखकों द्वारा 1971 के युद्ध के विश्लेषणों में सालों इस पर जोर डाला जाता रहा कि बांग्लादेश का स्वतंत्रता संग्राम या तो भारत का पूर्वनियोजित षड्यंत्र था या भारत ने पाकिस्तान के घरेलू राजनीतिक संकट का असिद्धान्तवादी और अवसरवादी फायदा उठा कर उसके टुकड़े किए थे। पाकिस्तान में नीति निर्धारण करने वाले सभ्रांत तबके में बस नाममात्र के लोग यह मानते थे कि बांग्लादेश का निर्माण मूल रूप से नवम्बर 1970 के आम चुनाव में पाकिस्तान की जनता के निर्वाचन अभिमत के प्रति जुल्फिकार अली भुट्टो की दुराग्रही अस्वीकृति और जनरल याह्या खान के सैन्य शासन की अयोग्यता या अनिच्छा का परिणाम था, जो मुद्दों को चुनाव-अभिमत का मान रखने के लिए और शेख मुजिबुर्रहमान को पाकिस्तान का प्रधानमंत्री पद देने के लिए तैयार नहीं कर सका।

1964 से 1984 के दौरान भारतीय विदेश नीति के विन्यास और इसकी दृढ़ता में बदलाव का आकलन कुछ इस तरह से किया जा सकता है। पहला, लाल बहादुर शास्त्री, प्रधानमंत्री के रूप में अपनी छोटी अवधि के बावजूद, और श्रीमती गांधी-इन दोनों ने भारतीय विदेश नीति को नेहरू-काल के काल्पनिक विचारों और नैतिक आदर्शवाद की बंधी सीमाओं से परे राजनीतिक यथार्थवाद

की धारा में ला खड़ा किया। नीतियों में यह परिवर्तन लाल बहादुर शास्त्री ने उस समय साकार कर दिखाया जब अपने आत्म-तुष्ट आकलनों के आधार पर सितम्बर, 1965 में पाकिस्तान ने कश्मीर पर आक्रमण किया और मुंह की खाई। पाकिस्तान का यह मानना था कि उसके द्वारा जम्मू और कश्मीर में चुने गए क्षेत्रों में ही भारत अपनी सैनिक कार्रवाई करेगा। लाल बहादुर शास्त्री ने उसकी इस गणना को छिन्न-भिन्न करते हुए भारतीय सैन्य बल को अन्तर्राष्ट्रीय सीमा के सारे छोरों से पाकिस्तान पर आक्रमण करने का आदेश दे डाला, जिससे पाकिस्तान को अपने सैन्य बल को कश्मीर से अलग फैलाना पड़ना, जिसका परिणाम यह हुआ कि जम्मू व कश्मीर पर कब्जा करने के अपने तीसरे प्रयास में भी उसे पराजित होना पड़ा।

इंदिरा गांधी ने भारत की प्रौद्योगिकीय और रक्षा सामर्थ्य को बढ़ा कर भारतीय विदेश नीति में इस दृढ़ और यथार्थपरक भारत-केन्द्रित झुकावों के दायरे को और अधिक विस्तृत कर दिया और भारत के सारे पड़ोसियों को यह स्पष्ट संकेत दिया कि भारत की उनके प्रति कोई भी आक्रामक या प्रभुत्वपूर्ण मंशा नहीं है, फिर भी अपनी एकता और क्षेत्रीय अखण्डता पर दूसरे देशों से होने वाले किसी भी तरह के खतरे का मुंहतोड़ और निर्णयात्मक जवाब दिया जाएगा। इंदिरा गांधी के समय 1966 से 1984 (1977 से 1979 के व्यवधान के अलावा) तक भारतीय विदेश नीति की विशेषताओं को निम्नलिखित तथ्यों से दर्शाया जा सकता है:

- उन्होंने (इंदिरा गांधी) अन्तर्राष्ट्रीय समुदाय में भारत की स्थिति को दृढ़ करने और भारत की सुरक्षा सुनिश्चित करने के लिए भारत के आर्थिक विकास को गति देने के लिए द्विमार्गी नीति का अनुसरण किया।
- उन्होंने सोवियत संघ और इसके मित्र देशों के साथ रक्षा-सहयोग व्यवस्था का विस्तार किया, जो शांति, मैत्री और सहयोग आधारित भारत-सोवियत संधि अगस्त 1979 के रूप में साकार हुआ।
- उन्होंने अंतरिक्ष और परमाणु प्रौद्योगिकी के क्षेत्र में भारत की क्षमताओं को बढ़ाने के लिए सफल नीतियों का सूत्रपात किया, जो प्रौद्यागिकीय और रक्षा प्रयोजनों के लिए भारतीय नाभिकीय अस्त्र क्षमताओं और उपग्रहीय और प्रक्षेपास्त्र योग्यताओं में साकार हुआ। वैज्ञानिक और प्रौद्योगिकी प्रयोजनों के लिए 1974 में पोखरण में किया गया परमाणु विस्फोट; उपग्रहों का पहला प्रक्षेपण; प्रक्षेपास्त्र और रॉकेट, इन सब ने इस नीति निर्धारण को मजबूती दी।

- किसी भी महाशक्ति के आश्रय तले सामरिक गठबंधन और सुरक्षा व्यवस्था का निरन्तर विरोध करते हुए, उन्होंने इस सिद्धान्त का प्रतिपादन किया कि द्विपक्षीय रक्षा आपूर्ति और सुरक्षा व्यवस्था, जो भारत की विशिष्ट स्थिति में काम आए और भारतीय हित में हो, निर्गुटता के विरूद्ध नहीं मानी जा सकती है।

1971 की भारत-सोवियत संधि पूर्वी पाकिस्तान संकट के दौरान शक्ति और समर्थन का स्त्रोत बनी, जिससे बांग्लादेश के निर्माण की राह तैयार की।

1974 का शांतिपूर्ण नाभिकीय विस्फोट भारत के बदले हुए भू-रणनीतिक माहौल का संकेत था, जो 1964 के बाद से चीन के परमाणु शक्ति सम्पन्न बनने और 1972 में पाकिस्तान द्वारा नाभिकीय अस्त्र निर्माण के कार्यक्रम की शुरूआत के बाद वजूद में आया था।

दूसरा मार्ग निर्गुट आंदोलन को मजबूत करने और संयुक्त राष्ट्र को समर्थन देने का था, जो भारत के भू-राजनैतिक और आर्थिक हितों के सहायक विश्व की राजनैतिक और आर्थिक व्यवस्थाओं को स्थायित्व देने के लिए एक महत्त्वपूर्ण कारक था।

प्रश्न यह उठता है कि क्या भारतीय हितों की और भी बेहतर तरीके से पूर्ति हो सकती थी, अगर 1947 से 1984 तक हमें प्रभावित करने वाले मुद्दों से निपटने के लिए हमारी विदेश नीति का रूख कुछ और होता? इस अवधि के दौरान छह बड़ी असफलताएं दर्ज हुई, जो भारत द्वारा इसकी विदेश और सुरक्षा नीतियों के तहत उठाए गए कदमों का परिणाम था।

पहला, कश्मीर के मुद्दे को संयुक्त राष्ट्र में ले जाना, जबकि हम जम्मू और कश्मीर पर पाकिस्तान के आक्रमण को निष्फल कर देने का तीन-चौथाई रास्ता पार कर चुके थे।

दूसरा, 1954 में पाकिस्तान द्वारा अमेरीका के साथ सुरक्षा संधि पर हस्ताक्षर और सेन्टो में इसके प्रवेश के मसले पर हमारे प्रतिरोध का दृढ़ और निर्णयात्मक न होना।

तीसरा, 1955 में बानडूंग सम्मेलन में चीन-पाक संबंध के निहिरतार्थों के प्रति हमारा पूर्ण सर्तक न होना।

चौथा, चीन द्वारा तिब्बत पर कब्जा करने के जवाब में भारत का समझौता पूर्ण रूख।

पांचवा अहम मोड़ था, 1964 में चीन के नाभिकीय शक्ति सम्पन्न बनने के बावजूद हमारा खुद को नाभिकीय हथियारों से लैस न करना।

यह बड़े कौतुक की बात है कि शुरूआती 1960 के दशक में अमेरीका ने भारत को अपनी ओर से सहायता का आश्वासन देते हुए इसे नाभिकीय शक्ति सम्पन्न बन जाने को कहा, पर भारत ने इन्कार कर दिया।

यह जिक्र करना भी प्रासंगिक होगा कि 1962 में भारत-चीन युद्ध के तुरन्त बाद, 1965 में भारत-पाक युद्ध के उपरांत और उसके एक साल पहले ही चीन द्वारा नाभिकीय सशस्त्रीकरण कार्यक्रम के बावजूद हम नाभिकीय सशस्त्रीकरण की दिशा में कुछ नहीं कर पाए। हमें 1974 में भूमिगत नाभिकीय विस्फोट को भी आगे बढ़ाना चाहिए था।

इसी क्रम में आगे बढ़ते हुए छठा मोड़ वह था,जब यह जानने के बावजूद कि पाकिस्तान 1985-87 के बीच नाभिकीय अस्त्र क्षमता संपन्न शक्ति बनने जा रहा है, हमने नाभिकीय अस्त्र विकल्प को इस्तेमाल करने की निर्णयात्मक कार्रवाई नहीं की।

हालांकि इस देरी की भरपाई 1998 के मई में शक्ति परीक्षण (पोखरण-11) के साथ कर ली गई, जिसने हमारी नाभिकीय अस्त्र क्षमता की पुष्टि की क्योंकि ये परीक्षण दोनों ही तरह के सामान्य नाभिकीय और ताप-नाभिकीय अस्त्रों के लिए थे।

प्रधानमंत्री अटल बिहारी वाजपेयी ने 11 मई 1998 की दोपहर को यह घोषणा की कि भारत ने तीन नाभिकीय परीक्षण किए हैं, उसमें एक ताप-परमाण्विक परीक्षण भी शामिल था, जो उसी दिन दोपहर तीन बजने के कुद ही देर बाद हुआ था।

13 मई को भारत ने दो और सबकिलोटन के नाभिकीय अस्त्र का परीक्षण किया। भारत ने नाभिकीय सशस्त्रीकरण के मसले पर अपने मौन की परमाणु 'रूबिकॉन' या यूं कहें कि लक्ष्मण रेखा पार कर ली थी ताकि नाभिकीय अस्त्र शक्ति होने का अपना पक्ष दृढ़ और स्पष्ट कर सकें। मेरे विचार से भारत द्वारा नाभिकीय अस्त्र विकल्प को दृढ़ करने के निम्नलिखित मुख्य कारण हैं:

पहला और सबसे महत्त्वपूर्ण है सुरक्षा वातावरण का निरंतर कमजोर होना-जिसका भारत सामना कर रहा है या 1980 के दशक के उत्तरार्द्ध से जिसे लगातार महसूस किया गया है—इसने नेताओं को नाभिकीय सशस्त्रीकरण के लिए प्रेरित किया। दूसरा, अमल में लाई जा रही प्रतिबन्धात्मक और भेदभावपूर्ण अन्तर्राष्ट्रीय व्यवस्थाओं के और जोर पकड़ने की तय सम्भावनाओं, जिससे अंतरिक्ष और नाभिकीय प्रौद्योगिकी के क्षेत्र में संभावनाएं छिन्न-भिन्न हो जाती बल्कि इन पर पूरी तरह रोक ही लग जाती, ने भारत को झक़झोर कर नाभिकीय विकल्प चुनने के लिए जगा डाला।

तीसरा, भारत उस नई अन्तर्राष्ट्रीय रणनीतिक और प्रोद्योगिकीय व्यवस्था के विरूद्ध था, जिसके अन्तर्गत मौजूदा पांच नाभिकीय शक्ति सम्पन्न देशों को लंबे समय तक प्रभुत्वपूर्ण ओहदा दे दिया गया था। चौथा, भारत को स्वतंत्रता के बाद अपनी भौगोलिक अखण्डता पर एक से अधिक बार छाए संकट के बादलों के कड़वे अनुभव के बाद एक लंबे समय तक चलने वाली परिष्कृत रक्षा क्षमता की जरूरत थी। पांचवां, भारत ने इस बात पर गौर किया कि अन्य नाभिकीय क्षमता वाले देश, जिनके ऊपर प्रतिबंधात्मक दबाव पड़ते रहते थे, या तो उन दबावों के जवाब में खुद नाभिकीय शक्ति सम्पन्न बन गए, जैसे चीन और फ्रांस, या फिर अर्जेंटीना, दक्षिण अफ्रीका और ब्राजील जैसे देशों को उन अन्तर्राष्ट्रीय दबावों का शिकार हो अपनी नाभिकीय, प्रौद्योगिकीय क्षमताओं (आत्मनिर्भरता के तहत) को बंद करना पड़ा या पीछे हटना पड़ा या फिर पूरे तौर पर नष्ट करना पड़ा। भारत ने इन दबावों का सामना करने के लिए पहला विकल्प ग्रहण करने का निश्चय लिया।

भारत के हिस्से आई पहली आलोचना में यह कहा गया कि इन परीक्षणों को कर भारत ने नाभिकीय अस्त्र और मिसाइल क्षमता को प्राप्त न करने की अपनी बिना किसी शर्त प्रतिबद्धता को छोड़ दिया है। यह सही नहीं है। नई दिल्ली ने अपने नाभिकीय कार्यक्रम की शुरूआत के समय ही नाभिकीय सम्पन्न शक्तियों के भेदभावपूर्ण रवैऐ को महसूस कर लिया था। अन्तर्राष्ट्रीय परमाणु ऊर्जा अभिकरण (आई ए इ ए) की स्थापना पर 1957 की संविधि को अंतिम रूप देने के लिए हुए सम्मेलन में संविधि के राजनीतिक और प्रौद्योगिकीय तत्वों पर हुए विचार-विमर्श में इस भेदभावपूर्ण प्रवृत्ति के लक्षण स्पष्ट रूप से दिख रहे थे। भारत ऐसे नकारात्मक लक्षणों के प्रति सतर्क था और इसने अपनी शर्तें भी स्पष्ट कर दी थी। 1963 में अमेरीका द्वारा दिए गए परामर्श के विपरीत भारत, परमाणु अस्त्र प्राप्ति की दौड़ से परे रहते हुए भी, 1964 में चीन के परमाणु सशस्त्रीकरण पर निगाह रखे हुए था और जवाब में इसने (भारत) यह निर्णय लिया कि इसे नाभिकीय अस्त्रों की रोकथाम के लिए आधारभूत क्षमताओं का विकास करना होगा। 1964 में भारत ने प्लूटोनियम उत्पादन संयंत्र का निर्माण कर अपने रूख की पुष्टि की। 1967-68 में नाभिकीय अप्रसार संधि (एन.पी.टी.) पर हस्ताक्षर करने से भारत के इंकार और 1974 की 18 मई को पोखरण में भारत द्वारा किया गया शांतिपूर्ण नाभिकीय विस्फोट इस बात का संकेत था कि वह बुनियादी नाभिकीय अस्त्र क्षतमताओं को प्राप्त कर इसे बनाने और इसका इस्तेमाल करने का विकल्प, देश की सुरक्षा के मद्देनजर खुला रखना चाहता है।

अमेरीका के नेतृत्व में परमाणु शक्ति सम्पन्न देशों की 1974 के बाद की प्रतिक्रियाओं ने भारत को एक ऐसे प्रतिबंधात्मक नाभिकीय अप्रसार नीति के विकास के सिलसिले में और भी सतर्क और संवेदनशील बना दिया, जो उसके नाभिकीय विकल्पों को अवरूद्ध कर देना चाहती थीं। सुरक्षा उपायों की प्रक्रिया पर हुई बहुपक्षीय प्रौद्योगिकीय बहसों, नाभिकीय सशस्त्र देशों की प्रौद्योगिकी हस्तांतरण की नीतियों और विकसित औद्योगिक देशों ने अप्रसार की परिभाषा ही बदल डाली थी, जो दरअसल सिर्फ नाभिकीय अस्त्रों के प्रसार और संचयन को रोकने के लिए बनाया गया था। अप्रसार की परिभाषा को और विस्तृत बनाते हुए इसमें सारी सम्बन्धित प्रौद्योगिकियों को भी शामिल कर लिया गया था। सुरक्षा उपायों में बदलाव लाकर यह निर्धारित किया गया कि शांतिपूर्ण कार्यों के लिए इस्तेमाल की जा रही नाभिकीय और अंतरिक्ष प्रौद्योगिकी की देख–रेख और जांच–पड़ताल होगी। अंतर्राष्ट्रीय परमाणु ऊर्जा अभिकरण के पूर्ण–निरीक्षक सुरक्षा उपायों की नियमावली में ये दृष्टिकोण मौजूद थे, जिसका भारत निरंतर विरोध करता रहा। पूर्ण–निरीक्षक सुरक्षा उपाय भेदभावपूर्ण भी थे, उदाहरण के तौर पर नाभिकीय शक्ति संपन्न देशों की प्रयोगशालाओं और प्रतिष्ठानों पर ये लागू नहीं होते थे।

अगर अमेरीका के नाभिकीय नियामक कानून 1978 के प्रावधानों को याद करें तो यह स्पष्ट होता है कि इसका मुख्य ध्येय भारत की नाभिकीय, प्रौद्योगिकीय और रक्षा क्षमताओं को कमजोर करना था। ब्राजील और अर्जेंटीना जैसे महत्त्वपूर्ण देशों की नाभिकीय आत्म–निर्भरता क्षमताओं के ऊपर क्षेत्रीय और उप–क्षेत्रीय नाभिकीय अस्त्र–मुक्त क्षेत्र की सन्धियों (उदाहरण के लिए टीलैट्लाल्को संधि) के हानिकारक असर को भी भारतीय रक्षा और रणनीतिक योजनाविदों ने गंभीरता से लिया। भारत को यकीन था कि क्षेत्रीय और उपक्षेत्रीय नाभिकीय–मुक्त क्षेत्रों की स्थापना अप्रसार के संदर्भ में बेकार थी, खासकर, जबकि नाभिकीय अस्त्र पूरे विश्व में पैर फैला रहे थे और उससे भी बढ़ कर ज्यादातर भू–भागों में एक क्षेत्र के दायरे में कम से कम एक नाभिकीय शक्ति मौजूद थी।

भारत ने यह भी गौर किया कि अप्रसार सन्धि को निर्देशित करने वाले भेदभावपूर्ण संदर्भ तथ्य ही व्यवहार में लाई जा रही सभी अन्तर्राष्ट्रीय व्यवस्थाओं के लिए मार्गदर्शक सिद्धान्त थे, चाहे प्रक्षेपास्त्र नियन्त्रण प्रौद्योगिकी व्यवस्था हो, व्यापक परीक्षण प्रतिबंध सन्धि हो या फिर प्रस्तावित विखण्डनीय सामग्री निरोधक सन्धि।

हाल के समय में, 1990 के दशक की शुरूआत में, दक्षिण अफ्रीका में

काले लोगों की बहुमत की अफ्रीकी सरकार के पद संभालते ही इसके ऊपर नाभिकीय अस्त्र विकल्पों को पूर्णत: छोड़ देने के लिए दवाब डाला जाने लगा; इसी तरह यूक्रेन के ऊपर भी नाभिकीय अस्त्र क्षमताओं को समाप्त करने के लिए डाला गया जबर्दस्त दबाव और अरबों डालर का वित्तीय प्रलोभन भारत के लिए एक स्पष्ट राजनीतिक संदेश था। शीतयुद्ध की समाप्ति और अमेरीका-सोवियत टकराव के अंत से अप्रसार मुद्दों पर नाभिकीय शक्ति संपन्न देशों के भेदभावपूर्ण और स्व-शक्तिकरण प्रवृत्ति में कोई परिवर्तन नहीं नजर आया। सोवियत संघ के विघटन और शीत युद्ध की समाप्ति के बाद प्रत्येक श्रेणी के अप्रसार के संबंध में होने वाली बहसों में नाभिकीय शक्ति संपन्न देशों की यही अपरिवर्तनशील और स्व-हिताय प्रवृत्ति उभर कर आई। परिणामस्वरूप भारत को इस उभरती हुई स्थिति के लिए व्यावहारिक और प्रभावशाली (जो शांत और अनुशासित भी हो) रोकथाम-परक जबाव तैयार करना था। यही वह उद्देश्य था, जिसे पूरा करने के लिए भारत ने मई 1998 में नाभिकीय परीक्षण किए।

हाल के इतिहास के इन रूझानों को याद करने का प्रयोजन इस तथ्य को रेखांकित करना है कि भारतीय नाभिकीय नीतियां शून्य में विकसित नहीं हुई। यह अन्तर्राष्ट्रीय अप्रसार प्रवृतियों, जो भारत के दीर्घकालिक सुरक्षा हितों के लिए संकट खड़ी कर सकती थी; के खिलाफ भारत की परिपक्व और नपी-तुली प्रतिक्रिया का परिणाम है। यही वह प्रेरणा सूत्र था जिसने भारत को प्रक्षेपास्त्र विकास कार्यक्रम को शुरू करने का मार्ग दिखाया और जिसे 1984 से 1989 के दौरान राजीव गांधी ने बहुत मजबूत प्रोत्साहन दिया और यह प्रक्रिया आज भी जारी है।

क्षेत्रीय सुरक्षा वातावरण में हाल के समय में आई खासी गिरावट पर गौर करें तो स्पष्ट है कि पाकिस्तान की ओर से संभावित खतरा भारत के लिए सर्वाधिक महत्त्वपूर्ण मसला है। परंपरागत रूप से यह सोच कि पाकिस्तान ने अपना गुप्त नाभिकीय और प्रक्षेपास्त्र सशस्त्रीकरण कार्यक्रम 1974 में भारत के नाभिकीय परीक्षण के बाद ही शुरू किया, तथ्यात्मक तौर पर गलत है। स्टीव विज़मैन और हर्बर्ट क्रोज्नी ने अपनी पुस्तक 'इस्लामिक बम' (विजन बुक्स, दिल्ली 1981) में जोर देकर कहा है कि 1950 के दशक के मध्य से ही जुल्फीकार अली भुट्टो (जब वह अयूब खान मंत्रिमंडल में मंत्री बने) पाकिस्तान के नाभिकीय अस्त्र क्षमता विकसित करने के पैरोकार थे। 1971 में पाकिस्तान की हार ने भुट्टों की धारणा को और मजबूत किया। 1974 में भारत के पोखरण परीक्षण से दो वर्ष पहले ही भुट्टो पाकिस्तान को नाभिकीय अस्त्रों से लैस करने का फैसला कर चुके थे। उनका सुस्पष्ट तर्क यह था कि

गैर–परंपरागत हथियारों के मामले में पाकिस्तान की ऐसी स्पष्ट श्रेष्ठता होनी चाहिए कि परंपरागत युद्ध में भारत उसे हरा न सके। 1972 के बाद पाकिस्तान ने अपने नाभिकीय अस्त्रों और प्रक्षेपास्त्र क्षमताओं में लगातार इजाफा किया। 1987 तक पाकिस्तान ने कुछेक नाभिकीय अस्त्र हासिल कर लिए थे। 1987 और 1988 के बीच पाकिस्तान ने चीन की सहायता से अपने प्रक्षेपास्त्र भंडार को और विकसित कर लिया। इसके परिणामस्वरूप 1996 और 1997 के बीच ऐसे हालात हो गए कि पाकिस्तान की वरिष्ठ राजनीतिक और सैनिक हस्तियों ने स्पष्ट तौर पर कह डाला कि वे भारत के खिलाफ नाभिकीय और प्रक्षेपास्त्रों के मामले में कड़ा रूख अख्तियार करने में पूरी तरह सक्षम हैं। अप्रैल 1998 में मध्यम दूरी के बैलेस्टिक प्रक्षेपास्त्र (आई आर बी एम) 'गौरी' के परीक्षण और पाकिस्तान के नाभिकीय अस्त्र कार्यक्रम के जनक डा. कादिर खान के इन दावों कि पाकिस्तान के पास सक्षम सैन्य नाभिकीय भंडार है, की भारत अनदेखी नहीं कर सकता था।

भारत के ताप–नाभिकीय और नाभिकीय परीक्षणों के अधोलिखित प्रयोजन थे:

पहला, भारत ने एक पूर्ण नाभिकीय अस्त्र राष्ट्र के तौर पर खुद को भरोसा दिलाने के साथ ही बाकी दुनिया के सामने इसकी पुष्टि भी की। दूसरा, इन परीक्षणों ने भारत की उच्च–ऊर्जा–भौतिकी व नाभिकीय अभियान्त्रिकी के क्षेत्र में भारत की परिष्कृत प्रौद्योगिकीय क्षमताओं की पुष्टि की, जो कम्प्यूटर अनुकृति और भविष्य के उप–सूक्ष्म परीक्षणों में सक्षम थे। तीसरा, भारत ने क्षेत्रीय व अन्तर्राष्ट्रीय शक्ति समीकरणों में संतुलनात्मक कारक के तौर पर रणनीतिक स्थिति हासिल कर ली। चौथा, पांचों नाभिकीय सम्पन्न राष्ट्र की हठधर्मिता के बावजूद भेदभावपूर्ण प्रतिबंधों पर सवालिया निशान लगने के कारण भावी शस्त्र नियंत्रण और निः शस्त्रीकरण प्रक्रियाओं के वस्तुपरक सन्दर्भ–सकेंत बदल गए।

इस महत्त्वपूर्ण सवाल का जवाब पाना जरूरी है कि नाभिकीय परीक्षणों के बाद लगाए गए प्रतिबंधों की वजह से भारत के आर्थिक आधुनिकीकरण और विकास पर क्या ऐसा असर पड़ेगा, जिसकी भरपाई मुश्किल हो? जानकार सरकारी महकमों के साथ–साथ रणनीतिक और आर्थिक विशेषज्ञों का ऐसा आकलन है कि प्रतिबन्धों के कारण भारत में अल्पकालिक समस्याएं भी पैदा होंगी। लेकिन भारत के मूल प्राकृतिक और मानव संसाधनों तथा भारतीय अर्थव्यवस्था की अन्तर्निहित ताकत इन प्रतिबन्धों के दबाव को निष्प्रभावी करने में कामयाब रहेंगी, बशर्ते भारत राजनीतिक तौर पर स्थिर और एकजुट रहने, विश्व की बड़ी ताकतों को उनकी चिंताओं के प्रति आश्वस्त करने के ध्येय से

सकारात्मक बातचीत का दौर शुरू करने और अपने आर्थिक उदारीकरण व सुधारों को उद्देश्य-परक रूप से जारी रखने की तीन आवश्यक जरूरतों को पूरा करें। एक अनुमान यह है कि रक्षामंत्री जार्ज फर्नांडिस की चीन के बारे में आलोचनात्मक टिप्पणी इन नाभिकीय परीक्षणों की तैयारी को दर्शाती थीं। लेकिन ऐसा कोई भी सिरा नहीं है, जिससे ऐसा तय किया जा सके।

मोटे तौर पर, भारत द्वारा नाभिकीय नम हासिल करना इन कारणों से उचित है। पहला, मौजूदा क्षेत्रीय परिप्रेक्ष्य में इसकी राष्ट्रीय सुरक्षा जरूरतों के मद्देनजर और दूसरा, रक्षा उद्देश्यों के लिए प्रौधोगिकीय आत्मनिर्भरता के निरन्तर आधार के कारण। तीसरा, अपने पड़ोसीयों की अस्त्र क्षमताओं और क्षेत्र में विश्व शक्तियों द्वारा की गई तैनाती को देखते हुए एक रणनीतिक संतुलन बनाना। चौथा खुद की गैर-नाभिकीय हथियार राष्ट्र के तौर पर वर्गीकृत किए जाने की वजह से प्रतिबंधों और दण्डात्मक अन्तर्राष्ट्रीय व्यवस्थाओं से अलग रहना (वैधानिक तौर पर जो भी मतभेद हों, भारत के वास्तविक नाभिकीय हथियार दर्जे पर सवाल नहीं उठाया जा सकता। पांचवां, भारत का ध्येय अप्रसार अस्त्र नियंत्रण और निःशस्त्रीकरण पर बातचीत को निर्देशित करने वाले उन भेदभावपूर्ण सन्दर्भ-तथ्यों को बदलना है, जिसे मौजूदा नाभिकीय अस्त्र सम्पन्न देशों ने तैयार किया है। दरअसल, यही कारण है कि भारत व्यापक परीक्षण प्रतिबंध संधिः (सी टी बी टी) पर इसके मौजूदा स्वरूप में दस्तख्त करने का इच्छुक नहीं। हालांकि सीटीबीटी, 'अप्रसार सन्धि' (एन पी टी) की अपेक्षाकृत कम महत्त्वपूर्ण है। छठा, सबसे महत्त्वपूर्ण बात यह है कि भारत का नाभिकीय सशस्त्रीकरण व्यावहारिक सैन्य प्रयोजन से कहीं ज्यादा राजनीतिक और रणनीतिक उद्देश्यों से प्रेरित है। नाभिकीय अस्त्रों के सैन्य इस्तेमाल का विकल्प भारत तभी अपनाएगा जब दबावपूर्ण अपरिहार्य हालात बन जाएं प्रतिबंध लगाए जाने के मुद्दे पर हमारी प्रतिक्रिया टकरावपूर्ण नहीं होनी चाहिए। यह धैर्यपूर्ण, शालीन और तार्किक हो। हमारे राजनीतिक और राजनयिक रूख में युद्धप्रियता का तत्व नहीं होना चाहिए। बहुआयामी वित्तीय संस्थाओं को ध्यान में रखते हुए हमें एक बेहतर और सुदृढ़ अभियान छेड़ना होगा, ताकि इन संस्थाओं द्वारा भारत के खिलाफ लिए जाने वाले किसी भी कड़े फैसले को टाला जा सके। आरम्भिक अनुमान यह है कि हम प्रतिबंधों का सामना बखूबी कर सकते हैं, यदि राजनीतिक एकजुटता और स्थिरता हो और यदि हम आर्थिक पुनर्निमाण और सुधार कार्यक्रम को उद्देश्य परक और प्रभावशाली तरीके से जारी रखें तथा इस प्रक्रिया को विभाजनकारी राजनीति की भेंट न चढ़ने दें। इसके साथ ही हमें प्रौद्योगिकी हस्तांरण पर प्रतिबंध से होने वाली परेशानी से भी निपटना होगा।

हमारी अपनी प्रौद्योगिकीय और ढांचागत क्षमताएं तथा प्रशिक्षित मानव संसाधन की ऐसी भूमिका होनी चाहिए कि हम इस खास किस्म के दबाव को कुछ हद तक कम कर पाएं। आने वाले एक दो साल की अवधि में यदि हमने अपने विवेकपूर्ण और जिम्मेदाराना व्यवहार को लेकर विश्व को भरोसे में ले लिया तो प्रतिबंध घट भी सकते हैं। अपने बारे में आशंकाओं और संदेहों को हटाने तथा विकसित देशों की महत्त्वपूर्ण संस्थाओं में भारत के प्रति सकारात्मक छवि बनाने के लिए हमें इन देशों में प्रभावशाली अनिवासी भारतीय समुदायों का सहयोग अवश्य लेना चाहिए।

यह बड़ा सवाल उठाया जा रहा है कि भारत ने नाभिकीय हथियार राष्ट्र बनने के लिए अतिवादी और अन्तर्राष्ट्रीय तौर पर अप्रिय माने जाने वाला फैसला लेकर क्या पाया? इस संदर्भ में हासिल उपलब्धियों का निचोड़ कुछ इस तरह हो सकता है; पहली बात यह है कि अपने हितों के लिए एकाकी पथ पर चलने की देश और इसके लोगों की योग्यता और सामर्थ्य का परिचायक है, जो देश की आजादी और भौगोलिक अखण्डता को सुरक्षित रखने की अन्तिम कसौटी है। भारत के परमाणु परीक्षण सम्भवतः इसी योग्यता और क्षमता को दिखाते हैं। दूसरा, विशेषज्ञों और सत्ता संरचना के स्तम्भों को छोड़ कर भारत के लोग अपनी वैज्ञानिक और प्रौद्योगिकीय क्षमताओं को लेकर बड़े अनिश्चित थे। वे नाभिकीय विकल्प खुला रखने के सिद्धान्त को लेकर ही कुछ हद तक भ्रमित हो रहे थे। इन परीक्षणों ने एक निश्चित तरीके से भारत की क्षमताओं के बारे में जनता को आश्वस्त किया। इन परीक्षणों ने भारत की विदेश और रक्षा नीतियों में विश्वास और निर्णयात्मक क्षमता का बोध कराया। भारत में सकारात्मक मनौवैज्ञानिक और भावनात्मक उफान महसूस किया गया। हालांकि, इस अहसास को परिभाषित नहीं किया जा सकता। चौथा, हमने अन्तर्राष्ट्रीय समुदाय को स्पष्ट और सुनिश्चित संकेत दिए कि हम एक नाभिकीय अस्त्र सम्पन्न राष्ट्र हैं और हमने एक संतोषजनक स्तर तक अपनी क्षमताओं का खुद ही विकास किया है। नाभिकीय अस्त्र सम्पन्न राष्ट्र के तौर पर हमारे दर्जे को लेकर भले ही अकारण कानूनी वाद-प्रतिवाद हो; यह एक जमीनी सच्चाई है कि हमने यह क्षमता 1968 से पहले हासिल नहीं की थी और दुनिया को इस बात को मानना होगा। पांचवां, इस उपलब्धि ने भारत की जनता ने दुनिया को यह बतला दिया कि तमाम उकसावे और चौबीस साल तक बने रहे प्रतिबंधों के बाद भी हमारा संयम और अनुशासन हमारे असामर्थ्य अथवा प्रौद्योगिकीय क्षमताओं की कमी के कारण नहीं था। हमारा संयम स्वैच्छिक और अपनी ताकत और क्षमताओं के ज्ञान के साथ था। छठा, हमने अपने आस-पास के रणनीतिक सुरक्षा वातावरण के संदर्भ में

एक विश्वसनीय प्रतिक्रिया की बुनियाद तैयार कर ली है। सातवां, हमने राजनीतिक मायने में नाभिकीय अस्त्र सम्पन्न देशों के बीच रणनीतिक संतुलन को मूलतः बदल डाला। हमने एशियाई शक्ति संबंधों के रणनीतिक समीकरणों को भी बदल डाला। आठवां, हमारी इस सुनिश्चित क्षमता कि प्रौद्योगिकीय बदलाव शांतिपूर्ण उद्देश्यों के लिए होंगे, इससे अन्ततः किसी भी नई विश्व व्यवस्था में भारत एक स्थापित शक्ति होगा। भविष्य में वैश्विक सुरक्षा के लिए किसी भी अन्तर्राष्ट्रीय आकलन में भारत को नकारा नहीं जा सकेगा।

पिछले पचास सालों के दौरान हमारी विदेश और रक्षा नीतियों पर हमारे संकोचों और अल्पभाषिता के कारण पड़ा गहरा प्रभाव, भारत के नाभिकीय अस्त्र सम्पन्न क्षमता को पा लेने से तिरोहित हो गया। यह उचित दिखता है कि हमने अन्तर्राष्ट्रीय रूख को विकासशील देशों और भारतीय हितों के हक में करने के लिए, 1998 के 11 और 13 मई को पोखरण में कार्यरूप में ढाले गए महत्त्वपूर्ण निर्णय के द्वारा उस संतुलन की क्षतिपूर्ति की। पोखरण II एक उपयुक्त मोड़ के रूप में उभर कर आएगा जहां से हम स्वतंत्रता के पचास साल के बाद अतीत का मूल्यांकन कर सकते हैं और भविष्य की योजना बना सकते हैं।

मुख्य कालक्रमीय वर्णन में वापस चलें-राजीव गांधी की सरकार जब 1984 दिसम्बर में सत्ता में आई तो इसने अधोलिखित कारकों और प्रवृत्तियों को महसूस किया जो भारतीय विदेश और रक्षा नीतियों पर प्रभाव डाल रही थीं:

(क) शीत युद्ध खत्म हो रहा था। अन्तर्राष्ट्रीय मुद्दों पर अमेरीका-सोवियत सहमति को भारत और विकासशील देशों के समायोजन की जरूरत थी, जिनकी नीतियां शीतयुद्ध के बाद उपलब्ध प्रभावों पर भी हावी थीं।

(ख) अफगानिस्तान से सोवियत संघ की वापसी से अमेरीका और पाकिस्तान के लिए खाड़ी और पश्चिमी एशियाई क्षेत्र में प्रभावों और विकल्पों में बढ़ोतरी होने लगी थी।

(ग) दक्षिण एशियाई क्षेत्र में पाकिस्तान खुद एक मजबूत और स्व-आश्वस्त वजूद बन कर उभरने लगा था।

(घ) सोवियत संघ और चीन में बदले हुए नेतृत्वों के परिणामस्वरूप एक दूसरे के प्रति उनके रूख में गर्मी आने लगी थी।

(ङ) भारत के विदेशमंत्री के रूप में 1979 में चीन के दौरे के दौरान अटल बिहारी वाजपेयी को डेंग जियापोंग ने यह संकेत दिया कि चीन भारत के प्रति अपेक्षाकृत अधिक व्यावहारिक नजरिया रखेगा।

(च) जबकि अपेक्षाकृत पुराने बहुपक्षीय संगठन और व्यवस्थाएं अपनी एकता

और प्रयोजन के मायने खो रहीं थी (जैसे: जी–77, अन्कटाड, निर्गुट समूह), नई केन्द्रीभूत शक्तियां क्रियाशील हो उठी थी; परिणामस्वरूप प्रौद्योगिकी, आर्थिक और व्यावसायिक सहयोग के लिए क्षेत्रीय और उप–क्षेत्रीय गुटबंदी शुरू हो गई थी, जिसका अभिप्राय उनके सम्बद्धित क्षेत्रों में शांति और रक्षा का टिकाऊ ढांचा तैयार करना था।

(छ) नेहरू युग के दौरान निर्धारित और उसी समय से कार्यरत सामाजिक–आर्थिक प्रबंधन और विकास की प्रक्रिया की सम्भावनाओं को सही स्तर मिल गया था। समाजवादी देशों में कुछ हद तक समान व्यवस्थाओं में सापेक्ष रूप से मौजूद कमी–खासतौर पर सोवियत संघ और चीन में, महसूस की गई। भारत को अपना रूख बदलना था और आंतरिक सामाजिक–आर्थिक अवरोधों के समाधान के लिए सामाजिक–आर्थिक प्रबंधन के अपने तरीकों का पुनर्निर्धारण करना था।

(ज) भारत की हस्तेक्षपहीन और शांतिपूर्ण सह–अस्तित्व के सिद्धान्तों के लिए प्रतिबद्धता के तथ्यपरक स्थिति के बावजूद भारत के प्रति क्षेत्रीय नजरिया यह था कि भारत प्रभुत्वपूर्ण और क्षेत्रीय वर्चस्व की महत्त्वकांक्षा को प्रश्रय दे रहा है।

(झ) स्वतंत्रता प्राप्ति के चौथे दशक के अंत में, भारत उत्तर पूर्वी राज्यों और पंजाब में प्रभावी विघटनकारी दबावों का सामना कर रहा था। भारत की आन्तरिक स्थिरता और सुरक्षा के लिए प्रकट रूप से आन्तरिक संकट मंडरा रहा था।

(ट) पाकिस्तान द्वारा अख्तियार की गई नाभिकीय अस्त्र क्षमताओं ने दक्षिण एशियाई सैन्य संतुलन को बदल दिया था।

(ठ) पाकिस्तान के अलावा नेपाल, बांग्लादेश और श्रीलंका जैसे भारत के दूसरे पड़ोसी देश, भारत के प्रति अपने नजरिए के कारण अमेरीका, चीन, इजरायल और दूसरे देशों के साथ राजनीतिक और रक्षा संबंध को धीरे–धीरे बढ़ा रहे थे।

राजीव गांधी ने इन चुनौतियों और प्रवृत्तियों के लिए एक सुस्पष्ट नीति और नपी–तुली प्रतिक्रिया की शुरूआत की। उन्होंने सोवियत संघ के साथ संबंधों में अपेक्षित स्तर बरकरार रखते हुए अमेरीका और पश्चिमी देशों के लिए मार्ग खोले; उन्होंने सुरक्षा निकाय के लिए आपूर्ति और प्रौद्योगिकी के स्त्रोतों के अपेक्षाकृत बड़े विविधिकरण के मार्ग का श्रीगणेश किया। चीन को यह संकेत दिए गए कि भारत संबंधों की खटास दूर करना चाहता है और सीमा–रेखा के मुद्दे पर बातचीत फिर शुरू करना चाहता है। उन्होंने पाकिस्तान के राष्ट्रपति

जिया-उल-हक और श्रीलंका के राष्ट्रपति जयवर्द्धने, जिनके साथ भारत के संबंध एक चिंताजनक दौर से गुजर रहे थे, से व्यक्तिगत रूप से सम्पर्क किया। उन्होंने नाभिकीय निःशस्त्रीकरण, शस्त्र नियंत्रण और राजनीतिक शस्त्रों में कटौती के लिए एक नई समय-बद्ध शुरूआत की प्रस्तावना की, जिसका ध्येय 21वीं सदी के पहले दशक तक उन सबको खत्म कर देना था। उन्होंने भारतीय अर्थव्यवस्था के उदारीकरण की शुरूआत की। उन्होंने दिसम्बर 1985 में ढाका में बांग्लादेश में पहले सम्मेलन में भाग लेते समय उसके द्वारा प्रस्तावित दक्षिण एशियाई क्षेत्रीय सहयोग संगठन (दक्षेस) के निर्माण को गति दी। पाकिस्तान में 1988 में लोकतंत्र की बहाली के बाद बेनजीर भुट्टो से मिलने के लिए उन्होंने अविलम्ब वहां का दौरा किया, 1989 में वह दुबारा गए, इसका फल यह हुआ कि भारत-पाकिस्तान के बीच एक दूसरे के नाभिकीय प्रतिष्ठानों पर आक्रमण न करने के समझौते पर हस्ताक्षर हुआ। उन्होंने भारत और पाकिस्तान के बीच परस्पर विश्वास और भरोसे का माहौल कायम करने के लिए परस्पर आर्थिक और सांस्कृतिक सहयोग बढ़ाने और दोनों देशों के लोगों में सम्पर्क बढ़ाने के कई प्रस्ताव रखे। उन्होंने श्रीलंका के राष्ट्रपति को आश्वस्त किया कि तमिल आकांक्षाओं को समर्थन के साथ-साथ भारत-श्रीलंका की एकता और भौगोलिक अखण्डता के प्रति भी उतना ही प्रतिबद्ध है। भारत की सुरक्षा सुनिश्चित करने के संदर्भ में उनका अंतिम महत्त्वपूर्ण योगदान दिसम्बर 1988 की चीन यात्रा का रहा, जहां डेंग जियापोंग के साथ उनके विचार-विमर्श ने चीन और भारत के संबंधों को सामान्य बनाने की महत्त्वपूर्ण प्रक्रिया धीरे-धीरे शुरू हुई।

विदेश नीति की लगातार बनी हुई चिन्ताएं निम्नलिखित है:

(क) जम्मू-कश्मीर पर पाकिस्तानी दावे के कारण पाकिस्तान और अब तक अनसुलझे सीमा-विवाद के कारण चीन से भारत की क्षेत्रीय अखण्डता को खतरा बरकरार है। हालांकि चीन के मामले में 1980 के दशक के उतरार्द्ध जैसी खतरे की बात नहीं है।

फिर भी इस मामले में जब तक भारत और चीन में कोई समझौता नहीं हो जाता, भारत की क्षेत्रीय अखण्डता को कुछ न कुछ खतरा बना ही रहेगा।

(ख) आंतरिक अलगाववादी ताकतें भारत की भू-राजनैतिक एकता पर असर डाल रही है। जम्मू-कश्मीर और भारत के पूर्वोत्तर राज्यों की आबादी के कुछ हिस्से अलग होने की मांग कर रहे हैं। 1950 के दशक के उत्तरार्द्ध और साठ के पूर्वार्द्ध से ही तमिलनाडु, पंजाब, उड़ीसा और उत्तर बंगाल के कुछ समूहों द्वारा आरम्भिक अलगाववादी आकांक्षाओं की अभिव्यक्ति कभी-कभी होने लगी थी।

(ग) पाकिस्तान और चीन से शत्रुपूर्ण रिश्ते और इन देशों के साथ सैनिक टकराव का परिणाम यह हुआ कि भारत को अपने अल्प वित्तीय, भौतिक और प्रशिक्षित मानव संसाधनों को सुरक्षा उद्देश्यों में लगाना पड़ा। इस वजह से राष्ट्रीय सुदृढ़ीकरण और पुनर्निर्माण के लिए सामाजिक और आर्थिक नीतियां बनाने और इन पर अमल करने की भारतीय क्षमताएं घट गईं।

(ड.) दूसरे देशों और वहां के विचारकों द्वारा भारत की एकीकृत राज्य पद्धति की व्यावहारिकता पर सवाल उठाए जाने लगे थे, क्योंकि भारत को धार्मिक, जातीय और भाषाई विविधताओं के कारण बार-बार उठ खड़ी हुई अड़चनों का सामना करना पड़ा था और आज भी करना पड़ता है।

(च) भारत के पड़ोस-हिंद महासागर के उत्तरी क्षेत्र और अरब व अफ्रीका तटीय देशों में रणनीतिक और योजनाबद्ध नाभिकीय अस्त्र प्रणाली की तैनाती के साथ-साथ विदेशी सामरिक ठिकाने और विदेशी सैन्य उपस्थिति भारत के लिए चिन्ता का सबब बन गई है। यह डिगोगार्सिया में हो या समुद्रजनित या वायुजनित बल हो, शीतयुद्ध की समाप्ति इस प्रक्रिया पर कोई अंकुश नहीं डाल सकी।

(vi) चीन की महत्त्वाकांक्षी नाभिकीय क्षमताएं और नाभिकीय अस्त्रों की एशियाई और हिन्द महासागर क्षेत्रों में उपस्थिति ने 1964 से भारत की विदेश नीति की योजनाओं पर अपना असर डाला है।

1991 से भारत तेजी से बदलते अन्तर्राष्ट्रीय और आंतरिक सुरक्षा वातावरण के साथ सामंजस्य बैठाता चला आ रहा है। इन वातावरणों को बनाने वाले कारक और तत्त्व दो स्तरों पर यह तय करेंगे कि भारत की विदेशी नीति की विषय-वस्तु क्या होगी और यह कौन-सी दिशा अख्तियार करेगी। अतः यह उचित है कि हम इन तत्त्वों को ब्योरेवार जानें।

पहला, वह जमीनी हकीकत। शीतयुद्ध की समाप्ति और सोवियत संघ के विघटन ने भारत की विदेश नीति के दो मूल विधानों को बदल डाला। निर्गुट आंदोलन की शुरूआत से ही घोषित गुटनिरपेक्षता की प्रासंगिकता की समीक्षा की जरूरत है।

दूसरा, सोवियत संघ के साथ सुरक्षा संबंधों के फलस्वरूप भारत को मिलने वाला सहारा, जो इसकी राष्ट्रीय सुरक्षा और इसके भू-रणनीतिक वातावरण को सुदृढ़ करने के लिहाज से उपयोगी था, खो चुका था।

तीसरा, वैश्वीकरण की प्रक्रिया और सूचना क्षेत्र में आई क्रांति से भारत को इसकी आर्थिक, सामाजिक और विकास से जुड़ी नीतियों के गुणवत्तापूर्ण पुनर्निर्धारण की आवश्यकता महसूस हुई, ताकि इस लिहाज से वह अन्तर्राष्ट्रीय

विकास की मुख्य धारा के साथ चल सकें।

चौथा, अन्तर्राष्ट्रीय चिन्ताओं को लेकर भारत को नए विषयों से भी निपटना पड़ा, जिसके लिए विश्व शक्तियों ने दबाव बनाया और उन्होंने इस मामले में किसी खास देश अथवा विकासशील देशों की स्थितियों, विविधताओं और उनकी चिन्ताओं पर ध्यान नहीं दिया। विकास में सहयोग की प्रक्रिया को निर्देशित करने वाली विश्व शक्तियों ने मानवाधिकार, पर्यावरण प्रबंधन, एकतरफा सामाजिक शर्तों जैसे मुद्दों को तय कर डाला।

पांचवां, शीतयुद्ध की जगह एक मेलजोल भरे विश्व परिदृश्य ने नहीं ली थी, बल्कि अमेरीका के वर्चस्व तले सुरक्षा और आर्थिक व्यवस्था का विस्तार करने के जरिए विकसित देशों के विश्व पर प्रभुत्व जमाने की प्रतिस्पर्धापूर्ण और अविवेकी आवेगों की नई प्रवृत्तियों ने और प्रौद्योगिकी हस्तांतरण, अन्तर्राष्ट्रीय व्यापार, निवेश प्रवाह, विश्व के जैव खनिज व अनुवांशिकी संसाधनों...आदि मुद्दों पर एक तरफा नियत किए गए भेदभावपूर्ण शासनों ने ले ली थी।

छठा, शीतयुद्ध के बाद की नई क्षेत्रीय गुटबंदियों और राजनीतिक-रणनीतिक सुरक्षा व्यवस्थाओं के पैमाने पर भारत को अपनी स्थिति नियत करनी थी और अपनी जगह बनानी थी।

सातवां, विश्व के नये उभरते शक्ति केन्द्रों जैसे उत्तरी अमेरीका, पश्चिमी यूरोप, जापान, रूस और आसियान (दक्षेस) के साथ भारत को नए समीकरणों का विकास करना था।

आठवां, भारत को नए, उभरते देशों जैसे दक्षिण अफ्रीकी, मध्य एशियाई, पूर्व यूरोपीय और सोवियत संघ के यूरेशियाई गणतंत्र के साथ संबंधों की रूपरेखा तय करनी थी।

आखिर में, विभिन्न महत्त्वपूर्ण देशों की नीतियों के स्वरूप के संदर्भ में विश्व में उभरते शक्ति समीकरणों के अनुसार भारत को अन्य देशों के साथ इसकी सुरक्षा और आर्थिक सहयोग को भी विस्तृत करना था। इन सबके ऊपर, भारत को अपने नजदीकी पड़ोस दक्षिण एशिया की अपेक्षाकृत उग्र और अनिश्चित आर्थिक स्थितियों से भी संतुलन बनाए रखना था।

संतुलन के नजरिये से हमारे पहले पचास साल के दौरान हमारी विदेश नीति की सफलताएं और असफलताएं अधोलिखित तरीके से व्यक्त की जा सकती हैं:

आजादी के बाद के पहले डेढ़ दशक के दौरान हमें असफलताएं देखने को मिली; हमारी विदेश नीति आदर्शवाद से भरी और विश्व परिदृश्य के प्रति यथार्थ से दूर सकारात्मक दृष्टिकोण को अपनाए बैठी थी। इस प्रवृत्ति के कारण

कुछ खास मुद्दों पर हमारे राष्ट्रीय हितों की पूर्ति नहीं हो पाई। कश्मीर पर पाकिस्तान के अतिक्रमण को निष्प्रभावी करने के लिए संयुक्त राष्ट्र में जाना, चीन द्वारा तिब्बत पर कब्जा कर लेने पर हमारा शांत रह जाना, हमारा धीरे-धीरे और फिर अचानक 1956 के बाद से चीन के साथ सीमा रेखा विवाद पर दृढ़ रूख अख्तियार करना, जो 1962 युद्ध में हमारी सामरिक पराजय का सबब बना, इस आकलन को पुष्ट करता है।

पंडित नेहरू के नैतिकता पूर्ण व्यक्तित्व और अन्तर्राष्ट्रीय प्रभाव के कारण विश्व परिदृश्य पर जो प्रभाव हमें प्राप्त हुआ, वह हमारी आर्थिक, राजनीतिक और सामरिक मजबूती के लिए सर्वथा अनुपयुक्त था। जब तक नेहरू रहे, तब तक भारत का नेतृत्व स्थिर रहा। उनके चले जाने पर जन्मी स्थिति पर राजनैतिक वास्तविकताओं के साथ संतुलन बिठाते हुए हमें अन्तर्राष्ट्रीय परिदृश्य में और भी यथार्थपरक भूमिका के लिए तैयार होना चाहिए था। दरअसल, हमने नेहरू-दौर से एक निश्चित सोच प्राप्त की थी, जो हमारे अन्दर अन्तर्राष्ट्रीय नेतृत्व की भूमिका की उत्कट चाह लिए बैठा था, बिना इस बात पर ध्यान दिए कि बाकी दुनिया भारत की इस भूमिका को स्वीकार करने को तैयार थी या नहीं; या भारत के पास जरूरी संसाधन और शक्ति मौजूद हैं भी या नहीं; जिसकी बदौलत वह इस भूमिका के लिए अपना दावा पेश कर सके। ऐसी भूमिका के लिए हमारी चाहत ने हमारे लिए एक सीमा भी बांध दी कि हम अपने राष्ट्रीय हितों के लिए समय पर निर्णयात्मक रूप से कार्रवाई करें। अंतर्राष्ट्रीय मुद्दों को हल करने के लिए वास्तविक राजनीति आधारित नहीं बल्कि उच्च नैतिक आधारों के मार्ग पर चलने का दावा पेश कर हमने अपने आपको परस्पर विरोधी स्थितियों में भी डाल दिया। चाहे-अनचाहे हमारी कार्रवाइयों को वास्तविक राजनीति पर ही आधारित होना था, चाहे हैदराबाद की पुलिस कार्रवाई हो, गोवा में पुर्तगालियों के खिलाफ सैनिक अभियान और वह भिन्न व्यवहार, जो हंगरी और चेकोस्लोवाकिया पर सोवियत के आक्रमण और मिस्र के ऊपर ब्रिटिश-फ्रांसीसी आक्रमण या अरब द्वारा 1960 और 1970 के दशकों में इजरायल पर हमले के दौरान हमारी प्रतिक्रिया में दिखा। वही प्रतिकूलता कुछ और समय बाद 1980 और 1990 के दशकों में, एक तरफ लीबिया, ग्रेनेडा और पनामा में अमेरीका द्वारा छेड़े गए सैनिक अभियान और दूसरी तरफ इराक द्वारा कुवैत पर आक्रमण के संदर्भ में, नजर आई।

भारत ने अपनी गतिविधियों में ऐसा व्यवहार क्यों अख्तियार किया था,यह भारत के राष्ट्रीय हितों के मद्देनजर बिल्कुल सही नजर आता है, पर हमें रक्षात्मक रुख अपनाना था, क्योंकि हम उस कृत्रिम नैतिक धरातल से विमुख नहीं हो

सकते थे, जो हमने अपने लिए बना रखा था। हमारे इस विचित्र रवैये के बारे में विदेशी प्रतिक्रियाओं के एक उदाहरण के रूप में मैं उस बातचीत का जिक्र करना चाहूंगा जो विदेश सचिव के रूप में अमेरीका के विदेश मंत्रालय के एक उच्चपदाधिकारी के साथ भारत के मानवाधिकारों की स्थिति पर अमेरीका की अनुचित आलोचना के सिलसिले में हुई। इस अमरीकी अधिकारी ने अमरीकी निर्णय पर उठाए मेरे दृढ़ सवालों को यह कहते हुए खारिज कर दियाः "भारत इन समस्याओं का सामना कर रहा है क्योंकि भारत ने खुद ही मानवाधिकारों जैसे अन्तर्राष्ट्रीय मसलों से जुड़े सामाजिक-राजनीतिक व्यवहार के बारे में ऊंचे नैतिक मानकों को स्थापित कर लिया है। हम आपको उन्हीं मानकों के आधार पर तौल रहे हैं जिनका आप खुद दावा करते हैं। आप हमें चीन, मिस्र या इंडोनेशिया के बारे में आलोचना करते नहीं देखते क्योंकि वे आपकी तरह किसी ऊंचे नैतिक धरातल से बात नहीं करते।"

हमारी विदेश नीति की विचारधारा में दूसरा दोष (असफलता नहीं) यह है कि हम दूसरे देशों की ओर से अपने लिए अच्छे व्यवहार का प्रमाण पत्र चाहते हैं, जैसे हमारा एक महान देश हैं; हम विकासशील देशों के नेता बनना चाहते हैं; अपने अच्छे गुणों के कारण हमें अवश्य स्वतः ही संयुक्त राष्ट्र की सुरक्षा परिषद का स्थायी सदस्य बन जाना चाहिए। हम यह भी मानते है कि दूसरे देशों को हमें एक महत्त्वपूर्ण क्षेत्रीय या हो सके तो वैश्विक स्वरूप मानना चाहिए। इस आत्मश्लाघा के परिणाम स्वरूप हमारी विदेश नीति में भ्रामक महत्त्वाकांक्षाए काल्पनिक दिखावा और कुंठित हताशा भर आई। यह मानसिकता जल्द से जल्द हटा देनी चाहिए।

भारत की विदेश नीति की सफलताओं के लिए अधोलिखित बातें ध्यान में रखी जा सकती हैं:

1. भारत को प्रभावित करने वाली वृहत् विविधताओं और केन्द्रविमुख शक्तियों के बावजूद भारत एक अखंड देश है।
2. तोड़-फोड़, सामरिक खतरों और राजनैतिक बदलावों के कारण पड़ने वाली बाहरी विपत्तियों और दबावों के बावजूद हमने अपनी क्षेत्रीय अखंडता की रक्षा की।
3. जो भी अंतरिम उतार-चढ़ाव रहे हों, भारत के प्रति इसके पड़ोसियों के नकारात्मक रवैये, वे कितने ही अनुचित क्यों न हों, के बावजूद हमने अपने पड़ोसियों के साथ पूरे तौर पर सामान्य संबंध बना रखा है। हाल के वर्षों में हमने यहां तक कि पाकिस्तान और बांग्लादेश के साथ भी अपने संबंधों को एक स्थिर रूप देने का प्रयास किया है, जबकि उनके साथ कुछ आधारभूत विवादों को सुलझाना अभी बाकी है।

4. हमारे ऊपर लगातार पड़ने वाले नकारात्मक दबावों, जो हम पर हावी होकर हमारे राष्ट्रीय हित के विरूद्ध हो सकते थे, के बावजूद हमने अपनी विदेश नीति, हमारे नाभिकीय, अन्तरिक्ष और प्रौद्योगिकीय विकल्पों को अक्षुण्ण रखा है।
5. पिछले पचास सालों से विश्व के सभी अहम शक्ति केन्द्रों के साथ एक सामान्य संबंध को हमने लगातार बनाए रखा, चाहे वह शीतयुद्ध का समय हो या शीतयुद्ध की समाप्ति के बाद के वृहत् परिवर्तनों का दौर, जिससे होकर विश्व गुजर रहा था।
6. वैश्विक मसलों पर बातचीत के लिए हम सभी बहुपक्षीय निकायों के एक प्रभावी और विश्वसनीय सदस्य हैं, हालांकि शक्ति की शतरंजी चाल के कारण हमें हमारी अपेक्षित भूमिका और पद नहीं मिले।
7. इस सतत् परिवर्तनशील और उथल–पुथल भरे जटिल विश्व में हमने हमारे हितों की पूर्ति और हमारे लोगों की सुरक्षा और कुशलता को सुनिश्चित करने के लिए अपने रक्षा और आर्थिक संबंधों को पर्याप्त कल्पना और लचीलेपन के साथ गढ़ा है।
8. अगर कोई तुलनात्मक मूल्यांकन करना चाहे, तो यह एक काबिले गौर उपलब्धि है कि हमने यह सब एक ऐसे लोकतंत्र के रूप में प्राप्त किया है, जो विशाल विविधताओं से भरे एक बहुलवादी समाज के दबावों और प्रतिकूल अवरोधों के बीच सांस लेता है। भारत ने विदेश नीति के संबंध में जो कुछ भी हासिल किया है वह यूरोप के सारे देशों को अपनी राष्ट्र–अवस्थाओं की प्राप्ति के लगभग तीन सदी के बाद भी नसीब नहीं हो पाया है, जबकि उनकी आबादी अपेक्षाकृत छोटी है और उनके पास ज्यादा परिमाण में संसाधन भी मौजूद हैं।

एक गणतंत्र के रूप में आधी सदी से भी लंबी अपनी यात्रा के इस महत्त्वपूर्ण पड़ाव पर हमें इन मसलों के बारे में अपने समालोचनात्मक आत्मविश्लेषण के लिए अवश्य समर्थ होना चाहिए। अगर हम एक देश के रूप में एकता के सूत्र में बंधे रहें और विघटनकारी और अलगाववादी ताकतों का शिकार न हों तो हमारे मन में आशा की किरणों को फैलाने के लिए ये पर्याप्त कारण हैं।

अब यह समय आ गया है कि हम समालोचनात्मक आत्मविश्लेषण करें जैसे कि हम अपने आसपास की दुनिया के साथ कैसा बर्ताव कर रहे हैं; दूसरे देशों के साथ हमारे संबंधों का स्वरूप कैसा है; अन्तर्राष्ट्रीय समुदाय में हमारी स्थिति एक स्वतंत्र और संप्रभु सत्ता के रूप में क्या है। यह भी उचित होगा कि

हम यह परखें कि हम अपने देश के मूल हितों की रक्षा करने में कहां तक समर्थ हो पाएं हैं।

भारत को यदि अन्तर्राष्ट्रीय समुदाय में उचित जगह हासिल करनी थी तो इसे अपने इतिहास और राजनैतिक-सामाजिक परम्पराओं के मद्देनजर अपनी भू-राजनैतिक और सांस्कृतिक पहचान को परिभाषित करना चाहिए था। दूसरा, भारत की बहु-सांस्कृतिक, बहुधर्मी और बहु-जातीय सभ्यता के स्वरूप को बदल कर एक राष्ट्र के रूप में राजनीतिक पहचान का चोला पहना देना चाहिए था और इस नई पहचान को सुदृढ़ करना चाहिए था। तीसरा, विदेशी आक्रमणों और औपनिवेशिक शासन के दीर्घ अनुभव ने भारत में एक मजबूत इरादा भर दिया था कि इसे अपनी आजादी और विकल्पों के चयन की स्वतंत्रता की रक्षा निर्भीकतापूर्वक करनी होगी ताकि हमारे लोगों की आकांक्षाएं पूरी हो सकें। चौथा, अन्तर्राष्ट्रीय राजनीति के विभिन्न शाखाओं में विभाजन के फलस्वरूप अपनी स्वतंत्रता पर पड़ने वाले खतरे को लेकर भारत सजग था और यह एक सोच-विचार कर लिया गया निर्णय था कि वह उस शक्ति-राजनीति के हाल में उभर कर आए रूप-शीतयुद्ध में किसी भी किस्म की भागीदारी नहीं करेगा। परिणाम यह हुआ कि राष्ट्रीय नेतृत्त्व ने अन्तर्राष्ट्रीय संबंधों के प्रति सजग हो स्थिर और बुद्धिमत्तापूर्ण रुख अपनाना शुरू कर दिया। इस रुख के लक्ष्य उन्नति की आकांक्षाओं, सामरिक शक्ति की प्राप्ति और एक प्रतिस्पर्धापूर्ण ढांचे में शक्ति-समीकरणों के बीच संतुलन स्थापित करने से बिल्कुल अलग हट कर थे। भारत ने एक न्यायपूर्ण और सहयोगपूर्ण, न कि प्रतिस्पर्धापूर्ण, विश्व व्यवस्था के लिए आवाज उठाई। यह दृष्टिकोण मार्च 1947 में दिल्ली में आयोजित एशियाई संबंध सम्मेलन में जवाहर लाल नेहरू द्वारा भारत की पहली अन्तर्राष्ट्रीय कूटनीति के तौर पर इस्तेमाल की गई। भारत ने अपनी विदेश नीति में इस प्रवृत्ति को करीब 15 सालों के लिए, 1962 तक, शीत युद्ध के दबाव का शिकार हो रहे विश्व के उथल-पुथल से जन्मे खतरों से विचलित हुए बगैर बनाए रखा।

भारत की अपनी विदेश नीति और राष्ट्रीय सुरक्षा चिन्ताओं के संदर्भ में भारत का उद्देश्य अपनी क्षेत्रीय अखंडता को दृढ़ करना; लोकतांत्रिक संस्थाओं पर आधारित एक राज्य-स्वरूप की रचना करना; भारतीय समाज की बहुवादी, बहुआयामी प्रकृति के प्रति उत्तरदायी राजनीति का गठन करना; आन्तरिक या बाहरी केन्द्रविमुख शक्तियों को इन प्रक्रियाओं को बाधित करने से रोकना और सामाजिक न्याय, वैज्ञानिक और प्रौद्योगिक आधुनिकता के आधार पर भारतीयों की आर्थिक कुशलता को सुनिश्चित करना था। बाह्य रूप से, इसके बाहरी आयामें, भारत की विदेश नीति के लक्ष्यों में उपनिवेशवाद और साम्राज्यवाद के

शेष प्रभाव को दूर करना, रंगभेद और जातीय भेदभाव को खत्म करना, राजनैतिक मतभेदों और सामरिक विवादों का समाधान करने के लिए भेदभाव रहित व्यवहार को सुनिश्चित करने के लिए शांतिपूर्ण राजनीतिक बातचीत की वकालत करना और एक अन्तर्राष्ट्रीय आर्थिक व्यवस्था का निर्माण करना, जो विश्व के ज्यादातर लोगों, जो गरीब हैं, के लिए बराबरी से बांटी गई न्याय प्रक्रिया सुनिश्चित कर सके। भारत ने इन लक्ष्यों की पूर्ति के लिए सैन्य शक्ति या शोषक आर्थिक शक्ति का सहारा नहीं लिया। भारत दूसरे देशों को प्रभावित करने के लिए जनमत का सहारा, चाहे यह कितना ही छोटा प्रभाव क्यों न हो, लेने की इच्छा रखता था। इन प्रभावों के उज्जवल स्तम्भों में भारत द्वारा साम्राज्यवाद और उपनिवेशवाद के खिलाफ अन्तर्राष्ट्रीय जनमत का उपयोग करना शमिल है, जिसके परिणामस्वरूप सारे विकासशील देशों ने व्यावाहारिक रूप से भारत के नक्शे कदम पर चलना शुरू कर दिया।

1947 से 1962 तक की अवधि भारत की विदेश नीति के निर्माण और पहले जिक्र किए गए लक्ष्यों को पूरा करने की सफलता का दौर था। 1962 में चीन–भारत विवाद में भारत की सामारिक पराजय और कश्मीर विवाद मुद्दे को गुण–दोष के आधार पर सुलझाने की दिशा में विश्व के इन्कार करने के तरीके से भारत की विदेश नीति में बदलाव आया। इन घटनाओं ने भारत को एक कड़वी सीख दी कि अन्तर्राष्ट्रीय संबंध शक्ति समीकरणों और वास्तविक राजनीति द्वारा निर्धारित किए जाते हैं; कि वे अनीतिपूर्ण घटनाएं हैं। 1962 से 1971 तक भारत ने इस सबक को, जो उसने सीखा था, अपनी विदेश और सुरक्षा नीतियों के रूप में साकार किया। भारत ने अपना ध्यान रक्षा क्षमताओं को सबल करने और अपने प्रौद्योगिक और आर्थिक विकास पर केन्द्रित किया। भारत ने पूर्वी यूरोप व सोवियत संघ के साथ इस तथ्य को ध्यान में रखते हुए समीकरणों की रचना की ताकि पश्चिमी लोकतंत्रों की तुलना में ये देश भारत की जरूरतों के प्रति उत्तरदायी हों। अमेरीका और पश्चिमी देशों के सुरक्षा और रणनीतिक हितों ने भारत के सरोकारों और हितों के साथ घालमेल नहीं किया। भारत ने अपने हितों के बचाव के लिए एक द्वि–आयामी रणनीति अख्तियार की। इसने अंकतांड और जी–77 जैसे संगठनों को गति दी और गुट–निरपेक्ष आंदोलन को मजबूती प्रदान की ताकि पश्चिमी शक्तियों द्वारा उनके अपने प्रयोजनों के लिए विकासशील देशों पर डाले जा रहे नकारात्मक दबावों का मुकाबला किया जा सके। दूसरा, भारत ने सोवियत संघ के नेतृत्त्व तले समाजवादी दाशों के साथ अपने प्रौद्योगिक आर्थिक और रक्षा संबंधों को विस्तृत और मजबूत किया ताकि अपने विशिष्ट हितों को रक्षा, विकास और सुरक्षा के संदर्भ में कवच प्रदान किया

जा सके। 1963 से 1984 का दौर इसी दोहरी रणनीति के लगातार बने रहने का गवाह है जिसने आमतौर पर भारत के हितों और विदेश नीति के उद्देश्यों को पूरा किया।

श्री लाल बहादुर शास्त्री, छोटे समय के लिए, और श्रीमती इन्दिरा गांधी, करीब डेढ़ दशकों तक, ने हमारी विदेश और राष्ट्रीय सुरक्षा नीतियों में आवश्यक यथार्थवाद और उद्देश्य का समावेश किया, जिसका बहुत ही अहम् परिणाम तब देखने को मिला जब हमने पूर्वी पाकिस्तान संकट को सफलतापूर्वक हल किया और 1971 में पाकिस्तानी सशस्त्र सेना को पराजित किया। भारत अपनी रक्षा और प्रौद्योगिक क्षमताओं में सामर्थ्य अनुसार आत्मनिर्भर हो गया था। इसने विश्व की विभिन्न महत्त्वपूर्ण शक्तियों के साथ सफल राजनैतिक और प्रौद्योगिक समीकरणों की रचना कर डाली थी। परमाणु अप्रसार सन्धि जैसे भेदभाव भरे और असमानतापूर्ण निःशस्त्रीकरण को स्वीकार करने के लिए डाले जा रहे अन्तर्राष्ट्रीय दबावों का इसने विरोध किया। भारत एक नाभिकीय अस्त्र सक्षम शक्ति बन गया और ईरान और दक्षिण पूर्वी एशियाई जैसे महत्त्वपूर्ण देशों के साथ एक सर्वथा नये और लाभदायक संबंधों की रूपरेखा विकसित की।

शीत युद्ध के बाद की अवधि में अमेरीका विश्व व्यवस्था में सर्वोच्च सत्ता के रूप में उभर कर आया है। मोटे तौर पर कहा जाए तो आठ औद्योगिक रूप से विकसित देश, जिन्होंने समूह-8 का गठन किया, विश्व परिदृश्य पर हावी थे। सबसे महत्त्वपूर्ण बात यह है कि 11 और 13 मई को भारत द्वारा किए गए नाभिकीय परीक्षण और इसी के साथ-साथ पाकिस्तान द्वारा 28 और 30 मई को किए गए परीक्षणों ने रणनीतिक संतुलन को बदल डाला और उन पांच नाभिकीय अस्त्र शक्तियों के अप्रसार कार्यक्रम को प्रभावित किया।

यही वह परिप्रेक्ष्य है, जिसके तहत 21वीं सदी के पहले दशकों में हमें भारत में, हमारी बड़ी चुनौतियों और सुरक्षा चिन्ताओं का आकलन करना होगा।

हमारा पहला और सबसे बड़ा सरोकार हमारी राजनीतिक स्थिरता को लोकतांत्रिक, राजनीतिक प्रक्रियाओं के ढांचे के अन्दर सुनिश्चित करना। हमारी स्थिरता, मध्य-80 के दशक से हमारे समाज पर असर डालने वाले विभिन्न राजनैतिक आवेगों के कारण पड़ने वाले दबाव से प्रभावित है। हमारी दूसरी और अति सन्निहित चिन्ता हमारे नाभिकीय अस्त्र दर्जे और रक्षा के लिए हमारी प्रौद्योगिक क्षमताओं को, अन्तर्राष्ट्रीय समुदाय से, जो हमारे द्वारा नाभिकीय अस्त्र प्राप्त करने को आलोचना की दृष्टि से देखता है, अलग किए बगैर सुरक्षित रखना है। हमारा ध्येय हमारी क्षमताओं की एक उपयुक्त, व्यापक और भेदभाव रहित

नि:शस्त्रीकरण और अप्रसार को प्राप्त करने के प्रयासों की मुख्यधारा में पुन: शामिल होते हुए बनाए रखना है।

भारत की क्षेत्रीय अखंडता पर, पाकिस्तान द्वारा जम्मू व कश्मीर पर पेश किये दावे और चीन के साथ सीमा विवाद पर अभी तक कोई समाधान न हो पाने के कारण, सकंट के बादल छाए हुए हैं। बाद वाली स्थिति में, संकट गतिविधियुक्त तो नहीं दिखता, जैसा कि 1980 के आखिरी दशक में देखा गया था। फिर भी यह संकट तब तक बना रहेगा, जब तक चीन-भारत के बीच इस विषय पर समझौता न हो जाए।

भूटान और मालदीव को छोड़ कर भारत के संबंध अपने दूसरे पड़ोसियों, जैसे नेपाल, श्रीलंका, म्यांमार, बांग्लादेश और पाकिस्तान (जो विशिष्ट शत्रु की श्रेणी में आता है), के साथ किसी न किसी वजह से समस्यापूर्ण रहे। यह स्थिति जारी है। नेपाल के साथ तनाव के कारण अधोलिखित हैं:

(क) यह भारत के खिलाफ चीन की तरह व्यवहार कर रहा है,

(ख) व्यापार और पारगमन मुद्दों (जो समय-समय पर उभर उठते हैं) पर मत भिन्नताएं, और

(ग) विद्युत उत्पादन और कृषि प्रयोजनों के लिए जल संसाधन के उपभोग पर मतभेद।

श्रीलंका के साथ सबसे पहले तो भारतीय मूल के तमिलों, जो 19वीं सदी में वहां के चाय बागानों में काम करने के लिए चले गए थे, कि नागरिकता और दोनों देशों के मछुआरों की परम्परागत, मछली मारने के अधिकारों का हनन किए बगैर भारत के प्रायद्वीपीय तट से पृथक तटीय द्वीपों पर क्षेत्राधिकार तय करने के मुद्दे मौजूद थे। फिर, सत्तर के दशक के उत्तरार्द्ध से तमिल-सिंहलियों के बीच के जातीय विवाद ने तमिलनाडु की राजनीति पर अपना असर डाला। हालांकि अभी संबंध सामान्य हैं, फिर भी जातीय संकट की छाया अभी भी इन संबंधों में दिख पड़ती है। म्यांमार के साथ के संबंध में 1960 और 1970 के दशकों में भारतीय समुदाय के निष्कासन की याद अभी भी भारतीय सोच को विचलित करती है। भारत ने रंगून के 'एस एल ओ आर सी' सैन्य शासन के साथ एक सामान्य रिश्ता कायम किया है, पर भारतीय जन मत अभी भी म्यांमार के लोगों के लोकतांत्रिक फैसले के पूरे न होने से तालमेल नहीं बैठा पा रहा। यह रूख जनरल नी विन की देश की सत्ता संभालने के बाद से बना हुआ है। अन्त में, चीन के साथ म्यांमार के रक्षा और आर्थिक संबंध भारत की दृष्टि में एक दिलचस्प मसला है। पाकिस्तान और बांग्लादेश के साथ के विवाद इतने

स्पष्ट रूप से विदित हैं कि उनके बारे में बताने की आवश्यकता नहीं है, खास तौर पर जबकि ये दोनों देश 1971 तक एक ही राजनीतिक स्वरूप के थे। यह बात काबिले गौर है कि बांग्लादेश का निर्माण और इस प्रक्रिया में भारत के समर्थन से कोई खास फर्क नहीं पड़ा है; दरअसल बहुत सारे मसलों पर बांग्लादेश ने पहले के ''पूर्वी पाकिस्तान'' वाले विरोधी हावभाव को भारत की ओर पलट दिया।

भारत के दूसरे प्रत्यक्ष पड़ोसियों और मुस्लिम देशों के भी रुख और नीतियों को प्रभावित करने की पाकिस्तान की कोशिशों, जिसका उद्देश्य भारत के विरूद्ध उनके मन में आशंकाएं पैदा करना है, ने भारतीय सुरक्षा हितों के लिए लगातार चुनौती खड़ी की है।

विदेशी सामरिक ठिकाने और विदेशी सैन्य उपस्थिति, जिसमें अरब और अफ्रीका के तटीय देशों और हिन्द महासागर के उत्तरी क्षेत्रों जैसे भारत के पड़ोस में सामरिक और अत्याधुनिक नाभिकीय अस्त्र प्रणाली की तैनाती शमिल है, भारत के लिए चिन्ता का सबब है। शीत युद्ध की समाप्ति ने बल तैनाती की इस प्रवृत्ति पर रोक लगाई है, चाहे वह डियागो गार्सिया में हो या समुद्र-जनित या वायु-जनित बल हों।

चीन के वृहत् नाभिकीय क्षमताएं और एशियाई और हिन्द महासागरीय क्षेत्रों में नाभिकीय अस्त्रों की उपस्थिति से भारत की रक्षा योजानाओं पर 1965 से प्रभाव पड़ता रहा है।

1991 के आखिर में अमेरीका के रक्षा विभाग ने ''अमेरीका की भावी सुरक्षा योजना'' पर एक नीति संबंधित दस्तावेज खाड़ी युद्ध के परिणामी परिप्रेक्ष्य के तहत जारी किया। अमरीकी रक्षा विभाग दक्षिण एशिया में नीतियों के उद्देश्यों और अभिप्रायों को इंगित करता हुआ यह विचार पेश करता है कि अमेरीका के सबसे महत्त्वपूर्ण लक्ष्यों में से एक होगा भारत को इसके पड़ोसियों खासतौर पर पाकिस्तान पर हावी होने से रोकना। इसके नतीजे में भारत की क्षेत्रीय महत्त्वाकांक्षाओं के साथ संतुलन बनाने के लिए पाकिस्तान के आर्थिक और सैन्य क्षमताओं में इजाफा करना होगा, अमरीकी रक्षा विभाग की यही सोच थी। *जेराल्ड इल्किन*, अमरीकी वायु सेना अकादमी के संकाय सदस्य, इस बारे में और भी स्पष्ट हैं। वह कहते हैं:

''भारत सरकार के तीन मुख्य रणनीतिक उद्देश्य हैं: दक्षिण एशिया में (पाकिस्तान और कमतर क्षेत्रीय पात्रों के ऊपर सैन्य श्रेष्ठता पर आधारित) अपनी स्थिति एक प्रभुत्वपूर्ण सत्ता के रूप में दृढ़ करना; पूरे हिन्द महासागर में सामरिक वर्चस्व हासिल करना और पर्याप्त सशस्त्र शक्ति को विश्वास दिलाना

ताकि अन्तर्राष्ट्रीय समुदाय के ऊपर अपने दर्जे को बढ़ाने की मांग सफलतापूर्वक आरोपित कर सके।''

इस तरह से पहला नजरिया यह है कि भारत दक्षिण एशिया में प्रभुत्त्वपूर्ण महत्त्वकांक्षाएं रखता है और यह भी कि भारत अन्तर्राष्ट्रीय व्यवस्था में अपना दर्जा बढ़ाना चाहता है। माना जा सकता है कि यह भारत के संयुक्त राष्ट्र की सुरक्षा परिषद में स्थायी सदस्य बनने की इच्छा और दावे का संकेत देता है। यह बात कि भारत प्रभुतापूर्ण महत्त्वाकांक्षाएं रखता है, बेतुकी है। देखा जाए तो भारत की अपनी आंतरिक समस्याएं, संसाधनों की कमी और राष्ट्रीय सुदृढ़ीकरण (लगातार दिख रही घरेलू केन्द्रविमुख चुनौतियों के मद्देनजर) के मोर्चे पर पूरी तरह से जुटे होने के कारण यह बड़ा मूर्खतापूर्ण लगता है कि भारत प्रभुतापूर्ण या विस्तारवादी रवैया रखेगा। भारत का एक क्षेत्रीय शक्ति बनने की चाह रखना इन सवालों की मांग करता है–भारत की भौतिक आकार, जनसंख्या, संसाधन, प्रौद्योगिक क्षमताएं और इसके रक्षा बल का आकार–यह सब मिल कर इसके क्षेत्रीय शक्ति को एक अस्तित्वपरक यर्थाथ बनाते हैं। भारत ने अपने पड़ोसी देशों–बांग्लादेश, मालदीव और श्रीलंका–में हस्तक्षेप किया है, सिर्फ तभी जब इन देशों की ओर से अनुरोध किया गया हो या फिर जब इन देशों की गतिविधियों का सीधा असर भारत की अपनी सुरक्षा और स्थिरता के ऊपर पड़ा हो। भारतीय सेनाएं जैसे ही अपना काम खत्म करती वैसे ही वापस लौट आतीं, या जब वह देश, जिसने उनकी सेवा मांगी थी, उनकी वापसी की बात करता। यह बस एक आरोपित कल्पना है, जो क्षेत्रीय संबंधों के सिलसिले में भारत के कदमों को प्रभुतापूर्ण ठहराता है। दूसरी तरफ, भारत की छवि को प्रभुतापूर्ण करार देने की मंशा के पीछे सोचा–समझा उद्देश्य इस छवि को प्रचारित करने वाले देशों की राजनीतिक और आर्थिक प्रभावों को दक्षिण एशियाई क्षेत्र में बरकरार रखना है, जिससे सम्बद्ध देशों के परस्पर सहयोग और घनिष्ठता पर रोक लगाई जा सके। यह एक ऐसी प्रक्रिया है जिसमें भारत एक प्रभावशाली कारक के रूप में उभरेगा। भारत द्वारा विस्तृत समुद्री नौसेना की चाह करना, जो इसके आर्थिक और समुद्री हितों की रक्षा कर सकें, सर्वथा तर्कपूर्ण है; यह आरोप लगाना कि भारत पूरे हिन्द महासागर में सामारिक वर्चस्व चाहता है, एक अवास्तविक अतिश्योक्ति है। हिन्द महासागर में चीन और अमेरीका की नौसैनिक क्षमताओं और नौसैनिक बलों की तैनाती और आस्ट्रेलिया व इंडोनेशिया की विस्तार लेती नौसेनाएं इस प्रयोजन या क्षमता का कारण भारत को ठहराते हुए भारत सम्बद्धित आधारहीन आशंकाओं

का जानबूझ कर प्रसार कर रही हैं। भारत का नौसैनिक बेड़ा किसी बाहरी शक्ति के किसी भी बड़े नौसैनिक युद्धक बेड़े को चुनौती या पराजित नहीं कर सकता।

दूसरा नजरिया यह है कि भारत दक्षिण एशियाई क्षेत्र के लिए नाभिकीय संकट खड़ी कर रहा है। दरअसल, पाकिस्तान के स्वर्गीय राष्ट्रपति जिया-उल-हक और विदेश मंत्री ले, जनरल याकूब खान ने भारत के अन्य पड़ोसियों के समक्ष यह बात रखी कि पाकिस्तान द्वारा नाभिकीय अस्त्र क्षमता प्राप्त करने से न सिर्फ दक्षिण एशियाई बल्कि दक्षिण पूर्वी एशियाई (मुस्लिम) देशों की भी किसी भी भारतीय संकट के मद्देनजर सुरक्षा सुनिश्चित हो जाएगी।

बेनजीर भुट्टो ने इस विचारधारा को दुहराया है। यह एक सरंक्षित तौर पर स्व-हिताय तर्क है जिसने भारत के पड़ोसियों पर कोई भी प्रभाव नहीं डाला है। बजाय इसके, वे चाहेंगे कि भारत और पाकिस्तान नाभिकीय अस्त्र क्षमता को प्राप्त करना शपथपूर्वक अस्वीकार करें। फिर भी यदि भारत अपने पड़ोसियों की ओर ऐसे किसी बेतुके नाभिकीय रूख को अख्तियार करता भी है, तो चीन और अमेरिका, अकेले या साथ में, इस तरह के संकटों का मुकाबला करने में सक्षम हैं।

भारत के नजदीकी पड़ोसियों का तीसरा नजरिया यह है कि भारत के पास अपेक्षाकृत विस्तृत संसाधनों और प्रौद्योगिक और आर्थिक क्षमताओं के होने के कारण वह अन्य दक्षिण एशियाई देशों की अर्थव्यवस्था पर हावी और काबिज होने की इच्छा रखता है। ये आशंकाए इस तरह से प्रकट हुईं; पाकिस्तान द्वारा भारत के साथ व्यापार संबंध स्थापित करने से इंकार करना; बांग्लादेश द्वारा भारतीय सामान को भारत के उत्तर-पूर्वी राज्यों में पहुंचने के लिए पारगमन सुविधा या चिटगॉव के बंदरगाह का इस्तेमाल करने की अनुमति न देना; नेपाल और भारत के बीच द्विपक्षीय व्यापार और पारगमन संबंधों पर बारम्बार उठते मतभेद; और श्रीलंका का अपनी अर्थव्यवस्था में भारतीय निवेश को लेकर सतर्क होना। इस आशंका के निवारण के लिए दक्षेस तले की गई दक्षिण एशियाई वरीयता व्यापार व्यवस्था (साप्टा) प्रणाली अभी तक मुख्यत: पाकिस्तान द्वारा किए गए विलम्ब की वजह से, सफल नहीं हो पाई है। भारत की यह काल्पनिक लालसायुक्त और प्रभुतापूर्ण छवि इस साधारण उदाहरण से खारिज हो गई जब भारत ने अपने पड़ोसियों के साथ आर्थिक संबंधों के विकास में उस स्तर और सीमा तक जाकर भागीदारी निभाई जहां तक उन्होंने ऐसे सहयोग की उम्मीद की। आर्थिक सहयोग के संदर्भ में द्विपक्षीय, साथ ही साथ दक्षेस के दायरे में भी भारत का यही रूख है।

चौथा नजरिया यह मानता है कि भारत की बढ़ती आबादी से पड़ने वाले जनसांख्यिक दबावों के कारण यहां के लोग यहां की राजनीतिक और सामरिक शक्ति का बढ़ावा पाकर पड़ोसी देशों में चले जाएंगे। इस आशंका को बल मिलता यदि भारत के पड़ोस में कोई देश कम आबादी वाला होता और उसके पास आदमी के हिसाब से मुहैया कराने योग्य पर्याप्त जमीन होती। भारत के किसी भी पड़ोस में ऐसा नहीं है; हर देश घनी आबादी वाला है और वहां जमीन की कमी है। सच तो यह है कि पड़ोसी देशों से, खासतौर पर बांग्लादेश और नेपाल, साथ ही साथ पाकिस्तान से मुहाजिर (भारत के उ त्तरप्रदेश और बिहार के पूर्व निवासी) पिछले दो दशकों से भारत की ओर चले आया करते हैं। सम्भावना यह नहीं है कि भारत से लोगों का पलायन पड़ोसी देशों की ओर होगा, बल्कि चिन्ता यह है कि दक्षिण एशिया के सामूहिक जनसंख्या विस्फोट का सामना किस तरह सें किया जाए।

भारत के बारे में पांचवां नजरिया यह है कि इसने नाभिकीय अस्त्रों, प्रक्षेपास्त्रों शस्त्र नियंत्रण और शस्त्रों को कम करने की कार्रवाई के संबंध में एक स्थिर अस्वीकृतिपूर्ण रुख अपना रखा है। सोचने वाली बात यह है कि भारत ने उन देशों की तुलना में; जिन्होंने अन्तर्राष्ट्रीय समझौतों में शामिल की हुई अप्रसार प्रतिबद्धताओं का हनन करने पर दंडात्मक कार्रवाई का प्रावधान रखा है; विभिन्न अप्रसार व्यवस्थाओं की श्रेणी में शामिल न होते हुए भी, अप्रसार उद्देश्यों को पूरा करने में ज्यादा जिम्मेदाराना तरीके से अमल किया है। यहां तक कि दूसरे तरीके से भी, भारत ने विभिन्न देशों के साथ, महा-शक्तियों को लेते हुए, इन मसलों पर विचार-विमर्श किया, जिसमें इसने इन ज्वलंत विषयों पर समझौते की संभावनाओं के बिन्दुओं को ढूंढ़ निकालने की इच्छा जाहिर की।

छठा नजरिया, खासतौर पर इसके पड़ोसियों के हिसाब से, यह है कि भारत उनके साथ के किसी भी विवादपूर्ण मसले पर कोई भी समझौता करने या रियायत बरतने के लिए तैयार नहीं। वे यह सोचते हैं कि भारत के विशाल और प्रचुरता सम्पन्न होने के कारण इसे अपने पड़ोसियों की मांगो; चाहे वह कश्मीर मुद्दा हो, जल संसाधनों का उपयोग या व्यापार और पारगमन सुविधाओं का मसला हो; के प्रति न सिर्फ स्पष्ट बल्कि सहृदय रुख रखना चाहिए। दूसरे देश भी, अपने हितों और झुकावों के आधारानुसार इसी समालोचनात्मक सोच की साझेदारी करते हैं। ऐसे समालोचनात्मक मूल्यांकन में भारत के सामने 'हाबसन-चुनाव' की सी स्थिति आ खड़ी होती है। वृहद और प्रचुर संसाधनों के मौजूद होने से भारत की ओर से सहृदयता और रियायतों की अपेक्षा की वकालत करना यथोचित लगता है। पर हर वह मुद्दा जिस पर इस उपकारितापूर्ण प्रवृत्ति की अपेक्षा

रखी जाती है, भारत के महत्त्वपूर्ण क्षेत्रीय और आर्थिक हितों को प्रभावित करता है; अतः इन मुद्दों (कश्मीर, फरक्का के पानी पर बांग्लादेश की मांगों को स्वीकार करना और नेपाल और बांग्लादेश को व्यापार और पारगमन सुविधाएं प्रदान करना) पर छोटे समय के भीतर समझौते की कोई सम्भावना नहीं है। कुछ समयावधि तक बरकरार रखा हुआ क्रमिक नजरिया इस समालोचना का व्यावहारिक समाधान है।

सातवां बाहरी नजरिया यह मानता है कि भारत को अन्तर्राष्ट्रीय व्यवहार के सिद्धांतों के ऊपर धर्माध्यक्ष की सी हैसियत दे दी गई है, भारत के गुट निरपेक्षता, शांतिपूर्ण सह-अस्तित्व और अंहिसा जैसे विषयों पर उपदेश देने के झुकाव को बहुत से देश पलायनवाद या फिर क्लान्ति मानते हैं। इस सोच में कुछ सार्थकता है। भारतीय नीति घोषणाओं और रूखों में मौजूद ये विशेषताएं, हालांकि, शीतयुद्ध की समाप्ति और राजनीति और कूटनीति में वक्तृता और जनमानस के रूख में परिणामी ह्रास के बाद धुंधली होने लगी है।

आठवां समालोचनात्मक नजरिया, हालांकि आमतौर पर यह कई देशों की साझा सोच है, चीनी सेना की राजनैतिक पत्रिका में प्रकाशित एक लेख (1992 में) स्पष्ट हुआ था। एक तरह से, यह प्रोफेसर जे. के. गैलब्रेथ के भारत पर शोध, जिसमें इसे विश्व की सबसे बड़ी क्रियाशील अराजकता माना गया है, की ही विस्तृत अभिव्यक्ति है। चीनी लेख ने यह बात आगे रखी है कि भारत का समाज और राजनीति धर्म, वर्ण, जाति और दूसरे कारकों के कारण टुकड़ों में बंटी हुई हैं। इस लेख में आगे लिखा है कि यही कारण है भारतीय समाज में राष्ट्रीय सुदृढ़ीकरण के लिए संलग्नता अैर प्रयोजन में एक्य की कमी है, नतीजा भारत के पास कोई ऐसा संरचित रणनैतिक सिद्धान्त नहीं है, जो इसकी रक्षा सुनिश्चित कर सके, और इसलिए भारतीय सशस्त्र सेना को निष्फल समादेश और नियन्त्रण प्रणाली की पंगुता का नुकसान उठाना पड़ता है। यद्यपि भारतीय राज्यों को प्रभावित करने वाले केन्द्रविमुख शक्तियों को नकारा नहीं जा सकता, तथापि भारत की राष्ट्रीय सुरक्षा के संदर्भ में इसे दुर्बल ठहराने का चीनी आकलन अतिश्योक्तिपूर्ण है।

भारत इन उभरते मतों को लेकर विचारवान है और सचेत भी। ऊपर जिक्र किए गए दृष्टिकोणों को निष्फल करने के लिए जब भी सम्भव हुआ कुछ खास कदम उठाए गए। ये कदम विदेश और रक्षा नीतियों में परिलक्षियत हुए। 1991 के मध्य से, गलतफहमियों को हटाने, आर्थिक और राजनीतिक संबंधों को स्थिर करने और विश्वास को बहाल करने के उपायों को तैयार करने और लागू करने के लिए, भारत ने अपने हर एक पड़ोसी के साथ बातचीत आरम्भ की। भारत

ने श्रीलंका के साथ द्विपक्षीय संबंधों की बहाली पर अपना ध्यान केन्द्रित करते हुए, वहां के जातीय संघर्ष से खुद को अलग कर लिया। नेपाल के विरुद्ध व्यापार प्रतिबंध हटा लिए गए; द्विपक्षीय संबंधों पर असर डाल रहे विवादों को जीत लिया गया। 1993 तक बांग्लादेश के इलाके और अन्त:क्षेत्र (बेरूबारी और तीन बीघा गलियारा) का हस्तान्तरण कर दिया गया। भारत के प्रधानमंत्री ने यह वचन दिया कि अल्पता के मौसम के दौरान बांग्लादेश को गंगा नदी प्रणाली से आवश्यकता भर जल आपूर्ति से वंचित नहीं होना पड़ेगा। बांग्लादेशी और चकमा आदिवासियों के बड़े पैमाने पर भारत की ओर गैर-कानूनी पलायन के बावजूद भारत ऐसे सीमा-पार गतिविधियों पर नियंत्रण रखने के लिए बातचीत करने के लिए तैयार हो गया, इसी के साथ भारतीय सीमा सुरक्षा बल की ओर से दण्डात्मक कार्रवाइयों को भी विलम्बित कर दिया गया, जबकि अन्य स्थितियों में ऐसा नहीं होता।

पाकिस्तान के सिलसिले में भी प्रधानमंत्रियों के स्तर पर उच्च-स्तरीय राजनैतिक सम्पर्क अप्रैल 1993 तक, हर बार निष्कर्ष पर न पहुंचने के बावजूद, लगातार बरकरार रखे गये। विभिन्न भारतीय प्रधानमंत्री अपने समकक्ष पाकिस्तानी प्रधानमंत्री से, दिसम्बर 1988 और अप्रैल 1993 के बीच, नौ बार मिले। मई 1989 और जनवरी 1994 के बीच विदेश सचिव-स्तर की आठ बार बातचीत हुई। इसी तरह, गृह सचिवों और रक्षा सचिवों साथ ही साथ दोनों देशों के सैन्य कमांडरों ने 1989-94 की अवधि के दौरान एक दूसरे से कई बार भेंट की। हालांकि, किसी भी बड़ी राजनीतिक समस्या का समाधान नहीं हो सका, फिर भी, विश्वास बहाली के कई महत्त्वपूर्ण उपायों पर समझौते हुए और उन्हें लागू भी किया गया। इस आशय के समझौते पर हस्ताक्षर हुए कि दोनों देश अपने सैन्य बल को सीमा से निर्दिष्ट दूरी पर रखेंगे और थल सेना, वायु सेना और नौ सेना संम्बंधी किसी भी अभ्यास की पूर्व सूचना एक-दूसरे को देंगे।

प्रत्यक्ष और नियमित सांस्थानिक सम्पर्कों को नियत किया गया, सैन्य संचालन के महा-निदेशकों और निचले स्तर पर फील्ड कमांडरों के बीच हाट-लाइन सम्पर्क स्थापित हुए। 1991 में एक दूसरे के नाभिकीय प्रतिष्ठानों पर आक्रमण न करने के समझौते पर हस्ताक्षर हुए। जनवरी 1994 में भारत ने पाकिस्तान के समक्ष कुछ अहम प्रस्तावों को रखा-दोनों देशों की ओर से एक द्विपक्षीय समझौते पर हस्ताक्षर हो जिसके अनुसार वे एक दूसरे के आर्थिक और आबादी वाले केन्द्रों पर आक्रमण नहीं करेंगे और "पहले इस्तेमाल न करना" के सिद्धांत का पालन करते हुए अपनी नाभिकीय क्षमताओं को एक दूसरे पर इस्तेमाल नहीं करेंगे। पाकिस्तान ने इस प्रस्ताव को खारिज कर दिया।

आमतौर पर यह माना जाता है कि हमारा विदेश मंत्रालय और विदेश सेवा दूसरे देशों के साथ भारत के संबंधों के ज्यादातर औपचारिक और दिखावटी पहलुओं में ही व्यस्त रहते हैं; हमारे शिष्टमण्डल विदेशों में जाकर जो सबसे गंभीर काम करते हैं, उनमें बस आम राजनैतिक आकलन तैयार करना और भारत की केन्द्र और राज्य सरकारों के लिए सम्पर्क विभागों के रूप में काम करना शामिल है, इसके अतिरिक्त वे कुछ भी ठोस नहीं करते हैं। मीडिया द्वारा विदेश संबंधों में भारत द्वारा किए गए राजनीतिक व संरचनात्मक प्रयासों के मुद्दे को उछाले जाने और इस आलोचना के बावजूद कि आजादी के आधी सदी से भी ज्यादा समय बीतने और हमारे पचास साल के कूटनीतिक और विदेश नीतिगत अनुभवों के बाद भी हम ऐसा कोई सांस्थानिक प्रणाली और व्यवहार्थ व्यवस्था नहीं निकाल पाए, जिसके द्वारा समय-समय पर हमारी विदेश नीति की कार्रवाइयों की समीक्षा हो सके, अभी भी ''विदेश नीतिगत कार्रवाई और लक्ष्य प्राप्ति अनुपात'' के आकलन के लिए कोई प्रभावी साधन मौजूद नहीं है। विदेश नीति कार्रवाइयों के राजनैतिक तत्व, राजनैतिक कार्यों की प्रकृति की वजह से अमूर्त और निरर्थक रह जाते हैं; परन्तु विदेश नीति की कार्रवाई के ऐसे तीन पहलू हैं जिनका ठोस परिणामों के रूप में आकलन हो सकता है, ये हैं-हमारी विदेश नीति के क्रियान्वयन के आर्थिक, सुरक्षा और सांस्कृतिक पहलू।

यह काबिले गौर है कि निगरानी और समीक्षा व्यवस्था के न होते हुए भी बाह्य संबंधों में परियोजनाओं, प्रस्तावों और नए दिशा निर्देशों की शुरूआत के लिए भारत सरकार के अन्तर्गत नियामक व्यवस्थाओं और संस्थानों का क्रमिक मूल्यांकन होता रहा। इस प्रयोजन के शीर्ष संस्थानों में ''राजनीतिक मामलों से संबंद्ध मंत्रिमंडलीय समिति'' सी सी पी ए और ''आर्थिक मामलों की मंत्रिमंडलीय समिति'' शामिल हैं। (यह दूसरी बात है कि विभिन्न राजनैतिक कारणों से जनवरी 1993 में मंत्रिमंडलीय फेरबदल के बाद सीसीपीए का पुर्नगठन नहीं हो पाया। इन मंत्रिमंडलीय समितियों के नीचे मंत्रिमंडलीय सचिव हैं जो अनौपचारिक रूप से एक राष्ट्रीय सुरक्षा सलाहकार समूह का संचालन करते हैं, जिसमें सदस्य के रूप में विदेश सचिव, गृह सचिव, रक्षा सचिव और हाल के सालों से वित्त सचिव, साथ ही हमारे खुफिया संगठनों के प्रमुख मौजूद होते हैं।

प्रधानमंत्री के मुख्य सचिव और विदेश सचिव दूसरे सरकारी विभागों के सम्बद्धित अधिकारियों और सचिवों, साथ ही साथ आर्थिक संगठनों के प्रतिनिधियों के साथ बैठक बुलाते हैं और बदलते और उभरते यथार्थों के आधार पर दूसरे देशों के साथ द्विपक्षीय संबंधों के ब्योरों को दुरुस्त करने के लिए

विचार विमर्श करते हैं। इन व्यवस्थाओं से विशिष्ट समझौते, प्रस्ताव और परियोजनाएं उभर कर आती हैं, जो समय-समय पर विभिन्न देशों के साथ हमारे संबंधों की विषय-सामग्री तैयार करती हैं।

'विदेशी निवेश प्रोत्साहन परिषद्' में आर्थिक मसलों पर सचिवों की शीर्ष समिति में भी विदेश विभाग का प्रतिनिधित्व होता है। पिछले दस सालों के दौरान मंत्रिमंडल सचिवालय को विदेश मंत्रालय की ओर से उन उद्देश्यों का ब्योरा मिलता रहा है जिन्हें वह हर साल प्राप्त करना या पूरा करना चाहता है। यह विवरण हर साल के आरम्भ में भेजा जाना तय किया गया है और यह अपेक्षा की जाती है कि वह सामान्य और विशिष्ट दोनों ही तरह के उद्देश्यों के ब्योरे और उसे पूरा करने के लिए मंत्रालय द्वारा क्रियान्वित की गई गतिविधियों को भी सन्निहित करें।

इन व्यवस्थाओं ने भारत की विदेश नीति में नये दिशा निर्देशों के संदर्भ में ठोस परिणामों को जन्म दिया। अब यह दूसरे देशों के साथ हमारे संबंधों के प्रौद्योगिक, आर्थिक और सुरक्षा के पहलुओं पर ज्यादा ध्यान देती है, खासतौर पर जून 1991 से जब कांग्रेस सरकार सत्ता में आई तो यह और भी स्पष्ट दिखने लगा। सोवियत संघ के विघटन के बाद नये देशों के उभरने, हमारी विदेश नीति की नई आर्थिक प्राथमिकताएं और शीत युद्ध की समाप्ति के बाद बदले रणनैतिक वातावरण के कारण वजूद में आई जरूरतों ने भारत और दूसरे देशों के बीच नई व्यवस्थाओं के निर्माण, नये प्रस्तावों के संविन्यास और नए सुरक्षा समीकरणों की स्थापना की अनिवार्यता पर बल दिया। उपरोक्त संस्थानों और व्यवस्थाओं ने इन प्रयोजनों को बखूबी पूरा किया, जैसा कि नये संस्थानों की शुरूआत में दिखा-विभिन्न देशों के साथ सहयोग के बहुरंगी क्षेत्रों पर क्रमबद्ध तरीके से नए समझौतों पर हस्ताक्षर और दूसरे देशों के साथ नई रक्षा सहयोग व्यवस्थाएं।

जहां विदेश, रक्षा, वाणिज्य, वित्त और उद्योग मंत्रालय की वार्षिक रिर्पोट इन प्रयासों से प्राप्त परिणामों का कुछ ब्योरा देती हैं, वहीं प्रस्ताव और परियोजनाएं, विदेश मामलों की संसदीय सलाहकार समिति 'विदेश मामलों की स्थायी संसदीय समिति', साथ में हर साल मंत्रालय के लिये अनुदान की मांगों पर हुई बहस से भी हासिल हुए परिणामों की झांकी मिलती है। फिर भी, यह एक सरंचित और व्यवस्थित कार्यप्रणाली नहीं है जो सरकार या जनमानस को हमारी सफल या असफल विदेश नीति का तथ्यपरक और स्पष्ट आकलन दे सके। सबसे पहले भारत द्वारा किए गए विदेश नीतिगत प्रयासों के परिणामों और अन्तर्लेख का जायजा लेने के लिए थोड़ा विचार करना जरूरी है; दूसरा, किसी

दिये गये समय में नये कदम या नये प्रयासों को शुरू करने के दौरान हमारे मन में स्थित उद्देश्यों और हितों को किस हद तक ये परिणाम पूरा करते हैं। यह जानना प्रासंगिक होगा कि दूसरे देशों के विदेश विभागों में इस संदर्भ में क्या होता है। जापानी परिणामों के मूल्यांकन के संदर्भ में सबसे ज्यादा व्यवस्थित होते हैं। उनका नीति-निर्धारण विभाग या इसका समकक्ष निकाय और जापानी स्व-रक्षा अभिकरण और महत्त्वपूर्ण प्रौद्योगिक विभाग विदेश-नीति निर्णयों और उनके परिणामों में और इजाफा करने वाले कदम उठाते हैं। विदेश नीति के निर्णयों के प्रभाव और परिणाम के बारे में खुद जापानी विदेश विभाग के अन्तर्गत एक त्रैमासिक मूल्यांकन तैयार किया जाता है और लक्ष्य को पूरा करने के लिए फेर बदल किये जाते हैं। मैं समझता हूं कि विदेश नीति संसाधनों और सफलताओं का मूल्यांकन जापानी मंत्रिमंडल को भेजा जाता है और इस सतत निगरानी प्रक्रिया के आधार पर हर साल की योजना प्रक्रिया शुरू हो जाती है। जर्मन और फ्रांसीसी लोगों के पास जापानियों जैसी तथ्यपरक व्यवस्थित प्रणाली नहीं होती, पर उनके नीति-निर्धारण प्रभाग और विदेश सेवा-निरीक्षक समूह मिल कर उनकी सम्बद्धित विदेश नीतियों के प्रभाव और सफलताओं का मूल्यांकन, जानकारी के अनुसार, हर छः महीने में एक बार करते हैं। खास सहयोग परियोजनाओं और प्रस्तावों पर, जिनकी शुरूआत यह देखने के लिए की गई है कि वे निर्धारित की गई निश्चित समय सीमा में प्रगति कर रहे हैं या नहीं? खास ध्यान दिया जाता है।

भारतीय विदेश मंत्रालय आवश्यक रूप से पुराने ब्रिटिश भारतीय विदेश और राजनीतिक विभागों की प्रक्रियाओं और कार्यप्रणालियों पर टिका हुआ है, जो ब्रिटिश विदेश विभाग की पद्धति के अनुसार ढाला गया था। 1962 के चीन भारत युद्ध में भारत की जबरदस्त हार ने हमें जगा कर आगामी रूप से योजना और मूल्यांकन करने की जरूरत का पाठ पढ़ाया। इसका परिणाम यह हुआ कि एक केन्द्रीय अनुसंधान विभाग का निर्माण हुआ, जो अन्ततः विदेश मंत्रालय के नीति-निर्धारण विभाग में तब्दील हो गया, पर इसकी जरूरी सन्दर्भ शर्त है-दूरदर्शिता; कोई भी पश्चदृष्टिगत मूल्यांकन भूमिका को खासतौर पर इससे जोड़ा नहीं गया है।

इसके विपरीत ब्रिटिश ने 1956 के स्वेज संकट के बाद उत्तर-तथ्य-परक मूल्यांकन और आकलन की प्रक्रिया अपनी विदेश नीति में अपनाई और नतीजा यह हुआ कि 1964 की प्लोडेन रिपोर्ट और 1983 की ब्रूमफील्ड रपट की सिफारिशों पर आधारित कई परिवर्तनों को ब्रिटिश विदेश विभाग में शमिल किया गया। इन सिफारिशों में विदेश विभाग के एक न्यास द्वारा दिए गए अग्रगामी

योजनाओं के लिए सलाह शमिल हैं; जो किसी क्षेत्रीय विभाग में रोजाना के काम की दबावों के अधीन नहीं। ब्रिटिश नीति-निर्धारण विभाग दूरदर्शी और पश्चदृष्टि दोनों ही नजरिया रखता है, जैसा कि एक सूचना भरी पुस्तक **'इनसाइड दी फॉरेन ऑफिस'** में जिक्र किया गया है, इस पुस्तक का लेखक एक अनुभवी कूटनीतिक संवाददाता है, जिसे शायद ऐसी पुस्तक लिखने का काम सौंपा गया था जो ब्रिटिश विदेश विभाग की पारदर्शिता को ब्रिटिश नागरिकों के बीच पेश कर सके।

अमेरीका में विदेश मंत्रालय का अपना नीति-निर्धारण निदेशालय है, जिसके पास समान जिम्मेदारियां हैं, पर इसके ऊपर एक अतिरिक्त दबाव यह है कि इसे अपने प्रतिनिधियों को अमरीकी संसद की कांग्रेस समितियों में, अमरीकी विदेश नीति के अवयवों में किए हुए परिवर्तनों के कारण का समय-समय पर प्रमाण देने के लिए, भेजना होगा और इन प्रयासों से प्राप्त सफलताओं का मूल्यांकन पेश करना होगा, यह व्यवस्था अमरीकी संविधान में शक्तियों के पृथक्करण से उद्धृत की गई है, जिसके अन्दर अमरीकी विदेश नीति के आचार में सांसद्द के लिये बड़ी ही प्रभावी भूमिका की गुजांईश मौजूद है। अब समय आ गया है कि हम भी भारत में ऐसी कार्यप्रणालियों और संस्थाओं का विकास करें जिसके द्वारा हमारी विदेश नीति के प्रभाव और परिणामों का मूर्त्त रूप से मूल्यांकन हो सके। अगर हम किन्ही दो ही उदाहरणों पर नजर डालें तो हमें इन व्यवस्थाओं की अनिवार्य जरूरत का अदांजा मिल जाएगा। 1991 के मध्य और 1994 के अंत के बीच भारत ने पूर्व सोवियत संघ के मध्य एशियाई गणतान्त्रिक देशों के साथ आर्थिक, प्रौद्योगिक और सांस्कृतिक विषयों पर सहयोग के समझौतों की शृंखलाओं पर हस्ताक्षर किए। इन समझौतों, कार्यक्रमों और परियोजनाओं, जो बाद में अमल में आए, के बाद की कार्रवाई पर कोई विशेष निगरानी प्रक्रिया मौजूद नहीं रही है। दूसरा, शीत युद्ध के अंत के साथ भारत ने कई देशों के साथ अपनी रक्षा सहयोग व्यवस्थाओं को विस्तार दिया। इनमें प्रौद्योगिकीय सहयोग, संयुक्त सैन्य अभ्यास, द्विपक्षीय आदान-प्रदान पर आधारित रक्षा प्रशिक्षण कार्यक्रम और इसी तरह की अन्य और व्यवस्थाएं शामिल हैं। ये व्यवस्थाएं अपने वास्तविक उद्देश्य या वैसे किसी समान लक्ष्य से जब भी पिछड़ती हुई दिखती हैं, हमें उनके पहलुओं से जुड़ी रिपोर्ट मीडिया में दिख जाती है। पर, विदेश मंत्रालय और रक्षा मंत्रालय के बीच इन सहयोग व्यवस्थाओं की प्रगति और भारत की राष्ट्रीय सुरक्षा पर इनके सम्भावित निहितार्थों के मूल्यांकन के अंतर्व्यवहारों के लिए कोई सरंचित संस्थागत कार्यप्रणाली मौजूद नहीं है। परामर्श और समन्वयन उसी सीमा तक विद्यमान दिखता है जहां तक

विदेश मंत्रालय और रक्षा मंत्रालय के उच्च पदाधिकारी एक दूसरे के साथ जानकारियों में साझा करने के लिए और इंसानी तालमेल के आधार पर, जो उनके बीच समय-समय पर मौजूद रहता है, परस्पर अंत र्व्यवहार के लिए इच्छुक हो। इस परामर्श पर गौर किया जा सकता है कि विदेश मंत्रालय के नीति निर्धारण विभाग को, जो इस समय ज्यादातर सैद्धान्तिक या आनुमानिक कार्य में व्यस्त रहता है, हर तीन महीने पर हमारी विदेश नीति में परिभाषित और संयोजित लक्ष्यों की दिशा में हासिल परिणामों के बारे में रिपोर्ट तैयार करने की विशिष्ट जिम्मेवारी दे देनी चाहिए। विदेश संबंधों के मद्देनजर वित्त मंत्रालय, ऊर्जा और पेट्रोलियम मंत्रालयों, उद्योग मंत्रालय, वाणिज्य मंत्रालय, गृह मंत्रालय और रक्षा मंत्रालय से संयुक्त सचिवों के स्तर पर एक अन्तर्विभागीय समिति की स्थापना होनी चाहिए। सेनाधयक्षों की संयुक्त समिति और हमारी खुफिया एंजेसियों से भी इस महत्त्वपूर्ण समूह या समन्वय समिति के लिए एक-एक प्रतिनिधि को नामांकित करने के लिए कहा जाना चाहिए।

यह समिति हर छह महीने पर भारत की विदेश नीति के चहुंमुखी प्रभावों पर एक ठोस मूल्यांकन रिपोर्ट तैयार करे, जो बाद में मंत्रिमंडलीय सचिव के कार्यालय या प्रधानमंत्री के प्रधान सचिव के कार्यालय से सम्बद्धित संसदीय समितियों में पेश किया जाए। हमारी प्रशासनिक व्यवस्था की घुमावदार प्रक्रियाओं के बावजूद अगर ऐसी कोई व्यवस्था वजूद में आती है, तो यह आशा की जा सकती है कि प्रधानमंत्री के अधीनस्थ संसदीय समिति को उनके द्वारा अपनाई गई नीतियों के परिणामों के बारे में ठोस सूचनाएं मिल पाएंगी और भारत के हितों की बदलती रूपरेखा की पूर्ति के लिए प्रत्यक्ष फेर बदल किए जा सकेंगे। प्रभाव और उत्तरदायित्व, दोनों ही सन्दर्भों में एक क्रियाशील पश्चदृष्टि प्रक्रिया की सरंचना हमारी विदेश नीति को सकारात्मक योगदान देगी।

2
भारत की विदेश नीति और चुनौतियां

स्वतंत्र देश के रूप में आधी सदी से भी ज्यादा समय गुजारने के बाद भारत एक सर्वथा बदले हुए विश्व का सामना कर रहा है। अन्तर्राष्ट्रीय समुदाय के साथ भारत के व्यवहार के सन्दर्भ सूत्रों में गहरा बदलाव आया है। वृहत् शक्तिगत वैचारिक मतभेदों का अंत हो गया है। राष्ट्रीय सम्प्रभुता और राष्ट्रीय अलगाव आर्थिक वैश्वीकरण की प्रक्रियाओं द्वारा सन्निविष्ट किए जा रहे हैं। सूचना और प्रौद्योगिकी में हुई क्रांतियां राष्ट्रों के बीच भी अन्तर्राष्ट्रीय सीमाओं की प्रासंगिकता को तेजी से खत्म कर रही हैं। द्वितीय विश्व युद्ध के अंत के बाद से जिन रणनीतिक समीकरणों और शक्ति-प्रवृत्तियों ने करीब आधी सदी तक अन्तर्राष्ट्रीय संबंधों को अपने सहारे खड़ा कर रखा था, उनकी जगह नए समीकरणों ने ले ली थी। भारत और कई विकासशील देश पिछले पचास सालों से अपनी विदेश नीति और रणनीतिक मामलों में जिस बल का अभ्यास कर रहे थे, वह सोवियत संघ के विघटन और सुरक्षा परिषद की स्थायी सदस्यता प्राप्त पांच महाशक्तियों के बीच के संबंध को दर्शाती केन्द्रीभूत विशिष्टताओं के कारण, खो चुका है। यही वह परिदृश्य है जिसके अन्तर्गत 21वीं सदी के शुरूआती दशकों में भारत की विदेश नीति के सामने खड़ी चुनौतियों को समझने का प्रयास करना है।

इतिहास की सामान्य प्रक्रियाओं के जैसे ही अन्तर्राष्ट्रीय संबंध भी उन प्रयासों को जो उनके बहाव को किसी पूर्वनिर्धारित सैद्धान्तिक रूपरेखाओं या पूर्वनियोजित तर्कपूर्ण खांचे में बांधना चाहते हैं, खारिज कर देते हैं। विदेश नीति में भविष्यवाणियों को सीधी पूर्ववर्ती सामान्यीकरण का चोला नहीं पहनाया जा सकता है। हमारी विदेश नीति की चुनौतियों अथवा अन्तर्राष्ट्रीय संबंधों के भविष्य पर विचार-विमर्श करते वक्त हम मानवीय भावनाओं की जटिलताओं, इंसानी प्रेरणाओं की पेचीदगी और उनको समर्थन दे रहे राजनीतिक और सामाजिक-आर्थिक आवेगों की अस्पष्टताओं और अनिश्चितताओं के साथ निपट

रहे होते हैं। इसी के साथ विदेश नीति की शाश्वत चुनौती, अन्तर्सामाजिक और अन्तर्राजकीय संबंधों की अबूझ प्रकृति से भी निपटना है। अन्तर्राष्ट्रीय संबंध अस्थिर मानव व्यवहार पर निर्भर करते हैं, इसलिए वे जटिल रहेंगे। एक तरह से ऐसा भी कहा जा सकता है कि वे अति आंडबरपूर्ण हैं।

इन्हीं सीमाओं के गहरे अहसास के साथ मैं उन सम्भावित चुनौतियों और लक्ष्यों का अनुमान लगाने का प्रयास कर रहा हूं, जिनका सामना भारत की विदेश नीति को 21वीं सदी में करना पड़ेगा।

सबसे आधारभूत चुनौती-जो भारत के साथ-साथ अन्तर्राष्ट्रीय समुदाय के सदस्यों के सामने खड़ी हैं- उस मूल मतभेद को समाप्त करने की है, जो मानव उत्तरजीविता की सम्भावनाओं को प्रभावित कर रहा है। यह मतभेद दार्शनिकों और सामाजिक-आर्थिक सिद्धान्तवादियों के बीच मनुष्यों की परिपूर्णता के बारे में होने वाली बहसों में सबसे बेहतर तरीके से अभिव्यक्त होता है। 18वीं सदी की समाप्ति के दौरान ऐसी ही बहस और इसके परिणामों का माहौल बना रहा। एक तरफ थॉमस रॉबर्ट माल्यस था, जिसने यह तथ्य प्रस्तुत किया कि जनसंख्या का आकार मनुष्यों के जीवन-निर्वाह के लिए पृथ्वी की उत्पादन क्षमता की अपेक्षा अथार रूप से बड़ा है। माल्थस के अनुसार जब आबादी ज्यामितीय रूप से बढ़ती है, तब उत्पादन क्षमता में सिर्फ अंकगणितीय प्रगति होती है। अतः सामाजिक उथल-पुथल और अस्थिरता मानवजाति की पूर्वनिर्धारित भविष्यगत अवस्था है। इस सिद्धांत के विपरीत ऐन्टवेन कानडॉरसे और विलियम गाडविन जैसे विद्वानों ने यह तर्क दिया कि मनुष्य की ग्रहणशक्ति के विकास आत्मसुधार की क्षमता में वृद्धि और प्रौद्योगिकी व ज्ञान में सफलताओं के जरिये एक दिन हम अपेक्षाकृत ज्यादा न्यायसंगत दुनिया में कदम रखेंगे, जहां लोग अपराध, रोग, युद्ध और अभाव से मुक्त जीवन जी पाएंगे। पिछले 200 साल के विकास ने आबादी और उत्पादन के बीच के संबंध पर माल्थस के विश्लेषण को सही साबित किया है, पर 'विनाश' की बाबत उनकी भविष्यवाणियां गलत निकली हैं। इसी के साथ गाडविन और कानडॉरसे की भविष्यवाणियां भी सही साबित हुईं, जबकि जनसंख्या वृद्धि और उत्पादन के बीच असंतुलनों से जुड़े माल्थस के सिद्धांत पर उनकी ओर से उठाए गए सवाल गलत साबित हुए। आबादी ज्यामितीय तरीके से बढ़ी है, जबकि उत्पादन एक निम्न दर से बढ़ रहा है, लेकिन आत्म-सुधार के लिए हो रही मानव क्षमता में वृद्धि, ज्ञान और प्रौद्योगिकी में अनपेक्षित सफलताएं विश्व को तेजी के साथ, रहने के लिहाज से, ज्यादा समानतापूर्ण और सुविधापूर्ण जगह बना रही हैं।

अनिवार्यतः, अतीत के आवेगों में ही भविष्य की रूपरेखा आकार लेती है, अतः कुछ ब्योरों के जरिये पूर्वगामी सकारात्मक मूल्यांकन की पुष्टि प्रासंगिक

होगी। 21वीं सदी की दहलीज पर खड़े होकर, जब हम 19वीं सदी के मध्य से अब तक के लक्षणों पर नजर डालते हैं; तो यह स्पष्ट दिखता है कि विश्व अब ज्यादा समानतावादी हो गया है। सूचना व प्रौद्योगिक क्रांति और इसके फलस्वरूप सूचना तक बनी हुई त्वरित पहुंच, साथ ही साथ उपभोक्ता-अनुकूल प्रौद्योगिकियों के उभरने का परिणाम यह हुआ है कि जन सशक्तिकरण में वृद्धि हुई है। पूरे विश्व में, शक्ति की टेक, जो कभी विभिन्न समाजों और शासनों में गुटतंत्रों या धनिकतंत्रीय संभ्रांतों के एकाधिकार में थी, आज तेजी से आम आदमी के हाथों में आ पहुंची है। राजनीतिक उपनिवेशवाद मिट चुका है और इसी के साथ गुलामी भी खत्म हो चुकी है। अब मानवाधिकार से जुड़े सरोकारों के सन्दर्भ में बेहतर सार्वभौमिक साझेदारी विद्यमान है। इसी के साथ इस जागरूकता में भी बढ़ोतरी हो रही है कि विश्व के प्राकृतिक संसाधनों का समुपयोजन और उपयोग ज्यादा समानतापूर्ण तरीके से होना चाहिए, इसी के साथ, पर्यावरण संतुलन और वातावरण की सुरक्षा की अनिवार्यता के लिए उत्तरदायी भी होना होगा। वर्ण-भेद, भाषा और जाति पर आधारित भेदभाव, जो विभिन्न समाजों और शासनों की नीतियों और प्रवृत्तियों में उनके सामरिक और प्रौद्योगिकीय शक्ति के आधार पर विद्यमान रहते थे, अब अन्तर्राष्ट्रीय जनमत के नैतिक दबाव और अन्तर्राष्ट्रीय कानून के मानकों के राजनीतिक और कानूनी दबावों के अधीन हैं। राष्ट्रीय-राज्यों की शक्ति सरंचना रूपान्तरण के दौर से गुजर रही है। 1648 में वेस्टफैलिया की सन्धियों पर हस्ताक्षर के बाद जिस तरह से राष्ट्रीय-राज्यों का उद्‌भव हुआ था, अब उन पर विश्व के आर्थिक और प्रौद्योगिक वैश्वीकरण से उत्पन्न दबावों का असर हो रहा है। उनके परम्परागत शब्द-भावार्थ (राष्ट्रीय-राज्य) और अबाधित सम्प्रभुता के दावे की प्रासंगिकता अब सवालों के कटघरे में है। विभिन्न देशों के बीच सामाजिक-आर्थिक परस्पर-निर्भरता, अन्तर्राष्ट्रीय राजनीति का लोकतंत्रीकरण, शीत युद्ध के समय के विरोध का खात्मा और विचारों और सूचनाओं के प्रवाह को घेरे में बांधने में असमर्थ राष्ट्रीय सीमाएं-इन सबने मिल कर राष्ट्रीय-राज्यों को अपनी-अपनी पहचान को पुनः परिभाषित करने की जरूतर का अहसास कराया।

अन्तर्राष्ट्रीय राजनीति में कुछ ऐसे परम्परागत ज्ञान सूत्र भी उभर रहे हैं; जिनकी तार्किकता और वैधता को उस समय अनिवार्य रूप से परख लेना होगा, जब भारत अपनी विदेश नीति को तैयार करने और अपने बाह्य संबंधों की सरंचना करने के दौरान सम्भावित समस्याओं और चुनौतियों का पूर्वानुमान लगा रहा होगा। इन सूत्रों में से पहला, यह सिद्धान्त पेश करता है कि विश्व एकध्रुवीय हो गया है और यह कि अगले सौ सालों तक और उसके बाद भी सब

'अमेरीका-मय' होने वाला है। आने वाले काफी समय तक अमेरीका विश्व राजनीति में सबसे प्रभावशाली कारक होगा-इस बिन्दु पर कोई सवाल नहीं उठता, पर प्रौद्योगिक क्षमताओं, प्राकृतिक संसाधनों की प्राप्ति और नियन्त्रण, आबादी-प्रबलताएं, निवेश के अवसरों के आर्थिक निर्धारक और बाजार के मद्देनजर विश्व; पश्चिमी यूरोप, रूसी परिसंघ चीन, जापान, भारत और दक्षिण अमेरीका व अफ्रीका की कुछ मजबूत क्षेत्रीय व्यवस्थाओं-अगर वे उभर पाईं तो, जैसे अन्य शक्ति केन्द्रों के साथ अनिवार्य रूप से बहुध्रुवीय ही होगा।

भारत के लिए एक बड़ा लक्ष्य यह होगा कि वह अपनी आर्थिक और प्रौद्योगिकीय क्षमताओं का विकास करे और अपनी राजनीतिक स्थिरता और सामरिक बल में उन स्तरों तक वृद्धि करें, जहां से वह खुद को मजबूती के शिखर पर पहुंचा कर इस उभरते बहुध्रुवीय विश्व के नये शक्ति केन्द्रों के साथ संतुलन का ताना-बाना बुन सके। ऐसे ताने-बाने के लिए अवसर और वातावरण मौजूद हैं-ऐसे संकेत दिख रहे हैं।

दूसरा सिद्धांत यह कहता है कि विश्व विभिन्न समाजों के धार्मिक और सभ्यता-सम्बद्धित पहचानों पर आधारित विवादों का सामना कर रहा है। मैं सैम्युल हंटिंग्टन के सभ्यताओं के टकराव के बारे में किए गये शोध को इंगित कर रहा हूं, जो अन्तर्राज्यीय संबंधों के भविष्य के पूर्वानुमान के लिए एक प्रचलित संदर्भ सूत्र बन गया है। भारत के लिए यह सिद्धान्त खास प्रासंगिकता है, क्योंकि हंटिंग्टन हमारे देश को दूसरों से अलग-थलग मानते हैं, जो न तो मुस्लिम है न ईसाई। वह एक ऐसे भारत का चित्रण करते हैं जिसका न तो कोई सहयोगी है न ही कोई स्वाभाविक बाह्य राजनीतिक समर्थन प्रणाली। उसका सिद्धान्त एक भेदपूर्ण दिलचस्पी पैदा करता है, क्योंकि एक तरफ वह भारत की प्रछन्न निस्संगता के बारे में बात करता है वहीं दूसरी तरफ वह यह भविष्यवाणी करता है कि पश्चिमी, ईसाई और यहूदी सभ्यताओं के खिलाफ कनफ्यूसियाई और इस्लामी सभ्यताओं के बीच सांठ-गांठ हो जाएगी।

हंटिंग्टन द्वारा सोची गई विस्थिती के बारे में गहराई से चिंतन करना होगा। सभ्यताओं के टकराव के बारे में हनटिंग्टन के सिद्धान्त के आधारों और ब्योरों से असहमति रखने के बावजूद इस बात से इन्कार नहीं कि उसने एक चुनौतीपूर्ण सरंचना का उपाय पेश किया है जो 21वीं सदी में आकार ले रहे वैश्विक राजनीति की उभरती वास्तविकताओं का आकलन कर सके। वह निश्चित तौर पर उकसाने में सफल रहा है और उस हद तक उसकी पुस्तक की कुछ अहमियत नजर आती है। हनटिंग्टन के शोध की राजनीतिक व्याख्या और आंकड़ों पर नजर डालें तो यह पता चलता है कि इस काम के मद्देनजर चिंगारी

शायद 1991 खाड़ी युद्ध के दौरान या उसके तुरन्त बाद ही भड़क चुकी थी, जिसमें इराक के खिलाफ अमरीकी सैन्य अड़ियलपन अमरीकी अकादमी के विभागों के धार्मिक मतभेदों के रूप में देखा जा रहा था।

हनटिंग्टन के शोध के मेरे लंबे समालोचनात्मक आकलन की वजह इसमें अन्तर्निहित वे विस्तृत और आधारभूत चुनौतियां है, जो आने वाली सदी में भारत की विदेश नीति के सामने होंगी। एक और जहां हनटिंग्टन का शोध बतौर परिभाषा गलत और पूर्ववर्त्ती विवादी अभिप्रेरणों पर आधारित हैं, वहीं यह संतोष भी दिलाता है कि भारत, दक्षिण पूर्व एशियाई देश (जैसे थाईलैंड, बर्मा, वियतनाम, लाओस और कम्बोडिया), चीन और जापान के उस विस्तृत धार्मिक-सांस्कृतिक वर्गों का हिस्सा नहीं, जो शक्ति-समीकरणों पर हावी हो सकती हैं। खासतौर पर भारत, अपनी बहुलता और व्यावहारिक रूप से विश्व के सभी मुख्य धर्मों और सांस्कृतिक समूहों की संयोजित इकाई होने की वजह से ईसाई-यहुदी या इस्लामी खेमे में आसानी से पैबस्त नहीं हो सकता है। अतः भारतीय विदेश नीति को हमारे देश की समन्वयता को, हनटिंग्टन द्वारा कल्पित खेमों में से किसी एक के अनुसार ढालना होगा, बशर्ते उसका शोध सही हो। यह इतना आसान नहीं है, क्योंकि भारत का हिंदु-बहुमत एक बहुत ही भारत-विशेष लक्षण है। भारत के लाखों मुसलमान इस्लामी जगत के साथ समीकरणों के विकास के लिए दबाव पैदा कर सकते हैं। भारत के अन्य धार्मिक-जातीय स्वरूप दूसरे खेमे के लिए विरोधी दबाव पैदा कर सकते हैं। अतः ऐसे लक्षणों के प्रति सतर्क होने व लगातार निगरानी रखने की जरूरत है, ताकि ऐसे दबाव पैदा न हो पाएं। ऐसे ही लक्षण ने हावी हो कर जातीयता और धार्मिकता के आधार पर यूगोस्लाविया का विघटन कर दिया है। सोवियत संघ का विखंडन दूसरे आवेगों का प्रतिफल था, लेकिन जातीय-धार्मिक अलगाव की घटना, जिसका असर सोवियत परिसंघ और जार्जिया पर दिखा, भारत के लिए सतर्क हो जाने का संकेत है।

इस चुनौती का दूसरा आयाम है-विविधता दर्शाते बहुल समाजों की राज्य सरंचना को बनाए रखने की पावनता का सोवियत संघ और यूगोस्लाविया के विघटन के बाद मटियामेंट हो जाना। अगर ऐसे समाजों में आन्तरिक अनुशासन, सामाजिक न्याय से परिपूर्ण आर्थिक और प्रौद्योगिकीय विकास का अपेक्षित स्तर मौजूद न हो और यदि उनके पास खुद को बचाए रखने के लिए रक्षा क्षमताएं विद्यमान न हो, तो विश्व के अन्य शक्ति केन्द्र उनकी एकता और अखण्डता के प्रति सहायक नहीं हो सकेंगे। दरअसल, ऐसी राज्य सरंचनाओं के विघटन का अर्थ यह निकाला जा सकता है कि यह अन्तर्राष्ट्रीय समुदाय में अपेक्षाकृत ज्यादा

शक्तिशाली, ज्यादा संयोजित और आर्थिक रूप से ज्यादा, समृद्ध देशों द्वारा विश्व को अपेक्षाकृत ज्यादा प्रबंधनीय बनाना है। भारत की विदेश, राजनीतिक, आर्थिक और राष्ट्रीय नीतियों को दूसरों से पहले इस चुनौती को अपने बस में कर लेना चाहिए।

उन विशिष्ट लक्ष्यों, जिन पर भारतीय विदेश नीति को केन्द्रित होना है, पर नजर डालने से पहले यह उपयुक्त होगा कि हम उन प्रवृत्तियों, जो आने वाले दशकों में अन्तर्राष्ट्रीय संबंधों को परिलक्षित करेंगी, और उनका संचालन करने वाली विश्व की महत्त्वपूर्ण शक्तियों के अभिप्रेरणों का विश्लेषण कर लें।

उभरते रूझानों से यह स्पष्ट है कि 21वीं सदी में अन्तर्राष्ट्रीय संबंध अमेरीका के नेतृत्व तले औद्योगिक और प्रौद्योगिक रूप से समृद्ध देशों द्वारा नियंत्रित होंगे। इन देशों का पहला उद्देश्य एक अन्तर्राष्ट्रीय राजनीतिक प्रणाली का निर्माण करना होगा, जिसमें राज्यों और जन समाजों को उन सन्दर्भसूत्रों के आधार पर संरचित किया जाएगा, जो अमेरीका और उन विश्व शक्तियों को स्वीकृत होंगे जो अपने हितों के लिए जबावदेह हों। अटलांटिक के उस पार के लोकतांत्रिक संदर्भ सूत्रों से परिचालित राज्य प्रणालियों की स्थापना का प्रयास किया जाएगा। अफ्रीका और एशिया के देशों की व्यक्तिगत सामाजिक आवश्यकताएं, परम्पराएं और सांस्कृतियों पर सवाल उठाए जाएंगे और उनके खत्म हो जाने के आसार हैं। इस प्रयोजन के लिए राजनीतिक और आर्थिक दबावों, यहां तक कि बल प्रयोग के दबावों को भी उत्पन्न किया जाएगा। दूसरा, एक ईमानदार और समानतापूर्ण आर्थिक व्यवस्था के साकार होने के दावों के बावजूद ध्येय, एक ऐसे तरीके का वैश्विक मुक्त बाजार बनाना होगा जिसमें विकसित औद्योगिक देश हावी और प्रभावशाली रहें। 1995 मार्च में मर्राकेश सन्धियों पर हस्ताक्षर के बाद उठने वाले विवाद, और उसके बाद सामाजिक धाराओं, बौद्धिक सम्पत्ति अधिकारों और विश्व व्यापार संगठन की आयात-निर्यात पद्धतियों को लागू करने में तेजी लाने के लिए निर्धारित समय सीमा के संदर्भ में अतिरिक्त रूप से डाले गये मुद्दों से इस लक्षण की पुष्टि होती है। विश्व राजनीति को दर्शाने वाली तीसरी प्रक्रिया विश्व की महत्त्वपूर्ण शक्तियों की विदेश नीति के अनुस्थापन से होगी, जिसे वे दुनिया के प्राकृतिक संसाधनों और कच्चे पदार्थ खासतौर पर आधारभूत ढांचे, आर्थिक और रणनैतिक अहमियत वाले जैसे तेल, प्राकृतिक गैस व खनिज-पर नियंत्रण और पहुंच बनाए रखने के लिए तैयार करेंगे। जिस सजगता और तेजी के साथ इस लक्ष्य पर ध्यान दिया गया है, वह पहली बार अमेरीका के पूर्व विदेश सचिव जेम्स बेकर के कजाकिस्तान के उत्साहपूर्ण दौरे में नजर आया था, जो उन्होंने, सोवियत संघ के विखण्डन (1991-92) के बाद के

परिदृश्य में सोवियत परिसंघ और सी आई एस (स्वतन्त्र राज्यों का राष्ट्रकुल) के बीच के संबंधों की संशोधित व्यवस्थाओं के कहीं पहले, कजाक अर्थव्यवस्था में अपने देश के प्रवेश के लिए बातचीत करने के लिए किया था। दूसरा उदाहरण दिखा तत्परता से तय किये गये अमेरीका के व्यवसायियों के एक गुट द्वारा 1997 की गर्मी में कांगों के दौरे में, जब मोबूटू सैन्य तख्ता-पलट कार्रवाई के कारण राष्ट्रपति के पद से लगभग हटा दिए जाने वाले थे। इन व्यवसायियों में मोबूटू-विरोधी शक्तियों के नेताओं के साथ बातचीत की और कांगों के प्राकृतिक संसाधनों पर लंबे समय तक पहुंच हासिल करने की एवज में 3 अरब डालर की अग्रिम राशि उन्हें दी। इसके पीछे छुपा ध्येय स्पष्ट था; विकसित देशों को आवश्यक कच्चे पदार्थ की कभी भी कमी न हो और न ही उनकी अति-उत्कृष्ट आर्थिक स्थिति में कोई गिरावट आए।

अन्तर्राष्ट्रीय संबंधों का चौथा लक्षण था औद्योगिक रूप से विकसित देशों का लंबी अवधि के लिए अत्याधुनिक प्रौद्योगिकी पर अपना विशिष्ट नियंत्रण बनाए रखने का उद्देश्य, जिसका सामना भारत को करना है। 1980 के दशक की शुरूआत से उच्चतर प्रौद्योगिकी के हस्तांतरण को संचालित कर रहे राज्यों ने यह स्पष्ट संकेत दिया है कि उद्योगीकृत विकसित अर्थव्यवस्थाएं विकासशील देशों को प्रौद्योगिकी के अप्रतिबंधित हस्तांतरण को उनकी क्षमताओं अर्थात् विश्व के ज्यादातर देशों के ऊपर औद्योगिक रूप से समृद्ध देश की प्रतिस्पर्धात्मक बढ़त बनाए रखने की सक्षमता, के लिए खतरा मानती है। ''प्रौद्योगिकी के दुहरे इस्तेमाल'' की अवधारणा पर जोर और दुश्चिंताएं कि विकासशील देशों को ये प्रौद्योगिकी प्रतिबंधों और भेदभावपूर्ण मानकों के अन्तर्गत मुहैया कराई जाएं और वे सुरक्षा के कड़े उपायों का जिम्मा लें, यह बात उन ज्यादा महत्त्वपूर्ण शक्तियों के लालसापूर्ण अभिप्रेरणों के सन्दर्भ में निकाले गए आकलन को बिल्कुल सही ठहराती है। यह प्रतिबंधात्मक प्रवृत्ति विकसित देशों की सुपरकम्प्यूटरों, कम्प्यूटर, हार्डवेयर, उच्चतर इलक्ट्रॉनिक, लेजर, रोबोटिक्स जीन-अभियान्त्रिकी और जीव-विविधाओं के उपयोग और संचालन से संबधित प्रौद्योगिकी के सन्दर्भ में बनाई गई निर्यात नीतियों में दिखलाई पड़ती है। यह लालसापूर्ण और प्रतिस्पर्धापूर्ण प्रवृत्ति इन देशों में जन्म लेने वाले प्रौद्योगिकियों के हस्तांतरण से परे तक चली जाती हैं। जिस तरह से बौद्धिक सम्पत्ति अधिकारों और 'पेटेंट' के लिए अन्तर्राष्ट्रीय मानकों के कुछ पहलुओं को संरचित करने का प्रयास किया गया है, वह विकासशील देश की पारंपरिक क्षमताओं, साथ ही साथ, उनकी आत्मनिर्भरता का कड़ा विरोध करता है। पश्चिमी उद्योगपतियों को नीम और हल्दी के औषधीय और स्वास्थ्य प्रयोजनों के लिए पेटेंट कराने से रोकना एक

ऐसा ही मसला है, जिसके लिए भारत को संघर्ष करना है। ये चीजें सैकड़ों सालों से भारत की परम्परागत औषधियों और स्वास्थ्य सुविधाओं की सामग्री के रूप में इस्तेमाल होती हैं। इन चीजों को नये नाम और नई पोटली में बांध कर इसका पेटेंट करा, पश्चिम द्वारा रायल्टी अधिकारों और आर्थिक मुनाफे का दावा करने का प्रस्ताव एक अतिक्रमणकारी शोषण की निर्लज्ज कोशिश है। यह प्रक्रिया खत्म नहीं होने वाली है। वैश्वीकरण की प्रक्रिया ऐसे प्रयोजनों के लिए बतौर बहाने के इस्तेमाल होगी। प्रौद्योगिकियों के हस्तांतरण के संबंध में दुरावपूर्ण और प्रतिबंधात्मक नजरिया मूल रूप से विकासशील देशों की आत्मनिर्भरता और उत्पादकता की क्षमता और उत्कृष्ट वस्तुओं के निर्माण की योग्यता को प्रभावित करेगा। मुक्त बाजार अर्थव्यवस्था से उत्पन्न प्रतिस्पर्धा तभी कारगर और प्रासंगिक होगी अगर अन्तर्राष्ट्रीय आर्थिक लेन-देन में न्याय, निष्पक्षता और खरा व्यवहार हो। हालांकि अन्तर्राष्ट्रीय आर्थिक रूझानों की मुख्य धारा से जुड़े रहने के लिए यह एक घोषित तथ्य है, फिर भी, कुछ आयामों में, वास्तविक गतिविधियां बिल्कुल विरोधी अभिप्राय इंगित करती हैं।

ऊपर उल्लिखित उच्चस्तरीय, राजनीतिक आर्थिक और प्रौद्योगिक लक्ष्यों की पूर्ति के लिए अमेरीका और विश्व की दूसरी महत्त्वपूर्ण शक्तियों द्वारा ज्यादातर देशों के ऊपर अपनी सामरिक और प्रौद्योगिक श्रेष्ठता बरकरार रखने की जरूरत सिर्फ एक अघोषित तथ्य ही नहीं है, बल्कि सुस्पष्ट हो चुका है। राष्ट्रपति जार्ज बुश और राष्ट्रपति बिल क्लिंटन और यूरोपीय संघ, व कुछ हद तक, 1991 के अंत और 1992 के आरंभ से सोवियत संघ के भी नेताओं द्वारा दिए गए बयानों में भी ये दृष्टिकोण अभिव्यक्त हुए:-

विश्व की नई व्यवस्था का ध्येय सामरिक रूप से शक्तिशाली होते देशों को (जो पहले से ही सामरिक रूप से शक्तिशाली और नाभिकीय अस्त्र संपन्न हैं; उन्हें छोड़कर) क्षेत्रीय या उपक्षेत्रीय प्रभुत्व के रूप में उभरने से रोकना है।

इस पूर्ववर्ती दृष्टिकोण के परिणाम के रूप में बड़े पैमाने पर तबाही करने वाले विभिन्न प्रकार के हथियारों के पक्षपातपूर्ण अप्रसार और पारम्परिक बलों और पारम्परिक अस्त्र-शस्त्रों की कटौती पर जोर डाला जाने लगा।

विकसित देशों की राष्ट्रीय और क्षेत्रीय निर्यात-नियन्त्रण नीतियां बहुपक्षीय प्रतिबंधात्मक राज्यों के प्रौद्योगिकीय हस्तांतरणों को नियंत्रण में रखने की मंशा को बढ़ावा देती है।

अन्तर्राष्ट्रीय कानून की शब्दावली और विदेश नीति में ''गैर जिम्मेदार'' व ''शठ'' राज्यों की अवधारणाओं की प्रस्तुति इस प्रक्रिया का हिस्सा है। सच कहा जाए तो अमेरीका और ईराक को छोड़कर किसी भी दूसरे देश ने आबादी के

ऊपर बिना किसी उकसावे के व्यापक विनाश के हथियारों का इस्तेमाल नहीं किया है। वह प्रवृत्ति, जो संयुक्त राष्ट्र द्वारा निर्धारित वस्तुनिष्ठ कसौटी से अलग राजनैतिक अभिप्रेरणों के आधार पर दूसरे देशों के ऊपर ऐसे लेबल चिपकाना चाहती है, ध्यान देने योग्य है।

महाशक्तियों की शर्तों पर पूर्णत: खरे न उतरने वाले देशों की सामरिक और प्रौद्योगिकीय क्षमताओं पर पाबंदी लगाने वाली नीति एक राजनीतिक कदम मात्र नहीं है। यह कदम 20वीं सदी के आखिरी तीन दशकों में व्यवहार्थ रूप से नजर आया। इजरायल का ईराक के ओसिराक नाभिकीय संयंत्र पर आक्रमण, हेनरी किसिंगर की जुल्फिकार अली भुट्टो को दी हुई चेतावनी कि उनकी नाभिकीय सशस्त्रीकरण की नीतियां उनकी (भुट्टो) तबाही का सबब बन सकती हैं, का सच होना और अमेरीका की ओर से 1990 और 1998 में ईराक पर बल प्रयोग और लीबिया पर 1980 के दशक में लीबिया पर हवाई आक्रमण इस बात को साबित करते हैं।

यह भी काबिले गौर है कि अमरीकी अधिकारी, जनवरी/फरवरी 1998 में इराक पर सैन्य दबाव डालने के दौरान यह अभिप्राय स्पष्ट कर रहे थे कि उस देश पर लागू की गई नीतियों के निशाने पर सिर्फ बगदाद ही नहीं था, बल्कि उन दूसरे देशों को भी एक संदेश था, जो सुरक्षा उद्देश्यों का कोई भी औचित्य ठहरा कर व्यापक विनाश के अस्त्रों की प्राप्ति के इच्छुक हो रहे थे।

इन अमरीकी अधिकारियों ने आगे यह भी स्पष्ट किया कि वे देश जो अ-प्रसार मुद्दों पर शर्तपूर्ण अन्तर्राष्ट्रीय मानकों का पालन नहीं करेंगे, अपनी संप्रभुता, आवश्यकता पड़ी तो श्रेष्ठतर सामरिक बल के दबाव तले, गंवाने के लिए तैयार हो जाएं। सोवियत संघ के विखण्डन और शीत युद्ध के अंत के बाद की गई यह अपेक्षा कि संयुक्त राष्ट्र ज्यादा मजबूत, ज्यादा लोकतांत्रिक और विश्व शांति और स्थायित्व को सुनिश्चित करने में ज्यादा प्रभावी और निष्पक्ष भूमिका निभाएगा, पूरी नहीं हो पाई। संयुक्त राष्ट्र, कम से कम 1990 के दशक के दौरान, संयुक्त राष्ट्र सुरक्षा परिषद के उन पांच स्थायी सदस्यों और खास कर अमेरीका की विदेश नीतिगत उद्देश्यों में सहायक मात्र बन कर रह गया है। दूसरी महत्त्वपूर्ण शक्तियों के साथ मिल कर विश्व को पुन: व्यवस्थित करने की अमेरीका की राजनीतिक और सामरिक चालों के सामने संयुक्त राष्ट्र या तो एक दिखावटी आवरण है या फिर एक नगण्य वजूद। जिस तरीके से यूगोस्लाविया, सोमालिया और ईराक के संकटों का निपटारा किया गया, उससे यही निष्कर्ष निकलता है। अगर हम इस श्रृंखला में पश्चिमी विकसित देशों के नीति अनुस्थापन का संचालन कर रहे शक्तिशाली बहुपक्षीय वित्तीय संस्थानों को जोड़

दें तो यह स्पष्ट हो जाएगा कि उभरती विश्व व्यवस्था अमेरीका के विस्तार लेते प्रभावों के अनुसार ही पनपेगी और यह अनुचित रूप से प्रतिस्पर्धात्मक और लालसापूर्ण होगी। एक तरफ जहां रूसी परिसंघ, जापान, चीन और कुछ हद तक फ्रांस और जर्मनी जैसे देश अपने-अपने राष्ट्रीय हितों से जुड़े विशिष्ट मुद्दों पर उपरोक्त प्रवृत्तियों का मुकाबला कर सकते हैं, वहीं विश्व के बाकी देशों को या तो समझौता कर लेना होगा या हार मान लेनी होगी, जब तक कि रणनैतिक सद्भाव की नई रूपरेखा नहीं उभरती कुछ इन शक्तिशाली देशों और ज्यादा महत्ता वाले विकसित देशों, जैसे भारत के बीच नये समीकरण स्थापित नहीं हो जाते।

बीच-बीच में संयुक्त राष्ट्र के पुनर्गठन के सम्भावित ढांचे का जिक्र करना भी अनिवार्य दिखता है। सुरक्षा परिषद में कुछ और स्थायी सदस्यों को लाकर एक ओर जहां इसका विस्तार हो सकता है, वहीं इस पर यूरोपीय शक्तियां हावी होंगी। मौजूदा पांच सदस्यों के हिस्से उनके निषेधाधिकार बने रहेंगे, जबकि नये स्थायी सदस्यों को यह हक मिलने की सम्भावना नहीं है। निषेधाधिकार को खत्म करने की वकालत करने वालों को सकारात्मक प्रतिक्रिया नहीं मिलेगी। संयुक्त राष्ट्र की विकासजन्य और आर्थिक भूमिका तेजी के साथ इससे दूर छिटकती जाएगी और अन्तर्राष्ट्रीय मुद्रा कोष और अन्तर्राष्ट्रीय पुननिर्माण व विकास बैंक (विश्व बैंक) में केन्द्रस्थ हो जाएगी।

अन्तर्राष्ट्रीय वाणिज्य और प्रौद्योगिकीय व्यवस्थाएं सिर्फ तकनीकी रूप से ही नहीं बल्कि राजनीतिक रूप से भी विश्व व्यापार संगठन के अधिक्षेत्र में डाल दी जाएगी। कुछ हद तक यह कदम फायदेमंद होगा, फिर भी यह हानिकारक भी हो सकता है अगर विश्व व्यापार संगठन पश्चिमी मार्ग को ही पूरी तरह से अनुसरण करने लगे।

पूरे विश्व में जन सशक्तिकरण प्रक्रिया के जोर पकड़ने के कारण ऐसे लोकतांत्रिक राजनीतिक आवेगों का जन्म होगा जो लगभग अप्रतिबंधित सूचना को प्राप्त करने की तीव्रगामी सुविधा से जुड़ कर उन समाजों में महत्त्वपूर्ण केन्द्रविमुख बल पैदा करेंगे जो अपने लोगों की जागती सामाजिक और आर्थिक आकांक्षाओं के साथ सामन्जस्य नहीं बैठा सकते। ये केन्द्रविमुख शक्तियां राज्य सरंचना के अन्तर्गत जातीय-धार्मिक या भाषाई गतिविधियों में अपनी जगह बनाएंगी, जिससे उनके स्थायित्व और अखण्डता के लिए ही खतरा उठ खड़ा होगा। दूसरी तरफ, जो देश आर्थिक प्रबंधन और संतोषजनक गुणवत्तापूर्ण जीवन का माहौल बनाने में सफल रहें हैं, वे यूरोपीय संघ और नाफूटा (उत्तरी अमेरीका मुक्त व्यापार संगठन) द्वारा उद्घृत केन्द्रीभूत व्यवस्थाओं का हिस्सा बन जाएंगे।

मुझे एपेक (एशियाई प्रशांत आर्थिक सहयोग) और आसियान (दक्षिण-पूर्वी एशियाई राष्ट्रों का संघ) का भी जिक्र करना चाहिए था, पर 1997 के मध्य से आर्थिक उथल-पुथल से आसियान के प्रभावित होने के कारण मैं फिलहाल उन्हें इन केन्द्रीभूत अनुस्थापनों से अलग रखता हूं।

अन्तर्राष्ट्रीय परिदृश्य में ये प्रमुख लक्षण हैं, जिसके साथ भारत की विदेशनीति को 21वीं सदी में अच्छी तरह से ताल-मेल बैठाना होगा। हमारी विदेशनीति द्वारा उन जटिलताओं, जिसका मैंने जिक्र किया है, का सामना करने की क्षमता हमारे मौजूदा राजनीतिक-आर्थिक और सामाजिक विस्थिति के साथ सघनता से जुड़ी हुई है। पचास साल से भी अधिक समय एक स्वतंत्र देश के रूप में गुजारने के दौरान इस विस्थिति के सकारात्मक पहलू ये हैं कि हमने लोकतांत्रिक जरियों से राष्ट्रीय सुदृढ़ीकरण और सरकार चलाने की प्रक्रियाओं के प्रति अपनी कटिबद्धता बरकरार रखी है। अपने इस अनियंत्रित रूप से विशाल आबादी के लिए हमने खाद्य-आपूर्ति सुनिश्चित कर ली है। हमारी वृहत् विविधताओं के बावजूद हमने नाममात्र को ही सही, अपना राजनीतिक सामंजस्य और एकता बनाए रखा है। 1962 के चीन-भारत युद्ध के आखिर में अपने क्षेत्र को गंवाने का एक मामला छोड़ कर, हमने अपनी क्षेत्रीय एकता और अखण्डता को बचाए रखा है। हमारे पास भरपूर प्राकृतिक संसाधन और प्रौद्योगिक रूप से योग्य मानवशक्ति भी उपलब्ध है, हालांकि मानवशक्ति अभी न तो अपने पूरे सामर्थ्य अनुसार विकसित हो पाई है न ही हम इसे उतनी समझदारी और प्रभावी तरीके से इस्तेमाल कर पाए हैं, जितना कि हम कर सकते थे। अपने राष्ट्रीय हितों और हमारी विदेश नीतिगत दिशा-निर्देशों से संबंधित हमारी धारणाओं पर हमने एक आम सहमति बनाई है। हमारी विदेश नीति में खामियों और आस-पास के देशों और अन्तर्राष्ट्रीय समुदाय में विभिन्न कालखण्डों में हमारे बारे में समालोचनात्मक धारणाओं के होने के बावजूद हमने अपने ज्यादातर पड़ोसियों और विश्व के बहुत सारे देशों के साथ एक व्यावहारिक कार्यपरक संबंध बना रखा है। यहां तक कि अपने एक-दो पड़ोसियों के साथ हमारे विपरीत संबंधों के बावजूद हम उन्हें, कम से कम 20वीं सदी के आखिरी ढाई दशकों से, सामारिक टकराव में तब्दील होने से रोकते आए हैं।

अगर हम नकारात्मक पहलुओं पर गौर करें तो, सबसे पहले, हमें यह मानना होगा कि भारत की राजनीति की गुणवत्ता में कई महत्त्वपूर्ण सन्दर्भों में गिरावट आई है। दूसरा, राष्ट्रीय सुदृढ़ीकरण और पुनर्निर्माण के प्रयासों ने बड़ी सुस्त प्रगति की है। हम शिक्षा, जन-स्वास्थ्य और आर्थिक क्षमताओं के आधारभूत ढांचे में निम्नतम अपेक्षित मानकों को हासिल करने में असफल हुए

हैं। यदि हम अन्तर्राष्ट्रीय "गुणवत्तापूर्ण जीवन" के सूचांक पर अपने समाज को मापें तो हमारी स्थिति अपेक्षाकृत काफी नीचे होगी। हमें जातीय-भाषाई और धार्मिक मतान्तर और पृथकतावादी प्रवृत्तियों के उभरते ज्वार का सामना करना पड़ता है। राष्ट्रीय सुरक्षा की अनिवार्य आवश्यकता के बारे में सजग होने के बावजूद हमारी रक्षा क्षमताएं अभी भी अपर्याप्त हैं। सबसे बड़ी बात यह है कि हम अनियंत्रित रूप से बढ़ती हुई अपनी आबादी को सम्भाल नहीं पा रहे हैं। सबसे आशापूर्ण अनुमान यह है कि वर्ष 2050 तक हमारी जनसंख्या 1.5 अरब के आसपास स्थिर हो जाएगी। उस कालखण्ड के इस आंकड़े में यदि हम उस जनसांख्यिक दबावों को जोड़ दें, जो बांग्लादेश की लगभग 30 करोड़ की आबादी और 27 और 32 करोड़ के बीच पाकिस्तान की आबादी के कारण हम पर हावी हो सकते हैं तो ऐसे समय में होने वाले राजनीतिक विभाजन हतोत्साहित करने वाले हैं।

हालांकि हमने अपने ज्यादातर पड़ोसियों के साथ अपने संबंध सामान्य बना रखें हैं, फिर भी, वे विशेष मुद्दों से सम्बन्धित तनावों या हमारे बारे में पड़ोस में हमारे प्रभुत्वपूर्ण अभिप्रायों को लेकर बैठी धारणाओं के संजाल से ग्रसित रहते हैं। हम राष्ट्रीय उद्देश्य के अभाव और अनुशासनहीनता के आम माहौल से व्यथित हैं। हमें आमतौर पर एक कमजोर देश माना जाता है, इसके साथ अतिशयोक्तिपूर्ण आत्म-बोध और हमारी राजनीतिक स्थिरता के बारे में मौजूद धारणाओं या हमारी सामरिक प्रौद्योगिक और आर्थिक शक्ति की वास्तविकता से असंबद्धित हो खुद को प्रमुख राष्ट्र के रूप में स्वीकृत कराने की हमारी अवास्तविक इच्छा, मिलकर और अतिरिक्त समस्या खड़ी करती है। हमारी इन अयोग्यताओं को सूचीबद्ध करना जरूरी था क्योंकि ये हमारी विदेश नीति को आगे खड़ी चुनौतियों का सामना करने योग्य बनाने की राह में हमारी क्षमता को परिसीमित कर बाधा खड़ी करती हैं। आखिर हमारे आगे के लक्ष्य क्या हैं? और हम उन्हें पूरा करने के लिए क्या कर सकते हैं।

सबसे पहले हम छोटे और मध्य-अवधि के लक्ष्य की पूर्ति करें। इस सन्दर्भ में भारतीय गणतंत्र की निरन्तरता, एकता और क्षेत्रीय अखण्डता को सुनिश्चित करना सबसे बड़ी प्राथमिकता है। आजादी के लिए हमारे राष्ट्रीय संघर्ष को उर्जस्व बनाने वाले निर्धारक और भारत की राष्ट्रीय एकता से जुड़ा आरंभिक आदर्शवाद समय के साथ धूल-धुसरित दिखता है। भारत की एकता को जातिकेन्द्रस्थ, भाषाई और धार्मिक केन्द्रविमुख प्रवृत्तियों ने चुनौती दी है, चाहे यह जम्मू व कश्मीर में हो, पंजाब या उत्तरी-पूर्वी राज्यों में। ये प्रवृतियां और साथ में पाकिस्तान और चीन जैसे पड़ोसी देशों के क्षेत्रीय दावे, ये ऐसे खतरे हैं, जिनसे

भारत को निबटना होगा। हालांकि आमतौर पर हमने अपनी क्षेत्रीय अखण्डता बचा रखी है और हम इन देशों के साथ अपने क्षेत्रीय नुकसान को रोकने के लिए समीकरणों की संरचना कर रहे हैं, फिर भी इसे नकारा नहीं जा सकता कि विघटनकारी शक्तियां विद्यमान है। इस समस्या का विदेश नीतिगत आयाम यह है कि ऐसी शक्तियों को बाहरी देशों और बाहरी स्त्रोतों से बढ़ावा मिलता है। यह खतरा सिर्फ पाकिस्तान और चीन सरीखे पड़ोसी देशों के कथित दावों तक ही सीमित नहीं है बल्कि अमेरीका और अपेक्षाकृत ज्यादा संघटनात्मक राष्ट्रीय-राज्य और क्षेत्रीय समूहों जैसे महत्त्वपूर्ण देशों की सामरिक नीतियों के अनुस्थापनों की अन्तर्धारा में भी यह खतरा मौजूद है। शक्ति समीकरणों में साम्य और स्थायी शान्ति बनाए रखना आसान होगा यदि अन्तराष्ट्रीय राज्य व्यवस्था को आर्थिक शक्ति और सामरिक बल से परिपूर्ण विस्तृत भू-राजनीतिक निकायों या राज्यों की आपसी प्रतिस्पर्धा से जूझना न पड़े।

सतही तौर पर सोवियत संघ और यूगोस्लाविया के विघटन के बारे में जो भी विश्लेषण या तर्क पेश किए जाएं, उनके विखण्डन का एक तथ्यपूर्ण पहलू यह था कि अमेरीका के नेतृत्व तले पश्चिमी शक्तियों द्वारा रचित रणनैतिक योजना और राजनीतिक व्यवस्थाओं ने उस प्रक्रिया को भड़काया था। पश्चिमी खेमे के वर्चस्व का प्रभाव या राजनीतिक-सामरिक प्रभुत्व के ध्येय की व्यावहारिक प्रयुक्ति दिखी दो बहुलतावादी राज्यों के अपनी अलग-अलग पहचान के अहसास के वशीभूत, विखण्डित होने में, जिसमें एक महा-शक्ति था। यही अभिप्रेरण चीन पर अंकुश और इसे बहुपक्षीय अन्तर्राष्ट्रीय मानकों और व्यवस्थाओं के अधीन करने में अमेरीका और रूस की विदेश नीति के रूख में नजर आता है। इराक के ऊपर डाले गए दबाव के साथ ही साथ, उसे अलग-थलग रखने के पीछे छुपा अभिप्रेरण और भारत के एकीकृत रहने की दीर्घकालिक व्यवहार्यता पर उठाया गया सवाल, एक ही है। हमारी विदेश नीति को विश्व के महत्त्वपूर्ण शक्तिकेन्द्रों के साथ सावधानीपूर्वक एक क्षेत्रीय वातावरण और समीकरण तैयार करना होगा, जो हमारी सम्प्रभुता पर असर डालने वाले अन्तर्निहित केन्द्रविमुखी प्रवृत्तियों को बढ़ावा देने वाली बाहरी ताकतों पर अंकुश लगा सके। यह कदम भारतीय जनता के विभिन्न समूहों की आकांक्षाओं में काल्पनिक जवाबदेही पैदा करेगा व हमारे पड़ोसियों के साथ यदि मैत्रीपूर्ण रिश्ते न भी हो तो कम-से-कम एक गैर-विरोधी रिश्तों को प्रोत्साहित करेगा और विश्व के महत्त्वपूर्ण शक्ति केन्द्रों के साथ संबंधों की ऐसी रूपरेखा स्थापित करेगा, जिसके ढांचे के अन्तर्गत वे यह देखेंगे कि एक एकीकृत भारत उनके विस्तृत आर्थिक और सामरिक हितों की पूर्ति कर रहा है। दूसरे देशों और विदेशी

अभिकरणों से उत्पन्न हो रही अलगाववादी शक्तियों से निबटने के लिए निर्णयात्मक, बलपूर्वक भी, प्रतिरोध अतिआवश्यक है। यह एक पूर्वनिश्चित अंदेशा नहीं है कि भारत अन्तर्राष्ट्रीय समुदाय के साथ लगातार एक टकरावपूर्ण स्थिति का सामना करता रहेगा। इस बात पर जोर सिर्फ इसलिए दिया जा रहा है ताकि हम अन्तर्राष्ट्रीय समीकरणों को तैयार करते समय राजनीतिक वास्तविकताओं की अन्तर्धारा के प्रति जागरूक रह सके।

भारत की विदेश नीति का दूसरा महत्त्वपूर्ण लक्ष्य एक ऐसे शांतिपूर्ण और स्थायी वातावरण को सुनिश्चित करना है, जहां भारत अपनी आर्थिक प्रगति पर ध्यान केन्द्रित कर सके और अपने लोगों की खुशहाली (को प्रमावित करने वाली जटिल समस्याओं) का सामना भी कर सके। इस प्रक्रिया में न सिर्फ एक उपयुक्त घरेलू आर्थिक नीति की रूपरेखा तैयार करना शमिल होगा, बल्कि एक ''विदेश आर्थिक नीति'' का भी प्रारूप तैयार किया जाएगा, जो जरूरी वित्तीय, प्रौद्योगिकीय और विदेशी व्यापार निविष्टि को भारत की वृहत्तम विकासोन्मुख आवश्यकताओं की पूर्ति के लिए सुनिश्चित करेगा। आज की गणना के अनुसार भारत को मोटे तौर पर इसकी अर्थव्यवस्था के आधारभूत क्षेत्र (ऊर्जा, भूतल परिवहन, बन्दरगाह, विद्युत उत्पादन, दूरसंचार इत्यादि) में निवेश के लिए सालाना 80 अरब अमरीकी डॉलर की जरूरत है। इसके अतिरिक्त, हमारे क्षेत्र में शान्ति और स्थायित्व बहाल करने और ऊपर लिखित लक्ष्यों की पूर्ति के लिए वैश्विक सहयोग की प्रक्रिया में भारत की छवि एक आकर्षक आर्थिक भागीदार के रूप में सुनिश्चित करने के लिए विदेश नीति को एक बहुत अहम भूमिका निभानी है। हमारी विदेश आर्थिक नीति के प्रौद्योगिक सम्भावनाओं और भारत की विज्ञान और प्रौद्योगिकी में आत्मनिर्भरता की क्षमता को बढ़ावा देने की ओर ध्यान केन्द्रित करना होगा।

तीसरा लक्ष्य है भारत की एकता और क्षेत्रीय अखण्डता की सुरक्षा करने के लिए राष्ट्रीय रक्षा क्षमताओं का सृजन करना-ऐसी क्षमता जो मुख्य रूप से हमारे संसाधनों और हमारी अपनी प्रौद्योगिकी पर निर्भर हो, साथ ही बाहरी निविष्टियों के संतुलित और पर्याप्त रूप से विविधतापूर्ण संयोजन पर इस तरह से आधारित हो, जिससे भारत किसी एक देश या दूसरे पर या देशों के किसी एक समूह या अन्य पर जरूरत से ज्यादा आश्रित न हो पाए। सावधानीपूर्वक उठाए इस कदम में हमारा नाभिकीय सशस्त्रीकरण और प्रक्षेपास्त्र नीति और क्रम से हमारी सेना की तीनों कमानों को संरचित करने से संबधित नीतियां शामिल हैं, जो प्रौद्योगिकीय गतिविधियों और बदलते अन्तर्राष्ट्रीय समीकरणों के प्रति जवाबदेह होंगी। सारांश में, हमारा लक्ष्य, सम्भावित सीमा के भीतर, बिना किसी

के साथ टकराव की स्थिति पैदा किए और बिना अलग-थलग रहे, हमारी शक्तियों का विकास और पोषण करना है। इस प्रक्रिया में, विकासोन्मुख अन्तर्राष्ट्रीय स्थिति के सन्दर्भ में उच्चस्तरीय कूटनीतिक कुशलता, व्यवहार-कौशल और लचीलापन शामिल होंगे, जबकि ज्यादा महत्त्वपूर्ण शक्तियां एक ऐसी विश्व व्यवस्था चाह रही हैं जो उनके पूर्व-प्रतिष्ठित दर्जे को आगे भी बरकरार रख सके।

चौथा लक्ष्य है क्षेत्रीय सहयोग को मजबूती देना और दक्षिण एशियाई और अन्य क्षेत्रीय गुटों और संगठनों के बीच परस्पर लाभदायक समीकरणों की बहाली के लिए काम करना ताकि क्षेत्रीय सहयोग न सिर्फ शांति और स्थायित्व के लिए काम करें बल्कि दीर्घकालिक सुरक्षा और आर्थिक समृद्धि में भी सहायक हों।

पांचवा लक्ष्य संयुक्त राष्ट्र, इसके घटकों और इसके विशिष्ट अभिकरणों के दो उद्देश्यों को ध्यान में रखते हुए मजबूती प्रदान करना है; पहला, संयुक्त राष्ट्र को इस योग्य बनाना कि यह अपने ज्यादातर सदस्यों के हितों और उनकी आकांक्षाओं को सही अर्थों में प्रतिबिम्बित कर सकें, दूसरा, महाशक्तियों की नीतियों की कठपुतली बनने से संयुक्त राष्ट्र को जहां तक हो सके रोकना। इन्हीं उद्देश्यों को ध्यान में रख कर संयुक्त राष्ट्र के सुधार को प्रभावित करने वाले सभी मसलों से निबटना होगा। संयुक्त राष्ट्र के वर्तमान सुधारों पर नजर डालें, जो ज्यादा प्रभावशाली शक्तियों के अनुस्थापनों के आधार पर चयनात्मक और अभिजातवादी तरीके से कार्यान्वित हो रही हैं, तो यह लक्ष्य आसान नहीं लगता। भारत द्वारा सुरक्षा परिषद में स्थायी सदस्यता के लिए किया गया अनुनय, समाधान नहीं है। भारत को हर नजरिये से खासा मजबूत होना होगा और संयुक्त राष्ट्र के सामान्य सदस्यों की ओर से पर्याप्त स्वैच्छिक समर्थन भी हासिल करना होगा, इसी बलबूते पर यह संयुक्त राष्ट्र में एक प्रभावकारी आवाज के रूप में पहचान बना पाएगा। इस प्रक्रिया में समय लगेगा, इस अंतरिम दौरे में, भारत को अपने प्रभाव का इस्तेमाल संयुक्त राष्ट्र के महत्त्वपूर्ण घटकों और इसके अभिकरणों में अपेक्षाकृत छोटे देशों के वृहत्तर प्रतिनिधित्व की वकालत कर सयुंक्त राष्ट्र को ज्यादा लोकतान्त्रिक बनाने में करना चाहिए।

छठा लक्ष्य इन उद्देश्यों की पूर्ति के लिए अपेक्षित सलाहपूर्ण और कार्यकारी भूमिका के लिए विदेश नीति संस्थापन को सुयोग्य बनाने के मद्देनजर विदेश मंत्रालय और भारतीय विदेश सेवा में आवश्यक संगठनात्मक और संस्थागत सुधार लाना होगा। इस प्रयास में विदेश सेवा के अन्तर्गत भर्ती-प्रक्रियाओं का आधुनिकीकरण, कार्य-क्षेत्र और प्रकार्यात्मक विशिष्टता पर जोर और

विभिन्न श्रेणियों के विशेषज्ञों के पार्श्विक समावेशन को सुगम बनाना शामिल है। इनमें भारत सरकार के अन्तर्गत और राज्य सरकारों और केन्द्र सरकार के बीच एक निश्चित अवधि में विदेश नीति के उद्देश्यों की पूर्ति के लिए अन्तर्विभागीय समन्वयता और सलाह-मश्वरे के लिए संस्थागत पद्धतियों का निर्माण शामिल है। इस प्रक्रिया का आवश्यक हिस्सा होगा राष्ट्रीय सुरक्षा परिषद और राष्ट्रीय सुरक्षा सलाहकार के पद की, स्पष्ट रूप से परिभाषित जिम्मेदारियों और शक्तियों के साथ, रचना करना।

सातवां अल्प या मध्य-आवधिक लक्ष्य होगा और भारत का ध्यान पाकिस्तान और चीन के साथ के अपने संबंधों पर केन्द्रित करना, ताकि इन देशों के साथ इसके संबंधों में अन्तर्निहित तनावों का असर हमारे प्रमुख हितों पर न पड़े। अमेरीका, रूस व जापान के अविवादित राजनीतिक प्रभाव और आर्थिक ताकत, जो सम्भवत: 21वीं सदी में भी बनी रहेगी, के मद्देनजर इनके साथ खास संबंधों की रूप रेखा भी तैयार करनी होगी। अल्प और मध्य आवधिक उद्देश्यों और उनकी पूर्ति के लिए अपेक्षित अनुक्रियाओं पर मनन करने के बाद इस बात पर जोर देना जरूरी है कि चुनौतियों की प्रकृति और उनकी ओर भारत की प्रतिक्रियाओं को अन्तर्राष्ट्रीय संबंधों के वृहत् रूझानों के अनुसार पनपना होगा। दूसरा प्रकट तौर पर खड़ा किया सवाल होगा: 21वीं सदी के आरम्भिक सालों में ये रूझान किस दिशा में बढ़ेंगे? कोई भी आसानी से इसका अनुमान लगा सकता है। सम्भावना यह है कि राष्ट्रीय-राज्य, अनिच्छापूर्वक ही सही, अपनी प्रभुसत्ता के कुछ पहलुओं का त्याग करेंगे, फलत: आर्थिक, राजनीतिक प्रौद्योगिक और सैन्य गतिविधियों पर अन्तर्राष्ट्रीय पर्यवेक्षण और निगरानी सुगम हो जाएगी। निगरानी प्रणाली महत्त्वपूर्ण शक्तियों द्वारा निर्धारित की जाएगी और इसमें उन्हीं का प्रबंध चलेगा। संयुक्त राष्ट्र नाममात्र को मजबूत और लोकतांत्रिक बना दिया जाएगा, लेकिन यह ज्यादातर अमेरीका और पश्चिमी लोकतन्त्रों के अधीन ही कार्य करेगा। राष्ट्रीय राज्यों को, फिर भी, उनके प्रमुख राष्ट्रीय हितों की रक्षा करने के लिए, अपने आर्थिक प्रौद्योगिक क्षमताओं के साथ-साथ सशस्त्र बलों की जरूरत महसूस होगी। नाभिकीय सशस्त्र राष्ट्र किसी समयबद्ध नाभिकीय निशस्त्रीकरण के लिए स्वीकृति दे तो देंगे, पर इसके परिणाम में वे अ-प्रसार एजेंडा को न मानने वाले देशों के खिलाफ निरीक्षण कार्रवाइयों के दवाब उत्पन्न करने में ज्यादा हावी हो उठेंगे। यह सम्भावना इन सीमाओं के अधीन होगी कि कोई भी नाभिकीय अस्त्र सम्पन्न देश अपनी नाभिकीय शक्तियों को संयुक्त राष्ट्र के पर्यवेक्षण में नहीं रखेगा। चीन को छोड़ कर उनमें से कोई भी अपनी नाभिकीय क्षमता के ''पहले इस्तेमाल नहीं'' के सिद्धान्त के लिए कटिबद्ध होने

के लिए तैयार होगा। विश्व के ज्यादातर देश व्यापक परीक्षण प्रतिबंध सन्धि (सीटीबीटी) और विखण्डनीय पदार्थ विरोधी संधि (एफ एम सी टी) पर हस्ताक्षर कर चुके होंगे। सामरिक प्रक्षेपास्त्र प्रणालियों को हटाने और देशों को प्रक्षेपास्त्रों को विकास करने से रोकने के लिए दबाव बढ़ते जाएंगे। प्रयोगात्मक और जैविक हथियारों को प्रभावी तरीके से निषेधित कर दिया जाएगा। कुछ क्षेत्रीय गुटों, खासकर नाफ्टा, नाटो और यूरोपीय संघ ज्यादा प्रभावशाली हो जाएंगे और उन देशों की विदेश नीतियों के प्रभावी साधन हो जाएंगे।

ऊपर लिखे घटना क्रमों से चीन व रूस पूरे तौर पर खुश नहीं होंगे और अन्तर्राष्ट्रीय मसलों पर अमेरीका के एकछत्रीय प्रभाव को निष्फल करने के लिए नये रणनैतिक समीकरणों की तलाश करेंगे। चीन पर अंकुश के लिए अमेरीका की प्रतिक्रिया रूस और भारत के साथ समीकरणों के माध्यम से होगी, जबकि चीन और रूस और अमेरीका के सामरिक पूर्व-वर्चस्व को निष्फल करने के लिए भारत के साथ वैसे ही समीकरण बनाने में उत्सुक होंगे।

अगर भारत एकता के सूत्र में बधा रहे, राजनीतिक रूप से स्थिर और आर्थिक व प्रौद्योगिक रूप से मजबूत हो जाए तो अन्तर्राष्ट्रीय संबंधों में महत्त्वपूर्ण भूमिका निभाने में वह बढ़त हासिल कर लेगा।

ऊपर लिखित लक्षणों के प्रति भारत की रणनीति क्या होनी चाहिए? सबसे पहले वृहत्-स्तरीय समस्याओं, जैसे आबादी नियंत्रण वातावरण प्रबंधन और आर्थिक विकास, पर ध्यान केन्द्रित करना होगा। अन्तर्राष्ट्रीय आर्थिक प्रवृत्तियों की मुख्य धारा में एक मजबूत भारतीय अर्थव्यवस्था का सृजन अतिक्रमणकारी अन्तर्राष्ट्रीय दबाव या प्रतिस्पर्धा का मुकाबला करने का आधार बनेगा। भारत को उस स्तर तक सीमित नाभिकीय अस्त्रों और मध्यम दूरी तक मार करने वाली मिसाइल (आईआरबीएम) क्षमताएं प्राप्त कर लेनी चाहिए, जिस पर क्षेत्रीय या वैश्विक शक्तियां यह स्वीकार करें कि भारत पर दबाव आरोपित करना उचित नहीं होगा। भारतीय थलसेना, वायुसेना और नौसेना को आधुनिक और मजबूत बनाया जाए और इसे पर्याप्त रूप से अत्याधुनिक अस्त्र प्रणालियों से लैस किया जाए, जिससे इराक और ईरान द्वारा 1980 व 1990 के दशकों में झेली गयी सैन्य कार्रवाइयों जैसी स्थिति को रोका जा सके। भारत को विकल्प की स्वतंत्रता बनाए रखनी चाहिए ताकि अपने हितों के लिए हानिकारक आर्थिक चुनौतियों और बाहरी सामरिक खतरों के साथ यह तालमेल बैठा सकें।

इस तरह, 21वीं सदी में भारत एक ऐसे जटिल विश्व का सामना करेगा जिसमें इसे एक आधुनिक राष्ट्रीय-राज्य के, पचास से थोड़े ही ज्यादा सालों के अनुभव के साथ जीना होगा। यह उत्तरजीविता अन्तर्राष्ट्रीय संबंधों की स्थायी वास्तविकता के इस संदर्भ में सुनिश्चित करनी होगी कि बड़ी और प्रभावशाली

शक्तियों की सरकारें उन संसाधनों और सामरिक बलों को संचालित करती हैं, प्रमुख रूप से जिसका इस्तेमाल वे अपने दिखाई दे रहे हितों की पूर्ति के लिए करती हैं। जब तक अन्तराष्ट्रीय संघटन में राष्ट्रीय-राज्य मौजूद हैं, जो अपने संस्थागत बलों, आर्थिक संसाधनों और प्रौद्योगिकीय क्षमताओं के अनुसार काम करते हैं, विदेश संबंधों की प्रकृति प्रतिस्पर्धात्मक होगी और इससे कभी-कभार टकराव की आशंका बनी रहेगी। अतः भारत की विदेश नीति को यर्थाथपरक राजनीति के आधार पर तैयार करना होगा न कि शुद्ध नैतिक विचारों, या आदर्शवादी विश्व दृष्टिकोण पर भले ही दूसरा पक्ष कितना ही अभीष्ट क्यों न हो।

20वीं सदी के अंत में विदेश नीति के विशेषज्ञों ने इस बात पर जोर दिया है कि विदेश संबंधों का भविष्य इस बात पर निर्भर करता है कि अन्तर्राष्ट्रीय परिदृश्य में पांच नयी ताकतों के साथ अन्य देश और उनके नेता किस तरह से तालमेल बैठाते हैं। पहला, नाभिकीय युद्ध के बारे में सोचा नहीं जा सकता है। गहरी दुश्मनी और आधारभूत मतभेदों का सामना करने के समय भी आशंकाओं को निरस्त करने और अन्तर्राष्ट्रीय भरोसे को बनाए रखने के लिए सबकुछ करना होगा। इसका अर्थ यह है कि जहां तक हो सके हर सम्भव स्तर पर सहयोग और विचारों का आदान-प्रदान करने की इच्छा बनाए रखनी होगी। तीसरा, वास्तविक राजनीति के साथ तालमेल बैठाने की आवश्यकता के बावजूद राज्यों में नैतिक मूल्यों के प्रति इतनी श्रद्धा तो होनी हीं चाहिए कि वे यह समझ सकें कि जीने और आगे बढ़ने के लिए उन्हें युद्ध या सामरिक टकराव की जरूरत नही। चौथा, एक तरफ जहां आतंक की रोकथाम या उसे निष्फल करने से अस्थायी तौर पर शांति और स्थिरता हासिल हो सकती है, वहीं मूल रूप से इस व्यवस्था पर सवाल उठाए जा सकते हैं। पांचवां, एक ईमानदार और न्यायोचित विश्व व्यवस्था को रचने का प्रयास करने के मद्देनजर एक अन्तर्राष्ट्रीय विचारधारा उत्पन्न करने की सामूहिक प्रतिबद्धता सभी देशों की विदेश नीतियों में जीवंत होनी चाहिए। ऐसे अपवादविहीन कारकों के प्रति सिद्धान्तपूर्ण और नीतिपूर्ण अनुक्रिया के रूप में 21 वीं सदी में भारत की विदेश नीति के सरोकारों को और विस्तार लेना होगा पर यह पूरी तरह से सम्भव नहीं। अतः अंतरिक्ष दौर में, भारत की विदेश नीति को विश्व राजनीति के अनीतिपूर्ण आधारों की वास्तविकताओं तथा अन्तर्राष्ट्रीय समुदाय और हमारे नीतिपूर्ण मानकों के बीच के निरन्तर मतभेदों के साथ तालमेल बैठाना होगा। प्रयास यह होगा कि अन्तर्राष्ट्रीय परिदृश्य, यह जैसा होने जा रहा है, के साथ और नैतिक मानकों में आकांक्षाओं की स्थिति क्या होनी चाहिए इसके अनुसार अनुक्रियाओं की संगति बैठाई जाए। इस बहुआयामी दुविधा के साथ ताल-मेल बैठाने में हमारी विदेश नीति की समन्वयता और प्रयोजनसिद्धता

पूरे तौर पर एक आम सहमति के निर्माण पर निर्भर करेगी, जो निरन्तर परिवर्तनशील विश्व में हमारे बदलते राष्ट्रीय हितों के प्रति जवाबदेह जागरूक जनमत पर आधारित होगा।

भारतीय विदेश नीति-बहुकेन्द्रीय विश्व की वांछनीयता

उत्साहजनक बात यह है कि भारत की विदेश नीति ने दूसरे देशों की वास्तविकता जान ली है। वैश्विक राजनीतिक और आर्थिक समीकरणों के ऊपर इसने एक ठोस प्रभाव डाला है। भारतीय कूटनीति इस वास्तविकता की स्वीकृति से परे हट गई है ताकि अन्तर्राष्ट्रीय संबंधों में बहुकेन्द्रीय गतिविधियों को बढ़ावा देने की प्रवृत्ति को समर्थन दे सकें। भारत सरकार ने तीन देशों के साथ विशिष्ट पहल की है। हाल में हमने फ्रांसिसी विदेश मंत्री हयूबर्ट वेद्रीन का स्वागत किया है, जापान के उपविदेश मंत्री मि. रोयूजो कातो भी हमारे यहां आए और एक उच्चस्तरीय भारतीय आर्थिक शिष्टमंडल ने, हमारे वाणिज्य मंत्री श्री मुरासोली मारन के नेतृत्व में, बीजिंग का दौरा किया, जहां चीन-भारत के बीच प्रौद्योगिक और आर्थिक सहयोग के विस्तार के लिए द्विपक्षीय समझौते पर हस्ताक्षर हुए। इस प्रक्रिया में जापान, फ्रांस और चीन, यूरोप और एशिया-प्रशांत क्षेत्र तक फैले क्षेत्रीय और वैश्विक प्रभाव के तीन महत्त्वपूर्ण केन्द्रों के साथ भारत के संबंध मजबूत हुए।

इन संवादों के परिणामों और प्रभावों का आकलन करने से पहले इस पर ध्यान देना जरूरी है कि इन महत्त्वपूर्ण देशों के बीच रणनीतिक वातावरण तैयार करने के परिप्रेक्ष्य में विश्व दृष्टिकोण और बोधक्षमताओं में एक निश्चित समान्तरवाद है।

जहां एक ओर सामरिक और प्रौद्योगिकीय सन्दर्भों में अमेरीका की वर्चस्वपूर्ण स्थिति स्वीकार कर ली गई है और इसकी तसदीक हो गई है कि वैश्विक मुद्दों की कार्यावली पर अमेरीका का गहरा प्रभाव है, वहीं दूसरी ओर एक आम मत यह है कि अमेरीका का नजरिया दूसरे देशों या विश्व के दूसरे क्षेत्रों के सरोकारों और हितों के प्रति आवश्यक रूप से जवाबदेह नहीं होगा। अनेक देशों के राजनीतिक प्रभाव और आर्थिक क्षमताओं के विस्तार और सरंक्षण करने की जरूरत को कई महत्त्वपूर्ण देशों ने महसूस किया है, उनके विचारानुसार ऐसी क्षमताओं और प्रभावों के विकास से विश्व परिदृश्य पर सिर्फ एक ही देश के अत्यधिक और असीमित प्रभुत्व का मुकाबला किया जा सकेगा। यूरोप, दक्षिण एशिया और सुदूर पूर्व के महत्त्वपूर्ण देशों के क्षेत्र-विशिष्ट सुरक्षा सरोकार अमेरीका के उभरते सुरक्षा सिद्धान्तों और रणनैतिक बोध क्षमताओं के साथ पूरी

तरह से घोलमेल नहीं करते। यह खासतौर पर भारत, चीन और कुछ हद तक फ्रांस के साथ सही बैठता है। सिएटल में विश्व व्यापार संगठन के सम्मेलन के निष्फल होने से पहले का विचार-विमर्श, साथ ही साथ उसके बाद की बहस ने स्पष्ट रूप से द्विविभाजन और प्रतिस्पर्धात्मक जटिलताओं की ओर इंगित किया है, जो विश्व व्यापार संगठन के शासन तले अन्तराष्ट्रीय व्यापार के प्रबंधन को प्रभावित कर रही हैं। कई देश इस बात पर सहमत हैं कि अन्तराष्ट्रीय व्यापार व्यवस्थाएं विभिन्न क्षेत्रों के देशों की भिन्न जरूरतों और विस्तृत सरोकारों को साथ लेते हुए तैयार की गई आम सहमति के आधार और विकास, प्रौद्योगिकीय और संसाधन-संग्रह क्षमताओं के मापदण्ड के विभिन्न स्तरों पर होनी चाहिए। शस्त्र नियंत्रण और अप्रसार के निरूपण और लागू करने में एकपक्षीयवाद का सवाल भी मौजूद है।

इनमें से कुछ मुद्दों और प्रवृत्तियों के प्रति दृष्टिकोणों में आम समरूपता एक ऐसी विश्व व्यवस्था को सावधानीपूर्वक संरचित करने की आवश्यकता का समर्थन करती है, जो महत्त्वपूर्ण देशों के बीच विश्व क्रियाकलापों को प्रभावित करने के एक दूसरे के झुकावों और क्षमताओं को संतुलित करने वाले समन्वय पर आधारित होगा। भारतीय मंत्रियों व उच्च अधिकारियों तथा फ्रांस के विदेश मंत्री, चीन और जापान के नेताओं के बीच विचार-विमर्श का ध्येय, एक तरीके से, ऐसे ही संतुलन की स्थापना की प्रक्रिया को आगे बढ़ाना था। इस कूटनीतिक कवायद के दो लक्ष्य थे; पहला वृहत्-स्तरीय मसलों पर अन्तर्देशीय संबंधों में बहुकेन्द्रवाद को विस्तार देना और बनाए रखना और दूसरा, परस्पर हितों के विशिष्ट क्षेत्रों में द्विपक्षीय सहयोग की सीमा और विषय वस्तु को बढ़ाना, जो ऊपर लिखे वृहत्-स्तरीय प्रक्रियाओं को सहारा देगा। द्विपक्षीय संबंधों और क्षेत्रीय सहयोग प्रणालियों का सम्पर्क-सूत्र समंजित होगा और कुछ हद तक प्रभुत्ववादी लक्षणों को निरस्त करेगा, जो सम्भवतः विश्व के एक या दूसरे हिस्से से जन्म ले सकती हैं।

एक तरफ भारत और दूसरी तरफ जापान, चीन व फ्रांस के बीच के हाल के संवाद के प्रतिफल का इस संदर्भ में आकलन होना है। फ्रांसिसी विदेश मंत्री और जापानी उपविदेश मंत्री के दौरे के बाद पूर्व जापानी प्रधानमंत्री रूयातारों हाशिमोतो का दौरा हुआ है। यह दिलचस्प बात है कि इन दौरों के पहले उच्च स्तरीय गोष्ठियां हुईं, एक, भारत-फ्रांस मंच पर तो दूसरा, नीति शोध केन्द्र व जापान के अन्तराष्ट्रीय विनिमय केन्द्र ने संयुक्त रूप से आयोजित किया। इन दोनों गोष्ठियों में भाग लेने वाले विद्वानों और विश्लेषकों ने राजनीतिक रूझानों और परिणामी आवश्यकताओं, जिसका वर्णन पहले किया जा चुका है, के

औचित्य का समर्थन किया। हालांकि जापान अभी भी उपमहाद्वीप के नाभिकीय सशस्त्रीकरण की आलोचना करता है, फिर भी, इस बात पर सहमत था कि एशिया की सुरक्षा सुनिश्चत करने के लिए भारत और जापान के बीच आर्थिक और प्रौद्योगिकीय सहयोग आवश्यक है। शीतयुद्ध की समाप्ति के बाद से न सिर्फ भारत और जापान, बल्कि ज्यादातर एशियाई देशों की आर्थिक नीतियों में आर्थिक विकास को सर्वप्रधान वरीयता देने की बात पर आम सहमति थी। जापानियों के साथ विचार-विनिमय के परिणाम में एक सहमतिपूर्ण आकलन निकल कर आया कि अधोलिखित कारक एशियाई क्षेत्र में सुरक्षा वातावरण और राजनीतिक स्थिरता को गंभीरता से प्रभावित कर रहे हैं, आर्थिक, राजनीतिक और बढ़ती सामरिक शक्ति के साथ मजबूत चीन का एशिया में उभरना; भारत और पाकिस्तान के बीच बराबर तनाव बना रहना; कोरियाई प्रायद्वीप और ताईवान के राज्यों को प्रभावित करने वाले तनाव, पूर्वी और दक्षिण पूर्वी एशिया का आर्थिक संकट-इन सबने मिल कर क्षेत्र की आर्थिक गति को अस्त-व्यस्त कर दिया है, जिसके फलस्वरूप राजनीतिक अनिश्चितताएं, खासतौर पर इंडोनेशिया जैसे महत्त्वपूर्ण देश में, अपना जाल फैला रहीं हैं। दक्षिण चीनी समुद्र में ऊर्जा संसाधान को लेकर क्षेत्रीय विवाद और प्रतिस्पर्धा, भारतीय उपमहाद्वीप का नाभिकीयकरण जिसने रणनीतिक और सुरक्षा वातावरण में गंभीर परिवर्तन किए, पश्चिम और मध्य एशिया में इस्लामी उग्रवाद का जन्म, और राज्य संरचनाओं पर आतंकवाद और नशीले पदार्थों से जुड़े आतंकवाद का मडंराता खतरा। धीरे-धीरे ही सही, मगर यह तसदीक बढ़ती जा रही है कि भारत और जापान के बीच भौगोलिक विविधताओं और इन कारकों के विभिन्न प्रभावों के बावजूद, ये दो देश अपनी-अपनी भू-रणनीतिक और आर्थिक क्षमताओं के साथ सहयोगपूर्ण सम्बन्धों की सरंचना कर सकते हैं, जो एशियाई क्षेत्र में तनाव को कम कर सकता है और स्थिरता को बढ़ा सकता है, क्योंकि चीन के शक्ति सामर्थ्य को संतुलित करने के संदर्भ में, एशिया प्रशांत और हिन्द महासागरीय क्षेत्र के लोगों के आर्थिक हितों में वृद्धि करने में, आसियान के ढांचे के अंतर्गत और खास कर एशियाई क्षेत्रीय मंच पर सहयोग में; तथा दक्षिण चीनी समुद्र, मलाका जलडमानमध्य व हिन्द महासागर के छोरों में आतंक-विरोध, मादक पदार्थ तस्करी समर्थित आतंकवाद और जलदस्युता के प्रति संयुक्त रुख का प्रादुर्भाव दोनों ही देशों के हितों के अनुकूल है।

विदेश मंत्री जसंवत सिंह का फ्रांस के विदेश मंत्री हुबर्ट वेड्रिन से विचार-विर्मश खास तौर पर महत्त्वपूर्ण है क्योंकि फ्रांस ने द्विपक्षीय स्तर पर भारत की सुरक्षा चिन्ताओं और नाभिकीय सशस्त्रीकरण नीतियों के प्रति संवदेनशीलता दिखाई। फ्रांस और भारत ने माना कि एक स्थिर विश्व व्यवस्था के लिए विश्व

राजनीति पर अमेरीका का अत्यधिक प्रभुत्व ठीक नहीं। जसवंत सिंह-वेड्रिन की बातचीत के पहले हुए भारत-फ्रांस मंच के विचार-विमर्श के निष्कर्ष को उन्होंने दुहराया कि अमेरीका ने आज, इसके पहले किसी देश ने जो नहीं किया, परम्परागत वास्तविक स्वरूपों जैसे सामरिक शक्ति और विकसित प्रौद्योगिकी, से लेकर सरल लेकिन सांस्कृतिक और सूचनात्मक विषयों की दृष्टि से बहुत ज्यादा मजबूत प्रभाव वाले स्वरूपों तक, शक्ति व प्रभावों के सारे रूपों को केन्द्रस्थ कर लिया है। इस बात पर सहमति थी कि बहुध्रुवीय विश्व के लिए वैकल्पिक शक्ति केन्द्रों जैसे यूरोप, रूस, चीन, भारत, ब्राजील और दक्षिण एशिया का पोषण करना जरूरी है। संयुक्त राष्ट्र के सुधारों और उसे लोकतान्त्रिक बनाने को लेकर भारत के नजरिये से फ्रांस सहमत था।

वाणिज्य मंत्री मुरासोली मारन का चीन का दौरा एक अंतरिक्ष्म, लेकिन 1998 के पोखरन II के बाद के धक्कों के बाद चीन के साथ संबंधों को सामान्य बनाने की प्रक्रिया के पुनरूत्थान के लिए एक महत्त्वपूर्ण मोड़ था। विश्व व्यापार संगठन में चीन के प्रवेश के लिए भारत के समर्थन और परस्पर आर्थिक व वाणिज्यिक रिश्तों में खासी बढ़ोतरी के लिए हुए समझौते से चीन-भारत संबंधों के वापस पटरी पर आ जाने के संकेत मिलते हैं।

पेरिस, बीजिंग और तोक्यो जैसे महत्त्वपूर्ण शक्ति केन्द्रों के प्रति हमारे नीतिगत झुकावों की सरंचित विविधता, वास्तविकताओं की तसदीक और हमारी विदेश नीति में प्राथमिकताओं की स्पष्ट समझ को इंगित करती है। यह एक ऐसी प्रक्रिया है जिसे मीडिया, संसद और जनमत का समर्थन मिलना चाहिए।

भारत और शीत युद्ध के बाद का विश्व

1980 के दशक के उत्तरार्द्ध में स्थापित अन्तर्राष्ट्रीय शक्ति समीकरणों में विघटन देखा गया, जिससे अन्ततः एकल राज्य संरचनाएं छिन्न-भिन्न हो गईं। इस बात पर दिया गया जोर कि शीत युद्ध की समाप्ति पर विश्व एक ध्रुवीय हो गया है और समाजवाद की असफलता के बाद राजनीतिक व आर्थिक नीतियों को एक ज्यादा व्यवस्थित लोकतान्त्रिक, बाजार अर्थव्यवस्था अनुकूल विश्व प्रणाली के लिए कदम बढ़ाना है, एशिया, अफ्रीका और लाटीन अमेरीका जैसे देशों के सन्दर्भ में भविष्य की रूप रेखा तैयार करने का आधार नहीं बन सकता।

शीत युद्ध की समाप्ति का एकमात्र सर्वसम्मत लाभ या अच्छाई यह हुई कि नाभिकीय महाशक्तियों के बीच नाभिकीय नरसंहार की आशंकाएं खत्म या नगण्य हो गईं। दूसरे सारे सकारात्मक लक्षण, जिनका विश्लेषण या संकेत किया जा रहा है, बहस के लिए खुले हैं। सोवियत संघ का विघटन और खाड़ी युद्ध

ऐसे मोड़ हैं जहां से हाल की ज्यादातर गतिविधियां उभर कर आई हैं। ये ज्यादा जटिल, ज्यादा समस्या भरे विश्व की पूर्व सूचना दे रहे हैं, जिसके साथ हमें तालमेल बैठाना है। हालांकि मतभेदों और शत्रुता के प्रत्यक्ष लक्षण खत्म हो गये, पर विश्व सिर्फ सामरिक मायने में एकध्रुवीय रह गया है। अमेरीका से अलग, शक्ति और प्रभाव के अन्य केन्द्र आकार ले रहे हैं। हम विश्व को अन्तर्राष्ट्रीय परिदृश्य में नीतियों और स्वरूपों, गतिविधियों और संचालनों में सुस्पष्ट लक्षण दिखें, ऐसी मांग थी उस तथाकथित "नये गठबंधन" की जो अमेरीका के नेतृत्व में आवश्यक सहभागी घटकों के रूप में पश्चिमी देशों ने साथ मिल कर शीत युद्ध के बाद की स्थिति को दृढ़ करने और कायम रखने के लिए बनाया था। पश्चिम विश्व पटल पर दीर्घकालिक रणनीतिक प्रभुत्व के उद्देश्य के साथ आर्थिक और राजनीतिक संबंधों को नई विश्व प्रणाली का सृजन करने के लिए उत्कंठित था।

इस उभरते हुए नजरिये के दो स्त्रोत थे। पहला, कैल्विन सिद्धान्त से थोड़ा प्रभावित विवेकपूर्ण और उदार आदर्शवादी विश्व दृष्टिकोण जो "अच्छे शासन, मानवधिकार के प्रति कटिबद्धता-पश्चिमी लोकतंत्रों द्वारा निर्धारित और रचे गए मानकों; कानून-व्यवस्था, जो आमतौर पर पश्चिमी कानून व्यवस्था के समानता के सिद्धान्तों और मानदंडों पर आधारित हैं, और राज्य संस्थाओं और अभिकरणों की कार्यप्रणाली की राज्य पारदर्शिता पर जोर की वकालत करता है। नई विश्व व्यवस्था अब इन राजनीतिक अवधारणाओं के अनुरूप होकर यह स्पष्ट करे कि साम्यवादी बुराई का साम्राज्य खत्म किया जा चुका है।"

दूसरा स्त्रोत वह अभिप्रेरण है, जो ऊपर उल्लिखित आदर्शवादी और अधयात्मिक ढांचे के सन्दर्भ सूत्रों को उपयुक्त लौकिक और भौतिक निविष्टयों के साथ प्रोत्साहन देता है। अतः सभी देश, विश्व के लोग अपनी अर्थव्यवस्थाओं को मुक्त बाजार बलों के सिद्धान्त पर पुनः सरंचित करें। यह शर्त जनसांख्यिकी कारकों, वितरणात्मक न्याय की जरूरतों, सामाजिक खरा व्यवहार था विभिन्न देशों में गरीब तबकों के लोगों की मूलभूत आवश्यकताओं की परवाह किए बगैर अनिवार्य रूप से स्वीकृत और लागू होनी चाहिए।

अच्छी सरकार, न्याय और एक उपयुक्त गुणवत्तापूर्ण जीवन सामाजिक और आर्थिक व्यवस्थाओं के रहस्यपूर्ण मेल द्वारा सुनिश्चित की जाएगी जिसने विकसित विश्व को शांति और समृद्धि के मौजूदा स्तरों तक पहुंचाया है।

यह बात ध्यान देने योग्य है कि विश्व की वर्तमान स्थिति में अपेक्षाकृत ज्यादा मजबूत और धनाढ्य देशों के पास नीतियों और नजरियों को ग्रहण करने का खुशनुमा अवसर है, जो उच्च नैतिक आधारों का दावा करते हुए उनकी

आकांक्षाओं का भी पोषण करता है। भारत जैसे देश जिसका सामना करते हैं, वह है उस विकट स्थिति के साथ सामन्जस्य बैठाने की समस्या जिसमें हमारे बहुत सारे हितों पर सवाल खड़े किए जाते हैं और चुनौती दी जाती है।

सच कहा जाए तो सामन्जस्य बैठाने के हिसाब से स्थिति ज्यादा मुश्किल और ज्यादा जटिल हो गई है। सूक्ष्म स्तर पर ज्यादा शक्तिशाली देशों के बीच नीतियां, विश्व के विभिन्न हिस्सों में प्राकृतिक संसाधनों और प्राकृतिक कच्चे माल पर नियंत्रण में बढ़त हासिल करने के लिए, एकाकार हो गई हैं। इस प्रयोजन के लिए ग्रहण की गई परिणामी राजनीतिक-सामरिक रणनीति को उनके लिए सुरक्षा व्यवस्थाएं और रणनीतिक उपस्थिति तैयार करनी है, जिसके बूते वे विकासशील देशों, खासतौर पर भारत जैसे महत्त्वपूर्ण देश के राजनीतिक तंत्रों को प्रभावित कर सकें। इस नजरिये के पीछे नाभिकीय व अंतरिक्ष प्रौद्योगिकी, वातावरण प्रबंधन और व्यापर और निवेश नीतियों को प्रभावित करने वाले अन्तर्राष्ट्रीय नियंत्रण और निगरानी शासन-पद्धतियों का निर्माण कर हमारे जैसे देशों के प्रौद्योगिक और आर्थिक सामाथ्र्य को नियंत्रित करने की प्रवृत्ति छुपी हुई है।

यह प्रवृत्ति सिर्फ सवाल खड़े करने तक ही सीमित नहीं है बल्कि रक्षा व्यय और रक्षा व्यवस्थाओं में एकपक्षीय मानकों की वकालत करने के माध्यम से यह देशों की सुरक्षा व रक्षा व्यवस्थाओं को प्रभावित और नियंत्रित करने की कोशिश भी करती है। संयुक्त राष्ट्र में और बहुराष्ट्रीय वित्तीय अभिकरणों में अपनी अविवाद्य निष्पक्षता के साथ अपेक्षाकृत ज्यादा शक्तिशाली देश, यहां तक कि, इन अभिकरणों की नीतियों को उपर्युक्त प्रयोजन की पूर्ति के लिए दिशा निर्देश दे रहे हैं। सुरक्षा परिषद के विस्तार, संयुक्त राष्ट्र की सरंचना करने, और भविष्य में विकासशील देशों में निवेश व प्रौद्योगिकयों के प्रवाह के लिए शर्तों के निर्धारण के लिए आरंभिक प्रस्तावों से इस आकलन की पुष्टि होती है। भारत के हितों और एक वैसी ही स्थिति में देशों के हितों को नियंत्रित करने की दूसरी काबिले गौर घटना है अन्तराजकीय संबंधों में केन्द्राभिमुखी लक्षणों की मौजूदगी। विश्व के विभिन्न भागों में देशों के बीच विभिन्न आर्थिक स्थितियों और हर एक क्षेत्र के अन्तर्गत देशों के विशिष्ट विकास के विभिन्न स्तरों का विचार किए बगैर, क्षेत्रीय समन्वयता की ओर रूझान बढ़ रहा है। स्थापित क्षेत्रीय गुटों को अलग हटा नये गुट वजूद में आए हैं, जैसे एपेक, नाफ्टा, ईएसी और इ सी ओ के विस्तार की आकांक्षाएं इस घटना को परिलक्षित करती हैं। हमारा अपने दक्षिण एशियाई क्षेत्र के तनाव-सम्भावित और समस्या प्रभावित होने से दक्षेस के माध्यम से दक्षिण एशिया क्षेत्रीय समन्वयता की गति धीमी पड़ रही है। हमारे

क्षेत्र की कई और प्राय: विश्लेषित सीमाएं हैं। भारत को इन उभरती व्यवस्थाओं में, अपने आर्थिक व राजनीतिक हितों के बचाव के लिए, एक प्रभावकारी स्थान तलाशना होगा। यह प्रक्रिया समान समस्याओं और समान रूप से आकांक्षाओं के न पूरे होने का दर्द समेटे विकासशील देशों के बीच पार-महाद्वीपीय और पार-क्षेत्रीय सहयोग को तेजी से प्रभावित कर रहा है। उत्तर-दक्षिण वार्ता के संकल्पित ढांचे और दक्षिण-दक्षिण सहयोग और निर्गुटता की प्रासंगिकता पर देशों द्वारा की गयी सामूहिक आत्मविवेचना इस दुविधा को प्रतिबिम्बित करती है, जो उत्तर-शीत युद्ध काल में हमारे सामने खड़ा है। जातीय-धार्मिक पहचानों और उपक्षेत्रीय प्रतिस्पर्धा के रूप में विस्फोटक और अस्थिरकारक शक्तियां विद्यमान हैं, जो मौजूदा राज्यों की स्थिरता और बहुल, बहु-भाषी, बहु-जातीय, बहु-धाार्मिक राष्ट्रों की समन्वयता पर असर डाल रहे हैं; यह घटना भारत के लिए अनिवार्यत: चिन्ता का विषय है। शीतयुद्ध की समाप्ति से वह उपयोगी टेक जो भारत जैसे विकासशील देश शक्तिशाली देशों के अतिक्रमणकारी प्रयासों और दमनकारी दबावों के विरूद्ध इस्तेमाल करते थे, खो गया। सारी प्रमुख शक्तियों की नीतियां और लक्ष्य अन्तर्राष्ट्रीय संबंधों को नियन्त्रित करने के लिहाज से एकाकार हो गई है। एक महाशक्ति द्वारा दूसरे के प्रतिस्पर्धात्मक अतिक्रमण को संतुलित करने की लाभप्रद स्थिति खत्म हो चुकी है।

अब ज्यादा जटिल समीकरणों को तैयार करना और लागू करना होगा जब तक कि विकासशील देशों, और खास तौर पर भारत के आवश्यक हितों की पूर्ति के लिए टिकाऊ सुरक्षा कवच मुहैया कराने वाले अन्तर्राष्ट्रीय संबंधों की स्थायी पद्धति उभर कर नहीं आती। भारत को अपनी विदेश रक्षा और आर्थिक नीतियों के स्वरूप को तैयार करने में इन्हीं चुनौतियों का सामना करना है। अपनी ही चारदीवारी में गुम होकर अलग-थलग रहने की प्रवृत्ति आत्म-पराजय होगी। हमारे संसाधनों और क्षमताओं के बारे में उथले आत्मविश्वास पर आधारित खुद की महत्ता के बारे में एक अव्यावहारिक दृढ़ता से हमारे प्रयोजन सिद्ध नहीं होंगे। ज्यादा शक्तिशाली गुटों के प्रति टकरावपूर्ण प्रवृत्ति भी प्रतिकूल-परिणाम को जन्म देगी क्योंकि विकासशील देशों के बीच कोई एकता न है न हो सकती है जो कि 1950 से 1970 तक के दशकों के दौरान किसी तरह बरकरार थी। भारत की राजनीतिक और रणनैतिक नीतिगत योजना अनिवार्य रूप से सोची-समझी और नपी-तुली प्रक्रिया होनी चाहिए। हमें एकल शक्तियों, साथ ही साथ ऐसी शक्तियों के सामूहिक गुटों के साथ मुद्दे पर आधारित ढांचे के तहत तालमेल बैठाना होगा। हमें किसी भी ऐसे दबाव जो राजनीतिक आर्थिक या सुरक्षा क्षेत्रों में हमारे हितों को प्रभावित करते हैं, का शिकार हुए बगैर अतिसावधानीपूर्वक सहयोगात्मक संवाद तैयार करना चाहिए।

जिक्र के अनुसार, हमें अपनी नीतियों को, अपने संसाधनों और क्षमताओं के बारे में आत्म-महत्ता और उथले नजरिये के झूठे अहसास के ऊपर नहीं खड़ा करना है, पर इसके साथ ही हम भारत के बारे में फैल रहे आम मत कि यह दुर्बल है, के साथ भी नहीं चल सकते। कुछ स्थितियों में यह जानबूझ कर किया जाता है ताकि हमें अपने लिए महत्त्वपूर्ण मसलों के ऊपर दबावों को स्वीकार कर लेने के लिए प्रवृत्त किया जा सके। अतः हमारी विचार-प्रक्रिया में सबसे महत्त्वपूर्ण प्रयास होगा अपनी सामर्थ्य और कमजोरियों का ध्यानपूर्वक आकलन करना और हमारी विदेश और घरेलू नीतियों को एक विवेकपूर्ण और व्यावहारिक तरीके से तैयार करना जहां हमारे हित सिद्ध हों, जहाँ हम अलग-थलग नहीं रहें और हमारे विकासोन्मुख अभिप्रायों, हमारी क्षेत्रीय अखण्डता और एकता के बचाव के लिए बाह्य और वातावरणिक निविष्टियों की पूर्ति हो।

3
भारत की विदेश नीति राष्ट्रीय सुरक्षा सरोकार

20वीं सदी के आखिरी दशकों में कई महत्त्वपूर्ण घटनाएं हुईं, जैसे सोवियत संघ का विघटन, वैचारिक टकराव का अन्त और शीतयुद्ध की समाप्ति, बाजार-आधारित एकरूप वैश्विक व्यवस्था का आरम्भ और राजनीतिक प्रक्रियाओं और प्राकृतिक संसाधनों पर नियंत्रण के लिए प्रभाव डालने हेतु प्रतिस्पर्धा के नए प्रकारों का उद्‌भव। कुछ हद तक अमेरीका विश्व व्यवस्था में विजेता के रूप में उभरा है। ज्यादा आम शब्दों में कहा जाए तो आठ औद्योगिक रूप से विकसित देश, जो समूह-8 को इंगित करते हैं, विश्व मामलों पर हावी हैं। सबसे महत्त्वपूर्ण बात यह हुई कि 11 व 13 मई को भारत द्वारा किए गए नाभिकीय परीक्षण और इसके जबाव में पाकिस्तान द्वारा 28 व 30 मई को किए गए परीक्षणों ने रणनीतिक संतुलन में एक मोड़ उत्पन्न कर दिया है और पांच नाभिकीय अस्त्र शक्तियों की अ-प्रसार कार्यावली को प्रभावित किया। इसी संन्दर्भ में आगे 21वीं सदी के शुरूआती दशकों के लिए हमें भारत में अपनी प्रमुख चुनौतियों व सुरक्षा सरोकारों का आकलन करना होगा।

हमारा पहला और सबसे बड़ा सरोकार होना चाहिए हमारी राजनीतिक स्थिरता को लोकतांत्रिक राजनीतिक प्रक्रिया के ढांचे में सुनिश्चित करना। 1980 के दशक के मध्य से हमारे समाज को प्रभावित करने वाले विभिन्न राजनीतिक आवेगों के कारण हमारी स्थिरता दबावग्रस्त है। हमारे नाभिकीय अस्त्र दर्जे और रक्षा के लिए प्रौद्योगिक क्षमताओं को अन्तर्राष्ट्रीय समुदाय, जो हमारे नाभिकीय अस्त्रों की प्राप्ति पर नुक्ताचीनी करता है, उससे बहुत ज्यादा अलग-थलग रहे बगैर सरंक्षित करना हमारा दूसरा और ज्यादा तात्कालिक सरोकार होना चाहिए। हमारा उद्देश्य यह होना चाहिए कि सच्चे, व्यापक, भेदभावरहित निशस्त्रीकरण और अप्रसार हासिल करने के प्रयासों की मुख्यधारा में होते हुए भी अपनी

नाभिकीय क्षमता को बनाए रखें। इन वृह्त-स्तरीय और उच्च प्राथमिकतापूर्ण सरोकारों के अलावा आने वाले दशकों में हमें अधोलिखित सरोकारों और चुनौतियों के साथ सामन्जस्य बिठाना है।

पाकिस्तान के जम्मू व कश्मीर पर दावे और चीन के साथ सीमा विवाद के अभी भी न सुलझ पाने के कारण भारत की क्षेत्रीय अखण्डता पर संकट के बादल हैं। चीन के मामले में संकट व्यवहार्थ नहीं दिखता जैसा कि 1980 के दशक तक महसूस होता था। फिर भी यह संकट बना रहेगा जब तक कि इस विषय पर चीन-भारत समझौता न हो जाए। भारत की भू-राजनीतिक एकता को आंतरिक केन्द्रविमुख शक्तियां लगातार प्रभावित कर रही हैं। जम्मू व कश्मीर एवं भारत के उत्तर-पूर्वी राज्यों की आबादी के कुछ वर्गों से अलगाव की मांग उठ खड़ी हुई है। 1950 के दशक के उत्तरार्द्ध और 1960 के दशक के पूर्वार्द्ध से अक्सर उत्तरी बंगाल, उड़ीसा, पंजाब और तमिलनाडु के कुछ गुटों द्वारा शुरूआती अलगाववादी आकांक्षाएं मुखर हुई हैं।

पाकिस्तान व चीन के साथ प्रतिकूल संबंध और इन देशों के साथ सैन्य संघर्ष के परिणामस्वरूप भारत को अपने अल्प वित्तीय, भौतिक और प्रशिक्षित मानव संसाधनों को रक्षा प्रयोजनों की ओर मोड़ना पड़ा, जिसके कारण राष्ट्रीय सुदृढ़ीकरण और पुनर्निर्माण के लिए सामाजिक व आर्थिक नीतियां तैयार करने और इनके क्रियान्वयन की क्षमताओं में ह्रास हुआ।

भूटान व मालदीव को छोड़ कर भारत के संबंध नेपाल, श्रीलंका, बांग्लादेश और पाकिस्तान (जो विशिष्ट शत्रु की श्रेणी में आता है) जैसे अपने पड़ोसियों के साथ किसी न किसी कारण से समस्यापूर्ण रहे। यह लक्षण बरकरार है। नेपाल के साथ चिन्ता के बिन्दुओं में (क) इसकी भारत के खिलाफ चीन को इस्तेमाल करने की कोशिश, (ख) व्यापार व पारगमन मुद्दों, जो समय-समय पर उभर जाते हैं, के सन्दर्भ में दृष्टिकोणों में मतभेद, और (ग) जल संसाधनों के कृषि प्रयोजनों व विद्युत उत्पादन के लिए उपयोग पर भिन्न नजरिया। श्रीलंका के साथ, सबसे पहले भारतीय मूल के तमिलों की नागरिकता, जो 19वीं सदी में चाय बगानों में काम करने के लिए श्रीलंका पलायन कर गये थे, और दोनों देशों के मछुआरों के परंपरागत मछली मारने के अधिकार का हनन किये बगैर भारत के प्रायद्वीपीय तटों से दूर दोनों देशों के अधिकार क्षेत्रों को निर्धारित करने के मुद्दे थे। उसके बाद 70 के दशक के उत्तरार्द्ध से तमिल-सिंहल जातीय विवाद का असर तमिलनाडु पर पड़ा। यह वर्णभेद संकट हमारे संबंधों पर ग्रहण के जैसा छाया हुआ है। म्यांमार के साथ हमारे संबंधों में अभी भी 1960 व 1970 के दशकों में वहां से भारतीय समुदाय के निर्वासन की कड़वी यादों का

साया मंडरा रहा है। भारत ने रंगून में सैन्य शासन के साथ एक कामचलाऊ रिश्ता बना रखा है, पर भारतीय जनमत अभी भी म्यांमार के लोगों के लोकतांत्रिक अभिमत के न पूरे होने के साथ मेल नहीं बैठा पाया है। जनरल ने विन के सत्ता संभालने के समय से यह प्रवृत्ति बनी हुई हैं। अन्त में, म्यांमार के चीन के साथ आर्थिक व रक्षा संबंध भारत के लिए दिलचस्पी का विषय हैं। पाकिस्तान व बांग्लादेश के साथ विवादास्पद मुद्दे इतने जगजाहिर हैं कि उन्हें बताने की जरूरत नहीं; खासतौर पर जबकि 1971 तक ये दोनों देशों का एक ही राजनीतिक अस्तित्व था। ध्यान देने वाली बात यह है कि बांग्लादेश के निर्माण और इस प्रक्रिया में भारत के समर्थन से कोई फर्क नहीं पड़ता; दरअसल, बहुत सारे मुद्दों पर बांग्लादेश ने भारत के प्रति पूर्व "पूर्वी पाकिस्तान" वाला विरोधी रूख ही अख्तियार किया है।

पाकिस्तान की भारत के दूसरे प्रत्यक्ष पड़ोसियों और मुस्लिम देशों में भारत के प्रति उनके मन में आशंका जगाने के नजरिये से, उनकी नीतियों और प्रवृतियों को प्रभावित करने के प्रयासों ने भारतीय सुरक्षा हितों के सामने लगातार चुनौतियां खड़ी की हैं। विदेशी सामरिक ठिकाने और विदेशी सेनाओं की उपस्थिति, साथ-साथ सामरिक व अत्याधुनिक नाभिकीय अस्त्र प्रणालियों की भारत के पड़ोस, हिन्द महासागर के उत्तरी छोरों और अरब और अफ्रीका के तटीय देशों में तैनाती भारत के लिये चिन्ता का सबब है। शीत युद्ध की समाप्ति से सैन्य तैनाती की यह प्रवृत्ति रुकी है, चाहे बात दिएगो गार्सिया की हो या फिर नौसेना अथवा वायुसेना की।

चीन की अत्याधिक नाभिकीय क्षमताएं और एशियाई और हिन्द महासागर में नाभिकीय हथियारों की उपस्थिति ने 1964 से भारत की रक्षा योजना को प्रभावित किया है।

1991 के आखिर में अमेरीका के विदेश मंत्रालय ने खाड़ी युद्ध के बाद की स्थिति में "अमेरीका की अग्रगामी रक्षा योजना" पर एक नीतिगत टिप्पणी जारी की। दक्षिण एशिया में सम्भावनाओं व नीतिगत उद्देश्यों को उद्धृत करते हुए अमेरीका के रक्षा मंत्रालय ने यह विचार रखा कि अमेरीका के सबसे महत्त्वपूर्ण कामों में एक होगा भारत को इसके पड़ोसियों, खासकर पाकिस्तान पर हावी होने से रोकना। परिणामस्वरूप, पाकिस्तान की आर्थिक और सैन्य क्षमताओं को भारत की क्षेत्रीय महत्त्वाकांक्षाओं के साथ संतुलन बैठाने के लिहाज से तैयार होना था। यह था अमरीकी रक्षा मंत्रालय का दृष्टिकोण। जेराल्ड एल्किन, अमरीकी वायु सेना अकादमी के संकाय सदस्य और भी ज्यादा मुखर हैं। वह यह स्पष्ट करते हैं कि भारत सरकार के तीन मुख्य रणनैतिक उद्देश्य हैं; दक्षिण

एशिया में (पाकिस्तान और कमतर क्षेत्रीय पात्रों के ऊपर सैन्य श्रेष्ठता पर आधारित) प्रभुत्वशाली के रूप में अपनी स्थिति को दृढ़ करना; पूरे हिन्द महासागर में सामरिक सर्वप्रधानता हासिल करना, और पर्याप्त सैन्य शक्ति की मान्यता प्राप्त करना ताकि अन्तर्राष्ट्रीय समुदाय पर सफलतापूर्वक अपने दर्जे को ऊपर उठाने की मांग आरोपित कर सके।

इस तरह से, पहली सोच यह है कि दक्षिण एशिया में भारत की प्रभुत्ववादी महत्त्वाकांक्षाएं अपने पंख फैला रही हैं और यह भी कि भारत अन्तर्राष्ट्रीय समुदाय में अपने दर्जे को बढ़ाना चाहता है। अनुमानतः इसका अर्थ यह है कि भारत संयुक्त राष्ट्र सुरक्षा परिषद की स्थायी सदस्यता की इच्छा और दावा करता है। इस बात पर जोर डाला गया, कि भारत प्रभुत्ववादी महत्त्वाकांक्षाएं पालता है, अविवेकपूर्ण है क्योंकि देखा जाए तो भारत की अपनी आन्तरिक समस्याएं, संसाधन विवशताएं और राष्ट्रीय सुदृढ़ीकरण में लगा हुआ ध्यान (लगातार खड़ी घरेलू केन्द्रविमुख चुनौतियों के मद्देनजर)–ऐसी स्थिति में भारत के लिए किन्हीं प्रभुत्ववादी और विस्तारवादी प्रवृत्तियों का पोषण करना मूर्खतापूर्ण बात होगी। भारत की क्षेत्रीय शक्ति बनने की चाहत के समक्ष खड़े स्थापित तथ्य–भारत का भौगोलिक आकार, जनसंख्या, संसाधन, पौधोगिक क्षमताएं और इसकी सशस्त्र सेनाओं का आकार, इसके क्षेत्रीय शक्ति दर्जे को अस्तित्वपरक यथार्थ बना देता है। भारत ने पड़ोसी देशों में हस्तक्षेप किया है–बांग्लादेश, मालदीव और श्रीलंका–मगर सिर्फ इन देशों की ओर से की गई प्रार्थनाओं के आधार पर और तभी जब इन देशों की गतिविधियों का सीधा असर भारत की अपनी सुरक्षा और स्थिरता पर पड़ा है। भारत की सेना ने जैसे ही अपना मिशन पूरा किया वैसे ही उन्हें वापस कर दिया गया, या जब उस देश ने, जिसने उनकी सेवाओं के लिए प्रार्थना की, वापसी के लिए कहा। यह सिर्फ एक अभिप्रेरित कल्पना है जो भारत के छवि को क्षेत्रीय संबंधों में प्रभुत्ववादी पेश करना चाहता है। भारत को प्रभुत्ववादी करार देने का कारण उन देशों का सोच–समझ कर तय किया हुआ लक्ष्य है या हो सकता है, जो दक्षिण एशियाई क्षेत्र के देशों की सुदृढ़ता और सहयोग को अवरूद्ध कर वहां अपना राजनीतिक और आर्थिक प्रभाव सुनिश्चित करना चाहते हैं। यह वह प्रक्रिया है, जिसमें भारत एक प्रभावी कारक के रूप में उभरेगा। भारत का अपने आर्थिक और सामुद्रिक हितों के सरंक्षण के लिए सक्षम नौसेना की आकांक्षा करना तर्कपूर्ण है; यह आरोप कि भारत पूरे हिन्द महासागर में सैन्य वर्चस्व चाहता है, सरासर अतिशयोक्ति है। अमेरीका और चीन की नौसैनिक क्षमताओं और नौसैनिक बलों की हिन्द महासागर में तैनाती और ऑस्ट्रेलिया और इंडोनेशिया की विस्तारित

होती नौसैनाएं इस अभिप्रेरण या क्षमता को भारत के साथ जोड़ कर भारत के खिलाफ आधारहीन आशंकाओं को फैलाने का काम जानबूझ कर रहीं है। भारत का नौसैनिक बेड़ा किसी बाहरी शक्ति के प्रमुख नौसैनिक युद्ध बेड़े को कतई चुनौती या पराजय नहीं दे सकता है।

दूसरी सोच यह है कि भारत दक्षिण–एशियाई क्षेत्र के लिए नाभिकीय खतरा खड़ा कर रहा है। दरअसल पाकिस्तान के दिवंगत राष्ट्रपति जिया–उल–हक और पाकिस्तानी विदेश मंत्री ले जनरल याकूब खान ने भारत के अन्य पड़ोसियों के सामने यह दावा रखा था कि पाकिस्तान द्वारा प्राप्त की गई नाभिकीय अस्त्र क्षमता न सिर्फ एशियाई बल्कि दक्षिण पूर्वी एशियाई (मुस्लिम) देशों को भी किसी भी भारतीय खतरे के विरुद्ध सुरक्षा का आश्वासन बनेगी। बेनजीर भुट्टों ने भी इसी दृष्टिकोण को दुहराया था। यह स्पष्ट रूप से आत्म–सिद्ध तर्क था जिसका भारत के पड़ोसियों पर कोई प्रभाव नहीं पड़ा। उनके हिसाब से पाकिस्तान और भारत को नाभिकीय अस्त्र क्षमता अख्तियार करने की दौड़ से परे हट जाना चाहिए। अगर देखा जाए तो यदि भारत अपने पड़ोसियों के खिलाफ किसी अविवेकपूर्ण नाभिकीय रूख अपनाने को उन्मुख होता है तो चीन और अमेरीका मिलकर, अथवा अलग–अलग भी, इस तरह के खतरे से निपटने में सक्षम हैं।

(भारत के नजदीक पड़ोसियों के बीच तीसरी सोच यह है कि भारत अपने वृहत्तर संसाधनों और प्रौधोगिक और आर्थिक क्षमताओं की वजह से अन्य दक्षिण एशियाई देशों की अर्थव्यवस्था पर कब्जा करने या हावी का आकांक्षी है। इस अंदेशे का प्रभाव यह हुआ कि पाकिस्तान ने भारत के साथ व्यापार सम्बन्ध स्थापित करने से इंकार कर दिया बांग्लादेश ने भारतीय माल को उत्तरी–पूर्वी भरतीय राज्यों व चित्तागोंग के इसके बन्दरगाह के जरिये पारगमन सुविधाएं देने की अनिच्छा जाहिर की; नेपाल व भारत में द्विपक्षीय व्यापार और पारगमन संबंधों में बराबर विवाद उठते रहते हैं; और श्रीलंका भारत द्वारा उसकी अर्थव्यवस्था में किए गए निवेश को लेकन सावधान है। इन अंदेशों को दूर करने के लिए, दक्षेस के आश्रय तले दक्षिण एशिया वरीयता व्यापार व्यवस्थाओं (साप्टा) की प्रक्रिया के जरिये की गई कोशिश अभी तक सफल नहीं हो पाई है, मुख्य रूप से इसका कारण पाकिस्तान द्वारा किया गया विलंब है। भारत की यह परिकल्पित लालसापूर्ण और प्रभावकारी छवि इस साधारण उदाहरण से ही प्रतिकूल नजर आती है कि भारत ने अपने पड़ोसियों के साथ उस स्तर और सीमा तक, जहां तक उन्होंने सहयोग की उम्मीद की, जाकर आर्थिक संबंधों का विकास करने में हिस्सा लिया। दक्षेस, साथ ही साथ द्विपक्षीय ढांचे में भारतीय

नीति का रूख इसी प्रकार का है।

चौथी, सोच यह है कि भारत की बढ़ती आबादी से जनसांख्यिक दबाव उत्पन्न होगा, फलतः भारत की राजनीतिक व सैन्य शक्ति का बढ़ावा पाकर भारतीय पलायन पड़ोसी देशों की ओर रुख करेगा। इस अंदेशे को बल तभी मिलता अगर भारत के पड़ोसी देश कम आबादी वाले होते और जहां भूमि व्यक्ति, अनुपात के लिहाज से पर्याप्त जगह मौजूद होती। यह भारत के किसी भी पड़ोसी के साथ सही नहीं बैठता; हर एक घनी आबादी वाला है और वहां जगह की कमी है। दरअसल, पिछले दो दशकों से पड़ोसी देशों के लोग, खासतौर पर नेपाल व बांग्लादेश से, साथ ही साथ पाकिस्तान से मुहाजिर (बिहार व उत्तर प्रदेश के पूर्व निवासी) भारत की सीमा के अन्दर पलायन कर आ रहे हैं। मसला पड़ोसी देशों में भारतीय पलायन का नहीं है बल्कि दक्षिण एशिया के सामूहिक जनसंख्या विस्फोट के साथ निबटने का है।

भारत को लेकर पांचवी नकारात्मक सोच यह है कि इसने नाभिकीय अस्त्रों, प्रक्षेपास्त्रों, शस्त्र-नियंत्रण और निशस्त्रीकरण उपायों से जुड़े अ-प्रसार मुद्दे के प्रति एक स्थिर विरोधात्मक रुख अपना रखा है। सोचने वाली बात यह है कि क्या भारत ने उन कई देशों, जिन्होंने अन्तर्राष्ट्रीय समझौतों के तहत उठाई गयी अ-प्रसार प्रतिबद्धताओं का उल्लंघन करने पर दंडात्मक कार्रवाई की ओर लोगों का ध्यान आकृष्ट किया है, की तुलना में विभिन्न अ-प्रसार व्यवस्थाओं का हिस्सा न होने के बावजूद क्या अ-प्रसार लक्ष्यों को सिद्ध करने में ज्यादा परिपक्व तरीके से व्यवहार किया है। दूसरी तरह से भी, इन मसलों पर कई देशों के साथ, इनमें महाशक्तियां भी शामिल हैं, भारत के द्विपक्षीय विचार-विमर्श हुऐ जि़समें इसने इन ज्वलंत विषयों पर समझौते के बिन्दुओं को खोज निकालने की मंशा जाहिर की है।

छठी सोच, जो खासतौर पर इसके पड़ोसियों के मन को मथती, यह है कि भारत और उनके बीच के किसी भी विवादास्पद मसले पर भारत कोई भी समझौता करने या छूट देने के लिए तैयार नहीं है। उनका यह मानना है कि भारत को बड़ा और बेहतर साधन सम्पन्न देश होने के कारण अपने पड़ोसियों की मांगों पर, चाहे मुद्दा जम्मू व कश्मीर का हो, जल संसाधन के उपयोग का या व्यापार और पारगमन सुविधाएं, उचित रूप से और सहृदयता के साथ ध्यान देना चाहिए। दूसरे, बाहरी देशों के मन में भी किसी खास समय में उनके हितों व झुकावों पर निर्भर करती हुई यही समीक्षात्मक सोच पल रही होती है। ऐसे समालोचनात्मक मूल्यांकन की पृष्ठभूमि में भारत 'हॉबसन चयन' जैसी स्थिति में खुद को पाता है। वृहत्तर और बेहतर संसाधन सम्पन्न होने के कारण भारत की ओर से सहृदयता

और रियायत की अपेक्षा की वकालत विवेकपूर्ण लगती है। पर हर वह मुद्दा, जिस पर ऐसी गुंजाइश की मांग की जाती है, भारत के प्रमुख क्षेत्रीय और आर्थिक हितों पर असर डालता है; ऐसे मुद्दों (जैसे कश्मीर, फरक्का के पानी पर बांग्लादेश की मांग, नेपाल व बांग्लादेश की पारगमन सुविधाएं देना) पर छोटे समय के भीतर समझौता सम्भव नहीं। एक लंबे समय तक बना हुआ क्रमबद्ध नजरिया इस आलोचना का व्यावहारिक समाधान है।

सातवीं बाहरी सोच इस नजरिये से संबद्धित है कि भारत अन्तर्राष्ट्रीय व्यवहार के मानकों पर धर्माचार्य के जैसा सलूक करता है। भारत का अ–प्रसार, शांतिपूर्ण सह–अस्तित्व और अहिंसा जैसे, विषयों पर उपदेश देने का झुकाव, कई देशों की नजर में पलायनवाद, यहां तक कि, क्लान्ति का प्रतीक है। इस दृष्टिकोण में कुछ सार्थकता है। भारत की नीति की घोषणाओं व रुखों के ये लक्षण, हालांकि, शीत युद्ध की समाप्ति के बाद से धुंधले पड़ रहे हैं जैसा कि राजनीति और कूटनीति में सार्वजनिक रुखों और लयबद्धता में ह्रास के रूप में देखा गया है।

आठवीं समीक्षापूर्ण सोच, जो कई देशों का साझा नजरिया है, चीनी सेना की एक राजनीतिक पत्रिका में (1992) छपे हुए एक लेख में नजर आती है। एक तरह से यह प्रोफेसर जे. के. गैब्रेथ के शोध–भारत विश्व की सबसे बड़ी क्रियाशील अराजकता– का ही विस्तारित रूप था। इस चीनी लेख ने यह दावा किया है कि भारतीय समाज और शासन प्रणाली धार्मिक, जातीय, वर्गों और अन्य कारकों के कारण टुकड़ों में बंटी है। इस लेख में आगे लिखा है, यही कारण है कि भारत के पास अपनी रक्षा सुनिश्चित करने के लिए कोई संरचित रणनैतिक सिद्धान्त नहीं है, इसलिए भारतीय सैन्य बलों को अप्रभावी कमान व नियंत्रण प्रणाली की पंगुता का खामियाजा भुगतना पड़ता है। हालांकि, भारतीय राज्यों पर केन्द्रविमुख शक्तियों के प्रभाव को नकारा नहीं जा सकता, फिर भी, राष्ट्रीय सुरक्षा के मद्देनजर भारत के दुर्बल होने का चीनी मूल्यांकन निश्चित तौर पर अतिशयोक्तिपूर्ण है।

भारत इन आरोपित दृष्टिकोणों के प्रति सचेत और सतर्क है। जहां कहीं भी संभव हुआ, उपरोक्त मतों की प्रति–संतुलित करने के लिए कुछ विशेष कदम उठाये गए। ये पहल विदेश व रक्षा, दोनों ही नीतियों में परिलक्षित हुई। भारत ने गलतफहमियों को दूर करने, आर्थिक व राजनीतिक रिश्ते को स्थिर करने, तथा परस्पर विश्वास बढ़ाने के उपाय तय करने व इन्हें क्रियान्वित करने के लिए वर्ष 1991 के मध्य से अपने प्रत्येक पड़ोसी के साथ बातचीत की है। भारत ने श्रीलंका के जातीय संघर्ष से खुद को अलगकर द्विपक्षीय रिश्तों को मजबूत करने पर अपना ध्यान केन्द्रित किया। नेपाल के खिलाफ व्यापार प्रतिबंध

हटा लिए गए; द्विपक्षीय संबंधों को प्रभावित करने वाले विवाद खत्म हो चुके थे। सितम्बर/अक्तूबर, 1992 तक रिश्ते सामान्य हो चुके थे।

1993 तक बांग्लादेश को भूभागों और अन्तः क्षेत्रों (बेरू बारी और तीन बीघा गलियारा) का हस्तांतरण हो चुका था। भारत के प्रधानमंत्री ने बांग्लादेश को आश्वस्त किया कि अल्पता के मौसम में भी उसे गंगा नदी प्रणाली से होने वाली आवश्यक जलापूर्ति से वंचित नहीं किया जाएगा। बांग्लादेशी और चकमा आदिवासियों के लगातार बड़े पैमाने पर भारत में हो रहे अवैध पलायन के बावजूद, भारत ऐसी सीमापार गतिविधियों पर नियंत्रण के लिए बातचीत को तैयार हो गया, इसके लिए भारतीय सीमा सुरक्षा बल (बीएसएफ) की दण्डात्मक कार्रवाई को लम्बित कर दिया गया, जबकि दूसरी किसी स्थिति में इस पर आदेश दिए जा चुके होते।

यहां तक कि पाकिस्तान के मामले में अप्रैल 1993 तक प्रधानमंत्री के स्तर तक उच्च-स्तरीय राजनैतिक संपर्क, हर बार किसी निष्कर्ष पर न पहुंचने के बावजूद, बरकरार रखे गए। दिसम्बर 1988 से अप्रैल 1993 के बीच तक नौ बार विभिन्न भारतीय प्रधानमंत्री अपने समकक्ष पाकिस्तानी प्रधानमंत्री से मिले। मई 1989 से जनवरी 1994 तक विदेश सचिव स्तर की वार्ता के छह दौर हुए। इसी तरह गृह सचिवों और रक्षा सचिवों, साथ-साथ दोनों देशों के सैन्य कमांडरों के बीच 1989-94 की अवधि में कई मुलाकातें हुई। हालांकि कोई भी बड़ी राजनीतिक समस्या हल नहीं हुई, विश्वास बढ़ाने के कई महत्त्वपूर्ण उपायों पर सहमति हुई और उन्हें लागू किया गया। अपने-अपने सैन्य बलों को सीमा से निर्धारित दूरी पर रखने और एक देश द्वारा दूसरे देश को थल सेना, वायु सेना व नौसेना के अभ्यासों के बारे में अग्रसूचना देने के बिन्दुओं पर समझौते हुए। प्रत्यक्ष और नियमित संस्थागत सम्पर्क पर अनुबंध हुए और दोनों देशों के सैन्य संचालन महानिदेशकों और निचले पदस्तरों के फील्ड कमांडरों के बीच हाटलाईन टेलिफोन सम्पर्क बहाल किए गए। 1991 में एक समझौते पर हस्ताक्षर हुए कि एक दूसरे के नाभिकीय प्रतिष्ठानों पर आक्रमण नहीं करना है। जनवरी 1994 में भारत ने पाकिस्तान को महत्त्वपूर्ण मशवरे दिए-दोनों पक्षों की ओर से एक द्विपक्षीय समझौते पर हस्ताक्षर किए जाएं कि एक दूसरे के आर्थिक व आबादी वाले क्षेत्रों पर आक्रमण नहीं होंगे और वे अपनी नाभिकीय क्षमताओं का इस्तेमाल ''पहले इस्तेमाल नहीं'' सिद्धान्त के अन्तर्गत एक दूसरे पर नहीं करेंगे। हालांकि पाकिस्तान ने इस सलाह को अस्वीकृत कर दिया।

इन प्रयासों और रुखों से भारत पर लगे हुए आरोप कि वह प्रभुत्ववादी प्रकृति का है, से सम्बन्धित आशंकाओं को शांत हो जाना चाहिए था।

जहां तक पूरे हिन्द महासागर पर आधिपत्य रखने के आरोप का सवाल है, टाईम पत्रिका ने 1989 की गर्मी में एक मुखपृष्ठीय लेख छापा था जिसमें भारत को एक उभरता हुआ सामरिक दैत्य या शक्ति या कुछ ऐसी ही अतिशयोक्तिपूर्ण उपमा दी गई थी। जहां एक ओर भारतीय सर्वसाधारण के कुछ वर्ग आत्मतुष्टि के साथ टाइम द्वारा "उभरती शक्ति" का प्रमाणपत्र पाकर प्रसन्न थे, वहीं यह विवरण एक सुविचारित, यहां तक कि शायद युक्तिपूर्ण और योजनाबद्ध प्रक्रिया थी, जो पूरे एशिया–प्रशांत क्षेत्र में भारत के खिलाफ आशंकाएं पैदा करने के लिए कार्यरत थी। इसका परिणाम यह हुआ कि भारत के सामरिक सामर्थ्य के विकास को लेकर ऑस्ट्रेलिया, इंडोनेशिया, मलेशिया और दक्षिण और दक्षिण पूर्वी एशिया के अन्य देशों में दुश्चिन्ताएं मुखर होने लगीं। शीतयुद्ध की समाप्ति ने भारत को यह अवसर दिया कि वह इन दुश्चिन्ताओं का खात्मा करे। 1991 तक भारत ने अमेरीका के साथ रक्षा सहयोग पर बातचीत शुरु कर दी थी। ऐसे ही सम्पर्क इंडोनेशिया, मलेशिया और ऑस्ट्रेलिया के साथ भी स्थापित किए गए। सैन्य बलों के पदाधिकारियों के दौरों का आदान–प्रदान भी हुआ। अमेरीका व अन्य देशों के साथ संयुक्त नौसैनिक अभ्यास भी किए गए। भारत ने अपने सैन्य और रणनैतिक अभिप्रायों के बारे में बहुत ज्यादा पारदर्शिता बरती। हिन्द महासागर में आधिपत्य नहीं बल्कि सहयोग भारत का उद्देश्य है। भारत के प्रति अन्य विदेशी मत जिन्हें पहले उद्धृत किया जा चुका है, भारत के वर्तमान संकट दृष्टिकोणों और सुरक्षा अभिप्रायों के ऊपर छाए हुए हैं। ये बदली हुई अन्तर्राष्ट्रीय स्थिति से उत्पन्न हुए हैं। भारत किस तरह से इन परिवर्तनों के साथ अपना तालमेल बैठा रहा है और किस तरह से परिणामी दबावों का सामना कर रहा है, उसका वर्णन आगे होगा।

परम्परागत तर्क यह है कि सोवियत संघ के विघटन और खाड़ी युद्ध में अमेरीका की विजय से तीन प्रमुख रुझान देखे गये, जो निकट भविष्य में अन्तर्राष्ट्रीय संबंधों को निर्देशित करेंगे। विश्व एकध्रुवीय हो गया है, जिसमें शक्ति केन्द्र अमेरीका है। दूसरा, अमेरीका के नेतृत्व तले बड़ी शक्तियों के बीच महत्त्वपूर्ण अन्तर्राष्ट्रीय मुद्दों पर सयुंक्त राष्ट्र में आम सहमति होगी। तीसरा, अन्तर्राष्ट्रीय समुदाय को आर्थिक और प्रौद्योगिक शासनों, जो बड़ी शक्तियों द्वारा एक स्थिर नई विश्व व्यवस्था को सुनिश्चित करने के लिए जरूरी माना गया है के अनुरूप ढलना होगा। इस भविष्योक्ति में कुछ सार्थकता तो है पर यह पूर्णरूपेण यर्थाथ परक नहीं है। विश्व सामरिक मायने में, अमेरीका के शक्ति के केन्द्र बिन्दु सरीखे होने से, एक ध्रुवीय हो गया होगा; मगर अन्य केन्द्र भी वजूद में हैं और उनके आर्थिक व प्रौद्योगिक क्षमताओं के रूप में उभरने की सम्भावना

है। पश्चिमी यूरोपीय देश, रूसी परिसंघ, जापान और चीन वैश्विक समीकरणों में द्वितीय श्रेणी की शक्तियों के रूप में नामांकित नहीं किये जा सकते हैं।

भारत की मुख्य सुरक्षा चिन्ता है एक ज्यादा जटिल और प्रतिस्पर्धात्मक अन्तर्राष्ट्रीय परिस्थिति के साथ सामन्जस्य बैठाना। अब, नये राजनैतिक संबंधों को, किसी एक महाशक्ति के साथ स्थिर राजनीतिक समीकरण का सहारा लिए बगैर, स्थापित करने की जरूरत है। नये रणनैतिक व रक्षा समीकरणों को प्रयासपूर्वक धीरे-धीरे बढ़ाने की आवश्यकता है। पहले मौजूद व्यवस्थाओं, खासकर सोवियत संघ और पूर्वी खेमें के देशों के साथ के छिन्न-भिन्न होने के कारण कई देशों के साथ, विविधतापूर्ण आर्थिक व प्रौद्योगिक संबंधों को अनिवार्यतः स्थापित करना है।

भारत के साथ-साथ विकसित देशों के सामने खड़ा संकट और इन पर लगे प्रतिबंध ''दोहरी प्रौद्योगिकी के गैर जिम्मेदार देशों के हाथों में जाने से उत्पन्न खतरे'' की नई अवधारणा से उत्पन्न हुए हैं। ईरान-इराक युद्ध और इराक के कुवैत पर आक्रमण ने विकसित औद्योगिक देशों के बीच इस चिन्ता को जन्म दिया है। साधारण शब्दों में प्रौद्योगिकी के दोहरे उपयोग, भौतिक या उपकरण संबंधी, से जुड़ी आशंकाएं ये हैं कि ऐसी प्रौद्योगिकी शांतिपूर्ण प्रयोजनों के साथ-साथ सामरिक उद्देश्यों के लिए भी इस्तेमाल की जा सकती हैं। इसे हम इस तरीके से स्पष्ट कर सकते हैं; दूध के पात्र को बनाने के लिए इस्तेमाल की गई धातुकर्म प्रक्रिया का इस्तेमाल गन बैरल बनाने में भी होता है। अतः इसका अर्थ यह है कि ऐसी प्रौद्योगिकी ''गैर जिम्मेवार'' देशों जैसे इराक, ईरान और लीबिया, या तनाव-सम्भावित क्षेत्रों जैसे दक्षिण एशिया में निर्यात नहीं होना चाहिए, और अगर ऐसी प्रौद्योगिकी का निर्यात या हस्तांतरण होता भी है तो, यह ऐसी व्यवस्थाओं के तहत हो कि कड़ी निगरानी और पारदर्शिता सुनिश्चित करें। भारत ने इस कड़ी में औद्योगिक व शोध प्रयोजनों के लिए, अमेरीका, इंग्लैंड और जर्मनी से कई वस्तुओं के आयात के संदर्भ में समस्याओं का सामना किया है। यह स्पष्ट है कि भारत की प्रौद्योगिकीय क्षमताओं को बरकरार रखने और प्रगति करने में बार-बार लग रहे अड़ंगे, भारत की सुरक्षा को सुनिश्चित करने में मुख्य रूप से बाधक हैं। यह कहने की जरूरत नहीं कि भारत किसी भी तरह से खुद को लीबिया या इराक के साथ श्रेणीकृत करने के विचार के साथ सहमत नहीं हो सकता है। अनुपलब्धता, साथ ही साथ विकसित देशों द्वारा लेजर, तंतु विज्ञान प्रकाशिकी, जीन-अभियान्त्रिकी, जीव-रसायन, कम्प्यूटर व इलैक्ट्रानिकी के क्षेत्र में उपकरणों व प्रौद्योगिकी की आपूर्ति न होने की समस्याओं के बावजूद विख्यात संस्थान जैसे भारतीय प्रौद्योगिकी संस्थान

(आईआईटी) और वैज्ञानिक व औद्योगिक अनुसंधान परिषद (सीएसआईआर) तथा कई अन्य अनुसंधान और औद्योगिक संगठनों ने आकार ग्रहण किया। इन समस्याओं का निराकरण के लिए भारत को विभिन्न देशों से पृथक द्विपक्षीय समझौते करने पड़े।

ऊपर के सन्दर्भ में और इस पृष्ठभूमि में, आने वाले सालों में भारतीय विदेश नीति के सरोकार व लक्ष्य अधोलिखित होंगे:

1. विश्व में उभरते हुए प्रभाव व शक्ति केन्द्रों के साथ उपयुक्त समीकरणों की सरंचना करना, जो भारत की एकता, क्षेत्रीय अखण्डता और समृद्धि को सुरक्षित करेगा। भारत विश्व को एकध्रुवीय तौर पर नहीं देखता। (एक ओर जहां अमेरीका महत्त्वपूर्ण हैं, यूरोप, चीन, आसियान क्षेत्र और जापान भी भारत के हितों के लिए समान रूप से महत्त्वपूर्ण हैं)
2. भारत की क्षेत्रीय अखण्डता और एकता को प्रभावित करने वाली राजनीतिक गतिविधियां और उग्रवाद, जिन्हें बाहर से समर्थन मिल रहा हो, का खात्मा करना।
3. भारत–पाकिस्तान के संबंधों में बरकरार प्रतिकूल रूखों को समंजित करना और इसे सैन्य मतभेद में तबदील होने से रोकना।
4. दक्षिण एशिया क्षेत्र में एक सकारात्मक सुरक्षा वातावरण सुनिश्चित करने के लिए भारत के दूसरे पड़ोसियों के साथ एक स्थिर व मैत्रीपूर्ण व क्रियाशील संबंध की रूपरेखा स्थापित करना। यह उनके साथ के मतभेदों के मसलों पर विवेकपूर्ण समझौतों को प्रयासपूर्वक धीरे–धीरे अमल में लाने से हो पाएगा। चीन के साथ संबंध व इसके साथ सीमा विवाद सुलझाने के मामले को प्रयासपूर्वक धीरे–धीरे अमल में लाने से हो पाएगा। चीन के साथ संबंध व इसके साथ सीमा विवाद सुलझाने के मामले को प्राथमिकता देना है।
5. भारत की आर्थिक व रक्षा आवश्यकताओं की पूर्ति और अपने इस हित की राह में बड़ी शक्तियों द्वारा राजनीतिक व कूटनीतिक माध्यमों से डाले गए दबावों का प्रतिरोध करने के लिए सभी श्रेणियों की अत्याधुनिक प्रौद्योगिकियों तक पहुंच सुनिश्चित करना।
6. मुस्लिम देशों के साथ संबंधों की बहाली, ताकि यह सुनिश्चित हो सके कि वे भारत के लिए संकट खड़े करने वाली पाकिस्तानी रणनीतियों का हिस्सा न बनें।
7. संयुक्त राष्ट्र को मजबूत करना और इसके प्रमुख घटकों के पुनर्गठन को समर्थन देना, ताकि उन्हें ज्यादा प्रतिनिधिक बनाया जा सके और ज्यादा महत्त्वपूर्ण रूप से संयुक्त राष्ट्र को महाशक्तियों की नीतियों व लक्ष्यों की

कठपुतली बनने से रोकना। (हालांकि राजनीतिक रूप से यह अवास्तविक है, पर फिर भी, यह भारतीय लक्ष्य बना रहना चाहिए)।

8. नये उभरते क्षेत्रीय व उप-क्षेत्रीय आर्थिक व सुरक्षा व्यवस्थाओं, खासतौर पर एशियाई क्षेत्र में या उनमें जिसमें एशियाई क्षेत्र शामिल हैं, प्रवेशाधिकार प्राप्त करना, क्योंकि यह भारत के राजनीतिक अस्तित्व, क्षेत्रीय अखण्डता और रक्षा साथ-साथ आर्थिक सुरक्षा को सिद्ध और सुदृढ़ करेगा। आसियान और एपेक के संबंध में भारत की आकांक्षाएं व अपेक्षाएं गौर करने लायक मुद्दे हैं।

9. निगुर्ट आंदोलन के संदर्भ-तथ्यों व दिशा-निर्देशों को पुनः निर्धारित करना और इसे अन्तर्राष्ट्रीय रूपान्तरणों के लिए प्रासंगिक बनाना। यदि यह लक्ष्य अप्राप्य दिखता है तो भारत को निर्गुट रहना चाहिए ताकि विदेश व रक्षा नीतियों में अपने विकल्पों को चुनने की स्वतन्त्रता अपने पास रखा जा सके, पर इतना यर्थाथपरक भी होना चाहिए कि यदि निर्गुट आंदोलन दकियानूस या आवरण मात्र नजर आने लगे तो खुद को उससे अलग भी कर सके।

10. आंतरिक व बाहरी-दोनों ही तरह के सारे धार्मिक या वैचारिक उग्रवाद का प्रतिरोध करना।

11. नाभिकीय से लेकर पारम्परिक तक-सभी श्रेणियों में निष्पक्ष वैश्विक निशस्त्रीकरण लाने के अपने प्रयास को बनाए रखना, पर ऐसी पक्षपातपूर्ण व्यवस्थाओं को स्वीकार नहीं करना जिसका प्रभाव भारत की सुरक्षा पर पड़े।

12. घरेलू केन्द्रविमुख रुखों को निरस्त करने की ओर खास ध्यान देना, क्योंकि वे भारत की एकता और सुरक्षा के सामने ज्यादा विशाल खतरा बन कर खड़े हैं। भारत को विदेशी आक्रमण और उपनिवेशवाद और उनकी सफलता जैसे ऐतिहासिक अनुभवों से सतर्क होकर आंतरिक खतरों व राजनीतिक सामाजिक-आर्थिक व वैधानिक माध्यमों से अलगावपूर्ण प्रवृत्तियों से निपटने के लिए देश का ध्यान इस ओर खींचना होगा।

13. कुछ नीतिनिर्धारक गुटों व शैक्षणिक समूहों द्वारा भारत की छवि को जानबूझ कर अभिप्रेरित और घातक रणनीति के साथ एक स्व-हठधर्मिता प्रभुता के रूप में पेश किया जा रहा है जिससे भारत परेशान नहीं है और इसे परेशान होना भी नहीं चाहिए। अमेरीका, चीन और रूस (सोवियत संघ के विघटन के बाद भी) की तुलना में, भारत की कोई भी महत्त्वाकांक्षा या वृहत्तर क्षमताएं नहीं हैं जो ऐसे एशिया में कोई प्रभाव बना सके। एक

नयी विश्व व्यवस्था को रचने के साथ अमेरीका की भागीदारी दक्षिण-पूर्वी एशिया के प्रति चीन का आम रूझान और रूस की मध्य एशिया और पूर्वी यूरोप में अतिक्रमणवादी प्रभाव डालने वाली नीतियां भारतीय नीतियों से कहीं ज्यादा 'आधिपत्य' शब्द के नजदीक दिखती हैं। ऐसे रूखों और आरोपों के बारे में भारत का नजरिया यह है कि ये उसे (भारत) दबाव में रखने और अर्न्तराष्ट्रीय समुदाय में अपने आकार, संसाधनों, क्षमताओं और लोकतंत्र के प्रति कटिबद्धता के आनुपातिक दर्जा प्राप्त न कर पाना सुनिश्चित करने की इच्छा से अभिप्रेरित हैं।

4

भारत-सयुंक्त राष्ट्र सुरक्षा परिषद का एक दावेदार

1991-92 में सुरक्षा परिषद में भारत ने एक अ-स्थायी सदस्यता हासिल की थी। पर 1997-98 की अवधि में उस अस्थायी पद की दावेदारी से इसे जापान से मात खानी पड़ी। बाद में, अमेरिका ने यह संकेत दिया कि सुरक्षा परिषद को ज्यादा प्रतिनिधिक बनाने के लिए इसके सदस्यों की संख्या 5 से बढ़ाकर 10 की जानी चाहिए। यह स्पष्ट संकेत मिले हैं कि इन पांच सदस्यताओं में से दो जर्मनी और जापान को मिलेंगी। बची हुई में से एक-एक अफ्रीका, दक्षिण और मध्य अमेरीका और एशिया को मिलेंगी। अतिरिक्त सदस्यों को वीटो अधिकार, जो मौजूदा स्थायी सदस्यों को मिला हुआ है, मिलने की सम्भावना नहीं है। संयुक्त राष्ट्र सुरक्षा परिषद में स्थायी सदस्यता प्राप्त करने की सम्भावना भारत के लिए कितनी है, आइए इस पर हम विचार करें। भारत को संयुक्त राष्ट्र का एक स्थायी सदस्य बनने के एक नये अवसर को लेकर आशावाद के पूर्वाभासी बुखार ने हमारे मीडिया और राजनीतिक हलकों को बैचैन कर रखा है। इस बात की पक्की खबर है कि विदेश मंत्रालय ने सुरक्षा परिषद में भारत की स्थायी सदस्यता की सम्भावना के ताजे आकलन के लिए शुरूआत कर दी है। 1997 की 16 जुलाई को संयुक्त राष्ट्र के पुनर्गठन के लिए सुधार के मद्देनजर आम सभा की विशेष बैठक में महासचिव कोफी अन्नान के विस्तृत अभिभाषण में उल्लिखित कई सलाहों के परिप्रेक्ष्य में अमेरिकी विदेश मंत्रालय की ओर से स्थायी सदस्यता बढ़ाने के पक्ष में घोषणा की गई। अमेरिका सुरक्षा परिषद में जापान व जर्मनी को तुरन्त सदस्यता दिए जाने के लिए इस तर्क के साथ वकालत कर सकता है कि यह अन्य तीन सदस्यता, विकासशील देशों को, जैसे ही इस पर आम सहमति बनती है कि सुरक्षा परिषद में स्थायी तौर पर कौन से

तीन देश एशियाई, अफ्रीकी और दक्षिण अमरीकी क्षेत्र का प्रतिनिधित्व करेंगे, इसके लिए पहले से ही तैयार है।

31 जनवरी 1992 को न्यूयार्क में संयुक्त राष्ट्र में सुधार के मसले पर हुए सुरक्षा परिषद के सम्मेलन के बाद पिछले कई सालों से सुरक्षा परिषद की सदस्यता के विस्तार के मुद्दे पर लगातार बहस छिड़ी है, फिर भी कुछ सवालों को, जो जवाब और विश्लेषण की मांग करते हैं, दुहराना जरूरी है। क्या सुरक्षा परिषद की सामान्य सदस्यता और खासतौर पर स्थायी सदस्यता का विस्तार आवश्यक है? यदि हां, तो इस विस्तारित प्रतिनिधित्व की हिस्सेदारी के लिए देशों के मनोनयन की क्या कसौटी होगी? संयुक्त राष्ट्र में ऐसी विस्तारित सदस्यता के लिए प्रभावशाली शक्तियों द्वारा किस तरह की कसौटी की बात की गई अथवा संकेत दिया गया। चौथा, यदि वीटो अधिकार सिर्फ मौजूदा पांच स्थायी सदस्यों तक ही रहना है तो क्या बिना ऐसे अधिकार के अतिरिक्त स्थायी सदस्यों को नामांकित करने की कोई सार्थकता है? पांचवा, भारत की सम्भावनाएं क्या हैं, और ज्यादा महत्त्वपूर्ण बात यह है कि क्या भारत का कोई अहम हित सिद्ध हो पाएगा यदि वह बिना वीटो के एक स्थायी सदस्य बनता है?

संयुक्त राष्ट्र के सदस्यों के कई कार्यकारी दलों, खुद संयुक्त राष्ट्र सचिवालय और महासचिव बुतरस घाबी द्वारा नियुक्त किए गए प्रमुख विशेषज्ञों के दल ने पहले चार सवालों पर ब्यौरेवार विचार-विमर्श किया है, जिसके जवाब में कई सलाहें संयुक्त राष्ट्र हलकों और सदस्य देशों के विदेश विभागों में प्रसारित हुई हैं। सुझावों की कोई निश्चित रूप-रेखा अभी तक उभर कर नहीं आई है। बस एक बात स्पष्ट है। सुरक्षा परिषद को ज्यादा प्रतिनिधिक बनाने के लिए, इसके विस्तार के मद्देनजर, कोई भी प्रस्ताव तभी सफल हो सकता है जब इसे अमेरिका द्वारा समर्थन मिला हो। अमेरिका के नजरिये को इसके सहयोगियों द्वारा अंतिम गणना में आम समर्थन मिलेगा, यह अमेरिका व इसके सहयोगियों के बीच दृष्टिकोणों में फर्क रहने के बावजूद पूर्व निश्चित है। सुरक्षा परिषद को ज्यादा लोकतांत्रिक और प्रतिनिधिक बनाने के लिए इसके सदस्यों की संख्या बढ़नी चाहिए, यह एक सर्वमान्य सत्य है। संयुक्त राष्ट्र की स्थापना के समय इसके सदस्यों की संख्या 52 थी, जो आज बढ़ कर 185 हो गई है। यदि 52 सदस्यों वाले संगठन के सुरक्षा परिषद के सदस्यों की संख्या 15 थी, तो अमूर्त गणितीय गणना के हिसाब से आज उसमें शायद 50 सदस्य होने चाहिए जो विभिन्न क्षेत्रों का प्रतिनिधित्व कर रहे हों। यह न तो व्यावहारिक है न ही अपेक्षित। फिर भी सदस्यों की संख्या कम से कम 10 अतिरिक्त पदों के साथ तो बढ़नी ही चाहिए ताकि सुरक्षा परिषद का स्वरूप प्रतिनिधिपूर्ण हो सके।

द्वितीय विश्व युद्ध में मित्रराष्ट्र की विजय पर वह तर्क आधारित था, जिसके द्वारा मौजूदा सुरक्षा परिषद की स्थायी सदस्यता का निर्धारण हुआ था। पांच स्थायी सदस्य प्रमुख मित्र राष्ट्र थे जिन्होंने धुरी-राष्ट्र को पराजित किया था। चीन अमूर्त रूप विजयी राष्ट्र-गठबंधन के हिस्से के रूप में शामिल किया गया था, पर ज्यादा महत्त्वपूर्ण बात थी चियांग काई शेक का अमेरिका के साथ नजदीकी संबंध होना। सुरक्षा परिषद के स्थायी सदस्य इंग्लैंड, चीन व जर्मनी, जो यूरोप का प्रतिनिधित्व करते हैं, विश्व की आबादी का लगभग 8 प्रतिशत ही दर्शाते हैं, जबकि एशिया, जो विश्व आबादी के 60 प्रतिशत को इंगित करता है, से बस एक ही स्थायी सदस्य है-चीन। अफ्रीका, विश्व आबादी का 13 प्रतिशत, दक्षिण अमेरिका 10 से 11 प्रतिशत होने के बाद भी कोई स्थायी प्रतिनिधित्व हासिल नहीं कर पाये। अगर वर्तमान अमरीकी सलाह-जर्मनी व जापान को स्थायी सदस्यता दिया जाना-कार्यान्वित होती है तो एशिया को दो स्थायी प्रतिनिधित्व हासिल होंगे, जबकि यूरोप के, विश्व का 9 प्रतिशत से भी कम आबादी क्षेत्र होने के बावजूद, चार सदस्य होंगे-इग्लैंड, फ्रांस, जर्मनी व रूस। विश्व के 60 प्रतिशत आबादी का वहन करने वाले क्षेत्र एशिया से दो स्थायी सदस्य होंगे। अतः मानक निष्कर्ष यह होना चाहिए कि सुरक्षा परिषद की स्थायी और अस्थायी, दोनों ही प्रकार की सदस्यता का विस्तार होना चाहिए। सुरक्षा परिषद में स्थायी सदस्य के पदों का जनसंख्या के आधार पर समानुपातिक प्रतिनिधित्व होना चाहिए। अगर इस तर्क को स्वीकृति मिलती है तो चीन, भारत, जापान और इंडोनेशिया को सुरक्षा परिषद में उनके संसाधनों, जनसंख्या, प्रौद्योगिकीय क्षमताओं और राजनीतिक प्रभाव के लिए सामर्थ्य के आधार पर स्थायी सदस्यता मिलनी चाहिए। यूरोप से सर्वाधिक तीन सदस्य होने चाहिए और यदि उपरोक्त कसौटी को लागू किया गया तो इग्लैंड को निश्चित तौर पर अपनी स्थायी सदस्यता छोड़नी पड़ेगी। स्थायी सदस्यता के लिए अफ्रीका का प्रतिनिधित्व नाइजीरिया दक्षिण अफ्रीका व मिस्र द्वारा होना चाहिए। दक्षिण व मध्य अमेरिका का प्रतिनिधित्व ब्राजील, अर्जेंटीना और मेक्सिको द्वारा तथा उत्तरी अमेरिका का अमेरिका द्वारा होना चाहिए। सुरक्षा परिषद में उन क्षेत्रों को, जिन्हें स्थायी सदस्यता हासिल नहीं है, उपयुक्त प्रतिनिधित्व देने के लिए 14 अस्थायी सदस्य-पद होने चाहिए। इस तरह सुरक्षा परिषद में 25 सदस्य होने चाहिए, जिसमें से 11 स्थायी हों और 14 अस्थायी। स्थायी सदस्यता 6 पदों से और अस्थायी सदस्यता 4 पदों से बढ़ाई जानी चाहिए। अस्थायी सदस्यों का कार्यकाल तीन साल के लिए बढ़ा देना चाहिए ताकि सुरक्षा परिषद की सदस्यता में और ज्यादा निरंतरता बनी रहे। इस तरह की व्यवस्था जनसांख्यिक प्रतिनिधित्व,

क्षेत्रीय प्रतिनिधित्व और विश्व के विभिन्न भागों की प्रौद्योगिकीय व आर्थिक क्षमताओं के उपयुक्त प्रतिबिम्ब की कसौटी पर खरी उतरेगी। कोई भी अंदाजा लगा सकता है कि यह पूर्णतः सैद्धान्तिक अवधारणा ही है, जो वर्तमान शक्तियों द्वारा स्वीकार नहीं किया जा सकता है। हालांकि उद्देश्यपूर्ण कूटनीतिक गतिविधियों और राजनीतिक बहस के माध्यम से इस पर काम करने में कोई हानि नहीं है। सुरक्षा परिषद की स्थायी सदस्यता और इसके विस्तार के लिए निर्धारित वास्तविक कसौटी, जिसकी वकालत की जा रही है, बिल्कुल भिन्न है। कसौटी ये हैं; अमेरिका के नेतृत्व में पश्चिमी शक्तियों के लिए राजनीतिक स्थिरता। दूसरा, अमेरिका व इसके मित्र राष्ट्र द्वारा रची जा रही नई विश्व व्यवस्था के साथ राजनीतिक, आर्थिक व सामाजिक अनुरूपता। तीसरा, सैन्य शक्ति, विशेषतः नाभिकीय व सामरिक क्षमताएं, आर्थिक संसाधन और विश्वसनीयता पश्चिम के राजनैतिक सहयोग के प्रतीक हों। चौथा, संयुक्त राष्ट्र की गतिविधियों को वित्तीय रूप से सहारा देने की क्षमता हो।

नये स्थायी सदस्यों को वीटो अधिकार न देने के पीछे छिपा जवाब बड़ा सरल है; या तो वीटो अधिकार पूरी तरह से खत्म कर दिए जाएं या यह विस्तारित सुरक्षा परिषद के सारे स्थायी सदस्यों को प्रदान किए जाएं। बिना वीटो अधिकार मिले सुरक्षा परिषद की स्थायी सदस्यता, जबकि पाँच पुराने स्थायी सदस्य के पास यह अधिकार मौजूद है, इस पूरी प्रक्रिया को निरर्थक बना देती है, सिर्फ कुछ देशों के लिए यह एक दिखावटी संकेत हैं। इस तरह की व्यवस्था किसी भी तरह से सुरक्षा परिषद को ज्यादा प्रतिनिधिक या मजबूत नहीं बना पाएगी।

अगर उस कसौटी पर ध्यान दिया जाए जिसके आधार पर अमेरिका सुरक्षा परिषद के विस्तार की वकालत कर रहा है, तो भारत के सुरक्षा परिषद में स्थायी सदस्य बनने की सम्भावना बहुत कम है क्योंकि:

(क) इसकी कोई उम्मीद नहीं है कि हम एशियाई क्षेत्र के जनमत की पसंद हों।

(ख) भारत नाभिकीय अ-प्रसार, अंतरिक्ष प्रौद्योगिकी, निःशस्त्रीकरण और शस्त्र नियन्त्रण के सन्दर्भ में, अमेरिका द्वारा आरोपित नई विश्व व्यवस्था की राजनीतिक-सामाजिक कार्यावली के अनुरूप कतई नहीं हो सकता है।

(ग) हम पश्चिम की धारणा के अनुसार विश्वसनीय राजनीतिक सहयोगियों की श्रेणी में नही आते।

(घ) संयुक्त राष्ट्र को वित्तीय योगदान देने की हमारी क्षमता जापान और जर्मनी या सामूहिक रूप से आसियान क्षेत्र के देशों के बनिस्पत बहुत कम है।

(ङ) सबसे महत्त्वपूर्ण बात यह है कि यदि हम उपरोक्त बाधाओं को दूर कर लें और सुरक्षा परिषद के स्थायी सदस्य बन भी जाएं, तो ऐसी सदस्यता जिसमें वीटो अधिकार शामिल न हो, किसी भी तरह से हमारे राजनीतिक प्रभाव को इतना नहीं बढ़ा पाएगा कि संयुक्त राष्ट्र की कार्यप्रणाली पर असर डाल पाए या भारत के उन हितों, जिनका अतिक्रमण संयुक्त राष्ट्र की गतिविधियों से हो सकता है, की रक्षा नहीं की जा सकती है।

अतएव विकासशील देशों के लिए सुरक्षा परिषद में तीन स्थायी सदस्य-पदों के लिए अमेरिका द्वारा हाल में तैयार की गई प्रस्तावना को लेकर हमें बहुत उल्लसित या उत्साही होने की जरूरत नहीं है। हमें 1996 में सुरक्षा परिषद के पद के चुनाव के लिए हुई स्पर्धा में जापान से हुई हार जैसी शर्मनाक स्थिति का सामना करने से बचना चाहिए। हमारा प्रयास संयुक्त राष्ट्र के सामान्य सदस्यों के बीच आम सहमति और समन्वित रणनीति तैयार करना होना चाहिए ताकि सुरक्षा परिषद के विस्तार व इससे जुड़े संयुक्त राष्ट्र के सुधार के लिए शक्ति समीकरणों के तालमेल पर आधारित राजनीतिक कसौटी की वकालत की बजाय ज्यादा उद्देश्यपूर्ण और मानक कसौटी सुरक्षा परिषद को विस्तृत करने के लिए सुनिश्चित की जाए।

भारत का दृष्टिकोण

म्यांमार के साथ चीन के रिश्ते खास तौर पर अब खत्म हैं। चीन ने पिछले दशक के दौरान दो अरब डॉलर मूल्य की रक्षा सहायता म्यांमार को दी है। चीनियों ने दक्षिण पूर्वी म्यांमार के कोको द्वीप नौसैनिक ठिकाने में कुछ निरीक्षण सुविधाएं भी उपलब्ध कराई हैं। चीन ने म्यांमार के साथ कुछ राजनीतिक-रणनैतिक समीकरण भी स्थापित किए हैं, जो दक्षिण व दक्षिण-पूर्व एशिया, दोनों के सुरक्षा वातावरण में अतिक्रमण करता है। चीन के संबंध दक्षिण-पूर्वी एशिया और आसियान क्षेत्र के देशों के साथ जटिल व उथल-पुथल भरे हैं। चीन की सरकार ने मलेशिया व इंडोनेशिया में साम्यवादी आंदोलन को समर्थन दिया था, जो इन देशों को पिछले चार दशकों से दृढ़ नकारात्मक राजनीतिक व सामरिक अनुक्रियाएं करने के लिए उकसाता रहा। एक तरीके से अमेरिका, जापान और आस्ट्रेलिया द्वारा दी गई सामान्य सुरक्षा और राजनीतिक छत्रछाया तले आसियान 97 गठन, दरअसल इस क्षेत्र में चीन के दबंग रूखों की प्रतिक्रिया स्वरूप भी माना जा सकता है।

हाल के वर्षों में तटीय समुद्रों और द्वीपों पर चीन की क्षेत्रीय दावेदारी, कुछ दक्षिण-पूर्वी एशियाई देशों और चीन के बीच तनाव, साथ ही साथ, इसके प्रति

आशंकाएं भी पैदा कर रही हैं। मार्च 1979 में वियतनाम पर किया गया चीनी आक्रमण इस क्षेत्र के संबंध में चीन के लालसापूर्ण रूखों का पहला संकेत था। 1990 के दशकों में चीन ने दक्षिण चीनी समुद्र के क्षेत्रों, वियतनाम से सटे द्वीपों व इंडोनेशिया और यहां तक कि फिलिस्तीन तक आगे बढ़ कर अपनी दावेदारी रखी। जहां क्षेत्र के सारे देशों के साथ चीन के सामान्य राजनीतिक व आर्थिक संबंध हैं, वहीं कौमों व क्षेत्रों, जिसका दावा वे चीनियों की सामूहिक पहचान के समग्र के रूप में करते हैं, के संदर्भ में चीन के अविवाद्य सैन्य बल और परंपरागत सामूहिक राष्ट्रवादी और हठधर्मी सोच को लेकर आशंकाओं की अन्तंधारा भी सांस ले रही है। हांगकांग पर चीनी रुख, जो चीनी दृष्टिकोण से सफलतापूर्वक साकार हुआ और चीन के मकाओ और ताईवान के बारे में घोषित अभिप्रायों को देखा जाए तो यह बड़ी ही तर्कसंगत आशंका नजर आती है।

चीन की एशियाई दूरदर्शिता की विशेषता को लेकर कुछ दिलचस्प मतों का यहां जिक्र हो रहा है। पहला, चीन को अपने भाग्य पर विश्वास है कि यह 21वीं सदी में सर्वप्रभुत्वशाली एशियाई शक्ति बनेगा। अपनी इस आकांक्षा के ढांचे तले चीन को दक्षिण और दक्षिण पूर्वी एशिया में चीनी प्रभाव की सम्भावनाएं नजर आती हैं। चीन में शायद पूर्व सोवियत संघ के मध्य एशियाई गणतंत्रों के बारे में वैसी ही तीव्रता नहीं, जो इसकी नजर में, जातीय व धार्मिक विशेषताओं के कारण, दूसरी संस्कृति और सभ्यतापरक समूहों से ज्यादा जुड़े नजर आते हैं। चीन भारत या इंडोनेशिया को उस चुनौतीपूर्ण भूमिका के योग्य नहीं समझता, जिसकी इसे चाह है, हालांकि इस बात का इसे अहसास भी है कि चीन को भारत व इंडोनेशिया की तुलना में अपने दर्जे को राजनीतिक प्रभाव, सैन्य रणनैतिक व प्रौद्योगिक क्षमताओं के ऊंचे स्तर पर बनाए रखना होगा। चीन एशियाई देशों के साथ समीकरणों, का विकास करना, और ईरान तथा खाड़ी तक अपना कार्यक्षेत्र बढ़ाना चाहेगा ताकि रूसी परिसंघ, पश्चिमी यूरोप और अमेरिका जैसे शक्ति केन्द्रों की तुलना में अपना दर्जा एक संतुलनकारी शक्ति के रूप में बना सके।

भाग–दो

भारत के पड़ोसी

5
पाकिस्तान–भारत का सर्वाधिक महत्त्वपूर्ण पड़ोसी

लगभग 30 साल पहले डॉ. गुन्नार मृदल ने एशियाई विकास पर तीन खण्डों में लिखी अपनी श्रेष्ठ कृति 'एशियन ड्रामा-एन एनक्वायरी इनटू दि प्रोवर्टी ऑफ नेशन्स' की प्रस्तावना में कहा है "दक्षिण एशिया की समस्याओं की समीक्षा के दौरान दक्षिण एशियाई संबंधों से जुड़ी कई अवधारणाएं और सिद्धांत तब गलत साबित हो जाते हैं जब इन्हें वास्तविकताओं की कसौटी पर कसा जाता है।" भारत के अपने दक्षिण एशियाई पड़ोसियों से रिश्तों की मूलभूत विशेषताओं का यह एक सारगर्भित विवरण है।

भारत और इसके पड़ोसी

जब हम 21वीं शताब्दी में प्रवेश कर रहे हैं, अपने पड़ोसियों से रिश्तों की स्थिति के बारे में आत्मविश्लेषण और इस संदर्भ में हाल के घटनाक्रमों की समीक्षा करना प्रासंगिक होगा। पहला, वास्तविकताओं पर आच्छादित स्थायी अस्तित्ववादिता पड़ोसियों से भारत के रिश्तों को प्रभावित कर रही है। ये हैं; पहला, इस क्षेत्र में ब्रिटिश शासन के दौरान मालदीव, भूटान और नेपाल को छोड़कर बाकी बचे चार देश बांग्लादेश, भारत, पाकिस्तान और श्रीलंका किसी–न–किसी तरह ब्रिटिश राजशाही व्यवस्था के तहत एक थे। दक्षिण एशिया क्षेत्र के तीन प्रमुख देश, भारत, पाकिस्तान और बांग्लादेश एक राजनैतिक सत्ता के हिस्से थे, जिसने समकालीन इतिहास की शक्तियों के जरिये खुद को तीन संप्रभु राष्ट्रों में विभक्त किया। दूसरा; आकार, जनसांख्यिकी और संसाधनों के मामले में भारत और उसके दक्षिण एशियाई पड़ोसियों में गुणात्मक असममितता है। तीसरा, यद्यपि भौगोलिक दृष्टि से भारत से बिल्कुल सटे छह पड़ोसी पृथक

संप्रभु देश हैं, और इन देशों के सामाजिक सांस्कृतिक, धार्मिक और भाषाई संस्कारों के न केवल भारत से मजबूत संपर्क रहे, बल्कि वास्तविकता तो यह है कि उस समग्र उप-महाद्वीपीय सामाजिक-सांस्कृतिक प्रक्रिया के हिस्से हैं जिसमें भारत के पड़ोसी उसे एक प्रभावशाली संस्था के तौर पर देखते हैं। चौथा, भारत की सीमाएं अपने इन सभी छह पड़ोसियों के साथ लगी हैं। इन छह राष्ट्रों में से कोई भी भौगोलिक दृष्टिकोण से एक-दूसरे का पड़ोसी नहीं। पांचवां, बांग्लादेश और पाकिस्तान के निर्माण के इतिहास तथा भारत के आर्थिक व सैन्य संसाधनों और भारत पड़ोसियों की क्षमताओं में खासे अंतर की वजह से आंशकाओं और खतरे की अवधारणा का जन्म होता है, जिसके कारण भारत के अपने पड़ोसियों से रिश्ते प्रभावित होते हैं। 1947 में ब्रिटिश भारत के विभाजन की कटुतापूर्ण विरासत और बाद में पाकिस्तान से टूटकर अलग होने में बांग्लादेश की मदद के क्रम में निभाई गई भारत की भूमिका ने इन दो प्रमुख पड़ोसियों से भारत के रिश्तों को गहरे तक प्रभावित किया। इसके अतिरिक्त प्राकृतिक तौर पर एकीकृत भू-राजनैतिक क्षेत्र के टुकड़ों में विभक्त होने से उपजे अंतर्विरोधों के कारण भी इन पड़ोसियों से हमारे रिश्तों पर कई समस्याएं हावी हैं। यह बात महज एक सामान्य मूल्यांकन के आधार पर कही जा रही है और यह इतिहास की प्रक्रियाओं को पलटकर बांग्लादेश और पाकिस्तान के भारत में एकीकरण की वकालत कतई नहीं। यह न तो वांछनीय है और न ही संभव। वस्तुतः भारत को जान-बूझकर ऐसी किसी भी संभावना को परे खिसकाना चाहिए। पिछले 50 सालों के दौरान कश्मीर समस्या, भारत और पाकिस्तान के बीच कुछ स्थानों पर सीमा के निर्धारण, दो राष्ट्र सिद्धान्त पर भारत और पाकिस्ताान के मतों में बुनियादी अंतर तथा कितने ही अन्य छोटे-छोटे मुद्दों ने भारत-पाकिस्तान रिश्तों को प्रभावित किया है। बांग्लादेश की आजादी के लिए भारतीय समर्थन के बावजूद हिन्दू प्रभुत्व के संभावित पुनरोत्थान को लेकर वहां की मुस्लिम बहुल आबादी की आशंकाएं अब भी भारत-बांग्लादेश रिश्तों में एक कारक के तौर पर मौजूद हैं। यदि भारत-बांग्लादेश रिश्ते स्थिर होने हैं और इन्हें दोनों देशों के बीच स्थायी दोस्ती में भूमिका निभानी है तो फरक्का, भारत में भारी संख्या में बांग्लादेशियों के पलायन, व्यापार उद्देश्यों के लिए एक-दूसरे को पूर्ण पारगमन सुविधाएं देने में भारत और बांग्लादेश की परस्पर परेशानियां तथा भारत के साथ बांग्लादेश के प्रतिकूल व्यापार संतुलन जैसे मसलों को हल करना होगा। नेपाल और भूटान जैसे भारत के छोटे पड़ोसी राष्ट्रों को शुरू से ही अपने साथ भारत के सांस्कृतिक धार्मिक और जातीय जुड़ाव को लेकर आशंकाएं रही हैं क्योंकि प्रत्यक्ष राजनैतिक प्रभुत्व नहीं होने के बावजूद इन संपर्कों के कारण भारत का सांस्कृतिक और सामाजिक-आर्थिक प्रभुत्व तो रहा। भारत-नेपाल संबंधों में

1980 के दशक के उत्तरार्द्ध और भारत-श्रीलंका संबंधों में 1983 से 1990 के बीच आए संकटों से उपर्युक्त भाव परिलक्षित होते हैं। ऐसा एक भी उदाहरण नहीं है जब भारत ने क्षेत्रीय विस्तार को ध्यान में रखकर इन पड़ोसियों के हितों के खिलाफ कोई कदम उठाया हो। और जब कभी भी अपरिहार्य स्थितियों में भारत ने पड़ोसियों के मामले में हस्तक्षेप किया, जैसे ही भारत की चिंताओं का निपटारा हो गया, अथवा संबंद्ध पड़ोसी ने उसे हाथ खींचने को कहा, भारत तत्काल हट गया। इसके बावजूद हमारे पड़ोसियों के अवचेतन में शंकाएं हैं। भले भारत की अपने पड़ोसियों के प्रति कोई दुर्भावना न हो (सच्चाई यह है कि भारतीय नीतियों की यही हकीकत है) लेकिन फिर भी भारत को अपने पड़ोसियों की इस सोच को समझना होगा।

पड़ोसियों से बेहतर रिश्तों और दक्षिण एशिया क्षेत्र में सहयोग की एकीकृत प्रक्रिया में योगदान के सन्दर्भ में भारत की सम्भावित भूमिका की तलाश हमें इसी उपर्युक्त परिप्रेक्ष्य में करनी होगी। जातीय-सांस्कृतिक समरूपता से क्षेत्रीय सहयोग के बौद्धिक, भावनात्मक और सामाजिक आयामों को बढ़ावा मिलता है। दक्षिण एशियाई संबधों के इस आयाम पर असर डालने वाले सकारात्मक और नकारात्मक, दोनों तरह के तत्त्व मौजूद हैं। दक्षिण एशिया में भाषाई, प्रजातीय, धार्मिक और सांस्कृतिक सहबद्धता ने दक्षेस के सातों सदस्य राष्ट्रों की भौगोलिक सीमाओं को पार कर लिया। इन राष्ट्रों में से कई में समान धर्म पाए जाते हैं। इन सब को परस्पर सहयोग की शक्ति होना चाहिए था, लेकिन विरोधाभास यह है कि प्रजातीय-सांस्कृतिक और धार्मिक विरासत की इसी समानता ने भारत के पड़ोसियों, खास तौर पर पाकिस्तान और बांग्लादेश में राष्ट्रीय राजनैतिक पहचान की समस्याएं खड़ी कर दीं। सामाजिक-सांस्कृतिक और धार्मिक विरासत की परस्पर भागीदारी के बावजूद पृथक राजनैतिक पहचान की दृढ़ता की अनिवार्य परिणति यह हुई कि क्षेत्र के देश आर्थिक और सामाजिक-सांस्कृतिक मेलजोल की प्रक्रिया से हटने लगे हैं। भारत में विलय अथवा भारत द्वारा अलग-थलग कर दिए जाने की उनकी आशंकाएं क्षेत्रीय सहयोग को सुदृढ़ करने की प्रक्रिया के लिए बाधा बनी हुई हैं।

इस क्षेत्र के देशों में शक्ति संरचना के संस्थागत ढांचे के संदर्भ में संघटनात्मकता, सरकार की संस्थाओं के बारे में समान विचार और क्षेत्र के देशों में राजनैतिक प्रणालियों को आकार देने में समान मूल्यों के काम करने से सहयोग की सम्भावनाएं बढ़ जाती है। दक्षिण एशिया को ऐसे ही सामंजस्य के लिए घोर प्रयास करना होगा, हालांकि लक्ष्य को पा सकने से पहले कुछ और दूरी तय करना अभी बाकी है। इन परिप्रेक्ष्यों में दक्षेस की शुरूआत के समय सदस्य राष्ट्र

एक असमान समूह के तौर पर थे। इनमें से दो (राजशाही), नेपाल और भूटान लोकतंत्र का स्वांग रचने वाले दो सैनिक तानाशाही (पाकिस्तान और बांग्लादेश) और तीन लोकतांत्रिक देश (मालदीव, श्रीलंका और भारत) थे। उस समय इनमें से एक लोकतांत्रिक देश तो अनिवार्यतः एकल पार्टी देश था (श्रीलंका)। जो भी हो, 1989 के बाद परिदृश्य बदला है। पाकिस्तान को छोड़कर सभी दक्षेस राष्ट्रों में तमाम तनावों और अनिश्चितताओं के बावजूद निर्वाचित विधायिका वाली लोकतांत्रिक सरकारें हैं और राष्ट्र के मामले विभिन्न मंत्रालय देख रहे हैं। यह एक सकारात्मक रूझान है और इससे क्षेत्रीय सहयोग को प्रोत्साहन मिलना चाहिए। यह कहने से ऐसा अनुमान लगाया जा सकता है कि निर्वाचित सरकारों को घरेलू स्तर पर बढ़ते राजनैतिक तनाव से दो-चार होना पड़ेगा-यदि सत्तासीन सरकार को बनाए रखने को सुनिश्चित करने और क्षेत्रीय सहयोग में योगदान करने के बीच चुनाव करना हो। क्षेत्रीय सहयोग को बढ़ावा देने, यानी बाद वाला लक्ष्य कितना भी महान क्यों न हो, अक्सर पहले वाले लक्ष्य को ही समर्थन मिलेगा। इसलिए लोकतांत्रिक संस्थाओं का सुदृढ़ीकरण ही इस अंतरिम अवरोध को दूर कर सकेगा।

क्षेत्रीय अथवा उपक्षेत्रीय सहयोग को प्रभावित करने वाला अंतिम किन्तु सर्वाधिक महत्त्वपूर्ण पहलू है सोच में समानता, कि किस तरह क्षेत्रीय स्थिरता हासिल की जाए। दूसरे शब्दों में, किसी क्षेत्र को प्रभावित करने वाले रणनैतिक और सुरक्षा से जुड़े मुद्दों पर क्या एक उभयनिष्ठ नजरिया संभव है? व्यावहारिकता का तकाजा है कि सहयोगात्मक कूटनीति में अपनी भागीदारी की हद और तरीके पर कोई भी फैसला करने से पूर्व भारत अपने प्रति पड़ोसियों के नजरिये की व्यावहारिक होकर समीक्षा करे। जबकि भारत को लेकर भूटान, नेपाल और मालदीव में स्पष्टतः कोई रणनैतिक या सुरक्षा से जुड़ी चिन्ताएं नहीं हैं, लेकिन पाकिस्तान, बांग्लादेश और श्रीलंका में गंभीर संदेह हैं–ये वैद्य अथवा उचित हैं या नहीं, यह तो और बात है। इसलिए यह साफ है कि भारत और उसके पड़ोसियों के मध्य के तमाम जटिल द्विपक्षीय मुद्दों को हल नहीं कर लिया जाता, ये देश (क) क्षेत्र के बाहर के देशों के साथ तालमेल कर क्षेत्रीय समीकरणों को संतुलित करने की कोशिश करते रहेंगे; और (ख) क्षेत्रीय सहयोग में भागीदारी की उनकी इच्छा किसी हद तक सीमित और संयमित रहेगी। निकट भविष्य में सहयोग की प्रक्रिया निश्चित ही धीमी रहेगी।

1991 तक भारत का रुख यही था कि व्यावहारिक, उपयुक्त और राजनैतिक विवादों से परे परियोजनाओं और कार्यक्रमों की ओर दक्षेस को उन्मुख किया जाए। साथ ही भारत इस बात के भी खिलाफ था कि दक्षेस अपनी

गतिविधियों में उन क्षेत्रों को शुमार करे जिनसे राजनैतिक समस्याओं के उठ खड़े होने की आशंका हो, अथवा जिनसे क्षेत्रीय मामलों में अनावश्यक गैर–क्षेत्रीय हस्तक्षेप अथवा मौजूदगी को बढ़ावा मिलता हो। हालांकि भारत का बुनियादी रुख वही रहा, नवम्बर, 1991 में उसकी स्थिति और अर्थपूर्ण हो गई। भारत ने फैसला किया और अन्य सदस्य राष्ट्रों को बता भी दिया कि वह अन्य सदस्यों को स्वीकार्य विभिन्न स्तरों, हद तथा गति के अनुरुप सहयोगात्मक प्रयासों में शामिल होगा। भारत ने यह भी स्पष्ट कर दिया कि दक्षेस की विभिन्न गतिविधियों के लिए अतिरिक्त संसाधन और सूचना सामग्री की संभावनाएं तलाशने के सिलसिले में दक्षेस सचिवालय के अन्य क्षेत्रीय गुटों अथवा देशों से सम्पर्क स्थापित करने के प्रयासों का विरोध नहीं करेगा, बशर्ते ये दक्षेस घोषणापत्र के अनुकूल हों और इस तरह हासिल होने वाली अथवा हासिल बाहरी सामग्री दक्षेस क्षेत्र के भीतर सहयोग से जुड़े संदर्भ तथ्यों का उल्लंघन नहीं करती हो। गरीबी उन्मूलन कार्यक्रम तथा दक्षिण एशिया वरीयता व्यापार समझौता (साप्टा) इसी नीतिगत रुख के कारण अस्तित्व में आए।

पाकिस्तान के लिए दक्षेस में दिलचस्पी खास तौर पर भारतीय मौजूदगी से जुड़ी है। राजनैतिक स्वभाव के संदर्भ में बात करें तो उप–महाद्वीप के बंटवारे के समय से ही पाकिस्तान अपनी पश्चिम एशियाई, अरब–फारसी मुस्लिम पहचान स्थापित करने में जुटा रहा। खाड़ी के क्षेत्रीय गुटों से जुड़ने की पाकिस्तान की कोशिशें और हाल के समय में आर्थिक सहयोग संगठन को ईरान और तुर्की (तथा मध्य एशियाई गणराज्यों) से सुदृढ़ करने के संदर्भ में पुरजोर कोशिशें इस बात की ओर संकेत करती हैं कि दक्षेस में पाकिस्तान की भागीदारी का मुख्य कारण भारत को लेकर पाकिस्तान की भयग्रस्त राजनैतिक आकांक्षाएं हैं। इसी प्रवृत्ति का संकेत है कि पाकिस्तान का रुख 'साफ्टा' व्यवस्था को लेकर धीमा और दक्षेस में उसकी गतिविधियां मोटे तौर पर उदासीन ही रही हैं। क्षेत्रीय संदर्भों में पाकिस्तान की मौजूदा राजनैतिक दिशानिर्देश पश्चिमोत्तर की ओर है। इसी कारण हाल के समय में दक्षेस में भारत–पाक सहयोग में प्रगति हुई है।

1991 में दक्षेस की अध्यक्षता पाने के बाद श्रीलंका ने इस मंच में खासी दिलचस्पी दिखाई। 1985 से 1990 के बीच दक्षेस की कार्यवाही में इसकी भागीदारी के दौरान हालांकि भारत–श्रीलंका के संबंधों में काफी उतार–चढ़ाव देखने को मिले। श्रीलंका दक्षेस को ऐसे सहायक मंच के तौर पर नहीं देखता था जो भारत के साथ उसकी द्विपक्षीय राजनैतिक समस्याओं को दूर कर सके। यहां यह भी स्मरण करने की बात है कि 1980 के दशक के पूर्वार्द्ध में श्रीलंका ने दक्षिण पूर्व एशियाई देशों के संघ (आसियान) का पूर्ण सदस्य बनने के

जोरदार प्रयास किए थे, और इस बात का अहसास होने के बाद ही कि यह प्रयास निरर्थक है, उसने दक्षेस की ओर ध्यान मोड़ा। उदारीकृत बाजार अर्थव्यवस्था और सिंगापुर व मलेशिया जैसे आसियान राष्ट्रों के साथ अपने सम्पर्कों के परिप्रेक्ष्य में उस समय श्रीलंका की आसियान में शामिल होने की आकांक्षा स्वाभाविक थी और तर्कसंगत भी। यहां यह भी उल्लेखनीय है कि 1970 के दशक के उत्तरार्द्ध और 1980 के दशक के पूर्वार्द्ध में भारत भी आसियान की सदस्यता का आकांक्षी था, लेकिन इस संदर्भ में उसे भी असफलता ही हाथ लगी। यहां भी 1995 के बाद आसियान के मामले में चीजें बेहतरी के लिए बदल गईं।

दक्षेस की अवधारणा के जनक होने के बाद भी बांग्लादेश को आरंभिक समय में पूर्व एशिया के मुस्लिम राष्ट्रों को शामिल करते हुए एक तरह की क्षेत्रीय व्यवस्था कायम करने की आशा थी। शेख मुजीब ने 1974 में ही इस्लामी सहयोग संगठन (ओआईसी) की लंदन बैठक में भाग लेने के बाद इस तरह के मत व्यक्त किये थे। यहां ध्यान देने योग्य बात यह है कि दक्षेस के सात सदस्यों में से चार ने परस्पर हितों के उत्साहयुक्त समर्थन को छोड़ अन्य कारणों से इस मंच में शामिल होने का फैसला किया। संभवतः इन देशो ने दक्षेस को दूसरे श्रेष्ठ विकल्प के तौर पर चुना। यदि दक्षेस को क्षेत्रीय सहयोग के लिए उद्देश्यपूर्ण और प्रभावशाली जरिये के तौर पर उभरना है तो इस विरोधाभास को हटाना ही होगा। भारत के पड़ोसियों में अन्य क्षेत्रीय गुटों अथवा देशों की ओर मुखातिब होने के विरोधाभास की जड़ मूलतः भू-भाग, आबादी और संसाधन के मामले में भारत और इसके पड़ोसियों में स्थित भू-राजनैतिक असममितता के कारण है। इसके अतिरिक्त दक्षिण एशिया क्षेत्र के उत्तर-1945 काल में राजनैतिक संरचना का सामाजिक-एतिहासिक स्रोत भी है। पहला कारक भारत के बारे में सामरिक और सुरक्षा संबंधी आशंकाओं को जन्म देता है। दूसरा कारक, ब्रिटिश भारत से निकले नए देशों में राष्ट्रीय पहचान की समस्या खड़ा करता है। इन आशंकाओं और चिंताओं का निराकरण करना होगा। भारत पर इस दिशा में कोशिश करने की कहीं अधिक जिम्मेदारी है। कश्मीर संबंधी मुद्दों को छोड़कर भारत के अपने पड़ोसियों के साथ अन्य सभी राजनैतिक दृष्टि से विवादित समस्याओं से निपटा जा सकता है, हल किया जा सकता है।

यहां राजनैतिक दृष्टिकोण को तकनीकी और भौतिक अधिकतावादी भारत केन्द्रित दलीलों से परे जाना चाहिए। भारत को आर्थिक संपन्नता और सुरक्षा जैसे राष्ट्रहित के वास्तविक मुद्दों पर न तो समझौता करना चाहिए और न ही उसे ऐसा करने की जरूरत है। इस मान्यता के आधार पर इसकी बातचीत में परस्परता

पर हठ की जगह अनुकूलन की इच्छा होनी चाहिए। कश्मीर के मामले में भी किसी पक्ष के एकतरफा दावे के आधार पर हल तो संभव हो सकता है, लेकिन समस्या के समाधान के लिए सैन्य अभियान या संघर्ष पाकिस्तान अथवा भारत किसी के भी जनमत को स्वीकार्य नहीं। इस कारक से दोनों देशों की सत्ता संरचना को राजनैतिक इच्छाशक्ति मिलनी चाहिए कि वे समस्या के समाधान के लिए उद्देश्यपूर्ण वार्ता की ओर उन्मुख हों, भले ही यह प्रक्रिया कितनी भी धीमी और यातनापूर्ण क्यों न हो। यहां भारत के पड़ोसियों में पहचान संकट के कारण उत्पन्न कठिनाइयां भी हैं, क्योंकि उनके सामूहिक स्वरूप के महत्त्वपूर्ण अवयव पुराने भारतीय संपर्कों से ही निकले हैं। भूगोल भी इसी विकट स्थिति को रेखांकित करता है क्योंकि जहां भारत की भूभागीय अथवा समुद्री सीमाएं दक्षेस के अन्य सभी छह सदस्य देशों से लगी हैं, इनमें से कोई भी एक दूसरे का प्रत्यक्षतः पड़ोसी नहीं। अपने सभी पड़ोसियों की पृथक राजनैतिक पहचान को रेखांकित करते हुए भारत द्वारा साभिप्राय, लगातार और यहां तक कि बारम्बार उद्घोषणा, और जब भी आवश्यक हो इस बात के औपचारिक आश्वासन कि भारत की कतई मंशा नहीं कि अपने पड़ोसियों को किसी नियोजित अथवा केंद्रीकृत 'भारतीय उप-महाद्वीपीय राजनैतिक व्यवस्था' के तौर पर पुनः एकीकृत करे, में ही समस्या का हल निहित है।

सियाचिन, सर क्रीक, फरक्का, व्यापार विवाद और अवैध आव्रजन के मुद्दों के मामले में भारत में तालमेल बैठाने और बीच का रास्ता निकालने की क्षमता है, बशर्ते जनमत तैयार किया जाए, मानसिकता में बदलाव लाया जाए और राष्ट्रीय आम सहमति विकसित की जाये जिससे कि सरकार की निर्णय प्रक्रियाओं व राजनैतिक निश्चय को दिशा और मजबूती मिल सके।

भारत-पाक रिश्तों का सिंहावलोकन

एक महान भारतीय राजनैतिक विचारक और मौर्य साम्राज्य के संस्थापक चंद्रगुप्त के सर्वोच्च सलाहकार ने देशों के बीच के संबंधों के संदर्भ में इस सार को सुस्पष्ट तरीके से रेखांकित किया था कि अपने मित्रों के साथ-साथ अपने शत्रुओं की पहचान भी होनी चाहिए। यह पता होना चाहिए कि उनके हित, उनके अभिप्रेरण और उनकी आकांक्षाएं क्या हैं। किसी मित्र के बारे में ऐसी जानकारी होने से मित्रता मजबूत होती है। किसी शत्रु के बारे में इस तरह की जानकारी यह सुनिश्चित करती है कि शत्रु की ओर से आने वाले खतरों और चुनौतियों को लेकर आप हमेशा सतर्क रहेंगे।

चूंकि भारत के विभाजन ने भारत और पाकिस्तान के रूप में दो देशों को जन्म दिया, इन दोनों देशों में लगातार परस्पर विरोधी रिश्ते बने रहे। हमने चार

पूर्ण-युद्ध देखे हैं और फिलहाल भारत जम्मू-कश्मीर में पाकिस्तान द्वारा चलाए जा रहे छद्म युद्ध का सामना कर रहा है, जिसका उद्देश्य इस भारतीय राज्य को अलग कर देना है। जन अवधारणा के अलावा हमारी सशस्त्र सेनाओं की सोच के अनुसार पाकिस्तान की पहचान एक विरोधी, एक शत्रु के रूप में है। हम सभी उन घटनाओं और नीतियों से अवगत हैं जिन्होंने भारत और पाकिस्तान के बीच दूरियां पैदा कीं। इतिहास, संस्कृति, भाषा और धर्मों के लिहाज से दोनों देशों में काफी-कुछ समानता है। कितना भी राजनैतिक तिकड़म क्यों न कर लिया जाए, भौगोलिक दृष्टि से भारत-पाक निकटता खत्म नहीं हो सकती।

आइए, यह समझने की कोशिश करें कि भारत और पाकिस्तान के बीच हालात विरोधियों से क्यों बने हुए हैं, जबकि भौगोलिक अवस्थिति, एतिहासिक संपर्कों, सामाजिक-सांस्कृतिक समानताओं, प्रजातीय और भाषाई जुड़ाव के कारण टकराव की जगह परस्पर समरसता को बढ़ावा मिलना चाहिए था।

केवल पाकिस्तान को दोषी ठहराना अतार्किक और स्व-नीतिपरक होगा। दोनों देश संवादहीनता, परस्पर आशंकाओं और जान-बूझकर पैदा की गई गलतफहमियों के कारण एक-दूसरे के विरोधी बने हुए हैं। आइए, हम पहले पाकिस्तान की आशंकाओं को समझने की कोशिश करें। पाकिस्तान के जेहन में भारतीय राष्ट्रीय कांग्रेस द्वारा विभाजन का विरोध करने की कटु स्मृति है जिसका मुस्लिम लीग को सामना करना पड़ा। परिणामस्वरूप, मुस्लिम लीग उस भौगोलिक मापदण्डों के अनुरूप पाकिस्तान नहीं पा सकी, जिसकी उसे अपेक्षा थी। यह इतिहास की एक विडम्बना ही है कि आज पाकिस्तान में रहने वाले कितने ही लोगों ने दोराष्ट्र के सिद्धांत का अनुमोदन नहीं किया था। पाकिस्तान-समर्थक आंदोलन को अपनी मुख्य शक्ति बंगाली मुस्लिमों और उत्तर-मध्य भारत के मुस्लिमों से मिली, और यह समर्थन भी आम मुस्लिमों की ओर से नहीं, बल्कि संभ्रांत मुस्लिमों से मिला। हमें यह याद रखना चाहिए कि भारतीय राष्ट्रीय कांग्रेस के नेता के तौर पर महात्मा गांधी और जवाहरलाल नेहरू के सामने फीके पड़ने से पहले तक जिन्ना को हिन्दू-मुस्लिम एकता के दूत के रूप में माना जाता था। पाकिस्तान का मानना है कि लॉड माउंटबेटन और भारतीय राष्ट्रीय कांग्रेस की चालबाजी के कारण भारत की पूरी मुस्लिम आबादी को मिलाकर पाकिस्तान का निर्माण नहीं हो सका। पाकिस्तान की सत्ता संरचना की मानसिकता में आज भी यह कड़वाहट व्याप्त है।

जम्मू-कश्मीर, हैदराबाद और जूनागढ़ में भारत की दृढ़ कार्रवाई ने इस कड़वाहट को चरम पर पहुंचा दिया और इससे भी महत्त्वपूर्ण तथ्य यह है कि इससे यह वाजिब आशंका उभरी कि भारत पाकिस्तान के टुकड़े करके या फिर

इसके भूभाग पर कब्जा करके विभाजन को पलटने की कोशिश करेगा, पाकिस्तानी इसे 'अखण्ड भारत' की हिन्दू योजना के तौर पर देखते हैं। सैन्य संसाधनों के वितरण और विदेशी मुद्रा भंडार के मामले में भारत के रुख ने पाकिस्तान को भरोसा दिला दिया कि भारत की योजना अव्यवस्था फैलाने की है। दोनों देशों के आकार, जनसंख्या और संसाधनों के संदर्भ में असामनता ने इन आशंकाओं को और बढ़ाया।

बांग्लादेश की आजादी में भारत की भूमिका ने पाकिस्तान की इस भयाक्रांत मानसिकता को और बल ही दिया। यदि ऐसा ही है तो पाकिस्तान ने 1948 और 1965 में भारत के खिलाफ सैनिक अभियान क्यों किया? इसका उत्तर मुस्लिम श्रेष्ठता की आरोपित स्मृतियों तथा विभाजन के समय हुई अनुचित व्यवस्था को सुधारने की अवचेतन में बैठी आकांक्षाओं में निहित है। भारत की बराबरी करने के लिए सैनिक अभियान के प्रति पाकिस्तान के झुकाव को 1971 के संघर्ष ने ठंडा कर दिया, लेकिन पाकिस्तान की सत्ता संरचना आज भी उसी मानसिकता में जी रही है।

यह महत्त्वपूर्ण है कि पाकिस्तान में पीढ़ी–दर–पीढ़ी भारत विरोधी बौद्धिक और भावनात्मक सोच को पोषित किया जाता है। यह ध्यान देने योग्य बात है कि सीमा की दूसरी ओर इस कड़वाहट और कुंठा ने न केवल राजनैतिक बल्कि पाकिस्तानी जीवन के सांस्कृतिक, शैक्षणिक और सामाजिक आयामों पर भी असर डाला है। यह बड़ा ही दिलचस्प है कि भारत के प्रति पाकिस्तानी दृष्टिकोण के दो कौतूहलपूर्ण, मैं इसे सराहनीय कहूंगा, आयाम हैं। पहला, भारतीय और पाकिस्तानी एक–दूसरे से मानवीय अथवा निजी स्तर पर बड़ी गर्मजोशी और स्वाभाविकता से मिलते–जुलते हैं, खास तौर पर यदि वे किसी तीसरे देश में मिल रहे हों। तब शत्रुता अथवा कड़वाहट नहीं होती और सीमा के दोनों ओर उबलते राजनैतिक और कूटनीतिक मामले पर खिसक जाते हैं। ऐसे मौकों पर दोनों देशों के बीच खराब रिश्तों की अतार्किकता की परस्पर आलोचना की जाती है और दोनों ही पक्ष राय व्यक्त करते हैं कि ऐसी स्थिति में सुधार के लिए तत्काल कुछ ठोस उपाय किए जाने चाहिए। लेकिन यही स्थिति शत्रुओं में तब्दील हो जाती है जब ये अपने–अपने देश के लोगों के साथ किसी सामूहिक सामाजिक वातावरण में मिलते हैं। दूसरा, पाकिस्तान के अलग–अलग क्षेत्रों में रह रहे लोगों का भारत के प्रति अलग–अलग नजरिया है। उत्तर–पश्चिम सीमांत प्रदेश और ब्लूचिस्तान के लोगों में भारत के प्रति उतनी शत्रुता नहीं। गुजरात और मुम्बई से अपने पुराने जुड़ाव के कारण सिन्ध के लोगों में भी तीव्र मनोवैज्ञानिक अथवा भावनात्मक आक्रामकता नहीं दिखती। यह केवल पाकिस्तान

के पंजाब प्रांत के लोगों में विभाजन और पूर्व-विभाजन काल की राजनीति को लेकर खासी कड़वाहट दिखती है। यह आम आदमी का सामान्य दृष्टिकोण है। यहां बात उन लोगों की नहीं हो रही जो नीति-निर्धारक सत्ता व्यवस्था में शामिल हैं।

इसके अतिरिक्त पाकिस्तानी सोच में एक तरह की ईर्ष्या भी है, जिसके बारे में पाकिस्तानी स्वीकार तो नहीं करेंगे पर यह है। दोनों देशों ने एक ही समय आजादी पाई। अपनी तमाम विविधताओं, तनावों और समस्याओं के बावजूद भारत ने धीरे-धीरे अपनी लोकतांत्रिक और प्रशासनिक संस्थाओं को मजबूत किया। वहीं पाकिस्तान लगातार बदलती राजनैतिक व्यवस्थाओं के उतार-चढ़ाव भरे रास्ते से गुजरा। वहां राजनैतिक संस्थाओं में निरंतरता या स्थिरता नहीं है। अब भी सशस्त्र सेनाएं ही सत्ता के केंद्र में हैं। जब पाकिस्तानी अपनी तुलना भारतीयों से करते हैं तो यही बात उन्हें सालती है। अपनी दशा को व्यावहारिक नजरिये से देखने तथा इस संदर्भ में विवेकपूर्ण होने के बदले वे विपथन को तर्कसंगत ठहराने की कोशिश करते हैं। वे जोर देकर यहां तक कहते हैं कि लोकतंत्र के मामले में भारत से अलग होना पाकिस्तान की पहचान के लिए आवश्यक है।

इन्ही प्रवृत्तियों का विशुद्ध परिणाम है कि पाकिस्तान ने भारत-पाकिस्तान की जनता के बीच सामान्य और आसान सम्पर्क की अनुमति नहीं देने की नीति बनाई और आज भी इस पर अमल कर रहा है। यदि इस सम्पर्क की अनुमति दी जाती तो भारतीय मंशाओं के बारे में कई हठधर्मी सिद्धांत, मिथक और मिथ्या व्याख्याएं दूर हो जातीं और भारत-पाक रिश्तों में सकारात्मक सोच का उद्भव होता। लेकिन पाकिस्तान की मौजूदा सत्ता संरचना के निहित स्वार्थों को यह रास नहीं आता। जनवरी 1995 में भारतीय वाणिज्य दूतावास को बंद करना इसी चिरस्थायी प्रवृत्ति का एक और उद्गार है।

भारतीय सोच की भी अपनी ग्रंथियां हैं। जहां पाकिस्तान के नीति-निर्धारक समूहों में भारत के प्रति दृष्टिकोण और प्रतिक्रियाओं में एक आम निरंतरता है, सीमा के इस पार ऐसा नहीं। यह कि भारत के लोगों ने विभाजन को स्वीकार नहीं किया है और ऐसी अंतर्भावना है कि पाकिस्तान को दोबारा भारत में मिला लिया जाए, सरासर गलत है। उनका मानना है कि जिन मुस्लिमों ने भारतीय (हिन्दू नहीं) राजनैतिक पहचान से अलग होने का फैसला किया और जो अब पाकिस्तान में हैं, उन्हें भारत की समस्याओं में इजाफा नहीं करना चाहिए। सच्चाई तो यह है कि हिन्दू अतिवादियों का तो यह मत है कि भारत के मुस्लिमों को भी पाकिस्तान चले जाना चाहिए—यह एक ऐसा मसला है, जिस का पाकिस्तान स्वागत नहीं करेगा। पाकिस्तान तो बांग्लादेश में रह रहे अपने मुहाजिर नागरिकों

को वापस आने की इजाजत नहीं दे रहा है। यह कि बड़ी तादाद में मुस्लिम भारत में ही रुक गए और ये संख्या में काफी अधिक हो गए हैं तथा अब भारतीय संघटित समाज के अभिन्न अंग हैं, भारतीय सोच मे विवेक और मर्यादा को बढ़ावा देता है। हालांकि जब कभी भी पाकिस्तान उकसावे वाली घोषणाएं या कार्रवाई करता है, यह नजरिया क्षीण पड़ जाता है।

भारतीय सत्ता संरचना का बड़ा तबका और अधिसंख्य भारतीय मानते हैं कि उपमहाद्वीप के भौगोलिक, प्रजातीय पृष्ठभूमि और ऐतिहासिक जुड़ाव की अनदेखी नहीं की जा सकती। उनकी मानसिकता असंलग्न हताशा की है। वे महसूस करते हैं कि विभाजन की राजनैतिक वास्तविकताओं को न केवल स्वीकार किया जाना चाहिए, बल्कि दक्षिण एशिया में शांति और स्थिरता के लिए इन्हें सुदृढ़ किया जाना चाहिए। इनका मानना है कि भारत–पाक रिश्तों में उतार–चढ़ाव के बावजूद दोनों देशों में एक कामकाजी संबंध बनाने की कोशिशें जारी रहनी चाहिए। साथ ही साथ पाकिस्तान की किसी भी प्रत्यक्ष विध्वंसकारी गतिविधि का पूरी दृढ़ता के साथ मुकाबला किया जाना चाहिए। यदि दोनों पक्षों की सीमाओं और बाध्यताओं की वजह से परस्पर विरोधी संबंध ही अवश्यंभाव हैं तो भी यह सुनिश्चित कर लेना चाहिए कि आगे और सैन्य झड़प टल जाएं।

पाकिस्तान की युद्धोन्मुखता, उसकी नाभिकीय अस्त्र क्षमताओं और परिणामतः उप–महाद्वीप में शस्त्रों की होड़ को देखते हुए उपर्युक्त अंतिम उद्देश्य को पूरा कर पाना लगातार मुश्किल से मुश्किल होता जाएगा।

भारत के मनोविज्ञान और नजरिये को प्रभावित करने वाला एक और कारक है भारत में बड़ी संख्या में मुस्लिम नागरिकों का होना। हमारे मुस्लिम नागरिक जिन्होंने पाकिस्तान जाने का विकल्प नहीं चुना अथवा जो आर्थिक एवं सामाजिक–सांस्कृतिक बाध्यताओं के कारण ऐसा नहीं कर सकते थे, वे निश्चित तौर पर विभाजन से खुश नहीं। यद्यपि, जब यह सच्चाई बन गई, मुस्लिमों के दृष्टिकोण व सोच ने मौलाना आजाद की भविष्य संबंधी इस अंतःदृष्टि की पुष्टि की कि सांप्रदायिक आधार पर उपमहाद्वीप के विभाजन से भारत के मुस्लिम समुदाय को सामाजिक–राजनैतिक विरोधाभासी मानसिकता से गुजरना होगा। पाकिस्तान ने भारत के संघटित समाज में फूट के बीज बोने के लिए यहां मौजूद विशाल मुस्लिम समुदाय का फायदा उठाया और इसके लिए उनके रक्षक होने का झूठा दावा किया। धर्मनिरपेक्षता के प्रति भारत की सच्ची और गहरी प्रतिबद्धता के बावजूद इसके कारण और अधिक आर्थिक दबावों तथा परिणामस्वरूप सामाजिक–राजनैतिक कमजोरियों से इनकार नहीं किया जा सकता। इसलिए हमारे मुस्लिम नेतृत्व का कुछ हिस्सा भारत के संदर्भ में पाकिस्तान की अतिक्रमणकारी नीतियों के प्रभाव के इस्तेमाल के खिलाफ नहीं।

आम तौर पर सरकार और भारत के लोगों को पता है कि भारत के संदर्भ में पाकिस्तान क्या कर रहा है और कैसे कर रहा है। भारत-पाक रिश्तों के इन 'क्या' और 'कैसे' को दबा देना बेहतर होगा। विभाजन के समय इस बात की खीज थी कि सभी मुस्मिल इलाके या मुस्लिम शासित राज्य खुद-व-खुद पाकिस्तान के अंग नहीं बने, खास तौर पर कश्मीर।

उप-महाद्वीप में उभरने वाली सभी प्रमुख अंतराष्ट्रीय घटनाओं के संदर्भ में पाकिस्तान ने भारत-विरोधी रुख अपनाया, बात चाहे चीन से हमारे संघर्ष की हो, पूर्वी पाकिस्तान से जुड़ी समस्याएं हों, निर्गुट आंदोलन से जुड़े मुद्दे हों, अप्रसार और शस्त्र नियंत्रण से संबंद्ध समस्याएं हों या फिर श्रीलंका में जातीय संकट।

चूंकि कश्मीर के मामले में धार्मिक दलीलों पर आधारित दावों को अंतराष्ट्रीय स्वीकार्यता नहीं मिलती, विभिन्न मंचों पर पाकिस्तान ने अपनी इच्छा के मुताबिक 'खतरे में मुस्लिम और इस्लाम' से लेकर आत्म-निर्णय पर जोर देने की वकालत करता रहा है और अंततोगत्वा कभी-कभार लचीलेपन के साथ मानवाधिकारों की भी। इससे भी आगे जाते हुए पाकिस्तान ने राजनैतिक एवं सामाजिक-नैतिक तर्क-वितर्क की दहलीज को पार करते हुए एक तरह से पूरी दुनिया को धमकी दे डाली कि यदि उसके दावों को मानने के लिए भारत को बाध्य नहीं किया गया तो नाभिकीय सर्वनाश भी संभव है।

इस आकलन को प्रमाणित करने के लिए जरूरी है यह याद करना कि उन्हें मिले 'खंडित' पाकिस्तान के बारे में जिन्ना कितने कुंठित थे। इसके साथ ही यह एक चिरस्थायी बौद्धिक व सैद्धांतिक धारणा है कि एक सफल, बहुलतावादी, बहु-धार्मिक, लोकतांत्रिक और एकीकृत भारत उस दलील के समझ एक स्थायी प्रश्नचिह्न है, जिस आधार पर पाकिस्तान का निर्माण हुआ। इस सच्चाई के बावजूद कि पाकिस्तान के लोग आम तौर पर यथार्थवादी और विवेकपूर्ण हैं, विभाजन के समय से दो पीढ़ियों के युवावस्था में प्रवेश कर लेने के बाद भी इस धारणा में बदलाव नहीं आया है।

पाकिस्तानी समाज के नीति-निर्धारक और जनमत तैयार करने वाले तबकों का आकलन और उनकी अवधारणा यह है कि भारतीय सामाजिक-राजनैतिक प्रयोग के विफल हो जाने के बाद ही इस्लामी समुदाय का पाकिस्तानी नेतृत्व चुनौती रहित हो सकता है। भारत में अल्पसंख्यको की स्थिति पर पाकिस्तानी चिंतन, भारत में मुस्लिम धार्मिक स्थलों को नुकसान पहुंचाए जाने, इसके बावजूद कि खुद पाकिस्तान में विगत 40 वर्षों के दौरान ऐसे कितने ही स्थलों को नुकसान पहुंचाया गया, पर उसकी चिंताएं, मुस्लिम धार्मिक पहचान की

प्रिज्म के जरिये मानवाधिकार मानदण्डों को लागू करने की सोची–समझी मांग, इसी बुनियादी प्राथमिकता के विभिन्न पहलू हैं।

1965 के बाद और खास तौर पर 1971 से पाकिस्तान के सैन्य प्रतिष्ठान व रक्षा रणनीतिकारों ने लगभग स्व–आरोपित स्वदुखाय सुखानूभूति वाली इस महत्त्वाकांक्षा को जन्म दिया कि पाकिस्तान की युद्ध–कौशल परम्पराओं और सैन्य विश्वसनीयता भारत से एक और युद्ध, भले यह सीमित अवधि के लिए हो, करके ही दोबारा पाई जा सकती है। इस युद्ध का परिणाम भारत पर निर्णायक जीत के तौर पर निकले और इस उद्देश्य के लिए कश्मीर उत्प्रेरण और अवसर पैदा करता है। इस बात की पुष्टि के लिए जनरल मिर्जा असलम बेग के कार्यकाल मे उनके द्वारा अभिव्यक्त सैन्य सिद्धान्तों को देखने भर की जरूरत है। उन्होंने "आक्रामक सुरक्षा", "आश्चर्यजनक रूप से निर्णायक प्रहार" इत्यादि दलीलें दीं। यह सोच–प्रक्रिया पाकिस्तान में बुद्धिजीवियों तथा नीति–निर्धारकों की वैचारिक अंतर्धारा तय करती है।

साठ और सत्तर के दशकों के नीति दस्तावेजों तथा सरकारी टिप्पणियों के जरिये यह स्पष्ट किया गया है कि भारत की एकजुटता और भौगोलिक एकता को कमजोर करने के लिए आम तौर पर द्विपक्षीय व अंतरराष्ट्रीय दबाव तथा जहां संभव हो, प्रत्यक्ष–अप्रत्यक्ष सैन्य दबाव बनाया जाए। पाकिस्तान की इन मंशाओं की पुष्टि के लिए जुल्फीकार अली भुट्टो की स्टेनली वोलपर्ट लिखित जीवनी के संबंधित अंशों और जिया के समय भारतीय पंजाब एवं जम्मू व कश्मीर से जुड़ी नीतियों के बारे में किए गऐ रहस्योद्‌घाटनों से गुजरना होगा।

यही वह संदर्भ है जिसमें भारत–पाक रिश्तों का प्रादुर्भाव हुआ और संभावना है कि यह बरकरार ही रहेगा। बड़ी पश्चिमी ताकतों ने अपने हित–आधारित नीतियों के जरिये इन पर प्रतिकूल प्रभाव डाला। यह उप–महाद्वीप, खास तौर पर भारतीय हिस्सा पश्चिम को उलझाता है। उनकी रुढ़ीवादी सोच–जिस विचार को जॉन केनेथ गैलब्रेथ बड़े उपयुक्त और विनोदपूर्ण तरीके से कुछ यूं अभिव्यक्त करते हैं "भारत दुनिया में सबसे बड़ी कार्यशील अराजकता है"–के संदर्भ में भारत के राजनैतिक प्रयोग को सफलतापूर्वक कायम नहीं रहना चाहिए था। उनकी उत्कंठा है कि यदि संभव हो, भारतीय उपमहाद्वीप के मामले और अधिक व्यवस्थति हों। भारत की सामाजिक–सांस्कृतिक विशिष्टता का ताना–बाना बुनने वाले सनातन और विभिन्न जीवों के बीच सहचर्यात्मक संयोग को समझने की जगह वे उन संदर्भ–तथ्यों को लागू करना चाहते हैं, जो उनकी सोच के मुताबिक 'दक्षिण एशिया में आसन्न अव्यवस्थाओं' को टालने का आसान उपाय है। पृथक प्रजातीय पृष्ठभूमि और धर्म का तर्क

आसान और स्पष्ट जान पड़ता है। अनिवार्यतः इसकी परिणति उस स्थिति में होती है जिसकी व्याख्या हम भारत में 'पश्चिम' का पाकिस्तान की ओर झुकाव के तौर पर करते हैं। पाकिस्तान बड़ी चतुरता से इन अवधारणाओं और चिंताओं पर प्रतिक्रिया देता है और उन्ही दलीलों को सामने रखता है जिन्हें पश्चिम आसानी से समझ सके। लेकिन यह अनुमान लगा लेना बुद्धिमत्तापूर्ण नहीं होगा कि ये प्रतिक्रियाएं खुद पाकिस्तान के संघटन और उसकी एकता को प्रभावित करेंगी क्योंकि धार्मिक एकता के बारीक बंधन के बावजूद वह भी एक बहु-भाषाई और बहु-जातीय देश है।

भारत के साथ शत्रुतापूर्ण रिश्ते बरकरार रखने के परिणामों का अनुमान पाकिस्तान की सत्ता व्यवस्था को है या नहीं, यह एक विवादास्पद प्रश्न है। मौजूदा और आसन्न भविष्य में भारत को इस स्थिति के साथ ही रहना होगा। अब सवाल यह उठता है कि हम किस तरह इससे निपटें? राजनीतिक प्रेक्षकों मीड़िया से जुड़े लोगों, इत्यादि ने विभिन्न उपाय बताए हैं। ये हैं–

1. पाकिस्तान के खिलाफ निर्णायक और नियंत्रित सैनिक कार्रवाई।
2. प्रतिशोधात्मक सोच के तहत प्रतिक्रियास्वरूप भारत को भी पाकिस्तान के खिलाफ वैसी ही विध्वंसाात्मक गतिविधियां शुरू कर देनी चाहिए, भारत में जिस तरह की गतिविधियों में पाकिस्तान लिप्त रहा है।
3. अपनी क्षेत्रीय अखण्डता को लेकर भारत क्यों अड़े? क्यों नहीं कश्मीर और अन्य मसलों पर पाकिस्तान की मांगों को मानकर उससे समझौता कर लिया जाए? संभव है, यही वह कीमत हो जिसे उपमहाद्वीपीय शांति और विकास के लिए हमें चुकानी पड़े।
4. पाकिस्तान से शत्रुतापूर्ण रिश्ते के संदर्भ में हरसंभव विवेकपूर्ण तरीके से पेश आते हुए यह सुनिश्चित करने के साथ-साथ कि पाकिस्तान उस दहलीज को न पार कर जाए जिसकी परिणति युद्ध में हो, हमें अपनी सामंजस्यता, एकता और क्षेत्रीय अखण्डता को बनाए रखने पर दृढ़ रहना चाहिए। इसके अतिरिक्त भारतीय संविधान में संशोधन, कश्मीर का विशेष दर्जा खत्म करने, कश्मीर की जनसांख्यिकी को बदलने, वगैरह-वगैरह विकल्पों से जुड़े सुझावों पर अमल का दबाव भी है।

सोमालिया और बोस्निया के अनुभवों के बाद कठोर और हिंसा के पुट वाले समाधान मोटे तौर पर दुनिया में स्वीकार्य नहीं होंगे और वैसे भी ये हमारे राजनैतिक और विकासपरक हितों अथवा हमारी विदेश नीति के बुनियादी सिद्धांतों के अनुरूप नहीं।

4. अंतिम विकल्प ही मौजूदा समय में अवश्यंभावी विकल्प जान पड़ता है, बशर्ते कि पाकिस्तान अपने किन्हीं दुस्साहसों के कारण भारत को अन्य विकल्प (ईश्वर ऐसी स्थिति पैदा न होने दें) अपनाने को मजबूर न कर दें।

दीर्घकालिक संदर्भों में भूगोल की बुनियादी सच्चाइयों से मुंह नहीं मोड़ा जा सकता। भले इसमें समय लगे और पाकिस्तान के बयान और गतिविधियां भी नकारात्मक हों तो भी शांति और सामान्य रिश्तों के प्रति भारत की प्रतिबद्धता दृढ़ रहनी चाहिए। यह फैसला करना पाकिस्तान का काम है कि भारत के साथ शत्रुतापूर्ण रिश्तों के साथ वह कब तक अपनी स्थिरता और विकास सुनिश्चित कर सकता है। भारत–पाक संबंधों की मौजूदा विकट स्थितियों से निपटने के लिए यही व्यावहारिक और तर्कसंगत दृष्टिकोण है।

तत्कालीन प्रधानमंत्री अटल बिहारी वाजपेयी की फरवरी 1999 में लाहौर जाकर शुरू की गई रचनात्मक पहल को कारगिल में सैन्य आक्रमण से पाकिस्तान द्वारा व्यर्थ कर दिए जाने, जम्मू-कश्मीर व भारत के अन्य भागों में आंतकवादी हिंसा को पाकिस्तान द्वारा जान–बूझकर बढ़ावा देने, 24 दिसम्बर 1999 को काठमांडू से उड़ान भरने वाले भारतीय विमान के अपहरण के पीछे पाकिस्तान के होने जैसी घटनाओं से इस सच्चाई की पुनः पुष्टि होती है कि पाकिस्तान के साथ युक्तिपूर्ण तरीके से रहने के लिए दृढ़ता, धैर्य और बहुत अधिक राजनीतिक सूझबूझ की जरूरत है। पाकिस्तान में अक्टूबर 1999 में सैनिक तख्तापलट के जरिये लोकतांत्रिक तरीके से निर्वाचित सरकार को उखाड़ फेंकने से फायदा नहीं होने वाला। तदुपरान्त जनरल परवेज मुशर्रफ द्वारा जारी नीतिगत बयानों से साफ होता है कि उनकी ईमानदारी अथवा सार्थक तरीके से बातचीत की मेज पर वापस लौटने की कोई मंशा नहीं। पाकिस्तान की नीतियों की कुल मंशा तीसरे पक्ष को शामिल करना है, खास तौर पर अमेरिका को मध्यस्थ के तौर पर लाने की और यह इस ध्येय व आशा से कि कश्मीर समेत अन्य मुद्दों पर भारत दबाव में आए और पाकिस्तान की शर्तों पर समझौता कर ले। क्लिंटन की पाकिस्तान यात्रा के दौरान उनसे हुए विचार–विमर्श व उनकी सार्वजनिक घोषणाओं ने इस्लामाबाद की आशाओं पर पानी फेर डाला। इसलिए जाहिर तौर पर आरंभिक प्रतिक्रिया भारत के प्रति वैर के चरम पर पहुंचने में होती और इसकी परिणति भारतीय समाज को अस्थिर करने के लिए बढ़ी विध्वंसकारी व आतंकवादी हिंसा में।

मौजूदा हालात को देखते हुए मेरा सुविचारित मत यह है कि भारत–पाकिस्तान रिश्ते तभी स्थिर होंगे और न्यूनतम सामान्य स्थिति में आएंगे जब भारत के प्रति

अपनी युद्धोन्मुखी और वैर-विरोध की नीतियों से पाकिस्तान थक जाए (संभवतः अपनी षड्यंत्रकारी योजना से हमारे दृढ़तापूर्वक निपटने के कारण वह थक जाए)। इस तरह थक-हार जाने के बाद ही पाकिस्तान की सत्ता-व्यवस्था को अहसास होगा कि एक देश तथा एक शिष्ट समाज के रूप में बेहतरी और खुद उनके अस्तित्व के लिए भारत के साथ एक प्रकार के व्यावहारिक कार्यशील संबंध का होना अच्छा है।

क्या भारत और पाकिस्तान एक और युद्ध की ओर बढ़ रहे हैं? भारत और पाकिस्तान पर अंतराष्ट्रीय दबाव और इस तरह के संघर्ष के अकल्पनीय खतरनाक परिणामों के मद्देनजर मुझे नहीं लगता कि आसन्न भविष्य में दोनों देश पूर्ण युद्ध में खुद को झोंक देंगे। (कुछ निहायत ही असामान्य स्थितियों अथवा दुर्घटना के कारण भड़क उठे युद्ध को छोड़कर) दूसरा सवाल यह पूछा जाता है कि यदि भारत-पाकिस्तान संघर्ष छिड़ता है, तो क्या यह नाभिकीय युद्ध में परिणत हो जाएगा? यह बिल्कुल स्पष्ट है कि संघर्ष की स्थिति में नाभिकीय विकल्प को आजमाने में भारत से कहीं अधिक पाकिस्तान की दिलचस्पी होगी। संघर्ष के दौरान यदि पाकिस्तान नाभिकीय हथियारों का इस्तेमाल कर बैठता है तो भारत की प्रतिरोधक प्रतिक्रिया भी संभवतः नाभिकीय ही होगी। लेकिन यह अनुमान लगाना तर्कसंगत होगा कि यदि ऐसे किसी युद्ध के नाभिकीय टकराव में तब्दील होने की सूरत में अमेरिका समेत अन्य महत्त्वपूर्ण शक्तियां निर्णायक और स्वाभाविक तौर पर हस्तक्षेप करेंगी। हमारे आर्थिक प्रदर्शन, हमारी सैन्य व प्रौद्योगिकीय क्षमताओं तथा कारगिल संघर्ष के दौरान जिस जिम्मेदाराना तरीके से हमने व्यवहार किया; उनके कारण अमेरिका और अन्य पश्चिमी लोकतांत्रिक देशों की नीतियों में भारत के पक्ष में सुविचारित और धीरे-धीरे बदलाव आया है।

भारत-पाक रिश्तों के बारे में जनरल मुशर्रफ के विचार

हमारे एक प्रमुख दैनिक समाचार पत्र को दिए एक विशेष साक्षात्कार में जनरल मुशर्रफ ने भारत की सरकार और जनता को सुझाव दिया कि वे बिना किसी पूर्वाग्रहग्रसित गलत धारणा के उन्हें (मुशर्रफ को) उनकी कही बातों और किए कामों के आधार पर तौलें। दूसरा, भारत को यह हकीकत मंजूर कर लेनी चाहिए कि उनकी सरकार वैध है, पाकिस्तान के 13 करोड़ लोगों का उन्हे पूरा-पूरा समर्थन हैं। उनका तीसरा सुझाव था कि भारत केंद्रीय मुद्दे कश्मीर की ओर ध्यान लगाए क्योंकि इसे हल किए बगैर भारत और पाकिस्तान में सामान्य संबंधों की कोई संभावना नहीं। किसी भारतीय समाचारपत्र को इस तरह के विस्तृत साक्षात्कार देने के मुशर्रफ के फैसले का सीधा उद्देश्य जनसंपर्क

अभियान है। भारत-पाक रिश्तों पर अपने विचारों के बारे में भारत को विस्तृत और प्रत्यक्ष संदेश भेजने के सुविचारित नीतिगत फैसले के तहत ही यह साक्षात्कार दिया गया। निश्चित रूप से हमें इस संदर्भ में उन्हें ऐसा ही लेना चाहिए।

भारत-पाक रिश्तों में हालिया घटनाओं और महत्त्वपूर्ण ताकतें जिस तरह पाकिस्तान को लेकर प्रतिक्रिया कर रही हैं, उनके संदर्भ में मुशर्रफ के विचारों के परिणामों का आकलन करना भी उतना ही महत्त्वपूर्ण है। नियंत्रण रेखा के उस पार पाकिस्तान के सैन्य गतिविधियों और भारत के खिलाफ उसकी विध्वंसकारी हिंसा में गुणात्मक और मात्रात्मक वृद्धि हुई है। सैन्य शिविरों और प्रतिष्ठानों पर सुनियोजित हमले, असैनिक लक्ष्यों के खिलाफ आतंकवादी हिंसा, आतंकवादियों की घुसपैठ और भारत में हथियारों की खेप भेजने में तेजी आई है। इंडियन एयरलाइन्स की उड़ान 814 का अपहरण और कारगिल संघर्ष भारत के साथ प्रत्यक्ष-अप्रत्यक्ष संघर्ष बरकरार रखने की पाकिस्तानी नीतियों के प्रमुख उदाहरण हैं।

जबकि भारत इस विकट स्थिति से दो-चार हो रहा है, अंतराष्ट्रीय समुदाय के बीच अपनी विश्वसनीयता के संदर्भ में पाकिस्तान बहुत खराब प्रदर्शन नहीं कर रहा है। महत्त्वपूर्ण विश्व शक्तियों ने अपने हितों के दायरे में मुशर्रफ सरकार की वैधता को स्वीकार करने, उनसे तालमेल बैठाने का फैसला किया। इस प्रक्रिया को बढ़ावा देने वाले तीन कारक हैं–पाकिस्तान पर मुशर्रफ का वास्तविक नियंत्रण हैं, उन्हें पाकिस्तान के लोगों का समर्थन प्राप्त है और तीसरा, दुनिया मानती है कि आतंकवाद पर अंकुश व अप्रसार के उद्देश्यों को आगे बढ़ाने की दृष्टि से मुशर्रफ के साथ सम्पर्क एवं इस तरह पाकिस्तान सरकार पर प्रभाव बनाए रखना प्रासंगिक होगा। (उन कारकों को छोड़कर बात की जा रही है जो पाकिस्तान को रणनैतिक दृष्टि से महत्त्वपूर्ण और प्रासंगिक बनाते हैं।) जनरल मुशर्रफ ने पश्चिम एशिया और खाड़ी के देशों की यात्रा की है। उनहोंने चीन की यात्रा की और वहां के सर्वोच्च राजनैतिक नेतृत्व के साथ उनकी बैठकें हुईं। कई अमरीकी सांसदों ने पाकिस्तान की यात्रा के दौरान मुशर्रफ से मुलाकात की और इसके बाद प्रशांत क्षेत्र में अमेरिका के मुख्य कमाण्डर एडमिरल ब्लेयर और फिर राष्ट्रपति की यात्राएं हुईं। ब्रिटिश रक्षा प्रमुख जनरल सर चार्ल्स गुथेरी भी पाकिस्तान जा चुके हैं। इन देशों के प्रतिनिधियों की यात्राओं की बौछार को लेकर भारत की उलझनयुक्त और खीजयुक्त जिज्ञासा का जवाब यह मिलता रहा है कि लोकतंत्र बहाली के लिए जनरल मुशर्रफ को कड़े संदेश देने, आतंकवाद से बाज आने और भारत के साथ सामान्य रिश्ते बहाल करने के उद्देश्य को सामने

रखकर ही ये चर्चाएं हुईं। इस बात में संदेह नहीं कि जनरल मुशर्रफ को इस तरह के संदेश दिए गए। हालांकि इन कुटनीतिक कदमों के दो अन्य आयाम भी हैं जो भारत-पाक रिश्तों के संदर्भ में कहीं अधिक प्रासंगिक होंगे। पहला, यदि पाकिस्तान इन दलीलों पर अमल करता है तो उसे क्या मिलेगा। दूसरा, इन संदेशों के बारे में पाकिस्तान की आरंभिक प्रतिक्रिया क्या रही।

मुशर्रफ के विस्तृत साक्षात्कार और उनकी सार्वजनिक उद्घोषणाओं में पाकिस्तान की नीतियों और उसकी प्रतिक्रियाओं के संकेत हैं। जनरल मुशर्रफ को उनकी बातों के आधार पर आकने के लिए किसी को व्याख्या करने की जरूरत नहीं। वह जो कह रहे हैं, उसे समझना और बयानों की जमीनी वास्तविकताओं से तुलना करना ही पर्याप्त होगा। जनरल मुशर्रफ कारगिल में पाकिस्तान के सैनिक अभियान को जायज ठहराते हैं। दलील देते हैं कि कारगिल इसलिए हुआ क्योंकि भारत कश्मीर समस्या पर सार्थक बातचीत करने और इसे केंद्रीय मुद्दा मानने से लगातार इनकार करता रहा है। उनकी टिप्पणियों का आशय यह है कि एक सार्थक बातचीत की परिणति इसमें हो कि भारत कश्मीर मुद्दे का हल पाकिस्तान के संदर्भ तथ्यों के अनुसार ही स्वीकार ले। किसी भी हल के लिए नियंत्रण रेखा के आधार होने को वह खारिज करते हैं। विश्वास बढ़ाने के उपायों के जरिये परस्पर भरोसे का माहौल बनाने के बारे में पूछे जाने पर उनका जवाब था-"जैसा मैंने कहा है, विश्वास बढ़ाने वाले ये उपाय सतही नजर आ रहे हैं क्योंकि एक तरफ हम जहां विश्वास बढ़ाने के उपायों को उभारने की कोशिश कर रहे हैं, हम हॉट लाइन खोल रहे हैं। सैन्य संचालन महानिदेशकों (डीजीएमओ) के बीच हॉट लाइन सम्पर्क मौजूद भी है। मैं खुद डीजीएमओ था और अपने समकक्ष के साथ मेरी बातचीत होती रहती थी, पर ये सब कुछ वास्तव में दिखावा ही था। इनसे कोई प्रयोजन सिद्ध नहीं होता....गड़े मुर्दे उखाड़ने के अलावा इसने शायद ही कभी किसी प्रयोजन को सिद्ध किया हो अथवा किसी मुद्दे को हल करने के लिए किसी निष्कर्ष तक पहुंचाया हो।"

किस निष्कर्ष पर पहुंचा जाए? 1989 में शुरु किए गए, विश्वास बढ़ाने के उपायों को कार्यरूप में लाने की पूरी प्रक्रिया, जो वाजपेयी की लाहौर यात्रा के रूप में अंततः परिलक्षित हुई, जनरल मुशर्रफ की नजर में अप्रासंगिक और दिखावटी हैं। साक्षात्कार में मुशर्रफ ने बड़े बेबाक तरीके से कहा है कि वह न तो लाहौर घोषणापत्र के पक्ष में थे और न ही कारगिल में नियंत्रण रेखा से पाकिस्तानी सेना को हटाने में। जहां तक भारतीय विमान के अपहरण की बात है, वह उस त्रासद और उग्र घटना से पाकिस्तान के किसी जुड़ाव अथवा लिप्तता से पूरी दृढ़ता के साथ इनकार करते हैं। वह कहते हैं-"वे (अपहर्ता) पाकिस्तान

में नहीं। मैं उस बयान का पूरी दृढ़ता के साथ खंडन करता हूं। वे पाकिस्तान में नहीं हैं और यदि कभी भी यहां आए तो उनके खिलाफ सामान्य कानून के तहत मुकदमा चलाया जाएगा। हम अपहरण का कतई समर्थन नहीं करते। हम सभी तरह के आतंकवाद और अपहरण के खिलाफ है।'' जनरल मुशर्रफ ये दावा उन स्पष्ट साक्ष्यों के जवाब में करते हैं कि अपहर्ताओं के साथ-साथ वे आतंकवादी भी जिन्हें भारत ने रिहा किए, कंधार होते हुए बलुचिस्तान में दाखिल हुए। भारत द्वारा रिहा किया गया मुख्य आतंकवादी मसूद अजहर कराची गया और वहां से बहावलपुर, जहां उसने भारत के खिलाफ आतंकवादी अभियान जारी रखने के सार्वजनिक बयान दिए। बहावलपुर में ही उसका निकाह होता है और फिर वह वापस कंधार आता है जहां उसका समारोहपूर्वक स्वागत किया जाता है। अजहर ने भी इस बात की पुष्टि की कि जिन आतंकवादियों ने उसे छुड़ाया, जम्मू-कश्मीर के लिए रवाना हो चुके हैं। उसके भाषणों के कैसेट भाषण के दस दिन के भीतर ही जम्मू-कश्मीर और उत्तरी भारत के अन्य राज्यों में वितरण के लिए उपलब्ध थे। लेकिन जनरल मुशर्रफ कहते हैं कि उन्हें इन घटनाओं की कोई जानकारी नहीं जबकि इन घटनाओं को भारतीय और अंतराष्ट्रीय मीडिया में खासा प्रचार मिला।

पाकिस्तानी समाचारपत्र ''दि नेशन'' को दिए एक अन्य साक्षात्कार में मुशर्रफ ने कहा कि ''यदि भारत नियंत्रण रेखा पार करने की कोशिश करता है तो उसे सबक सिखाया जाएगा।'' फिर कश्मीर में आतंकवाद और हिंसा पर उनकी विचित्र टिप्पणी आती हैं: ''आतंकवाद से जुड़े मुद्दों पर वाशिंगटन ने कोई चेतावनी नहीं दी है। अमरीकियों से बातचीत के दौरान मैंने परस्परता शब्द का इस्तेमाल किया, कश्मीर के मामले में इसी पर अमल होना चाहिए। यदि भारत कश्मीरियों के संघर्ष को खत्म करना चाहता है, तो उसे मानना चाहिए कि कश्मीर एक मुद्दा है और इस मुतल्लिक बातचीत होनी चाहिए। उन्हें (भारत को) अत्याचार बंद करना चाहिए और यदि घाटी में सेना में कमी आती है, तो मैं मुजाहिदीनों से दरख्वास्त करूंगा।'' आतंकवाद से पाकिस्तान के किसी भी तरह के लेने-देने के बारे पहले के तमाम खंडनों के बाद मुशर्रफ का यह कहना आतंकवादियों पर पाकिस्तान के नियंत्रण की अस्वैच्छिक स्वीकृति ही है।

यहां नीतियों से जुड़ी उनकी सार्वजनिक उद्घोषणाओं को ही इंगित किया जा रहा है न कि दृढ़तापूर्वक किए गए उनके दावों को कि नियंत्रण रेखा पर तनाव कायम रहेगा, कि पाकिस्तान मुजाहिदीनों के संघर्ष को समर्थन देना जारी रखेगा, इत्यादि। और उस साक्षात्कार में अंत में उनकी यह अपील कौशलपूर्ण है जिसमें वह कहते हैं–''अमन के लिए मैं भारतीयों से दरख्वास्त करना चाहूंगा

कि यदि आप इसी पर अटके रहेंगे कि कारगिल में मैंने क्या किया और क्या कहा तथा यह अपहरण और वह..... तो आप प्रगति नहीं करने जा रहे।'' पाकिस्तान की घरेलू राजनीतिक संभावनाओं के बारे में भी उनके विचार उतने ही रहस्योद्घाटक हैं। वह मानते हैं कि 1989 से 1999 के बीच पाकिस्तान में लोकतंत्र नहीं था। वह महसूस करते हैं कि वह पाकिस्तानी सेना ही है जो देश में लोकतंत्र लाएगी, लेकिन इसमें वक्त लगेगा। सेना सबसे पहले जांच-पड़ताल करेगी कि वह कौन-सा राजनीतिक ढांचा है जो पाकिस्तान के लोगों के हितों के सर्वाधिक अनुकूल है। और फिर पाकिस्तान के अवाम के हितों के मद्देनजर सेना कुछ संशोधनों के साथ असैनिक शासन की ओर रुख करेगी। और फिर मुशर्रफ की अंत में अपील और उनकी मांग। वह कहते हैं–''मैं इस क्षेत्र में शांति चाहता हूं। मैं चाहता हूं कि यह क्षेत्र आर्थिक दृष्टि से विकास करे, लेकिन इसके लिए उन्हें (भारतीयों को) मेरी बातों के आधार पर ही मुझे तौलना होगा। उन्हें मुझपर इतना भरोसा करना होगा कि मैं जो कुछ भी कह रहा हूं, उसको लेकर वाकई गंभीर हूं और उन्हें मेरे साथ चलना होगा।''

जहां तक भारत-पाकिस्तान रिश्तों की बात है, खुद जनरल की उपरोक्त वर्णित बातों के संदर्भ में उन्हें उनकी बातों के आधार पर तौलना कोई बड़ी बात नहीं। उनका नजरिया है–(क) कश्मीर समस्या का समाधान पाकिस्तान की शर्तों पर ही करना होगा, अन्यथा वह पाकिस्तानी आतंकवाद और छद्म युद्ध को बरकरार रखेंगे। (ख) वह विश्वास बढ़ाने के उपायों तथा विगत राजनीतिक बातचीत को अप्रासंगिक मानते हैं। वह कश्मीर पर नए सिरे से बातचीत चाहते हैं। उनकी भारत नीति आक्रामक सैन्य रुख से समर्थित है। उनकी रणनीति भारत के साथ टकरावपूर्ण रुख बरकरार रखने और अमेरिका तथा पश्चिमी लोकतांत्रिक देशों के खिलाफ सक्रिय आतंकवाद के बारे में अमरीकी मांगों के अनुकूल काम करते रहने की है।

आसन्न भविष्य में पाकिस्तान के साथ तर्कपूर्ण बातचीत की कोई संभावना तो नहीं दिखती, लेकिन उससे बातचीत, चाहे इसकी प्रकृति कैसी भी हो, जनरल मुशर्रफ द्वारा उपरोक्त वर्णित स्पष्ट नीतिगत रुख के अनुकूल ही रहने की संभावना है।

पाकिस्तान से व्यवहार-अत्यधिक दृढ़ता के खतरे

कार्टेजिना में निर्गुट विदेश मंत्रियों की बैठक के बाद मैंने एक वरिष्ठ भाजपा पदाधिकारी से पूछा कि क्या हमारे लिए यह वाकई जरूरी है कि निर्गुट आंदोलन से पाकिस्तान को निष्कासित कराने की कोशिश में बढ़त लें? उनका

जवाब था–"हमें विचारशील और निष्पक्ष होने के नजरिये का त्याग कर देना चाहिए। पाकिस्तान के पैर उखड़ रहे हैं। वह अलग-अलग पड़ गया है; हमें उन पर दबाव बनाए रखना चाहिए। यही वह तरीका है जिससे पाकिस्तान को सीख मिलेगी।"

यद्यपि हमें अपने खिलाफ पाकिस्तानी उद्दंडता को याद रखना चाहिए और हमें पाकिस्तान की ओर से किसी भी व्यवहार्य शत्रुता के प्रति सतर्क रहना चाहिए, लेकिन ऐसा जान पड़ता है कि हाल के समय में पाकिस्तान के प्रति हमारे नीतिगत रुख में एक तरह की अतिरिक्त उत्साह और दृढ़ता आई है। यह रुख ऐसा जान पड़ता है: "वे अभी राजनीतिक दृष्टि से कंगाल जैसी स्थिति में हैं। इसलिए हमें राजनयिक और राजनीतिक दृष्टि से तो कम-से-कम उन्हें खत्म कर ही देना चाहिए।" इस नजरिये को समर्थन देने वाली अतार्किक आत्मतुष्टि से हमें खुद का बचाव करना चाहिए। इस आत्मतुष्टि के तत्व इस सामान्य आकलन में निहित हैं कि अमेरिका के नेतृत्व में अंतरराष्ट्रीय समुदाय फिलहाल भारत के पक्ष में है और भारत को इस माहौल का अधिकतम फायदा उठाते हुए पाकिस्तान को रक्षात्मक रुख अपनाने के लिए मजबूर कर देना चाहिए ताकि भारत-पाक मुद्दो के तार्किक और व्यावहारिक हल पर पाकिस्तान को राजी किया जा सके। इस आकलन और नजरिये के तर्क अधोलिखित कारकों मे निहित हैं–

कारगिल युद्ध के दौरान अत्यधिक दिक्कतों के बाद भी भारतीय सशस्त्र बल पाकिस्तानी सेना पर भारी पड़े; भारत नाभिकीय टकराव टालने में कामयाब रहा; नियंत्रण रेखा पर युद्ध पूर्व की स्थिति बहाल करने के मामले में भारत को अमेरिका का पुरजोर समर्थन; नियंत्रण रेखा तक पाकिस्तानी सेना का लौटना सुनिश्चित करते हुए अमेरिका की घोषणा कि नियंत्रण रेखा की पवित्रता का सम्मान किया जाना चाहिए। कारगिल के मुद्दे पर पाकिस्तान को चीन तथा महत्त्वपूर्ण इस्लामी देशों से समर्थन नहीं मिला। सैनित तख्तापलट के जरिये जनरल परवेज मुशर्रफ द्वारा एक निर्वाचित सरकार को उखाड़ फेंककर पाकिस्तान की सत्ता पर काबिज हो जाने की घटना ने पाकिस्तान को अंतरराष्ट्रीय समुदाय से अलग-थलग कर दिया था। 1999 के उत्तरार्द्ध में राष्ट्रकुल सम्मेलन द्वारा पाकिस्तान को सदस्यता से निलम्बित कर दिया जाना, इसी माहौल की पुष्टि करता है। पाकिस्तान आर्थिक दिक्कतों और अलगाववादी दबावों से जूझ रहा है। भारत, बांग्लादेश और पाकिस्तान की अपनी यात्रा के दौरान राष्ट्रपति क्लिंटन ने पाकिस्तान की कश्मीर नीतियों और तख्तापलट के मुद्दों पर आलोचनात्मक रुख अपनाया। उन्होंने पाकिस्तान में भी बिल्कुल साफ शब्दों मे अपनी सोच का इजहार किया, अपनी चर्चाओं के दौरान और अपने टीवी संबोधन

में भी। हालांकि उनका तरीका जरूर शिष्टतापूर्ण था। आतंकवाद और मादक पदार्थों के मुद्दों पर अंतरराष्ट्रीय समुदाय की मुख्य धारा सोच भारत की नीतियों और नजरियों से मेल खा गई। आतंकवाद और मादक पदार्थों के मुद्दों पर अंतराष्ट्रीय समुदाय इन मुख्य धारागत दिशानिर्देशों ने पाकिस्तान को बचाव की मुद्रा में ला दिया है। जहां पाकिस्तान की सामान्य राजनीतिक विश्वसनीयता का ह्रास हुआ है, भारत की विश्वसनीयता और आर्थिक सम्भावनाओं को लेकर विश्व की प्रमुख शक्तियां और अधिक आश्वस्त होती जा रही हैं। भारत के खिलाफ आक्रामक सोच और गतिविधियां छोड़ने के लिहाज से यही रुख और घटनाएं पाकिस्तान पर दबाव बनाने में उसे एक मजबूत स्थिति में लाती हैं। उपरोक्त तर्क में कुछ हद तक तथ्यात्मक सच्चाई और राजनीतिक वैद्यता है, लेकिन यह उभरती हुई वास्तविकताओं अथवा संभावनाओं को पूर्णतः प्रदर्शित नहीं करता। यह आवश्यक है कि इस बात पर गौर किया जए कि जनरल परवेज मुशर्रफ के नेतृत्व में पाकिस्तान एक खास उद्देश्य के साथ अपनी इस गंभीर स्थिति से कैसे निपट रहा है। अमेरिका और अन्य महत्त्वपूर्ण देशों की नीतियों पर पाकिस्तान की अवधारणाओं और उसकी व्याख्याओं पर भी हमें गौर करना होगा।

उदाहरण के तौर पर नई दिल्ली में तत्कालीन पाकिस्तानी उच्चायुक्त अशरफ जहांगीर काजी ने एक टीवी साक्षात्कार ('टॉक बैक' कार्यक्रम, जिसकी मेजबानी करण थापर ने की) के दौरान कारगिल युद्ध के नतीजे पर बातचीत में मुझसे कहा कि भारतीय भूभाग में जबर्दस्त घुसपैठ से भारतीय सेना को अचम्भित कर और नियंत्रण रेखा के उस पार अपनी नई स्थिति को सुदृढ़ कर पाकिस्तान ने कारगिल युद्ध के दौरान भारत को नीचा दिखाया। श्रीमान काजी ने जोर देकर यहां तक कहा कि अमेरिका के लगातार दबाव के कारण ही पाकिस्तानी सेनाएं पीछे हटीं। उन्होंने यह भी कहा कि कारगिल के बाद जनरल परवेज मुशर्रफ के इन बयानों से कि वह कतई नहीं मानते कि पाकिस्तान के सशस्त्र बलों की हार हुई और यह कि पाकिस्तान जम्मू-कश्मीर में अपनी आक्रामक और विध्वंसात्मक गतिविधियां बरकरार रखेगा, स्थिति साफ हो जाती है।

जहां तक क्लिंटन की यात्रा की बात है, पाकिस्तान ने दृढ़ता के साथ कहा कि भारत के लिए यह कूटनीतिक शिकस्त है क्योंकि भारत सरकार की आपत्तियों के बावजूद क्लिंटन ने इस्लामाबाद की यात्रा की। इस्लामाबाद में क्लिंटन के कम समय के लिए रुकने का भारत की दलीलों से कोई लेना-देना नहीं, वह तो अपने घरेलू मतदाता-वर्ग का ध्यान रख रहे थे। क्लिंटन की परवेज

मुशर्रफ से बातचीत और उनके टीवी संबोधन की भी पाकिस्तान ने इस तरह व्याख्या की कि इससे इस्लामाबाद के साथ निकट संबंध बनाने में अमेरिका की अब भी कायम दिलचस्पी की पुष्टि होती है। क्लिंटन की यात्रा के नाजुक पक्षों और टिप्पणियों को दोस्ती की भावनाओं और पाकिस्तान के लिए चिंताओं के तौर पर पेश किया गया। साथ ही कहा कि क्लिंटन की पाकिस्तानी नेताओं और सार्वजनिक बातचीत की भारत जान-बूझकर अपने मुताबिक व्याख्या कर रहा है।

अभिप्राय यह है कि पाकिस्तान हमारी अवधारणाओं और परिणामित नीतिगत रुखों को लेकर कतई चिंतित नहीं। यह भी गौर करने की बात है कि पाकिस्तान ने खुद को उस विकट स्थिति से निकालने की सुव्यवस्थित उच्चस्तरीय कूटनीतिक पहल की है जो कारगिल की वजह से उतनी नहीं जितनी सैनिक तख्तापलट के कारण पैदा हुई। अमेरिका की इच्छा पाकिस्तान से सार्थक सम्पर्क बनाए रखने की थी, यह बात इस तथ्य से ही साबित हो जाती है कि पाकिस्तानी गृह मंत्री अवकाशप्राप्त ले. जनरल मोइनुद्दीन हैदर की अगवानी के लिए वह राजी हो गया। जनरल हैदर की यात्रा के बाद पाकिस्तानी इंटर-सर्विसेज इंटेलिजेंस के महानिदेशक जनरल महमूद अहमद और फिर जनरल परवेज मुशर्रफ के राजनीतिक सलाहाकार जावेद जब्बार अमेरिका यात्रा पर गए। वाशिंगटन में इन पाकिस्तानी अधिकारियों से हुई बातचीत के बारे में आई खबरे इंगित करती हैं कि सुरक्षा से जुड़े मुद्दों, क्षेत्रीय शांति और स्थिरता, आतंकवाद, मादक पदार्थों वगैरह-वगैरह पर परस्पर विचार-विमर्श और सहयोग की प्रक्रिया में दोनों ही देश शामिल हैं।

हमें ऐसे किसी भी विचार को लेकर यह खुशफहमी नहीं पाल लेनी चाहिए कि अमेरिका और पाकिस्तान के बीच पैदा हुई अच्छी-खासी दूरी, भारत के खिलाफ दुस्साहसिक कदम उठानें की पाकिस्तानी मंशाओं पर प्रतिकूल प्रभाव डालेगी। जनरल परवेज मुशर्रफ ने उन देशों के नेताओं के साथ बेहतर तालमेल के अपने अभियान को जारी रखा जिनसे वह राजनीतिक, सुरक्षा और आर्थिक सहयोग की उम्मीद रखते थे। उन्होंने 1999 के उत्तरार्द्ध में सऊदी अरब और अन्य खाड़ी देशों की यात्राएं कीं। वह ईरान व चीन गए और फिर ब्रुनेई/सिंगापुर, इंडोनेशिया एवं मलेशिया। आम तौर पर अपनी ही सोच में मगन रहने वाले भारतीय मीडिया ने मार्च-अप्रैल में एकतरफा तरीके से यह निष्कर्ष निकाल लिया कि परवेज मुशर्रफ इन देशों ने झिड़की लगाई, लेकिन सच्चाई यह नहीं। जनरल मुशर्रफ का स्वागत आसियान के इन महत्त्वपूर्ण देशों के वरिष्ठ नेताओं ने किया। बेशक इन लोगों ने पाकिस्तान में लोकतंत्र बहाली के महत्त्व पर जोर दिया। लेकिन एक उपयोग जन-संपर्क अभियान के साथ-साथ मुशर्रफ

ने पाकिस्तान और इन देशों के बीच आर्थिक और राजनीतिक सहयोग के रुझानों को मजबूत भी किया। वह फिदेल कास्त्रो द्वारा हवाना में आहूत जी-77 सम्मेलन में गये। रास्ते में वह पेरिस रुके और फ्रांसिसी सरकार के साथ उच्चस्तरीय विचार-विमर्श किया। सभी मोर्चो पर उन्होंने एक मृदु और व्यावहारिक नेता की छवि बनाई।

लौटते समय मुशर्रफ ने मिस्र और लीबिया की यात्रा की और इस तरह उन्होंने इस्लामी देशों के संगठन की सदस्यता के उत्तरी पक्ष को भी छुआ। इसी समय पाकिस्तान के विदेश मंत्री अब्दुल सत्तार ने पाकिस्तान को विश्व चिंता के मुद्दों पर सहयोग तथा दक्षिण एशिया में शांति और स्थिरता के मद्देनजर काम करने के इच्छुक एक जिम्मेदार राष्ट्र के तौर पर पेश करने के जटिल अभियान को शुरु किया। ब्रिटिश समाचार पत्र 'द टेलीग्राफ' में 6 अप्रैल, 2000 को छपे साक्षात्कार में सत्तार ने वादा किया कि पाकिस्तान वैसे संगठनों के खिलाफ कार्रवाई करेगा जो कश्मीर में 'जेहाद' के लिए अपने कार्यकर्त्ताओं को प्रोत्साहित करेंगे और उनकी सरकार हिंसक गतिविधियों में लिप्त 'मदरसों' पर अनुशासनात्मक कार्रवाई करेगी। इस साक्षात्कार के बाद सत्तार ने निर्गुट विदेश मंत्रियों के सम्मेलन के दौरान एक आडंबरपूर्ण राजनयिक पहल की। उन्होंने कहा कि "दक्षिण एशिया खतरनाक टकराव मोल नहीं ले सकता। हमें भारत और पाकिस्तान के बीच पुल बनाने होंगे। बातचीत दो-तरफा प्रक्रिया के तहत होनी होगी और पाकिस्तान बिना किसी पूर्व-शर्त के बातचीत मे शरीक होना चाहता है।"

पाकिस्तान की मौजूदा स्थिति यह है कि यद्यपि उसने कुछ हद तक विश्वसनीयता खोई और वह आर्थिक दिक्कतों में भी है, लेकिन वह अंतरराष्ट्रीय समुदाय में अलग-थलग नहीं पड़ा है। पाकिस्तान ने न केवल इस्लामी संगठन के देशों, चीन और अमेरिका और पश्चिम यूरोप के देशों–जो पाकिस्तान के लिए मायने रखते हैं–से सम्पर्क कायम रखा है बल्कि वह इन देशों को विश्वास और सहयोग फिर हासिल करने के प्रयासों में जुटा है। इस संदर्भ में पाकिस्तान की पहल को इन देशों ने किसी पूर्व शर्त के जरिये परे नहीं खिसकाया। पाकिस्तान के बुनियादी नीतिगत उद्देश्य हैं–लोकतंत्र की पुनर्बहाली को लेकर दुनिया को आश्वस्त करना, एक परिपक्व और जिम्मेदार देश की छवि स्थापित करना; जिसकी मुशर्रफ के नेतृत्व वाली सरकार को पाकिस्तानी जनता का पूरा समर्थन प्राप्त है; यह संकेत देना कि पाकिस्तान अंतरराष्ट्रीय अप्रसार एजेंडे की मुख्यधारा में शामिल होने की इच्छा रखता है लेकिन भारत के बारे में अपने भय के कारण ऐसा नहीं कर पा रहा है; तथा कश्मीर के बारे यह बताना कि जैसे ही भारत

तैयार हो जाता है, वह बिना शर्त बातचीत में शरीक होने की इच्छा रखता है। यह उम्मीद करना तर्कसंगत होगा कि इन लक्ष्यों के ढांचे में उठाए गए पाकिस्तानी कदमों को अंतराष्ट्रीय समुदाय में सफलता मिलेगी। हमें यह अवश्य ध्यान रखना चाहिए कि अंतरराष्ट्रीय समुदाय ने कारगिल, आतंकवाद और ऐसे ही विशिष्ट मुद्दों पर भारत का समर्थन किया है, न कि भारत–पाक रिश्तों को प्रभावित करने वाले स्थायी मुद्दों पर। पाकिस्तान को नीचा दिखाने और इसे अलग–थलग करने के बारे में आत्ममुग्ध होने की जड़ में यह एकपक्षीय अवधारणा है कि हमें अंतराष्ट्रीय समर्थन प्राप्त है, पर यह वैध नहीं। बुनियादी स्तर पर एक पड़ोसी के रूप में हम पाकिस्तान को दरकिनार नहीं कर सकते। अपने हितों के प्रति दृढ और पाकिस्तानी चालबाजी के प्रति सावधान और निर्णायक होते हुए हमारा मूल नजरिया बिना किसी अव्यावहारिक पूर्व शर्तों के बातचीत के जरिये सामान्य स्थिति बहाल करने की होनी चाहिए।

पाकिस्तान से बातचीत की शुरूआत

लगभग दो वर्षों से भारत–पाकिस्तान रिश्ते परस्पर विरोधी उत्साहहीनता में हैं। रिश्तों को न्यूनतम सामान्य बनाने के लिए सरकारी स्तर पर कोई प्रत्यक्ष बातचीत नहीं है, लेकिन जम्मू–कश्मीर और बाहरी प्रवृत्ति व आकलन के संदर्भों में महत्त्वपूर्ण घटनाएं हुई हैं और इन पर गौर करना चाहिए। भारत–पाक रिश्तों को सुधारने में अपरिवर्तनशील कठोर रवैया केवल कुछ–हद तक ही भारतीय हितों की पूर्ति कर सकता। पाकिस्तान प्रायोजित आतंकवाद में पाक भूमिका का निर्णायक तरीके से विरोध करने की इच्छाशक्ति के कारण दीर्घकालिक हितों की रक्षा के लिए रणनीतिक राजनीतिक पहल की हमारी क्षमता प्रभावित नहीं होनी चाहिए। पाकिस्तान के साथ सामान्य, सहयोगपूर्ण रिश्तों की बहाली भारत के दीर्घकालिक हितों का एक महत्त्वपूर्ण अवयव है। हाल की आंतरिक और बाहरी घटनाओं के परिप्रेक्ष्य में हमें अपनी इस मौजूदा नीतिगत रूख की समीक्षा करनी चाहिए कि जब तक पाकिस्तान जम्मू–कश्मीर में हस्तक्षेपपूर्ण आतंकवादी हिंसा नहीं रोकता, बातचीत शुरू नहीं करनी है।

निर्वतमान क्लिंटन प्रशासन में राष्ट्रीय सुरक्षा सलाहकार सैंडी बर्गर ने अक्तूबर, 2000 के उत्तरार्द्ध में जॉर्ज टाऊन विश्वविद्यालय में दिए भाषण में जोर देकर कहा कि 1999 में भारत–पाकिस्तान के बीच नाभिकीय टकराव अवश्यम्भावी था और मामले में राष्ट्रपति क्लिंटन के सीधे हस्तक्षेप से ही भारत और पाकिस्तान को उस हद तक जाने से रोका जा सका। दक्षिण एशियाई मामलों से सम्बद्ध सहायक विदेश मंत्री कार्ल इंडरफर्थ ने अक्तूबर के अंतिम सप्ताह और

नवम्बर के प्रथम सप्ताह के दौरान अमेरिका में शैक्षणिक और सार्वजनिक सभाओं को सम्बोधित करते हुए स्पष्ट किया कि अमेरिका की दक्षिण एशियाई नीतियों में सूक्ष्म अर्थभेद है। उन्होंने जोर देकर कहा कि इस आम अवधारणा कि कारगिल संघर्ष के बाद अमेरिका भारत समर्थक और पाकिस्तान के प्रति वैरपूर्ण हो गया है, कि कोई वैद्यता नहीं है। उन्होंने साफ तौर पर कहा कि अमरीकी हितों के दायरे तथा एकीकार होते अमेरिका-पाक हितों के अनुसार ही अमेरिका भारत और पाकिस्तान को पृथक तौर पर लेता है। इंडरफर्थ ने विस्तार में जाते हुए कहा कि कुल मिलाकर दक्षिण एशिया के बारे में अमेरिका की सामान्य सी नीति है जिसका लक्ष्य क्षेत्र में शान्ति और स्थिरता सुनिश्चित करना, भारत व पाकिस्तान के नाभिकीय अस्त्र संपन्न होने को देखते हुए उनमें विवाद और संघर्ष टालना और सहयोग का माहौल बनाना जिससे दक्षिण एशिया के देशों के आर्थिक विकास और स्थिरता को बढ़ावा मिले। उन्होंने दृढ़तापूर्वक कहा कि भारत-पाकिस्तान रिश्तों को प्रभावित करने वाले मुद्दों पर दोनों देशों के बीच बातचीत शुरू करने की अमेरिका बड़ी मजबूती के साथ वकालत करता है। उन्होंने कहा, कश्मीर अब भी सर्वाधिक महत्त्वपूर्ण है और उसकी उपेक्षा नहीं की जा सकती। यह देखते हुए कि ये विचार निर्वतमान क्लिंटन प्रशासन के वरिष्ठ प्रतिनिधियों ने व्यक्त किए हैं; अब सवाल इन आकलनों की प्रासंगिकता और उन नीतिगत झुकावों का है जिनके अमेरिका की आगामी सरकारों के दौरान बने रहने की संभावना है। हमें एक अन्य प्रश्न पर विचार करना चाहिए कि भारत-पाकिस्तान रिश्तों के सन्दर्भ में अमरीकी दृष्टिकोण और नीतियों की भारत को आखिर क्यों परवाह करनी चाहिए क्योंकि ये तो अनिवार्य रूप से भारत के राष्ट्रीय हित का मसला है। इनके ऊत्तर कुछ यूं हैं, जिसकी वैद्यता पर सवाल नहीं उठाये जा सकते।

भारत-पाकिस्तान रिश्तों को लेकर अमरीकी अवधारणाओं और नीतियों में निरंतरता बनी रहेगी। भारत-पाकिस्तान रिश्तों के संदर्भ में अमरीकी नीतियों का अहम अवयव है भारत और पाकिस्तान में टकराव-संभावित तनावपूर्ण संबंध जिसका दक्षिण एशिया की शांति और स्थिरता पर प्रतिकूल प्रभाव पड़ेगा और इससे तनाव बढ़ेगा जैसा कि अमेरिका को मध्य-पूर्व और अफगानिस्तान में झेलना पड़ रहा है। ऐसी अस्थिरता का असर खाड़ी क्षेत्र की सुरक्षा और इसकी दोनों तरफ से गुजरने वाले उन व्यापार मार्गों पर भी, जिनसे अमेरिका के महत्त्वपूर्ण हित जुड़े हैं, असर पड़ेगा। भारत-पाकिस्तान टकराव अपने दायरे में धार्मिक अतिवाद, आतंकवाद और मादक पदार्थों से जुड़े अपराधों को भी ले लेता है। जम्मू-कश्मीर और भारत-पाक संबंधों को प्रभावित करने वाले विस्फोटक

एतिहासिक और भावनात्मक आवेगों को देखते हुए भारत और पाकिस्तान का नाभिकीय सशस्त्रीकरण एक अत्यधिक खतरनाक तत्त्व है। इसलिए भारत और पाकिस्तान में बातचीत फिर शुरू करने को अमेरिका अपनी दक्षिण एशियाई नीतियों के अनिवार्य लक्ष्य के तौर पर महत्त्व देता है। अमेरिका इस निष्कर्ष पर पहुंच चुका है कि जम्मू–कश्मीर में नियंत्रण रेखा आधारित कोई भी बदलाव दोनों देशों में तनाव और सैनिक टकराव को बढ़ावा देगा। इसलिए नियंत्रण रेखा की पवित्रता बनाए रखने के भारतीय रुख का अमेरिका समर्थन करता है। यद्यपि इसकी व्याख्या इस तरह नहीं की जानी चाहिए कि जम्मू–कश्मीर से सम्बद्ध बुनियादी और समग्र मुद्दों पर अमेरिका, भारत के रुख का समर्थन करता है। अमेरिका कश्मीर को भारत और पाकिस्तान के बीच एक विवादित मुद्दा मानता है जिसका समाधान द्विपक्षीय तौर पर करना होगा। इसके साथ ही अमेरिका का मानना है कि कश्मीर समस्या के किसी भी दल के लिए जम्मू–कश्मीर के लोगों के हितों और उनकी आकांक्षाओं पर ध्यान देना जरूरी है, जो नियंत्रण रेखा की दोनों तरफ रहते हैं। इस नीतिगत नजरिये में आगे भी निरंतरता रहेगी। भारत–पाक रिश्तों पर अमरीकी राजनीतिक क्रियाशीलता का स्तर इस पर निर्भर करेगा कि उस समय भारत–पाक रिश्तों की गंभीरता का स्तर क्या है। यह उतना ही जरूरी है कि भारत के चंद घटनाक्रमों तथा औपचारिक सरकारी सम्पर्कों के ढांचे के बाहर भारत और पाकिस्तान में संवाद के कुछ पहलुओं की समीक्षा की जाए। भारत में जम्मू एवं कश्मीर को और अधिक स्वायत्तता प्रदान कर राजनीतिक समझौते पर चर्चा का स्वरूप जीवन्त और सारभूत हो गया है। जम्मू–कश्मीर में दो सर्वाधिक महत्त्वपूर्ण परस्पर विरोधी राजनीतिक समूह, हुर्रियत कान्फ्रेन्स और हिजबुल मुजाहिदीन इस मत पर आए जान पड़ते हैं कि उन्हें भारत सरकार के साथ बातचीत में शामिल होना चाहिए। हुर्रियत नेतृत्व के साथ–साथ हिजबुल मुजाहिदीन का एक प्रमुख धड़ा प्रथम चरण की वार्ता के तहत पाकिस्तान की मौजूदगी पर बगैर जोर दिए भारत सरकार से बातचीत करने को इच्छुक प्रतीत होता है। वार्ता में पाकिस्तान की मौजूदगी की शर्त के उनके पूर्व रवैये में आया बदलाव संभवतः तीन कारकों का परिणाम है; राजनीतिक यथार्थ, घाटी में लम्बे समय से हिंसा और व्यथा से जम्मू एवं कश्मीर के लोगों को ऊब जाना और बातचीत की आवश्यकता इंगित करती अंर्तराष्ट्रीय प्रवृत्ति व दबाव। इसके साथ ही इस बात का अहसास होना चाहिए कि कश्मीरी बागी गुटों और भारत सरकार के बीच किसी भी पृथक बातचीत को लेकर पाकिस्तान हठी बना रहेगा। लेकिन यदि प्रमुख कश्मीरी बागी गुट आरम्भिक चरणों में पाकिस्तानी मौजूदगी के बिना भारत सरकार से बातचीत शुरू करने पर राजी हो जाते हैं तो पाकिस्तान के लिए अपने इस नकरात्मक रवैये पर टिके रह पाना मुश्किल हो

सकता है। ऐसी खबरें हैं कि अमेरिका पाकिस्तान को सलाह दे रहा है कि जम्मू-कश्मीर के बागी गुटों और भारत सरकार के बीच बातचीत शुरू करने में वह आड़े न आए। यह मान लेना तर्कसंगत होगा कि इस सलाह का पाकिस्तान सरकारा पर असर पड़ेगा। हालांकि इस बात की कोई गारंटी नहीं कि पाकिस्तान में स्थित और अफगानिस्तान से आने वाले भाड़े के आतंकवादी गुट भी इस सलाह को मानेंगे।

मुशर्रफ सरकार ने यह चतुर सार्वजनिक रवैया अख्तियार कर रखा है कि कश्मीर दोनों देशों के बीच केंद्रीय मुद्दा है और वह बगैर किसी पूर्व शर्त के भारत के साथ कहीं भी किसी भी समय बातचीत शुरू करने की इच्छुक है। और सबसे महत्त्वपूर्ण बात यह है कि वह जम्मू-कश्मीर में हस्तक्षेपपूर्ण आतंकवाद को समर्थन देना बंद करने का वादा भी नहीं करती। यहीं पर उस दूसरे सवाल का जवाब मौजूद है कि भारत द्वारा अमरीकी प्रतिक्रियाओं पर ध्यान देने की आखिर क्या प्रासंगिकता है। इसका सीधा जवाब यह है कि भारत से रिश्तों को सामान्य बनाने के रास्ते पर बढ़ने के लिए पाकिस्तान पर दबाव डालने की अमेरिका में क्षमता अब भी मौजूद है। दूसरा, दुनिया की प्रमुख शक्तियों, वस्तुतः अंतर्राष्ट्रीय समुदाय में अधिसंख्य देशों का रुख अमरीकी आकलन व अमरीकी नीतिगत झुकावों से प्रभावित होगा। इसलिए भारत-पाक विवाद पर अंतर्राष्ट्रीय समुदाय की सोच आधारित व्यापक रणनीतिक और सुरक्षा संबंधी दुविधाओं को ध्यान में रखते हुए भारत को अंतर्राष्ट्रीय समुदाय की प्रतिक्रियाओं का पूर्वानुमान करना होगा और तदनरूप नीतिगत रुख तैयार करना होगा जिससे भारतीय चिन्ताओं और भारतीय हितों के लिए अमेरिका के नेतृत्व में अंतर्राष्ट्रीय समुदाय का औपचारिक समर्थन सुनिश्चित किया जा सके।

जबकि भारत सरकार और पाकिस्तान के बीच दूरी बरकरार है, दोनों देशों में गैर-सरकारी सम्पर्को ने कुछ सक्रिय अक्तो बनाए रखा है। महिला संगठनों, मानवाधिकारों से सम्बद्ध गैर-सरकारी संगठनों, बुद्धिजीवियों के प्रतिनिधिमण्डल लगातार आते-जाते रहे हैं। इन प्रतिनिधिमण्डलों में पत्रकार और भारत-पाक रिश्तों से दो-चार हो चुके पूर्व राजनयिक भी शामिल हैं और यहाँ तक कि के पूर्व सैनिक कमाण्डर भी। उनका उद्देश्य यह पता लगाना रहा है कि क्या कारगिल संघर्ष के कारण हुए विपणन को हटाया जा सकता है और क्या किसी तरह की बातचीत शुरू हो सकती है? यह स्पष्ट है कि इस तरह के आदान-प्रदान को दोनों ही देशों की सरकारों की मोटे तौर पर स्वीकृति मिलती रही थी और मिल रही है, भले ही एक मंशा अलग और एक-दूसरे की विरोधाभासी रही हो। इन घटनाक्रमों से यही निष्कर्ष निकाला जा सकता है कि बातचीत फिर शुरू करने

के लिए, चाहे वह कितनी ही अनिश्चित और मुश्किल क्यों न हो, दोनों ही देशों और जम्मू व कश्मीर में भी एक गहरा पैठा नजरिया है।

इसलिए इस परिप्रेक्ष्य में भारत के लिए अपने इस नीतिगत रुख की पुनः समीक्षा करने की जरूरत है कि वह पाकिस्तान से बातचीत के लिए तब तक राजी नहीं हो सकता जब तक कि जम्मू-कश्मीर में पाक समर्थित आतंकवादी हस्तक्षेप पूरी तरह बंद नहीं होता। पिछले दशक के दौरान पाकिस्तान से बातचीत, और खास तौर पर कारगिल के अनुभव के बाद वास्तविकता की कसौटी पर भारत का रुख मानक व्यवहार के स्तरों पर तो तर्कसंगत और वैद्य है। लेकिन तब लचीलापन भी जरूरी है जो उभरती राजनीतिक वास्तविकताओं के अनुकूल क्रिया को बढ़ावा दे। जम्मू-कश्मीर के बागी गुटों से भारत सरकार द्वारा बिना किसी राजनीतिक पूर्व-शर्त बातचीत की इच्छा जताने में इसी लचीलेपन के प्रति झुकाव प्रदर्शित होता है। अन्य वास्तविकताएं जिनका हमारी नीतियों पर प्रभाव पड़ना चाहिए हैं; यदि पाकिस्तान सरकार अपनी भौगोलिक सीमाओं के भीतर से संचालन कर रहे आतंकवादियों को समर्थन बंद करने का फैसला लेती है तो भी ये आतंकवादी गुट कम-से-कम आने वाले कुछ समय के लिए जम्मू-कश्मीर में अपनी गतिविधियां जारी रख सकते हैं; और क्या पाकिस्तान से बातचीत को इन भाड़े के आतंकवादियों और धार्मिक कट्टरपंथियों के गुटों के हाथ बंधक बनने दिया जाए? जम्मू-कश्मीर के बागी गुटों के साथ किया गया कोई भी राजनीतिक समझौता तब तक स्थायी नहीं हो सकता जब तक इस पर भारत और पाकिस्तान के बीच पृथक बातचीत न हो और इन संभावित समझौतों पर उसकी रजामंदी न हो। तीसरा, भारत और पाकिस्तान की नाभिकीय अस्त्र और प्रक्षेपास्त्र क्षमताओं के आलोक में दोनों देशों के बीच रणनीतिक संयम सुनिश्चित करने के लिए परस्पर विश्वास बढ़ाने के कदमों पर चर्चा की अत्यधिक आवश्यकता है, वाजपेयी और नवाज शरीफ की लाहौर बैठक में इस जरूरत को महसूस भी किया गया था। पाकिस्तान के साथ बातचीत शुरू नहीं करने से वहां सैनिक तानाशाही ही मजबूत होगा और खिंचेगा क्योंकि पाक सैनिक प्रतिष्ठान को भारत द्वारा बातचीत से इन्कार कर देने से सत्ता में बने रहने की वैधानिकता मिल जाएगी ताकि भारत से पैदा होने वाले राजनीतिक व सैनिक खतरे से निपटा जा सके।

कारगिल संघर्ष के दौरान भारत की विवेकपूर्ण और परिपक्व प्रतिक्रिया के कारण अंतर्राष्ट्रीय समुदाय समर्थित महत्त्वपूर्ण विश्व शक्तियां भी एक सहज सहयोगात्मक रुख से पीछे हट जाएंगी। और एक समय के बाद बातचीत शुरू करने से इन्कार को भारत के हठी और अतार्किक होने के तौर पर लिया जाएगा। हमारी इस दलील को कि हम किसी सैनिक तानाशाही, खास तौर पर ऐसे

सैनिक नेता से कोई व्यवहार नहीं करेंगे, एक सीमित अवधि के लिए स्वीकार्यता मिल सकती है। यथार्थपरक राजनीति का तकाजा है कि पाकिस्तान में जो भी सरकार प्रभावी रूप से सत्ता में हो, उसी से व्यवहार किया जाए। मौजूदा अवरोधों और गतिरोधों को दूर करने की जरूरत है। यदि पाकिस्तान सरकार को यह सार्वजनिक घोषणा करने को बाध्य किया जाएकि वह परस्पर स्वीकार्य स्तर पर दिल्ली अथवा इस्लामाबाद में बातचीत शुरू करना चाहती है, और एक नीति के तौर पर पाकिस्तान किसी भी धड़े की ओर से जम्मू-कश्मीर में आतंकवादी हिंसा का समर्थन नहीं करेगा-भारत के लिए बातचीत शुरू करने का मौका बन सकता है।

यही वह समय है जब दोनों देश अपनी संकीर्ण घृणायुक्त शत्रुता को छोड़कर वापस बातचीत की मेज पर आएं। कश्मीर को केन्द्रीय मुद्दा बताए जाने पर हमारा रक्त-चाप नहीं बढ़ना चाहिए। हमें पूरी दृढ़ता के साथ कहना चाहिए कि हमारी सुरक्षा, एकता और क्षेत्रीय अखण्डता की दृष्टि से यह हमारे लिए भी उतना ही केन्द्रीय मुद्दा है। हमें यह भी बताना चाहिए कि जब भी बात शुरू होगी, हमारे स्थायित्व व एकता को छिन्न-भिन्न करने के लिए परोक्ष हिंसा के इस्तेमाल का मुद्दा एजेंडे में ऊपर होगा।

पाक की पुनर्यात्रा-स्थिति और सम्भावनाएं

हाल ही में, जनवरी 2001 में, नाभिकीय जोखिम घटाने पर 'दिल्ली पॉलिसी ग्रुप' और 'इस्लामाबाद पॉलिसी रिसर्च इंस्टीट्यूट' की बैठक में भाग लेने में पाकिस्तान गया। यह एक गैरसरकारी प्रयास था। हालांकि दोनों ही ओर से सम्मेलन में भाग लेने वाले पूर्व राजनयिक तथा सरकारी व सैनिक अधिकारी थे। हमें इस्लामाबाद स्थित कायदे आजम विश्वविद्यालय के रक्षा अध्ययन विभाग, पाकिस्तान रणनीतिक अध्ययन संस्थान तथा पाकिस्तान विदेश सेवा अकादमी में बोलने के लिए आमंत्रित किया गया। हमारे दल का नेतृत्व चीन, अमेरिका और पाकिस्तान में भारत के राजदूत रह चुके के. एस. वाजपेयी कर रहे थे। दल के अन्य सदस्यों में थे हमारी सेना के सैन्य संचालन महानिदेशक, भारत के नौसैनिक संचालन के पूर्व उप प्रमुख रीयर एडमिरल के राजा मेनन, हमारी वायु सेना के पूर्व प्रमुख एयर चीफ मार्शल एस. के. मेहरा, जवाहरलाल नेहरू विश्वविद्यालय में निशस्त्रीकरण विभाग में प्रोफेसर प्रो. माटिन जुबेरी और मैं।

पाकिस्तान में हमारे विचार-विमर्श का मूल मकसद यह था कि इस्लामाबाद पॉलिसी रिसर्च इंस्टीट्यूट (पाकिस्तान सरकार और उसकी सशस्त्र सेनाओं द्वारा

समर्थित थिंक-टैंक) के सदस्यों के साथ उन उपायों पर परस्पर विचारों का आदान-प्रदान किया जाए, जिनसे भारत और पाकिस्तान दोनों देशों के बीच नाभिकीय टकराव के खतरे को कम किया जा सके। उपरोक्त अन्य संस्थानों में आयोजित लेक्चर और गोष्ठियां भी इसी से सम्बद्ध विशिष्ट मुद्दों पर केन्द्रित थी। हमारे प्रतिनिधिमंडल को कायदे आजम विश्वविद्यालय में-अफगानिस्तान की घटनाओं, पाकिस्तान रणनीतिक अध्ययन संस्थान में-सीमा पार आतंकवाद और अन्तर्राष्ट्रीय आतंकवाद तथा पाकिस्तान विदेश सेवा अकादमी में-पिछले पचास सालों के दौरान अपनी-अपनी राष्ट्र-निर्माण गतिविधियों के मामले में पाकिस्तान और भारत के तुलनात्मक अनुभव पर परस्पर विचारों का आदान-प्रदान करना था।

यह यात्रा मेरे लिए दिलचस्प थी क्योंकि सात साल के अंतराल के बाद मैं इस्लामाबाद जा रहा था। मेरी पिछली यात्रा 1994 में जनवरी के प्रथम सप्ताह में भारतीय विदेश सचिव के तौर पर हुई थी, बतौर प्रधानमंत्री बेनजीर भुट्टो के अंतिम कार्यकाल के दौरान। मुझमें इस बात को लेकर जिज्ञासा थी कि पाकिस्तान की विश्व सोच और भारत के बारे में उसकी अवधारणाओं में कोई बदलाव आया है या नहीं। बदलाव और रूपान्तरण जरूर था, लेकिन मैं दुखी और चिन्तित लौटा। मुझे अपनी यात्रा के समीक्षा-विवरण की भूमिका में यह जोड़ना चाहिए कि मेरे आकलन पाकिस्तानी जनमत अथवा नागरिक समाज के सभी हिस्सों में उपयुक्तता की दृष्टि से पूर्णतः सही नहीं भी हो सकते हैं। ये आकलन पाकिस्तान सरकार, शिक्षाविदों और थिंक टैंक के उन तबकों के विचारों और परिणामित अवधारणाओं पर आधारित है, जिनसे बातचीत हुई। मैं इस बात का अवश्य जिक्र करना चाहूंगा कि सम्मेलनों और विचार-गोष्ठियों में भाग लेने के अलावा दिल्ली पॉलिसी ग्रुप से हमारे शिष्टमंडल से पाकिस्तान के विदेश मंत्री अब्दुस सत्तार और विदेश सचिव इनामुल हक ने मुलाकात की और 13 जनवरी, 2001 को हमने उनके साथ लगभग तीन घंटे बिताए। इस मुलाकात के पहले पाकिस्तानी विदेश विभाग के बहुपक्षीय मामलों के प्रभारी, अतिरिक्त सचिव श्री रियाज हुसैन से एक घंटे की बातचीत हुई। श्री हुसैन द्वारा हमें आवश्यक जानकारी देने की वजह यह थी कि वह पाकिस्तानी विदेश विभाग में अप्रसार मामलों के प्रभारी थे।

नाभिकीय खतरों की रोकथाम पर इस्लामाबाद पॉलिसी रिसर्च इंस्टीट्यूट के साथ दिल्ली पॉलिसी ग्रुप की तकनीकी बातचीत का स्वागत करते हुए भी श्री हुसैन ने इस बात पर जोर दिया कि परस्पर नाभिकीय निषेध तभी संभव है जब भारत और पाकिस्तान के बीच मौजूद तनाव का मूल मसला-कश्मीर

समस्या-हल हो जाए। उन्होंने इस बात पर जोर दिया कि क्षेत्रीय सुरक्षा को प्रभावित करने वाले एक अलग मुद्दे के रूप में नाभिकीय खतरे की रोकथाम पर एकांगी भाव से विचार नहीं किया जा सकता है। उन्होंने स्पष्ट कहा है कि जब तक जम्मू और कश्मीर के लोगों के आत्मनिर्णय के हक के आधार पर कश्मीर समस्या का समाधान नहीं होता, तब तक परस्पर विश्वास का वह आवश्यक वातावरण नहीं बनाया जा सकता जिसमें पाकिस्तान नाभिकीय मसले पर परस्पर विश्वास बढ़ाने के उपायों को स्वीकृति दे सके। जब भारतीय पक्ष से यह तर्क दिया गया कि नाभिकीय टकराव और युद्ध पाकिस्तान के नजरिए से क्षेत्रीय विवाद समझे जाने वाले कश्मीर मसले से कहीं अधिक खतरनाक है, तो रियाज हुसैन हिन्दी में बहुरंगी उपमा पेश करने लगे। उन्होंने कहा कि भारत और पाकिस्तान, दोनों ही यह बात जानते हैं कि परस्पर शांति के कुएं का जल गन्दा और विषाक्त हो गया है। सिर्फ गंदे पानी को निकाल फेंकने से कुआं साफ नहीं हो पाएगा, क्योंकि पानी के गन्दे और विषाक्त होने की वजह यह है कि कुएं के अन्दर एक मरा हुआ कुत्ता पड़ा है और वह मरा हुआ कुत्ता है कश्मीर समस्या। जब तक हम इस कुत्ते को बाहर नहीं निकालेंगे तब तक कुएं से ताजा पानी प्राप्त करने की आशा व्यर्थ है। भारतीय पक्ष इस अजीबोगरीब उपमा के जवाब में यह कह सकता था कि पाकिस्तान ने ही इस कुत्ते को मार कर कुए में डाला है-जब उसने 1948 में कश्मीर पर आक्रमण किया था। पर हमने संयम बरता क्योंकि इस बहस का कोई अन्त नहीं था। पाकिस्तान के विदेश विभाग द्वारा हमें जो कुछ समझाया गया, उससे एक सारपूर्ण राजनीतिक विचार उभर कर आया कि पाकिस्तान का यह मानना है कि नाभिकीय खतरे की रोकथाम मूलभूत रूप से कश्मीर को लेकर इसके दृष्टिकोणों से जुड़ी है, इस तरह इस बात की पुष्टि होती है कि पाकिस्तान का नाभिकीय अस्त्रीकरण का एक तरह से इसकी कश्मीर नीतियों को आगे बढ़ाने का एक साधन है। इस्लामाबाद पॉलिसी रिसर्च इंस्टीट्यूट के साथ नाभिकीय मामलों पर पूरे दिन चली बहस की खासियत यह थी कि भारतीय और पाकिस्तानी शिष्टमंडलों के दृष्टिकोणों में अन्तर था। भारतीय पक्ष ने नाभिकीय संकट के रोकथाम के तीन पहलुओं पर सरंचित और लिखित प्रपत्र पेश किए। पहला था राजनीतिक और रणनीतिक परिप्रेक्ष्य पर, जिसमें भारत-पाकिस्तान के बीच विश्वास बढ़ाने के उपाय, 1989 से अब तक, उभर कर आए हैं। दूसरा प्रपत्र उन सम्भावित तकनीकी प्रस्तावों और पैमानों पर था, जिसे दोनों ही पक्ष नाभिकीय टकराव और दुर्घटनावश होने वाले नाभिकीय टकराव की आशंका को कम करने के लिए अपना सकते थे। तीसरा इस बात पर आधारित था कि क्या भारतीय नाभिकीय सिद्धान्त और पाकिस्तानी नाभिकीय सिद्धान्त के बीच की विसंगतियों में मेल हो सकता है, जबकि पाकिस्तानी

सिद्धान्त में 'पहले वार' करने का विकल्प रखा गया है और भारतीय सिद्धान्त में अपने नाभिकीय हथियारों के 'पहले-इस्तेमाल नहीं' करने की बात मानी गई है। भारतीय पत्र और भारतीय प्रस्तुति इसी विशिष्ट मसले पर केन्द्रित थे, जिसके लिए सम्मेलन का आयोजन हुआ था। इसके विपरीत, पाकिस्तानी शिष्टमंडल ने किसी भी लिखित प्रपत्र को पेश करने से परहेज किया था। यह जिक्र करना उपयुक्त होगा कि भारतीय शिष्टमंडल की तरह पाकिस्तानी शिष्टमंडल में भी पूर्व विदेश सचिव, अवकाशप्राप्त सैन्य अधिकारी और शिक्षाविद् मौजूद थे। एक तरफ जहां भारतीय नजरिया तकनीकी और विषय-केन्द्रित था, वहीं पाकिस्तानी शिष्टमंडल की प्रस्तुति में पाकिस्तानी नजरिये से व्यापक राजनीतिक परिप्रेक्ष्य को रखा गया था। गौर करने लायक दिलचस्प बात यह थी कि इन बौद्धिक संवादों में पाकिस्तानी पक्ष ने उस रुख को प्रतिबिम्बित किया था जिसका खाका विदेश मंत्रालय द्वारा पहले ही हमें बताया जा चुका था। उन्होंने इस बात की पुरजोर से वकालत की कि नाभिकीय खतरे की रोकथाम पाकिस्तानी सन्दर्भ सूत्रों के ढांचे के तहत कश्मीर मसले के समाधान के साथ मूलभूत रूप से जुड़ी है और इसी पर निर्भर करती है।

यहां तक कि तकनीकी पहलुओं को उठाते समय भी पाकिस्तानी शिष्टमंडल ने इस बात पर जोर दिया कि भारत का 'पहले-इस्तेमाल-नहीं' सिद्धान्त और 'पहले आक्रमण' के विकल्प से इसका परे रहना कोई मायने नहीं रखता, क्योंकि पाकिस्तान द्वारा किया 'पहला वार' दूसरे नाभिकीय वार करने की भारतीय क्षमता को शायद समूल नष्ट कर दे। वैकल्पिक रूप से, भारत का 'पहले-इस्तेमाल-नहीं' नजरिया एक जन-सम्पर्क अभ्यास है और एक विवादास्पद स्थिति में भारत को पहला वार करने से रोकने वाली कोई बात नजर नहीं आती है। पाकिस्तान ने पुराना राग ही अलापा कि उसका नाभिकीय अस्त्रीकरण भारत के नाभिकीय हथियार और प्रक्षेपास्त्र क्षमता के जवाब में वजूद में आया था और यह पाकिस्तान की सुरक्षा, कश्मीर विवाद के संबंध में भी, सुनिश्चित करने के लिए आवश्यक उपाय था। पाकिस्तान भारत द्वारा नाभिकीय खतरे की रोकथाम पर प्रस्तुत विश्वास बढ़ाने के उपायों की तकनीकी व्यावहारिकता की जांच करने के लिए इच्छुक नहीं था।

दूसरे शैक्षणिक संस्थानों में की गई बैठकों ने, जिनका जिक्र इस अध्याय के आरम्भ में किया गया है, चीजें और भी ज्यादा खुल कर सामने आईं। अफगानिस्तान की गतिविधियों और भारतीय उपमहाद्वीप और मध्य एशिया पर इसके कारण जो कुछ भी घटा, उस पर होने वाली बहसों में पाकिस्तानी शिक्षाविदों ने पुरजोर ढंग से तालिबान के उद्देश्यों और नीतियों को न्यायसंगत

ठहराया। भारत की तालिबान द्वारा जम्मू और कश्मीर और मध्य एशियाई गणतान्त्रिक देशों में सीमा-पार आतंकवाद को बढ़ावा देने या कुचक्र रचने की आशंका को इस तर्क के साथ खारिज कर दिया गया कि तालिबान ऐसी गतिविधियों में शामिल नहीं है। यह कोरा खंडन मात्र था। जहां तक तालिबान की उग्रवादी घरेलू नीतियों, मानवाधिकार हनन और खासकर अफगानिस्तान के अन्दर औरतों का सवाल है, पाकिस्तान का यह मानना था कि बाहर हो रही आलोचना गलत सूचनाओं और जानबूझ कर की गई गलत प्रस्तुति पर आधारित है। यह जान कर कि ये विचार उन पाकिस्तानी शिक्षाविदों द्वारा प्रकट किए गए थे, जिनके सम्पर्क विदेशी विश्वविद्यालयों और मीडिया से रहे हैं, किसी को भी उनकी विचार धारा को प्रभावित करने वाली उन संकीर्ण मान्यताओं की प्रबलता के प्रति आश्चर्य हो सकता है।

इंस्टीट्यूट ऑफ स्ट्रैटीजिक स्टडीज में हुए विचार-विमर्श का विषय था, क्षेत्रीय सौहार्द पर धार्मिक उग्रवाद और सीमा-पार आतंकवाद का प्रभाव। इस घटना पर निष्पक्ष और वस्तुनिष्ठ बहस के बजाय इस संस्थान के शिक्षाविद् विस्तृत रूप से इस दलील के साथ आगे बढ़े कि मोटे तौर पर विश्व और खासतौर पर भारत, जानबूझ कर 'जेहाद' के प्रबल धार्मिक अध्यात्मिक स्वरूप का नाम लगा कर पाकिस्तान को बदनाम कर रहा है। इस तर्क पर जोर देते हुए आगे यह कहा गया कि पश्चिमी देशों और अमेरिका के नेतृत्व में अन्तर्राष्ट्रीय समुदाय विश्व में सर्व-इस्लामी आन्दोलनों और इस्लामी धार्मिक पुनरुत्थान, जो विभिन्न देशों में जेहादी अभियानों और जम्मू और कश्मीर में जारी उग्रवादी संघर्ष में तालिबान की सफलता से झलक रहा है, का चौकस विरोध कर रहा है। भारत की यह दलील की जेहाद का धार्मिक अर्थ उग्रवादियों द्वारा किए जा रहे अलगाववादी आतंकवाद और हिंसा से सर्वथा अलग है, विवादास्पद मान कर खारिज कर दी गई।

जब ये बहसें भारत-पाकिस्तान के रिश्ते के उतार-चढ़ाव की भूलभुलैया में भटकने लगीं तो संस्थान के निदेशक ने 1999 में कारगिल में पाकिस्तानी घुसपैठ का स्पष्टीकरण करते हुए कहा कि भारत को कारगिल में हुए घुसपैठ का मूल्यांकन संदर्भित रूप से करना चाहिए, क्योंकि पाकिस्तान द्वारा कारगिल में उठाया गया कदम 1984 में सियाचिन पर भारत की नियन्त्रण रेखा के प्रतिकार में था। एक और बात सामने रखी गई कि यदि अमेरिका का हस्तक्षेप नहीं हुआ होता तो पाकिस्तान कारगिल से वापस नहीं होता।

विदेश सेवा अकादमी में राष्ट्र-निर्माण और राज्य के संस्थानों के निर्माण के अनुभव का तुलनात्मक विश्लेषण उल्लेखनीय था क्योंकि पाकिस्तानी

सहभागियों ने भारत में हिन्दू धार्मिक अतिवाद के उभरने, राजनीतिक दलों के विभाजन, जाति प्रथा, अल्पसंख्यकों के प्रति व्यवहार इत्यादि के संदर्भ में भारतीय नागरिक समाज की विसंगतियों को इंगित करते हुए भारत के लोकतंत्र और भारतीय धर्मनिरपेक्षता को विश्वसनीयता पर सवाल खड़े किए। इसके विपरीत विदेश मंत्री अब्दुल सत्तार और उनके सहकर्मियों के साथ हुई बातचीत इस भारतीय शिष्टमंडल के लिए तुलनात्मक रूप से ठंडी हवा के झोंके जैसी थी। सत्तार ने भारत के साथ वार्ता फिर से शुरू करने की पाकिस्तान की इच्छा की पुष्टि की। हमारे द्वारा पूछे गए खास सवालों के जवाब में उन्होंने स्वीकारा कि पाकिस्तान लाहौर प्रक्रिया को पुनर्जीवित करने की आकांक्षी है और वह लाहौर में लिए गए निर्णयों के प्रति प्रतिबद्ध हैं। उन्होंने आगे कहा कि यही बात भारत और पाकिस्तान के बीच पहले हुई सन्धियों, जिसमें संयुक्त राष्ट्र प्रस्ताव, शिमला समझौता इत्यादि शामिल हैं, के साथ भी है, पर यह कह कर उन्होंने अपनी टिप्पणी के सारपूर्ण प्रभाव को निष्प्रभावी कर दिया। पर यह बात ध्यान देने की है कि सरकारी प्रतिनिधि पाकिस्तान के गैर सरकारी वार्ताकारों से ज्यादा विवेकी और व्यावहारिक थे।

इन सबका जो सारांश निकल कर आया वह अधोलिखित है।

पाकिस्तानी आभिजात्य वर्गों में लोकतंत्र की बहाली को लेकर कोई बेचैनी नहीं है। जनरल मुशर्रफ के शासन को लेकर स्वीकृति का माहौल है। इन घेरों में विस्तृत रूप से यह मान्यता फैली हुई दिखती है कि भारत कश्मीर में शक्तिहीन होता जा रहा है और वह बहुत दिन तक जम्मू और कश्मीर को अपने अधिकार में नहीं रख सकेगा; अतएव भारत पर राजनीतिक और आतंकवादी दवाब बनाए रखना चाहिए। जहां एक ओर नाभिकीय टकराव के खतरों को लेकर जागरूकता दिखती है, वहीं एक समान्तर सोच भी सांस ले रही है कि ऐसे टकराव के खतरे से भारत के ऊपर कश्मीर मसले के मद्देनजर एक वृहत्तर दबाव भी पड़ेगा। जहां पाकिस्तान को अमेरिका के नेतृत्व में पश्चिमी लोकतांत्रिक देशों में सीमा-पार आतंकवाद को लेकर जवाबदेह होना है, वहीं भारत के प्रति उसे ऐसी कोई जवाबदेही दिखाने की जरूरत नहीं है। वाजपेयी सरकार के संघर्ष विराम और शांति प्रयास अभी अंतरिम दौर में हैं, जिसके जरिये पाकिस्तान, जम्मू और कश्मीर में अपने उद्देश्यों के लिए काम कर सकता है।

इस बात को माना जा सकता है कि ये धारणाएं पूरे पाकिस्तानी समाज के विचारों को व्यक्त नहीं करतीं, पर इस तथ्य को नकारा नहीं जा सकता कि ये दृष्टिकोण पाकिस्तान में निर्णय लेने वाले अभिजात्य वर्ग के प्रभावशाली खेमे के हैं।

6
पाकिस्तान की भारत-नीति को प्रभावित करने वाले पाक घरेलू कारकों का विश्लेषण

भारत के प्रति पाकिस्तानी आक्रामकता की बुनियादी वजह है पाकिस्तान का इस सच्चाई से वास्ता पड़ते रहना कि धर्म के आधार पर दो-राष्ट्र का सिद्धांत गलत है। यदि हम विभाजन के वक्त पंजाब और उत्तर-पूर्व सीमाई प्रान्तों की राजनीति के स्वरूप को दरकिनार कर दें तो भी बलूचिस्तान और सिन्ध की आबादी का एक बड़ा हिस्सा पाकिस्तान के निर्माण को लेकर उत्साहित नहीं था। इस सन्दर्भ में अन्तिम विडम्बना यह हुई कि दो राष्ट्रों के सिद्धान्त की पुरजोर वकालत करने वाले पूर्वी पाकिस्तानी नेता और जनता ने ही इसे किनारे लगा दिया, इसकी वैद्यता पर सवाल खड़े किए और बांग्लादेश का निर्माण कर डाला। यहां तक कि आज भी शीर्ष नेता और बुद्धिजीवि इस तथ्य को स्वीकारने से कतराते हैं कि पाकिस्तान की केन्द्रीय सरकार की भेदभावपूर्ण और बुद्धिमत्ता से परे नीतियों के कारण ही बांग्लादेश अस्तित्व में आया। पाकिस्तान के टूटने में जुल्फिकार अली भुट्टों की भूमिका को पूरी तरह ढक दिया गया या उलझा दिया गया। मुजीबुर्रहमान की भारी चुनावी जीत को मानने से इंकार कर भुट्टों ने जैसे विस्फोट के बटन को दबा डाला। इसी वजह से 1971 में पूर्वी पाकिस्तान का संकट खड़ा हुआ। बेनजीर भुट्टो ने अपनी जीवनी ''डॉलर ऑफ दि ईस्ट'' में पिता के कार्यकाल की इस अवधि का सार्थक तरीके से जिक्र तक नहीं किया है। पाकिस्तानी राजनीतिक परिदृश्य में आत्म-विवेचना की अक्षमता के बारे में इससे अधिक कुछ कहने की जरूरत नहीं। इस स्व-सिद्ध राजनीतिक वास्तविकता को स्वीकार करने के बजाय कि पाकिस्तान का शेष हिस्सा भी भारत की तरह ही बहु-भाषी और बहु-जातीय समाज है, पाकिस्तानी सत्तासीन अलग राष्ट्र

निर्माण के धार्मिक आधार को मजबूत करने के मसले पर और अधिक अविवेकपूर्ण तरीके से हठी होते गए। इस प्रक्रिया से दो बातें सामने आईं; पहला, पाकिस्तान में बहुसंख्यक ''हनाफी'' और ''वहाबी'' सुन्नी मुस्लिमों को चुनौती दे सकने वाले शियाओं और अन्य मुस्लिम धार्मिक पन्थों के लोगों के उत्पीड़न में इजाफा। यह दो मतों के आधार पर किया जाता था; इस्लामी सिद्धान्तों की शुचिता संरक्षित रखना और जिसे पाकिस्तान में ''पाकिस्तान की विचारधारा'' कहकर पुकारते हैं, उसकी सुरक्षा सुनिश्चित करना। दूसरी प्रतिक्रिया थी आक्रामकता का सुविचारित पुनरोद्धार तथा भारत से बदला लेने की इच्छा। बांग्लादेश के टूटकर पाकिस्तान से अलग होने के लिए अकेले भारत को जिम्मेदार माना गया। यहां तक कि पाकिस्तान में अधिसंख्य शीर्ष नीति निर्धारकों का आज भी यही नजरिया है। इससे 1952 और 1971 के बीच के पाकिस्तानी सैन्य शासनों की नीतियों जिनके कारण असमय ही बांग्लादेश का निर्माण हुआ और दो राष्ट्रों का सिद्धान्त खारिज हुआ की वस्तुनिष्ठ इतिहासगत समीक्षा अथवा आत्म विश्लेषण की सर्वथा अक्षमता का पता चलता है। यह नजरिया पाकिस्तान की भारत-नीतियों के विभिन्न पहलुओं में दिखता है। इन पहलुओं का समर्थन करने वाली अवधारणाएं हैं:

(क) उपमहाद्वीप के विभाजन को भारत स्वीकार नहीं करता और सबसे पहले पाकिस्तान के टुकड़े करने और फिर उसे ''अखण्ड भारत'' का हिस्सा बनाने का षडयंत्र करता आ रहा है।

(ख) दो-राष्ट्रों के सिद्धांत की वैद्यता केवल तभी पुनः स्थापित और पुनः पुष्ट हो सकती है जब मुस्लिम बहुल भारतीय राज्य जम्मू एवं कश्मीर भारत से अलग होकर पाकिस्तान से आ मिले।

(ग) न केवल पाकिस्तानी समाज सत्ता संरचना द्वारा निर्धारित इस्लामी पहचान में पूरी तरह ढले बल्कि भारत में मुस्लिम अल्पसंख्यकों की सुरक्षा और भविष्य पर बातचीत करने और उनके हित-संरक्षण की भूमिका भी पाकिस्तान को अपनानी चाहिए। यहां यह उल्लेखनीय है कि पाकिस्तानी नीति-निर्धारकों द्वारा इस्लामी सिद्धान्तों के जकड़जामे का इस्लाम के आवश्यक मानवीय और बौद्धिक उपदेशों से कोई लेना-देना नहीं। आज भी पाकिस्तान में रह रहे अल्पसंख्यक हिन्दुओं और ईसाइयों की अति सूक्ष्म आबादी की बात छोड़ दें; शियाओं इस्माइली की कुछ श्रेणियों, अहमदियों, इत्यादि के उत्पीड़न में उपरोक्त वर्णित अवधारणा के पहले अंतर्निहित तत्व यानी इस्लामी सिद्धान्तों के जकड़जामे का उदाहरण दिखता है।

(घ) भारत की मुस्लिम आबादी को अव्यस्थित करने के प्रयासों का उद्देश्य भी पाकिस्तान के द्वि-राष्ट्र सिद्धान्त की वैद्यता को साबित करना है। यह अभियान इस दलील पर आधारित है कि विभाजन के समय भारत के अल्पसंख्यक मुस्लिम भारत में ही रह गए क्योंकि वे पाकिस्तान नहीं जा सके अथवा कई मुस्लिम बहुल क्षेत्र पाकिस्तान का हिस्सा या फिर उप-महाद्वीप में पृथक मुस्लिम राज्य नहीं बन सके।

यही वह सांचा है जिससे भारत के खिलाफ विभिन्न स्तरों पर शत्रुता, अस्थिर करने के प्रयासों और हिंसा के पुट के साथ पाकिस्तान की भारत-नीतियों ने जन्म लिया। यह सांचा अनिवार्यतः पाकिस्तान में घरेलू राजनीतिक प्रकृति का है जिसने भारत के प्रति पाकिस्तान की नीतियों को प्रभावित किया है। पाकिस्तानी सत्ता के उत्प्रेरणों तथा घरेलू राजनीतिक मान्यताओं से पाकिस्तानी नीतियों में जन्म लेने वाले भारत के प्रति विभाजन उपरांत के चंद दिलचस्प रुखों पर गौर करना प्रासंगिक होगा। इसकी शुरूआत के समय ही जिन्ना, लियाकत अली खान अब्दुर रब निश्तार जैसे पाकिस्तानी नेता इस बात को लेकर अत्यधिक इच्छुक थे कि भारतीय राजा-रजवाड़े भारत में बिना विलय किए अपना स्वतंत्र दर्जा बनाए रखें। यदि इस उपमहाद्वीप में भारतीय अधिराज्य में पूर्व ब्रिटिश भारतीय प्रान्तों के केवल चंद टुकड़े होते और ज्यादातर भारतीय राजा-रजवाड़े अपनी पृथक पहचान बनाए रखते तो इससे द्वि-राष्ट्र सिद्धान्त की वैद्यता साबित हो जाती और इस उपमहाद्वीप में समान धर्म वाली आबादी पाकिस्तान के रूप में एक संघटित देश का निर्माण करती। दूसरा, ऐसी सूरत में जब उपमहाद्वीप के बाकी देश विखण्डित राजनीतिक पहचान वाले होते और केवल पाकिस्तान ही संघटित होता तो वह क्षेत्र का सर्वाधिक प्रभावी राजनीतिक और सैनिक शक्ति होता। सरदार पटेल ने इन आकांक्षाओं और योजनाओं पर पानी फेर दिया तथा कश्मीर पर हुए पहले भारत-पाक युद्ध ने अपनी सुरक्षा सुनिश्चित करने और अपनी क्षेत्रीय अखण्डता की रक्षा करने के संदर्भ में भारत की क्षमताओं का भली-भांति अहसास करा दिया। उनकी इस विफलता ने पाकिस्तान के पड़ोसियों को विचलित नहीं किया। जुल्फिकार अली भुट्टो इस सुझाव के साथ राष्ट्रपति अयूब खान को गुप्त पत्र को लिखते रहे कि सैनिक कार्रवाई करके भारत के पूर्वोत्तर हिस्सों और असम को शेष भारत से अलग कर दिया जाए और ऐसे सैनिक अभियान के लिए पूर्वी पाकिस्तान की जमीन को बेस के तौर पर इस्तेमाल किया जा सकता है। भुट्टो का यह आकलन था कि पाकिस्तान से सैन्य अभियानों और भारत के सुदूर उत्तर-पूर्वी इलाकों को लेकर चीन की आकांक्षाओं के समन्वय से पाकिस्तान-चीन गठजोड़ भारतीय गणतंत्र के पूर्वी

इलाकों को अलग कर सकता है। लेकिन अयूब एक व्यावसायिक सैन्य व्यक्ति थे और संभवतः भुट्टो से बेहतर राजनीतिक समझ होने की वजह से उन्होंने भुट्टो के सुझावों पर पूर्णतः अमल नहीं किया, हालांकि मोटे तौर पर वह इस योजना के खिलाफ नहीं थे। इस साजिशी चालबाजी को विस्तार से जानने के लिए केवल फील्ड मार्शल अयुब खान की आत्मजीवनी "फ्रेंड्स, नॉट मास्टर्स" और स्टेनली वुलपर्ट द्वारा लिखित जुल्फिकार अली भुट्टो की जीवनी के संबंद्ध खण्डों को पढ़ने की जरूरत है, हालांकि अन्ततः यह साजिश विफल साबित हुई। यद्यपि यह बात याद रखने की है कि ये प्रवृत्तियां और साजिशें अनिवार्यतः पाकिस्तानी शासन प्रणाली–जो बरसों से अस्तित्व में रहने और हर तरह के समर्थन व अन्तर्राष्ट्रीय स्वीकार्यता के बावजूद गहरी सामूहिक भावनात्मक व राजनीतिक असुरक्षा से गस्त रही–के आन्तरिक पहचान संकट से उभरीं। चीजों को जोड़कर देखें तो पाकिस्तान से 1952 से, लगभग 1988 तक लोकतंत्र गायब रहा। जबकि इसके विपरीत भारतीय धर्मनिरपेक्ष, लोकतांत्रिक, बहुलतावादी प्रयोग सफल रहा। ऐसा उन सामाजिक-आर्थिक असन्तुलनों और केन्द्रविमुख ताकतों के बावजूद हुआ जो समय-समय पर भारतीय राज्य को प्रभावित करते रहे। अपनी लोकतान्त्रिक विश्वसनीयता के सन्दर्भ में खास तौर पर यह बात पाकिस्तान के लिए पीड़ादायक है कि भारत में अल्पसंख्यक मुस्लिम न केवल जनसंख्या के लिहाज से बढ़े हैं बल्कि वे भारतीय सत्ता संरचना के सभी क्षेत्रों-शिक्षा से सेना और राजनीतिक से सांस्कृतिक में प्रतिनिधित्व पा रहे हैं। भारत में ऐसे ही तथ्यों से यहां अल्पसंख्यकों के उत्पीड़न के बारे में पाकिस्तान द्वारा लगातार फैलाए जा रहे दुष्प्रचार और मिथक गलत साबित हो जाते हैं। पाकिस्तान की भारत-नीतियों को प्रभावित करने वाली वहां की समकालीन घरेलू स्थितियों की बात करने से पूर्व दो अन्य ठोस कारकों पर विचार करना होगा। पहली है पाकिस्तानी सत्ता संरचना की प्रकृति जो आज भी विशिष्ट वर्गीय, जागीरदारी युक्त, सैन्यीकृत और पाकिस्तानी अवाम की गैर-नुमाइंदगी वाली है। यदि प्रत्येक क्षेत्र में पाकिस्तान का नेतृत्व करने वालों की सामाजिक-आर्थिक पृष्ठभूमि का विश्लेषण किया जाए तो वे किसी-न-किसी प्रकार उपरोक्त विशेषताओं को ही दर्शाएंगे। पाकिस्तान की सत्ता के केन्द्र में कोई भी व्यक्ति लाल बहादुर शास्त्री, लालू प्रसाद यादव अथवा मायावती की श्रेणी का नहीं हुआ और न ही हो सकता है। दूसरा कारक है पाकिस्तान की राजनीतिक प्रक्रियाओं पर हावी अतिवादी धर्म-तंत्र और सैन्यवाद, भले ही सत्ता में कोई भी सरकार हो। पाकिस्तान की किसी भी सरकार में शांति, स्थिरता और वहां के आम लोगों में सुरक्षित राजनीतिक वातावरण कायम करने की सामान्य इच्छा भी परिलक्षित नहीं होती। इससे भी विनाशक है पाकिस्तानी समाज के सम्पूर्ण शैक्षणिक और

सांस्कृतिक झुकावों का भारत-विरोधी पुट के साथ निर्देशित होना और इसी में पलना-बढ़ना। यह प्रक्रिया प्राथमिक अथवा माध्यमिक विद्यालय स्तर से ही शुरु हो जाती है। पाकिस्तान में इतिहास की पुस्तकों में उप-महाद्वीप के इतिहास को तोड़-मरोड़कर पेश किया गया है। यह कहना अतिशयोक्ति नहीं होगा कि इतिहास पर पाकिस्तान की ज्यादातर पुस्तकें, जिन्हें लोग शुरूआती शैक्षणिक सालों में पढ़ते हैं, उन्हें ऐसा आभास कराएंगी कि उप-महाद्वीप का इतिहास सातवीं शताब्दी के उत्तरार्द्ध के आसपास सिंध पर मुस्लिम-अरब आक्रमण से ही शुरू हुआ। बाकी बचे समय का मिथक आधारित और अप्रासंगिक तरीके से विश्लेषण किया गया। काकुल स्थित पाकिस्तानी सैनिक अकादमी के पाठ्यक्रम में पाकिस्तानी विचारधारा पर एक पृथक कोर्स ही है जिसमें स्पष्ट रूप से यह शुमार किया गया है कि पाकिस्तानी राष्ट्रभक्ति की एक अनिवार्य विशेषता है भारत-विरोधी मानसिकता विकसित करना। वास्तविकता यह है कि पाकिस्तानी शासन पद्धति की समस्त आन्तरिक गतिशीलता का निर्धारण राजनीतिक परिदृश्य के उन मुट्ठी भर लोगों के हितों के सरंक्षण के लिए किया गया जो पाकिस्तान में सत्ता प्रतिष्ठान में हों। इस आकलन को कुछ विशिष्टता के साथ सूचीबद्ध करना उपयुक्त होगा। यदि भारतीय वर्चस्व और आक्रामकता के कल्पित हौवे की जगह भारत के प्रति एक तार्किक सहयोगात्मक रुख ले ले तो ऐसे में पाकिस्तानी सशस्त्र बल और अधिक हथियार हासिल करने और पाकिस्तानी समाज में अपने प्रपीड़क प्रभाव को बढ़ाने का औचित्य खो बैठेंगे। यदि भारत के साथ मुक्त, सांस्कृतिक, सामाजिक और आर्थिक आदान-प्रदान शुरु हो गया तो धनी जमींदारों और उद्योगपतियों के नेतृत्व वाली राजनीतिक पार्टियां घरेलू सामाजिक-आर्थिक प्रक्रियाओं पर अपना नियंत्रण खो बैठेंगे। आर्थिक, सामाजिक और सांस्कृतिक क्षेत्रों में भारत और पाकिस्तान के बीच आम लोगों के स्तर पर सम्पर्क स्थापित हो जाने से उक्त सत्ताहीन विशिष्ट वर्ग द्वारा प्रचारित आक्रामकता की दलीलें खोखली साबित हो जाएंगी। भारत से सूचना, विचार और पुस्तकों के पाकिस्तान में मुक्त प्रवेश पर आपत्ति है, दोनों देशों के बीच ठोस वाणिज्यिक, आर्थिक और प्रौद्योगिकीय सहयोग के रास्ते में लगातार रोड़े अटकाए जा रहे हैं (दोनों देशों के व्यापारिक समुदाय में इस तरह के सम्पर्क की इच्छा के बावजूद) भारत यात्रा के इच्छुक पाकिस्तानियों पर थोपे गए यात्रा प्रतिबन्धों का नतीजा यह हुआ कि भारत ने भी पाकिस्तान की यात्रा के इच्छुक लोगों पर ऐसा ही प्रतिबंध लगा दिया-ये सब उपरोक्त अनुमानों को ही परिलक्षित करते हैं।

पाकिस्तान की धार्मिक पार्टियां और वहां के इस्लामी नेता पाकिस्तान के आम लोगों को भारत के आम लोगों के सम्पर्क में आने का खतरा नहीं मोल ले सकते क्योंकि इससे अपनी तमाम कमियों के बावजूद भारत के बहुलतावादी

लोकतंत्र की ताकत और जीवंतता का अहसास पाकिस्तानी जनमत को हो जाएगा। पाकिस्तान के धार्मिक अतिवादियों के लिए इससे भी खतरनाक बात होगी पाकिस्तानी जनमानस को इस तथ्य की जानकारी मिल जाना कि भारत में मुस्लिम अल्पसंख्यकों का शोषण नहीं होता, मानसिक उत्पीड़न नहीं होता जैसा कि पाकिस्तान की 'इस्लाम पसंद' पार्टियों और नेता बताते रहे हैं। यह तय है कि यह दलील पाकिस्तान की विदेश नीति में भारत-विरोधी रूख को बनाए रखेगी।

अब सवाल उठता है कि पाकिस्तान की गैरलोकतान्त्रिक सत्ता संरचना अपनी स्वार्थ-सिद्धि के लिए भारत के प्रति आक्रामकता कब तक बनाए रख सकती है। इसका उत्तर 1960 के दशक के शान्ति आंदोलन के गीत की पंक्ति ''प्लेईंग इन दि विण्ड'' में छिपा है। बेनजीर भुट्टो के सत्ता में आने के बाद की घटनाओं ने पाकिस्तान में बाध्यकारी बदलावों की बिगुल बजा डाली। बेनजीर कहीं दुर्घटनावश ही पाकिस्तान को एक सच्चे लोकतंत्र में बदलने की हिम्मत न पा लें, इससे आशंकित पूर्व जनरलों ने राजनीतिक पार्टियां बनानी शुरू कर दीं। थल सेना के पूर्व प्रमुख असलम बेग ने ''अवामी कायदात'' नाम की राजनीतिक पार्टी शुरू की है। आई एस आई के पूर्व प्रमुख, संदिग्ध हमीद गुल, ने ''तहरीक-ए-इत्तेहाद'' नाम से एक पार्टी बनाई और उम्मीद की कि इसमें क्रिकेट हस्ती इमरान खान को भी घसीट लेंगे जो कहावत की उस बिल्ली जैसा व्यवहार कर रहे थे जो नौ सौ चूहों को खाने के बाद हज पर जाने का फैसला करती है। इमरान खान इस्लामी राजनीतिक खेमे को अंकुरित कर रहे थे, लेकिन यह सिलसिला तभी तक चला जब तक उन्होंने इंग्लैंड की जेमिमा से निकाह नहीं किया था। पाकिस्तान की राजनीति में ''तीसरी शक्ति'' के तौर पर जनरलों द्वारा राजनीतिक पार्टियों के गठन से उनकी उस इच्छा के संकेत मिले जिसके तहत वे पाकिस्तान की राजनीतिक प्रक्रियाओं पर सैन्य प्रतिष्ठान की पकड़ बनाए रखने की प्रणाली एवं सांस्थानिक व्यवस्था करना चाहते थे।

इसी बात को ध्यान में रखते हुए उस दुखदायी विकट स्थिति पर मनन-चिन्तन करना होगा जिसके तहत स्वर्गीय मजहर अली खान, श्री मुबाशिर हुसैन जैसे समझदार विचारक और सत्ता से सम्बद्ध महबूब-उल-हक, नियाज नाईक और पूर्व विदेश सचिव शहरियार खान जैसी हस्तियां पाकिस्तान की आंतरिक नीतियों अथवा भारत के प्रति उसकी नीतियों के निर्धारण में कोई भूमिका नहीं निभा पातीं।

''मुहाजिर कौमी मूवमेन्ट'' के साथ पाकिस्तान सरकार के टकराव पर भारतीय प्रभाव है। पाकिस्तान की पूरी आबादी में वस्तुतः मुहाजिरों के ही

मानवीय, सांस्कृतिक और सामाजिक स्तरों पर भारत के साथ सर्वाधिक व्यापक सम्पर्क हैं। इन लोगों ने द्वि-राष्ट्र सिद्धान्त को स्वीकारते हुए उत्तरी और मध्य भारत को छोड़कर पाकिस्तानी नागरिक बनने का फैसला सोच-समझकर लिया। दरअसल पाकिस्तान के अस्तित्व में आने के शुरूआती सालों में वे पाकिस्तान की प्रशासकीय और राजनीतिक संस्थानों में हावी भी रहे। समय के साथ-साथ इनकी आबादी भी बढ़ी। पाकिस्तान की राजनीति में, खास तौर पर सिंध और कुछ हद तक पाकिस्तानी पंजाब के दक्षिणी छोर में मुहाजिर एक प्रभावशाली जनसांख्यिक और आर्थिक कारक बन गए हैं। इसके बावजूद उनकी अपेक्षाएं और आकांक्षाएं पूरी नहीं हुई। इसके परिणामस्वरूप पैदा तनाव और हिंसा से कराची और सिंध प्रभावित हुए। बेनजीर ने सबसे पहले यह कहकर एमक्यूएम नेतृत्व और उनकी राष्ट्रभक्ति की विश्वसनीयता पर सवाल खड़े करने की कोशिश की कि करांची में हिंसा और आन्दोलन के पीछे भारतीय खुफिया एजेंसियों का हाथ हैं। उन्होंने दिसम्बर, 1994 में अचानक कराची स्थित भारतीय महा वाणिज्य दूतावास बन्द कर दिया। इसके कारण भारत और पाकिस्तान के हजारों नागरिकों को कठिनाईयों का सामना करना पड़ा-अब वे आसानी से एक-दूसरे के यहां नहीं जा सकते थे, इस बात के बावजूद कि वे उसी संयुक्त परिवार का हिस्सा थे जिसके कुछ सदस्य दुर्भाग्यवश सीमा के उस पार रह गए। भारतीय महा वाणिज्य दूतावास को बन्द करने के बावजूद जब आन्दोलन और हिंसा का स्तर बढ़ता रहा तो सबसे पहले बेनजीर ने उन्मादी गुस्से के साथ प्रतिक्रिया व्यक्त करते हुए एमक्यूएम नेता अल्ताफ हुसैन को व्यक्तिगत तौर पर बुरा-भला कहा। फिर उन्होंने अल्ताफ को भारतीय एजेंट तक कह डाला। यह आरोप लगाते हुए बेनजीर ने उस व्यक्ति को उद्धृत किया जिसने पाकिस्तान सरकार के खिलाफ आन्दोलन का नेतृत्व करने के दौर में एक भारतीय से बड़े साफ शब्दों में कहा था पत्रकार कि वह पहले पाकिस्तानी हैं, फिर मुहाजिर और सरकार के साथ उनके मतभेदों का किसी भी तरह फायदा उठाने की भारत की उम्मीद नहीं करनी चाहिए। अल्ताफ हुसैन को भारतीय एजेंट करार देने वाली बेनजीर भुट्टो को भी जिया-उल-हक ने ऐसा ही कहा था, जिया के सैन्य शासन के खिलाफ बेनजीर के लम्बे संघर्ष के दौरान। संभवतः बेनजीर को इस तथ्य, का अहसास नहीं हुआ कि 'मुहाजिरों' को विदेशी और भारत के विदेशी एजेंट करार देकर वह द्वि-राष्ट्र सिद्धान्त को और कमजोर कर रही हैं और इससे पाकिस्तानी राष्ट्रीय पहचान के जातीय-सामाजिक अन्तर्द्वन्द पुनः परिभाषित हो रहे हैं। वस्तुतः उनका आशय था कि सिंधी, बलूचिस्तानी, पंजाबी तथा उत्तर-पूर्व सीमान्त प्रान्त के पठान ही वास्तविक पाकिस्तानी हैं। यहां तक कि पाकिस्तानी,

पंजाब में भी दक्षिणी पंजाब के 'सरायकी' एक पृथक जातीय-सामाजिक पहचान का दावा रखते हैं। इन सभी समस्याओं के लिए भारत को जिम्मेदार ठहरा देना अस्थायी रूप से एक आसान उपाय है जिसे पाकिस्तान आजमाता रहा है। लेकिन अन्ततः पाकिस्तानी सत्ता प्रतिष्ठान को वहां की इस वस्तुनिष्ठ वास्तविकता को स्वीकार करने के लिए खुद को तैयार करना होगा कि पाकिस्तान एक बहुलवादी, बहु-जातीय और बहु-भाषाई समाज है। संभव है कि सत्ता प्रतिष्ठान को यहां तक स्वीकार करना पड़े कि इस्लाम स्वयं में इतना महाकाय धर्म नहीं जो किसी राष्ट्र के सन्दर्भ में एक समान राजनीतिक-क्षेत्रीय पहचान में अभिव्यक्ति पा सकें। वास्तविकता कि 49 अलग मुस्लिम देश हैं, सेनेगल से फिलीपीन्स तक एक मुस्लिम देश नहीं, और इससे उपरोक्त तथ्य की अपने-आप पुष्टि हो जाती है।

पाकिस्तानी नीतियों में भारत-विरोध के संदर्भ में हास्यपूर्ण पहलुओं पर गौर किया जा सकता है। एक बार पाकिस्तान के गृहमंत्री मेजर जनरल नसरूल्लाह बाबर ने भारत पर आरोप लगाया कि वह सिंध एवं इंग्लैंड में एमक्यूएम नेतृत्व को संदेश पहुंचाने के लिए जी टीवी का इस्तेमाल कर रहा है। पाकिस्तान से इस आशय की खबरें आईं कि उक्त मंत्री ने भारत सरकार पर आरोप लगाया कि वह कराची में दिखाए जाने वाले जी टीवी के कार्यक्रमों और इंग्लैंड के जातीय चैनलों के जरिये मुहाजिरों को कूट संदेश भेज रही है। पाकिस्तान के सत्ता-प्रतिष्ठान की आक्रामक कल्पित उड़ानों का कोई अन्त नहीं। जब मैंने मंत्री बाबर के इन आरोपों का जिक्र जब मैंने अपने एक भारतीय मुस्लिम मित्र से किया तो उसने इसे ''परवेज-ए-वाहियात'' करार दिया। सिंध में मुहाजिरों का आन्दोलन तथा बलूचिस्तान व राजनीतिक तौर पर तेजी से जागरूक होते उत्तर-पूर्व सीमान्त प्रान्त के जनमत के कारण पाकिस्तानी सत्ता सरंचना पर पड़ते दबाव का पाकिस्तान की राजनीति, संस्थानों और नीतियों पर काफी लाभप्रद असर पड़ सकता है। निश्चित तौर पर इसमें वक्त लगेगा, क्योंकि पाकिस्तान में दृढ़तापूर्वक स्थापित सत्ता सरंचना को तोड़ना कोई अल्पकालिक झटपट व्यवस्था नहीं हो सकती। पाकिस्तान में लोकतांत्रिक नीतियों का विकास अन्ततः अपने सभी पड़ोसियों के प्रति पाकिस्तान के लोगों की तर्कसंगत और शान्तिपूर्ण आकांक्षाओं को प्रदर्शित करेगा। आशा है कि बदले में यह भारत-पाकिस्तान संबंधों के मौजूदा नकारात्मक बहाव को ठीक करेगा, जो मेरे विचार से फिलहाल कुछ और समय तक जारी रहेगा-शायद एक या दो दशकों तक।

भारत के प्रति पाकिस्तान के उभरते रुख के घरेलू राजनीतिक आयाम

भारत-पाकिस्तान रिश्तों की शत्रुतापूर्ण प्रकृति का विश्लेषण करते समय हमारी सोच प्रक्रिया दोनों देशों के बीच विवाद के मुद्दों, जैसे कश्मीर, अन्य सीमाई मतभेद, आंतरिक मामलों में हस्तक्षेप, अल्पसंख्यकों की स्थिति, हथियारों की दौड़, इत्यादि पर केन्द्रित रहती है। इन पर ध्यान केन्द्रित होना वाजिब है क्योंकि ये मुद्दे तत्काल और लगातार चिन्ता का कारण बने हुए हैं। हम मनन-चिन्तन करते हैं कि उक्त घटनाएं कैसे हुईं और हो रही हैं। और ताजा घटनाओं के परिणामों पर भी सोचते हैं। अब समय आ गया है जब भारत में हम पाकिस्तान के घरेलू राजनीतिक रुखों पर कड़ी नजर रखें जो भारत के खिलाफ पाकिस्तान के विरोधी रवैये और नजरिये को मजबूत करते हैं।

1993 के उत्तरार्द्ध में जब बेनजीर भुट्टो सत्ता में आईं, पाकिस्तानी राजनीतिक प्रेक्षकों ने महसूस किया कि देश में एक अधिक स्थिर और आधुनिक राजनीतिक प्रणाली की स्थापना में उनके सफल रहने की आशा पालने के पर्याप्त कारण हैं।

उनकी चुनावी जीत की व्याख्या यूं की गई कि, पहला: सशस्त्र सेना (पाकिस्तान के सत्ता प्रतिष्ठान में सर्वाधिक प्रभावशाली तत्व) ने लोकतांत्रिक प्रक्रिया को प्रोत्साहित करने के लिए निष्पक्ष और न्यायपूर्ण रहने का फैसला लिया है। इस घटनाक्रम के लिए थल सेना अध्यक्ष वाहिद के सिद्ध व्यावसायिक झुकाव को एक महत्त्वपूर्ण प्रभावी कारक के तौर पर देखा गया। दूसरा, बेनजीर की जीत को इस तौर पर लिया गया कि पाकिस्तान के लोगों ने अतिवादी और हठी दकियानूसी इस्लामी ताकतों को खारिज कर दिया है जो जिया उल हक के समय से पाकिस्तान की राजनीति में प्रभावशाली हो गई थीं। तीसरा, बेनजीर के सत्ता में आने की व्याख्या पाकिस्तानी राजनीति, अर्थव्यवस्था और प्रशासन में अपनी स्थिति को सुदृढ़ किए बैठी राजनीतिक पार्टियों और अभिजात्य वर्गों में विखण्डन की शुरूआत के तौर पर की गई। चौथा, उनके सत्ता में आने से ये आशाएं बलवती हुईं कि दिसम्बर 1988 और अगस्त 1990 के बीच के अपने कार्यकाल के अनुभवों के कारण चार प्रान्तों के बीच, पाकिस्तान की राजनीति को परिलक्षित करती, स्पर्धा और संघर्ष का हल खोजने में वह कामयाब रहेंगी। पांचवां, नवाज शरीफ सरकार के प्रति ज्यादातर मुहाजिर आबादी का मोह भंग हो जाने के बाद शायद वह फिर से 'मुहाजिर कौमी मूवमेंट' को पाकिस्तानी लोकतान्त्रिक राजनीति की मुख्यधारा में लाने में कामयाब हो जाएं। पश्चिमी

लोकतांत्रिक देशों में उनके प्रभाव और लोकप्रियता को देखते हुए आशा की जा रही थी कि पाकिस्तान में प्रशासन को प्रभावित करने वाली उलझन भरी जटिलताओं से निपटने के मामले में वह सर्वाधिक कामयाब रहेंगी।

सशस्त्र बल प्रतिष्ठान को छोड़कर जो अब भी निष्पक्ष और मूक दर्शक बनी हुई है, अन्य सभी अनुमान और आशाएं बिल्कुल गलत साबित हुईं पाकिस्तान के सामाजिक-जातीय और भाषायी असंतुलन आज भी घरेलू राजनीतिक माहौल पर नकारात्मक प्रभाव डाल रहे हैं। हालात के अंकगणितीय पहलूओं से छुटकारा नहीं पाया जा सकता। पूरी आबादी में 64 से 67 प्रतिशत के बीच भागीदारी रखने वाला पंजाब पाकिस्तानी जीवन के हर क्षेत्र में हावी है। सेना में 75 से 80 प्रतिशत लोग पंजाब के हैं और अधिकारी कैडर में तो 90 प्रतिशत, वरिष्ठ असैनिक अफसरशाही में भी पंजाब का वर्चस्व है और 80 से 25 प्रतिशत इसी प्रान्त से हैं। इसके साथ ही व्यापार, बैंकिंग, उद्योग और प्रौद्योगिकी के क्षेत्रों में भी पंजाबियों का वर्चस्व है। एक मिश्रित कारक है पजांब की जातीय दृष्टि से पाकिस्तान के सर्वाधिक आत्म-चैतन्य प्रान्त-सिन्ध में घुसपैठ। सैनिक तानाशाही की लम्बी अवधि के दौरान भूमि अनुदानों व अन्य सुविधाओं के साथ बड़ी संख्या में पंजाबी सैन्यकर्मी सिन्ध में जा बसे। बढ़ती आबादी और भारत से पलायन कर आ रही 'मुहाजिर' आबादी के उसी अनुरूप बढ़ते राजनीतिक प्रभाव के कारण पहले से ही दबाव में रह रहे सिन्धी धीरे-धीरे अलग-थलग पड़ते जा रहे हैं, इसके बावजूद कि पहले जुल्फिकार अली भुट्टो और बाद में बेनजीर भुट्टो सत्ता में रहीं। पाकिस्तान की मुस्लिम आबादी के महत्त्वपूर्ण खण्डों में अल्पसंख्यकों के प्रति भेदभाव का दायरा बढ़ता गया और अहमदिया वगैरह भी इसकी चपेट में आ गए। इसका परिणाम यह हुआ कि बहुसंख्यक सुन्नी धार्मिक नेताओं में अन्य धर्मों को मानने वाले पाकिस्तानी नागरिकों के प्रति असहिष्णुता की प्रवृत्ति पैदा हो गई। इसी के परिणामस्वरूप पंजाब और सिन्ध में शिया-सुन्नी हिंसा में इजाफा हो रहा है और यह एक अस्थिरता फैलाने वाला कारक बन गया है।

जहां पूरा पाकिस्तान ही नशीले पदार्थों और क्लाशनिकोव संस्कृति के विनाशकारी प्रभाव में है, यह खास तौर पर उत्तर पूर्व सीमान्त प्रान्त, सिन्ध और बलूचिस्तान के अन्य दक्षिणी हिस्सों में खास तौर पर महसूस किया जा रहा है। पंजाबी वर्चस्व वाली संघीय सरकार हमेशा ही सिंध-खास तौर पर कराची और नवाबशाह व हैदराबाद (सिन्ध) जैसे महत्त्वपूर्ण शहरों-की राजनीति और अर्थव्यवस्था पर नियंत्रण खो बैठने की आशंकाओं से ग्रसित रही है जहां राजनीतिक संगठन और अवैध तरीके से हासिल हथियारों के कारण मुहाजिर

राजनीतिक रूप से हावी होते जा रहे हैं। पाकिस्तान के सर्वाधिक बड़े शहर और आर्थिक सत्ता के केन्द्र कराची में रोजाना हो रही हिंसा से प्रभावित जनजीवन इसी वास्तविकता को परिलक्षित करता है। पिछले छह वर्षों के दौरान अमेरिकी आर्थिक और सैन्य मदद में आई कमी का भी पाकिस्तान की अर्थव्यवस्था पर आंशिक रूप से नकारात्मक असर पड़ा है।

'सिन्धवादी बलूच', पश्तूनों के कुछ खास तबके और 'सरायक्सी' की जाति-केन्द्रित कुंठाओं ने घरेलू तनाव और दबावों को बढ़ाया ही है। यद्यपित इस्लामी पर्टियां और जिया समर्थकों को 1993 के चुनावों में झटका लगा, वे इतने प्रभावशाली तो थे ही कि बेनजीर और उनकी सरकार को अनिश्चतता की स्थिति में झुलाए रखें।

उस समय बेनजीर की प्राथमिक चिन्ता स्वाभाविक रूप से सत्ता में बने रहने की थी, और इस उद्देश्य के लिए उन्होंने पाकिस्तानी राजनीति में घरेलू अंतर्विरोधों की व्याख्या राष्ट्रीय एकता के लिए खतरे के रूप में की और अगले चरण में दावा कर डाला कि यह खतरा भारत की ओर से पैदा किया गया है। अब भारत के प्रति उनकी विचारधारा और प्रवृत्ति बदल गई थी राजनीतिक अस्तित्व बनाए रखने की जरूरत की वजह से और घरेलू राजनीति पर दबाव को महसूस किया जा सकता है उस अवधि में वापस जाकर जब जिया उल हक का विरोध कर लोकतंत्र बहाली के आन्दोलन का वह हिस्सा थीं। ''पाकिस्तान-दि गैदरिंग स्ट्रॉम'' नाम की 1983 में लिखी अपनी पुस्तक में भारत के प्रति अपने रुखों के बारे में उन्होंने अधोलिखित बातें कहीं हैं:

''प्रमुख पहल से बाज आते हुए एमआरडी (लोकतंत्र बहाली आन्दोलन) अपने सभी पड़ोसियों, खास तौर पर भारत से रिश्ते सामान्य व बेहतर करने की कोशिश करेगा। लोकतंत्र बहाली आन्दोलन भारत के साथ मैत्री के लक्ष्य की आशा करता है। इसलिए यह भारत के साथ हथियारों की होड़ को हतोत्साहित करने का सक्रियता से जिम्मा लेता है। यह नाभिकीय अनुसंधान कार्यक्रम के उन भागों को बंद कर देगा जो बिजली उत्पादन के लिए प्रत्यक्ष रूप से आवश्यक नहीं। यदि भारत इस क्षेत्र में हमारे दोनों ओर के लोगों में संभावित सहयोग की इच्छा रखता है तो उसके साथ अन्वेषणात्मक बातचीत की जाएगी।''

''एम आर डी युद्ध निषेध सन्धि के साथ ही शान्ति, मित्रता के समझौते करने के विचार को मंजूर करता है। यह भारत के साथ व्यापार, आर्थिक व सांस्कृतिक सहयोग अधिकतम करने का प्रण करता है। यह कोशिश करेगा कि भारत-पाकिस्तान सीमा को कनाडा और संयुक्त राज्य अमेरिका के बीच की रेखा

की तरह ही एक नरम रेखा में तब्दील कर दिया जाए।'' कश्मीर के मामले में एम आर डी इस पुराने विवाद को शान्तिपूर्वक सुलझाने के लिए शिमला समझौते को अब भी एक वैद्य ढांचे के तौर पर मानता है।

बाद में शिमला समझौते को खारिज करते हुए संयुक्त राष्ट्र संघ से हस्तक्षेप की मांग करना और कश्मीर में आतंकवादी हिंसा को समर्थन करने वाला उनका बाद का कश्मीर पर रुख 1983 में उनके विचारों की तुलना में बिल्कुल अलग था। उनकी सरकार ने भारत से टकराव को नाभिकीय आयाम भी दे दिया। डा. अब्दुल कादिर खान ने पेशावर में एक साक्षात्कार में कहा कि पाकिस्तान ने अपने नाभिकीय हथियार कार्यक्रम को न तो कभी छोड़ा और न ही बन्द किया। इस तरह भारत के साथ हथियारों की होड़ में शामिल नहीं होने के पूर्व दृष्टिकोण से सब कुछ बिल्कुल अलग हो गया था। भारत के साथ आर्थिक, सांस्कृतिक और प्रौद्योगिक सहयोग बढ़ाने की पाकिस्तान की नीतियों में तो बेनजीर ने कोई सकारात्मक बदलाव नहीं किया, लेकिन दिसम्बर, 1988 और जुलाई 1989 के बीच छह माह की छोटी अवधि में उन्होंने राजीव गांधी से बातचीत के दौरान इस दिशा में कुछ बड़ी सधी हुई शुरूआत की। 1993-94 के दौरान भारत-पाकिस्तान रिश्तों में गिरावट का ठोस कारण पाकिस्तान का घरेलू संकट था जिसने जनता का ध्यान भारत के रूप में उस बाहरी संकट की ओर खींचने के लिए बेनजीर को मजबूर किया जो था ही नहीं। यद्यपि अपने दूसरे कार्यकाल में बेनजीर प्रधानमंत्री के रूप में अपेक्षाकृत लम्बे समय तक बने रहने में सफल रहीं, वह राजनीतिक दृष्टि से इतनी शक्तिशाली नहीं थीं कि घरेलू चुनौतियों से निपट पातीं या फिर उन्हें काबू में कर पातीं। विशेषज्ञों की यह आम मान्यता थी कि जब वह पहली बार सत्ता में आईं, वह इतिहास के बोझ या उपमहाद्वीप के विभाजन के प्रति बेफिक्र थीं। और इसलिए वह भारत के नए समीकरण बैठा सकती थीं। लेकिन हुआ इसका ठीक उल्टा। उन बोझ को परे खिसकाने के बजाय बेनजीर ने उन्हें न केवल ओढ़ लिया बल्कि उन्हें भारत के प्रति अपनी नीतियों का प्रचालन तत्व बना डाला। हमारे परस्पर विरोधी रिश्तों की गहरी अन्तर्धाराओं को छोड़ दें तो भारत और पाकिस्तान के रिश्ते तभी सामान्य हो सकते हैं जब एक जिम्मेदार देश और समाज के रूप में पाकिस्तान खुद को सुदृढ़ और स्थिर कर लेता है।

नवाज शरीफ का निर्वासन-पाकिस्तान की घरेलू नीतियों पर प्रभाव

तख्तापलट कर नवाज शरीफ को पाकिस्तान के प्रधानमंत्री के पद से हटाकर खुद सत्ता संभालने वाले जनरल परवेज मुशर्रफ ने इस घटना के एक

साल बाद ही दिसम्बर, 2000 में शरीफ और उनके परिवार को निर्वासित कर दिया। ऐसा पहली बार नहीं हुआ कि सैनिक तख्तापलट को अंजाम देने वाले सैनिक नेतृत्व ने पाकिस्तान से राजनीतिक नेतृत्व को निर्वासित कर दिया हो। फील्ड मार्शल अयूब खान ने ठीक ऐसा ही किया जब उन्होंने 1958-59 के सैनिक तख्ता पलट के मुख्य व्यक्ति मेजर जनरल इस्कन्दर मिर्जा को इंग्लैंड निर्वासित कर दिया। इसके साथ ही उन्होंने मोहम्मद अली और नजीमुद्दीन जैसे राजनीतिक नेताओं पर पाकिस्तान छोड़कर चले जाने का दबाव डाला। यह सैनिक शासकों द्वारा व्यवहार में लाया जाने वाला तय तर्क है कि अपनी विश्वसनीयता कायम करने के लिए उन्हें सक्षम राजनीतिक प्रतिद्वंद्वी को निष्प्रभावी करना होगा और इसके लिए उन्हें सीन से हटाना होगा जो निर्वासन या फिर 'रास्ते से हटाकर' ही संभव है जैस जुल्फिकार अली भुट्टो के मामले में हुआ। नवाज शरीफ के निर्वासन की कुछ खास विशेषताएं हैं। आम चुनाव में जीत के आधार पर प्रधानमंत्री बने किसी व्यक्ति को पहले सत्ता से हटा देना और फिर निर्वासित कर देना।

पाकिस्तान के घरेलू राजनीतिक परिदृश्य से नवाज शरीफ के हटने के प्रभाव की समीक्षा करने के सन्दर्भ में शरीफ के निर्वासन की पृष्ठभूमि बड़ी प्रासंगिक है। इस बात से इन्कार नहीं किया जा सकता कि नवाज शरीफ आम लोकप्रिय समर्थन के जरिये सत्ता में आए थे। उन्हें जबर्दस्ती हटाया जाना दो कारकों का परिणाम था: पहला, पाकिस्तान की जनता के साथ विश्वासघात करना, बढ़ती निरंकुशता और बेलगाम भ्रष्टाचार तथा दूसरा, अकुशलता एंव राजनीतिक फैसले लेने में अक्षमता-इसका उदाहरण अपने थल सेना अध्यक्ष जनरल परवेज मुशर्रफ को बर्खास्त करने की उनकी कोशिश रही, जो पाकिस्तानी राजनीति की गंभीरतम वास्तविकता-पाकिस्तान की सत्ता संरचना में एक सांस्थानिक घटक के तौर पर पाक सशस्त्र बलों के प्रभाव की मौजूदगी को स्वीकार नहीं करने का एक असाधारण उदाहरण है।

इस बात की समीक्षा करना उपयुक्त होगा कि जनरल परवेज मुशर्रफ ने उन्हें निर्वासित क्यों किया। शरीफ और उनके परिवार के सदस्यों के साथ-साथ सशस्त्र सेना के विरूद्ध काम करने वाले कई अधिकारियों के खिलाफ भ्रष्टाचार, देशद्रोह, हत्या के प्रयास, पाकिस्तान की सशस्त्र सेना के अनुशासन को तोड़ने इत्यादि के आरोप पर मामले शुरू किए गए। नवाज शरीफ को लम्बे समय तक जेल हो सकती थी और फिर मौत की सजा भी। संभवत: जनरल परवेज मुशर्रफ ने महसूस किया कि 1999 और 2000 का पाकिस्तान 1977 से 1979 के पाकिस्तान से काफी अलग था जब जनरल जिया-उल-हक एक

प्रधानमंत्री को फांसी पर चढ़ा सकते थे। जनरल मुशर्रफ पर अमेरिका और खाड़ी के प्रभावशाली देशों-जिन पर पाकिस्तान निर्भर है-की ओर से जबर्दस्त दबाव था कि नवाज शरीफ पर भले ही मुकदमा चलाया जाए, लेकिन उन्हें कोई कड़ी सजा न दी जाए। बाकी जो भी कमियां रही हों, लेकिन नवाज शरीफ की अमेरिकी नेताओं, खाड़ी व पश्चिम एशिया के देशों के साथ बड़ी अच्छी घनिष्ठता थी। जनरल मुशर्रफ नहीं चाहते थे कि उन्हें एक कठोर सैनिक हस्ती के तौर पर देखा जाए। उनका उद्देश्य खुद को एक ऐसे उत्प्रेरक के तौर पर प्रस्तुत करना था जो अक्षमताएं, भ्रष्टाचार-जो 1988 से अक्तूबर 1999 के बीच पाकिस्तान की लोकतान्त्रिक सरकारों की विशेषता रही-के बाद पाकिस्तान में सच्चे अर्थों में लोकतंत्र को वापस लाने वाले के रूप में देखा जाए। जनरल परवेज मुशर्रफ के सैन्य तख्ता पलट के बाद अक्तूबर 1999 और सन् 2000 के अंत के बीच पाकिस्तान में मानो इतिहास की पुनरावृत्ति हुई थी। 1977 में जिया के सत्ता में आने के बाद जो हुआ; मुशर्रफ के तख्ता पलट के बाद ठीक वैसे ही पाकिस्तानी राजनीतिक दल फिर से अव्यवस्थित दिख रहे थे। पर सन् 2000 के शरद ऋतु तक सारे राजनीतिक दलों ने जनरल मुशर्रफ के सैन्य शासन के विरूद्ध एक यूनाइटेड फ्रंट का निर्माण करने की ठान ली थी। इस प्रक्रिया की परकाष्ठा यह थी कि नवाज शरीफ की पाकिस्तान मुस्लिम लीग और पाकिस्तान पीपुल्स पार्टी जनरल मुर्शरफ की सैन्य सरकार के खिलाफ सामूहिक मुहिम छेड़ने के लिए एक दूसरे के साथ जुड़ने के लिए तैयार थीं। मुशर्रफ और उनके सहकर्मियों का यह अंदाजा कि बेनजीर भुट्टो के निर्वासित होने और नवाज शरीफ की गिरफ्तारी और जेल जाने के बाद, पाकिस्तान के राजनीतिक दल पाकिस्तानी राजनीति में एक सक्रिय कारक नहीं बन पाएंगे; उपरोक्त गतिविधियों के होने के साथ गलत साबित हुई। इसके पहले पाकिस्तान सुप्रीम कोर्ट ने एक फैसला सुनाया था कि मौजूदा सैन्य शासन को सन् 2002 के मध्य तक अपना कार्यकाल पूरा कर लेना होगा, जिसे जनरल परवेज मुशर्रफ ने स्वीकार कर लिया था। अतः उनके पास दो विकल्प थे; या तो वह स्वेच्छा से सत्ता छोड़ दें या पाकिस्तान के राजनीतिक दलों को अगले साल चुनाव लड़ने का मौका दें या सत्ता में बने रहने के लिए पाकिस्तान के लोगों, साथ ही साथ, न्यायपालिका द्वारा स्वीकार्य लोकतांत्रिक सांस्थानिक व्यवस्थाओं के ढांचे के अन्दर किसी व्यवस्था को आरंभ करें। इनमें से वह दूसरे विकल्प को चुनते नजर आए। राजनेताओं को लेकर सर्वसाधारण में पल रही निराशा के बावजूद बेनजीर भुट्टो और नवाज शरीफ पाकिस्तानी सर्वसाधारण के बीच अभी भी एक खास रुतबा और चमत्कारी वजूद रखते हैं, जिसे परवेज मुशर्रफ नकार नहीं सकते थे, न ही वह उन्हें पाकिस्तानी की राजनीति में सक्रिय होने की छूट दे सकते थे।

बेनजीर, मुशर्रफ सरकार द्वारा चलाए जाने वाले भ्रष्टाचार के मुकदमों के भय से पाकिस्तान के बाहर रह रही थीं। नवाज शरीफ की आर्थिक संपत्ति और पाकिस्तानी राजनीति पर कोई भी प्रभाव बनाने से संबंधित उनकी क्षमताओं को मुख्य रूप से नष्ट करने के बाद जनरल परवेज मुशर्रफ ने जो व्यावहारिक समाधान चुना, वह था नवाज शरीफ का निर्वासन। पाकिस्तान के प्रमुख दलों के नेताओं को निर्वासित करने के पीछे मुशर्रफ की नई, और घरेलू और अन्तराष्ट्रीय रूप से ज्यादा स्वीकार्य सांस्थानिक व्यवस्थाओं के अन्तर्गत सत्ता को बरकरार रखने की तैयारी छुपी है। उन्होंने सन् 2000 दिसम्बर के उत्तरार्द्ध में राष्ट्र के नाम एक रेडियो और टेलीविजन प्रसारण में खुद ही इस संबंध में सकेत दिए थे। उनके भाषण के दिलचस्प बिन्दु थे; पहला बिना खुदाई करम के वह कभी भी नवाज शरीफ के भ्रष्ट शासन को उखाड़ फेंकने और सत्ता संभालने में कामयाब नहीं हो सकते जो उनके मुताबिक उन पर पाकिस्तान की संपन्नता सुनिश्चित करने की खास गंभीर जिम्मेदारी भी डालता है। "जैसा कि अल्लाह की ख्वाइश है", जनरल मुशर्रफ ने यह ऐलान किया कि वह पलायनवादी नहीं है और वह अपनी इन जिम्मेदरियों को पूरा करने के बाद ही सत्ता छोड़ेंगे। दूसरा, उन्होंने इस बात की पुष्टि की कि वह पाकिस्तान में लोकतंत्र को फिर से बहाल करना चाहते हैं। उन्होंने पाकिस्तान के लोगों को नसीहत दी कि वे पारम्परिक दलगत राजनीति में एक अभ्यास के तौर पर लोकतंत्र को न देखें। उन्होंने पाकिस्तान के लोगों से गुजारिश की कि वे पाकिस्तान में भ्रष्ट पार्टी प्रणाली पर भरोसा करने के बजाय सच्ची जनसेवा के लिए प्रतिबद्ध शिक्षित कर्त्तव्यनिष्ठ, ईमानदार प्रत्याशियों को आगे बढ़ाएं। तीसरा, उन्होंने घोषणा की कि लोकतंत्र की ओर पहले कदम के तौर पर वह पाकिस्तान में स्थानीय स्व-शासी निकायों और पंचायत के चुनाव कराने जा रहे हैं।

औपचारिक स्तर पर निकट भविष्य में बेनजीर भुट्टो के पाकिस्तान लौटने की सम्भावना बड़ी कम दिखती है। नवाज शरीफ को दस साल का निर्वासन मिला है और 21 सालों के लिए राजनीति और जन कार्यालयों में काम करने पर प्रतिबंध लगा है। कुछ पाकिस्तानी विश्लेषकों का यह मानना था कि बेनजीर भुट्टो और नवाज शरीफ दोनों ही, पाकिस्तानी राजनीतिक प्रक्रियाओं को लगातार प्रभावित करते रहेंगे और एकाध दशक से ज्यादा उन्हें बाहर नहीं रखा जा सकता है। ऐसी खबरें मिली हैं कि जनरल परवेज मुशर्रफ ने सऊदी युवराज अब्दुल्ला के साथ अपनी चार पांच मुलाकातों में नवाज शरीफ के निर्वासन की रूपरेखा तैयार की और पाकिस्तानी राजनीति से उन्हें दूर रखने का ताना-बाना बुना। यह भी काबिले गौर है कि बेनजीर भुट्टो ने लन्दन और दुबई को अपना रिहायशी

ठिकाना बना रखा है। ऐसी अपुष्ट खबरें भी हैं कि मुशर्रफ सरकार ने खाड़ी देशों की सरकार को इस बात के लिए राजी कर लिया है कि वे इन नेताओं को पाकिस्तान वापस जाने की अनुमति न दें, ताकि मुशर्रफ सत्ता में अपना कार्यकाल बढ़ा सकें।

ऐसा अनुमान है कि मुशर्रफ पंचायत चुनावों के खत्म होते ही तेजी के साथ जिला स्तरों से प्रान्तीय स्तरों पर बढ़ते हुए अपनी सरकार को एक नागरिक सरकार बनाने के लिए जुट जाएंगे। इस वक्त फील्ड मार्शल अयूब खान की 1960 के दशक में '*बेसिक डेमोक्रैसीज*' यही नाम उन्होंने दिया है, के साथ उनके प्रयोग की याद ताजा हो जाती है। पाकिस्तान से इस तरह की खबरें आ रही हैं कि अगले साल आम चुनाव कराने से पहले मुशर्रफ कोई गैर-सैनिक प्रधानमंत्री नियुक्त करेंगे। निलम्बित नेशनल एसेम्बली के अध्यक्ष इलाही बक्स सूमरो और पाकिस्तान पीपुल्स पार्टी के उपाध्यक्ष अमीन फाहिम के नाम इस पद के लिए चर्चा में हैं।

इसी बीच, पाकिस्तान की कोई भी राजनीतिक पार्टी नहीं चाहती कि जनरल परवेज मुशर्रफ द्वारा निलम्बित राष्ट्रीय संसद या प्रान्तीय विधानसभाएं पुनः बहाल की जाएं। संकेत हैं कि अभी से वर्ष 2002 के मध्य तक जनरल परवेज मुशर्रफ अपनी सरकार को आंशिक असैनिक पहचान देने की प्रक्रिया पूरी कर लेंगे और तब तक वह अपने लिए एक राजनीतिक मंच बना लेंगे। इस बात की सम्भावना है कि इस प्रक्रिया में वह पाकिस्तान के मुख्य कार्यकारी अधिकारी का पदनाम छोड़कर खुद को पाकिस्तान के राष्ट्रपति के रूप में पुनः नामजद कर लेंगे। इस बात की कोई सम्भावना नहीं कि निकट भविष्य में जनरल परवेज मुशर्रफ और पाकिस्तानी सशस्त्र सेनाएं सत्ता छोड़ देगी और राष्ट्रीय परिदृश्य से हट जाएंगे। जो सम्भावित है, वह यह कि मुशर्रफ किसी न किसी प्रकार की लोकतांत्रिक और असैनिक पहचान के साथ सत्ता में बने रहेंगे, और इस तरह पाकिस्तान की राजनीति में अपनी स्थिति को वैद्य बना देंगे। यह स्पष्ट है कि जिस रास्ते मुशर्रफ सत्ता तक पहुंचे हैं, उससे संबंधित हमारे तर्क-वितर्कों के आधार पर उनके साथ व्यवहार बनाने से इंकार करना भारत के लिए अव्यावहारिक होगा। व्यावहारिकता यह कहती है कि आने वाले कम से कम तीन से पांच सालों के दौरान हमें उनके साथ व्यवहार बनाने के लिए आगे बढ़ना चाहिए। यही एकमात्र रास्ता है, जिसके जरिए भारत-पाकिस्तान के रिश्तों के मौजूदा मुश्किल और जटिल दौर को ठीक करने की भारत आशा कर सकता है।

7
मुशर्रफ-वाजपेयी शिखर बैठक–परिप्रेक्ष्य एवं सम्भावनाएं

वाजपेयी–मुशर्रफ शिखर बैठक की तारीखों की घोषणा हो चुकी है, आगरा में 14 से 16 जुलाई तक होगी। वाजपेयी से बातचीत के लिए पहले से मुशर्रफ ने अपनी पदवी बदलते हुए 20 जून को खुद को पाकिस्तान का राष्ट्रपति घोषित कर दिया है और इस तरह उन्होंने खुद को कहीं अधिक औपचारिक दर्जे से लैस कर लिया है। 16 से 20 जून के बीच वाजपेयी और मुशर्रफ के अलग–अलग बयान आए जिससे संकेत मिलता है कि कश्मीर पर इनके समझौता वार्ता के रुखों में कोई बुनियादी बदलाव नहीं आया है; वाजपेयी ने कहा कि जम्मू–कश्मीर भारत का अभिन्न हिस्सा है और पाकिस्तान अधिकृत कश्मीर का मुद्दा भी शिखर बैठक के एजेंडे में होगा। दूसरी ओर मुशर्रफ ने कहा कि कश्मीर के भावी दर्जे को सुलझाना विभाजन के समय का अधूरा काम है। यही वे व्यापक राजनीतिक और दिखावटी परिप्रेक्ष्य हैं जिनमें शिखर बैठक होगी।

विश्लेषक और टिप्पणीकार वाजपेयी के निमंत्रण और मुशर्रफ की सकारात्मक प्रतिक्रिया के कारणों के गंभीर आकलन और अनुमानों में जुटे हुए हैं, कुछ ने तो यह रूढ़िगत सुझाव भी दे डाला कि पाकिस्तान कथित तौर पर जिस गंभीर संकट के दौर से गुजर रहा है, उसे इस मुश्किल स्थिति से निकलने के लिए भारत के साथ एक तर्कसंगत समझौता कर लेना चाहिए।

कोई भी यह राय बना सकता है कि एक मजबूत स्थिति के साथ भारत के इन समझौता वार्ता में शामिल होने अथवा इस पूर्वानुमान के कारण कि जनरल परवेज मुशर्रफ अत्यधिक दबाव में इस शिखर बैठक में भाग लेने आ रहे हैं, सुखानुभूति या आशावादिता के लिए कोई जगह नहीं बचती। आगामी शिखर बैठक को प्रभावित करने वाले संदर्भों और उत्प्रेरकों का एक वस्तुनिष्ठ विश्लेषण

आवश्यक है। वाजपेयी सरकार इस निष्कर्ष पर पहुंची है कि नवम्बर में एक तरफा संघर्ष विराम की घोषणा से जन्म लेने वाली उसकी शान्ति पहल बिना कोई ठोस नतीजा दिए संतृप्त बिन्दु पर पहुंच गई है। भारत के इस दृष्टिकोण के तहत कि कश्मीर मुद्दे से जुड़े दो पहलू हैं-एक घरेलू आयाम है जिसे हमें अपने कश्मीरी विद्रोही गुटों से मिलकर सुलझाना होगा और दूसरा आयाम है पाकिस्तान की कश्मीर में घुसपैठ में लिप्तता-और इन्हें ध्यान में रखते हुए सरकार ने कश्मीरी विद्रोही गुटों से बातचीत के लिए के.सी. पन्त को नियुक्त किया और फिर एक साहसी रुख अख्तियार करते हुए वाजपेयी से बैठक के लिए जनरल परवेज मुशर्रफ को निमन्त्रण दे दिया। मुशर्रफ को दिए निमंत्रण से स्पष्ट है कि भारत-पाकिस्तान के मुख्य कार्यकारी के साथ कश्मीर पर चर्चा को इच्छुक है। हुर्रियत और अन्य अलगाववादी गुटों की प्रतिक्रिया में अंतर्विरोधों और अस्पष्टता के बावजूद जम्मू-कश्मीर से जुड़े मुद्दों का संभावित हल खोजने के लिए बातचीत शुरू करने की अपनी सद्इच्छा से भारत पीछे नहीं हटा। यद्यपि, इन अलगाववादी गुटों द्वारा आतंकवाद और हिंसा नहीं छोड़ने के परिप्रेक्ष्य में भारत ने जनरल परवेज मुशर्रफ को निमंत्रण देने के समय ही एकतरफा संघर्ष-विराम जारी रखने का अपना फैसला पलट दिया। इस कदम का उद्देश्य तीन-बिंदुओं के साथ संदेश देना जान पड़ता है: पहला, भारत सरकार ने आतंकवादी हिंसा से थक-हारकर या इससे निपटने की राजनीतिक इच्छाशक्ति की कमी के कारण संघर्ष-विराम की घोषणा नहीं की थी। दूसरा, भारत सरकार तभी तक संयम बरतने की इच्छा रखती है जब तक अलाववादी गुट सरकार के सार्थक बातचीत करने के निर्णय पर रहते हैं। तीसरा, शांति और स्थिरता के व्यापक हित में भारत अपने रुख में संशोधन करते हुए जनरल परवेज मुशर्रफ के प्रतिनिधित्व में पाकिस्तान से बातचीत करने को राजी हुआ है। संघर्ष विराम वापस लेकर सरकार ने भारतीय जनता के उस अहसास को जवाब भी दिया था कि जम्मू-कश्मीर के हिंसक तत्त्व संघर्ष विराम का अनुचित लाभ उठा रहे हैं। इस पहल का गैर-उपमहाद्वीपीय आयाम कश्मीर की स्थिति पर महत्त्वपूर्ण विश्व शक्तियों और मोटे तौर पर अन्तर्राष्ट्रीय समुदाय की प्रतिक्रिया के प्रति भारत की चिन्ता है। भारतीय आकलन यह है कि कश्मीर पर भारत की चिन्ताओं के प्रति अन्तर्राष्ट्रीय समझ-बूझ और समर्थन बनाए रखने के लिए उच्चस्तरीय और बहु-आयामी वार्ता का शुरू होना जरूरी है। भारतीय राजनीतिक हलकों और जनमत में ऐसे हिस्से हैं जो बातचीत से किसी भी ठोस परिणाम की उम्मीद तो नहीं करते, लेकिन अधिसंख्य लोग वाजपेयी की शांति पहल का समर्थन करते हैं। वाजपेयी के निमन्त्रण पर जनरल परवेज मुशर्रफ की सकारात्मक प्रतिक्रिया के रुख और

कारण हैं; पहला और सबसे महत्त्वपूर्ण है भारत के प्रधानमंत्री द्वारा उन्हें बातचीत में शामिल करने से मुशर्रफ क्षेत्रीय और अन्तर्राष्ट्रीय, दोनों परिप्रेक्ष्यों में वैधानिकता पा जाते हैं। दूसरा, अपने नजरिये से जनरल परवेज मुशर्रफ यह कह सकते हैं कि उन्होंने भारत को शिखर बैठक के लिए मजबूर किया, खास तौर पर कश्मीर के मुद्दे पर। तीसरा, वाजपेयी के साथ मुशर्रफ की मुलाकात से पाकिस्तान की यह छवि गलत साबित होगी कि एक देश के रूप में वह इस्लामी अतिवाद और आंतकवाद का समर्थक है। भारत से बातचीत के साथ-साथ हरकत-उल-अंसार, जैश-ए-मोहम्मद और यहां तक कि जमात-ए-इस्लामी जैसे संगठनों पर प्रतिबंध लगाते हुए पाकिस्तान ने इनके खिलाफ जो अस्थायी कदम उठाए, उसका इस्तेमाल पाकिस्तान यह दावा करने में कर सकेगा कि इन मुद्दों पर अन्तर्राष्ट्रीय समुदाय, खासकर पश्चिमी लोकतांत्रिक देशों में जो नकारात्मक धारणाएं हैं, उन्हें लेकर पाकिस्तान गंभीर है। यह भी गौर करने की बात है कि जून के तीसरे सप्ताह में पाकिस्तान के विदेश मंत्री की वाशिंगटन में अमेरिकी विदेश मंत्री कॉलिन पॉवेल और राष्ट्रपति जॉर्ज बुश से मुलाकात हुई और इसमें सन्देह नहीं कि पाकिस्तानी विदेश मंत्री सत्तार ने इस अवसर का फायदा उठाते हुए न केवल जम्मू-कश्मीर पर पाकिस्तान की चिन्ताओं का इजहार किया होगा, बल्कि वाजपेयी से बातचीत के सन्दर्भ में आशा भी व्यक्त की होगी। एक तरह से 6 जून की 'नेशनल सीरत कौन्फ्रेंस' में दिया गया जनरल परवेज मुशर्रफ का भाषण उल्लेखनीय है। उन्होंने 'इस्लाम-पसन्द' पार्टियों और उग्रवादी संगठनों के नेताओं को चेतावनी दी कि वे भारत के बारे में अपनी आतंकवादी भावनाओं से युक्त दुस्साहसी और गैर-जिम्मेदाराना बयानों से बाज आएं। उन्होंने जोर देकर कहा कि उनकी (इस्लाम-पसंद पार्टियों और उग्रवादी संगठनों) गतिविधियों ने पाकिस्तान की छवि को खराब किया है और मुशर्रफ ने उनके इस दावे का भी खंडन किया कि वे पाकिस्तान की पहचान और सम्मान के लिए प्रतिबद्ध हैं। 6 जून को दिए इस भाषण से संभवतः यह संकेत मिलता है कि पाकिस्तान की सत्ता सरंचना में जनरल परवेज मुशर्रफ ने अपनी स्थिति सुदृढ़ कर ली है और वह खुद को इतना सुरक्षित समझने लगे हैं कि पिछले दो दशकों या इससे भी लम्बे समय से पाकिस्तान में पैठी अतार्किक दकियानूसी का मुकाबला कर सकें और, उसका विरोध कर सके। वाजपेयी के निमंत्रण को मुशर्रफ द्वारा स्वीकार लेने के खिलाफ उग्र-प्रतिक्रिया उम्मीदों के अनुकूल ही रही। महत्त्वपूर्ण बात यह है कि आगामी शिखर बैठक के प्रति मुशर्रफ के रुख पर इस विरोध का कोई प्रभाव नहीं पड़ा है।

जून की शुरूआत से ही दोनों देशों के विदेश मंत्रालयों के बीच शिखर वार्ता की तैयारी से जुड़े विचार-विमर्श और अनौपचारिक कागजात का

आदान–प्रदान जारी है। पाकिस्तान में भारतीय उच्चायुक्त नाम्बियार, प्रधानमंत्री के प्रधान सचिव ब्रजेश मिश्रा और विदेश सचिव चोकिला अय्यर से विचार–विमर्श करने के लिए दिल्ली में हैं। उन्होंने प्रधानमंत्री तथा राष्ट्रीय सुरक्षा परिषद् में मौजूद कैबिनेट मन्त्रियों को भी सारी वस्तुस्थिति से अवगत कराया। प्रधान सचिव ब्रजेश मिश्रा इस शिखर बैठक को लेकर भारत के रुख से अवगत कराने के लिए वाशिंगटन और रास्ते में पड़ने वाली कुछ अन्य राजधानियों के लिए जा रहे हैं। अमेरिका और अन्य महत्त्वपूर्ण शक्तियों, संयुक्त राष्ट्र महासचिव तथा एशिया क्षेत्र के महत्त्वपूर्ण देशों ने जनरल परवेज मुशर्रफ को निमन्त्रित करने की वाजपेयी की पहल का स्वागत किया है और यह उम्मीद की जा रही है कि यह शिखर बैठक कश्मीर मसले पर भारत और पाकिस्तान के बीच किसी सम्भावित समझौते की प्रक्रिया शुरू करेगी।

विशिष्ट सन्दर्भों में फिर शिखर बैठक से क्या सम्भावनाएं हैं? लाहौर प्रक्रिया की बहाली कुछ मायनों में एक सीमित उपलब्धि होगी। इस बात की सम्भावनाएं हैं कि दोनों नेता बाद की कार्रवाई, नाभिकीय टकराव टालने और नाभिकीय जोखिम घटाने के लिए सहमति ज्ञापन, के बारे में फैसला करें। यद्यपि सियाचीन में सैनिक हटाने, सर क्रीक पर सीमा का निर्धारण और परस्पर विश्वास बढ़ाने के उपायों में इजाफे जैसे अन्य मुद्दों पर भी चर्चा हो सकती है, लेकिन केन्द्रीय मुद्दा कश्मीर ही रहेगा। यह एक महत्त्वपूर्ण बात है कि नई दिल्ली में पाकिस्तानी उच्चायुक्त अशरफ जहांगीर काजी ने न केवल सत्तारूढ़ गठबंधन में भाजपा और उसके सहयोगियों बल्कि वामपंथी नेताओं समेत विपक्षी दलों से बातचीत कर उन्हें इस बात के लिए राजी करने का विशेष प्रयास किया कि दोनों शासनध्यक्षों के बीच कश्मीर के भावी स्वरूप पर चर्चा हो। यह समझा जा सकता है कि इन प्रयासों में काजी को आंशिक सफलता मिली। यद्यपि शिखर बैठक के उपरानत निकट भविष्य में कोई गुणात्मक प्रगति सम्भव नहीं। भारतीय जनमत और राजनीतिक हलके भारत से जम्मू–कश्मीर के किसी भी क्षेत्रीय अलगाव के सख्त विरोधी है। जहां तक जम्मू और कश्मीर की बात है, लद्दाख और जम्मू के लोग भी उपरोक्त मत के ही हैं। कश्मीर घाटी के राजनीतिक गुटों और लोगों में इस बात को लेकर अस्पष्टता और अन्तर्विरोध हैं कि ऐसा कौन सा हल हो जो उनकी आकांक्षाओं के अनुकूल हो। जहां तक घाटी के लोगों की बात है, कुछ ऐसे हैं जो पाकिस्तान में शामिल होना चाहते हैं, कुछ अन्य हैं जो चाहते हैं। कि भारत, पाकिस्तान और संयुक्त राष्ट की ओर से उपयुक्त सुरक्षा गारन्टी के साथ जम्मू–कश्मीर एक स्वतंत्र राज्य हो। फिर कुछ ऐसे हैं जो कश्मीर को तीन भौगोलिक क्षेत्रों लद्दाख, कश्मीर घाटी और जम्मू में विभक्त करने की

वकालत करते हैं जिसमें घाटी का ऐसे या वैसे पाकिस्तान से सम्पर्क हो। इसके साथ ही भारत में ही शरणार्थी बन गए कश्मीरी हिन्दुओं की ओर से भी इस तरह का अतिवादी सुझाव आता है कि कश्मीर को चार हिस्सों में बांट देना चाहिए–(क) लद्दाख, (ख) जम्मू, (ग) झेलम के पश्चिम की घाटी जो पाकिस्तान को दे दी जाए और (घ) झेलम के पूर्व की घाटी को कश्मीरी हिन्दुओं का 'स्वदेश' बना दिया जाए। इसके बाद अधिक स्वायत्तता या फिर केन्द्र के साथ दृढ़ सम्पर्क बनाए रखने पर चर्चा का घरेलू राजनीतिक आयाम भी है।

जहां तक पाकिस्तान की बात है, कश्मीर मुद्दे पर उनके बुनियादी रुख में न तो कोई सूक्ष्म अन्तर ही आया है और न ऐसे किसी बदलाव का संकेत ही मिलता है। 8 अप्रैल को प्रकाशित 'एशियन एज' के संस्करण में एम जे अकबर को दिए साक्षात्कार में जनरल परवेज मुशर्रफ ने कहा कि समाधान तभी सम्भव है जब भारत और पाकिस्तान, दोनों ही इतने लचीले हो जाएं कि अपने पुराने रुख को छोड़ सकें। यदि मुशर्रफ ने महसूस किया कि एक बार जब बातचीत शुरू हो जाती है, इस मसले पर आगे बढ़ना सम्भव हो सकेगा। यदि विशिष्ट सन्दर्भों में बात करें तो जनरल परवेज मुशर्रफ को लगता है कि कश्मीर मसले का हल संयुक्त राष्ट्र के प्रस्ताव–जनमत संग्रह के बारे में सुरक्षा परिषद के प्रस्ताव के आधार पर होना चाहिए। कश्मीर मुद्दे पर अपनी सोच को साफ करते हुए उन्होंने कहा कि कश्मीर के हालात की चारित्रिक विशेषता है वहां चल रही आजादी की लड़ाई। "वास्तविकताओं के आधार पर कह रहा हूं, कश्मीर के हालात की गतिकी यह है कि दुनिया के सभी हिस्सों से कश्मीरियों द्वारा छेड़ा गया यह आजादी का संघर्ष है।" उन्होंने कहा कि इस मुद्दे पर कश्मीरियों और पाकिस्तान, दोनों से व्यवहार करते वक्त भारत को इस वास्तविकता को ध्यान में रखना चाहिए।

हाल के महीनों में न भारत और न ही पाकिस्तान ने 1972 में शिमला में विचारित हल यानी आवश्यक फेरबदल के साथ नियंत्रण रेखा को अन्तर्राष्ट्रीय सीमा में बदल दिया जाए–का उल्लेख नहीं किया है। हालांकि यदि किसी तरह भारत–पाकिस्तान नियंत्रण रेखा को सीमा में तब्दील करने पर सहमत हो जाते हैं तो इस हल का अन्तर्राष्ट्रीय समुदाय का भी समर्थन मिल सकता है। जम्मू व कश्मीर के लोग इस हल को स्वीकार कर सकते हैं यदि इसे स्वायत्तता बढ़ाने और पाकिस्तान से सामान्य रिश्ते एवं पहुंच की गारन्टी के साथ जोड़ दिया जाए।

वाजपेयी और मुशर्रफ इतिहास व रूकी हुई बातचीत के बोझ तले दबे हुए इस शिखर बैठक तक पहुंचे हैं। हल के परस्पर विरोधी सुझावों की जटिलताएं

और 50 साल के वैरपूर्ण रिश्तों से जन्मे भावनात्मक और मनोवैज्ञानिक आवेगों से निर्देशित होने वाले दोनों पक्षों के जनमत, इन दानों नेताओं पर हावी हो सकते हैं। खैर, दोनों ही देश इस बात को लेकर निश्चित हो सकते हैं कि उनके बातचीत शुरु करने से भारत और पाकिस्तान की ऐसी छवि बनगी कि वे एक-दूसरे से तर्कसंगत और व्यवहारिक बातचीत करने में सक्षम हैं। इस शिखर बैठक से अपेक्षा है कि यह लगातार वार्ता प्रक्रिया का रास्ता खोलें। यद्यपि हो सकता है कि इससे कोई उल्लेखनीय प्रगति न हो, लेकिन इस वार्ता प्रक्रिया को अचानक रोकना भी नहीं चाहिए क्योंकि यह किसी ठोस नतीजे की ओर तो ले नहीं जा रही। यह शिखर बैठक भारत और पाकिस्तान को एक गहरे स्तर पर यह फैसला करने का अवसर जरूर प्रदान करती है कि क्या दोनों देशों के लोगों के भविष्य को कश्मीर मुद्दे का बंधक बना दिया जाए।

8
मानवाधिकारों पर पाक के भारत विरोधी कदम–उत्तर-जिनेवा सम्भावनाएं

3 जनवरी 1994 का दिन–जब भारत–पाक विदेश सचिव स्तर की वार्ता समाप्त हुई–और उसी शाम, पाकिस्तानी विदेश विभाग ने यह घोषणा की कि पाकिस्तान कश्मीर मुद्दे को मानवाधिकार उल्लंघन के संदर्भ में और विभिन्न अन्तर्राष्ट्रीय मंचों पर अन्य तर्क–वितर्कों में लगातार उछालता रहेगा।

तत्कालीन पाकिस्तानी प्रधानमंत्री बेनजीर भुट्टो ने कुछ दिनों के बाद यह घोषणा की कि पाकिस्तान संयुक्त राष्ट्र मानवाधिकार आयोग की फरवरी की जिनेवा बैठक में भारत के खिलाफ एक प्रस्ताव पेश करेगा और वह खुद आयोग की जिनेवा बैठक में पाकिस्तानी रुख की वकालत करने के लिए व्यक्तिगत रूप से उपस्थित रहेंगी। इसी घटनाक्रम में वह जिनेवा गईं; पाकिस्तान ने प्रस्ताव पेश किया। मानवाधिकार आयोग (एचआर सी) की बैठक में यह सबसे विवादास्पद मुद्दा था, जिस पर सहभागी शिष्ट मंडल पूरे एच आर सी सत्र में चिंतन–मनन करते रहे। अपने प्रस्ताव को किसी तरह से पास कराने के लिए पाक शिष्टमंडल ने उत्तवर्ती मसौदा तैयार किया, जिसमें ज्यादा अतिक्रमणवादी और हठधर्मी धाराओं को हल्का कर दिया गया था। पर अंत में, जैसा वह कहते हैं कि ईरान और कुछ हद तक चीन की सलाह पर उन्होंने अपना प्रस्ताव वापस ले लिया।

बहुत थोड़े समय में ही, पाकिस्तानी कूटनीतिक प्रयास, पूरे विश्व में अपने पक्ष में समर्थन को बढ़ाने के प्रयासों और जिनेवा में प्रचार करने के बावजूद, असफल हो गया।

एक मायने में भारत के लिए ''यह एक प्रसिद्ध विजय थी''। भारत के विभिन्न राजनीतिक दलों के भिन्न–भिन्न रंगों का प्रतिनिधित्व करता, राजनैतिक

हस्तियों के नेतृत्व में, हमने एक शिष्टमंडल मैदान में उतारा। यह एक बहुजातीय, बहु-धर्मी शिष्टमंडल था। इसमें दो कश्मीरी, एक प्रमुख मुस्लिम हस्ती फारूख अब्दुल्ला और एक महत्त्वपूर्ण हिन्दू हस्ती टी. एन. कौल भी शमिल थे। हमने शिष्टमंडल के राजनीतिक घटक में पार-महाद्वीपीय, पार-क्षेत्रीय अनुभवों वाले वरिष्ठ भारतीय राजनयिकों को शामिल किया, जिनके जिनेवा और न्यूयार्क में अच्छे सम्पर्क थे। हमने सम्मेलन से बाहर, भारतीय गैर-सरकारी संगठनों और बाहरी प्रचार विशेषज्ञों का उस प्रयास में शामिल होना सुनिश्चित किया। इसे प्रभावकारी बनाने के लिए हमारे विदेश मंत्री ने ईरान का दौरा किया ताकि ईरानी नेताओं को अपने सरोकार से अवगत करा सके और उन्हें इस बात के लिए तैयार कर सकें कि वे पाकिस्तान पर, नरम होने के लिए, दवाब डालें। ईरान ने सकारात्मक रुख दिखाया तथा इस बात पर अमल किया। तेहरान में चीन के विदेश मंत्री के साथ दिनेश सिंह के सम्पर्क ने भी जिनेवा में हमारी सफलता में योगदान दिया। जो परिणाम निकल कर आया, उस पर सन्तुष्ट होने के पर्याप्त कारण हैं। खुद को शाबासी देना, चैन की सांस और उपलब्धि का अहसास-ये सभी स्वाभाविक हैं। एच आर सी सत्र के बाद मीडिया द्वारा जोर-शोर से किया गया प्रचार भी अपेक्षित था।

पर इसके बाद के प्रेस सम्बोधन, वक्तव्यों और मीडिया की टिप्पणियों में प्रतिबिम्बित विजयोल्लास, भविष्य के प्रति पूर्वाभासी विश्वास का औचित्य क्या है? क्या यह ज्यादा प्रासंगिक या निहायत जरूरी नहीं कि इस बात का जायजा लिया जाए कि आगे क्या होने की सम्भावना है, जिनेवा सफलता के बाद हम किधर बढ़ने वाले हैं? हमारे विरूद्ध पाकिस्तान कौन-कौन सी चुनौतियां या संकट खड़ी करेगा? वह एक झड़प थी-एक जोरदार झड़प-जिसमें गरमा गरम बहस भी हुई, पर इसमें कोई शक नहीं कि वह एक तकरार मात्र थी, जो हमारे संतोष के लिए खत्म हो चुकी है। युद्ध, फिर भी जारी है। यह आने वाले कुछ समय तक जारी ही रहेगा। जिनेवा के बाद बेनजीर भुट्टो के दिए गये वक्तव्यों पर अगर ध्यान दिया जाए तो हमें इस सम्भावना पर थोड़ी देर के लिए भी शक नहीं होना चाहिए। द्विपक्षीय या बहुपक्षीय, दोनों ही सन्दर्भों में, हमें पाकिस्तान द्वारा जारी कूटनीतिक और मीडिया आक्रामकता का जवाब देना होगा। जिनेवा में हमारी उपलब्धि और उससे उपजी स्थितियों को ध्यान में रखना हमारी अनुक्रिया को रूप रेखा या सरंचना के लिए आवश्यक है।

सबसे पहले उपलब्धियां, सामने खड़ी चुनौती के प्रति एक समन्वित, संरचित, रणनीति के साथ अंतर्दृष्टिपूर्ण विदेश नीतिगत अनुक्रिया के रूप में हमने अपनी क्षमता दिखाई है; हमारे शिष्टमंडल का गठन, इसका नेतृत्व और इसकी

दलीलें कश्मीर मुद्दों से जुड़ी भारत के दृढ़ और स्पष्ट राष्ट्रीय जनमत को संयुक्त राष्ट्र एजेंसियों और अन्तर्राष्ट्रीय समुदाय तक पहुंचाती हैं। हमने पाकिस्तान के महत्त्वपूर्ण मित्रों (ईरान व चीन) को इस बात के लिए तैयार किया कि वे पाकिस्तान को बहुपक्षीय मंचों पर भारत के विरूद्ध टकराव से अस्थायी तौर पर पीछे हटने को राजी करें। हमारे तर्क मानवाधिकार आयोग के तिरपन सदस्यों में से ज्यादातर को पर्याप्त रूप से इतने सही लगे कि वे पाकिस्तान के प्रस्ताव से परे रह सके। हमने मानवाधिकार मानकों-वे मानक, जो तेजी के साथ अन्तर्राष्ट्रीय सरोकार बनते जा रहे हैं-के अभिप्रेरित राजनीतिकरण पर अकुंश डाला। हम यह दावा कर सकते हैं कि हमने संयुक्त राष्ट्र मानवाधिकार आयोग के जरिये कश्मीर मुद्दे के कार्यविधिक अन्तर्राष्ट्रीयकरण पर रोक लगाई। घरेलू राजनीतिक शब्दों में सरकार को एक संवेदनशील राष्ट्रीय मुद्दे से निपटने में कूटनीतिक दक्षता दिखाने पर श्रेय मिला।

दूसरा, इन प्रक्रियाओं का अंदरुनी पक्ष, हमें इस बात को स्वीकार करना चाहिए कि लगभग तीन दशक के अन्तराल के बाद कश्मीर मुद्दे पर अन्तर्राष्ट्रीय ध्यान केन्द्रित करने तथा इस मसले पर अन्तर्राष्ट्रीय दबाव बनाने या कार्रवाई की आवश्यकता बताने में पाकिस्तान को कामयाबी भी मिली। इस बात पर ध्यान देना होगा कि जिनेवा में किसी भी शिष्टमंडल ने यह विचार नहीं प्रकट किया कि भविष्य में संयुक्त राष्ट्र या एचआरसी में पाकिस्तान को ऐसे कदम नहीं उठाने चाहिए।

संयुक्त राष्ट्र मंच पर पाकिस्तान के इस प्रस्ताव का प्रतिरोध करने में इतना ज्यादा दिया गया ध्यान और इतने प्रयासों से हमने, अप्रत्यक्ष रूप से, संयुक्त राष्ट्र द्वारा ऐसे मुद्दे से, जो हर तरह से भारत का आन्तरिक मामला है, निपटने में कुछ वैद्यता हासिल कर लेने के बारे में अपनी आशंका को इंगित किया है। यह एच आर सी में सफल हुए ऐसे प्रस्ताव के घेरलू सार्वजनिक मत पर दिखावटी प्रभाव से जुड़ी चिन्ता थी जो जिनेवा में हमारी अतिसक्रिय गतिविधि में नजर आई। यह एक ऐसा रुख था जो हमारे प्रधानमंत्री की बौद्धिक धारणा और विश्वास से कुछ भिन्न था। उनका मानना था कि (क) पाकिस्तान के साथ का प्रतिकूल संबंध कुछ ऐसा है जिसके साथ भारत को तब तक रहना है, जब तक पाकिस्तान अपनी मौजूदा प्रवृत्ति और दृष्टिकोण को बरकरार रखता है, (ख) हमें विभिन्न बहुपक्षीय मंचों पर पाकिस्तान की कुटिल चालों को देख कर घबराना नहीं है, और (ग) अपने आन्तरिक मामलों में हस्तक्षेप करने वाली किसी बाहरी द्विपक्षीय या बहुपक्षीय गतिविधियों का मुकाबला करने के लिए भारत के पास क्षमता और खुद पर पूरा भरोसा है। हालांकि हम इस बात को स्वीकार नहीं करना चाहते कि

पाक प्रस्ताव पर बहस के आखिरी दौर में प्रतिनिधियों का हस्तक्षेप और प्रस्ताव की वापसी पर कारणों का ब्यौरा देता पाकिस्तानी वक्तव्य यह इशारा करते हैं कि ईरान कश्मीर पर भविष्य में होने वाले विचार-विमर्श में भारत-पाक और बहुपक्षीय सन्दर्भ, दोनों ही में किसी तरह की भूमिका निभाने की अपेक्षाएं रखता है। जहां तक हो सके, अन्तर्राष्ट्रीय संबंधों की गोपनीयता के तथ्यों को निश्चित तौर पर ध्यान में रखते हुए यह जानना प्रासंगिक होगा कि विलायती-दिनेश सिंह विचार-विमर्श से कौन-से निर्णयात्मक विचार उभर कर आए, जिसका फल यह हुआ कि जिनेवा में ईरान ने पाकिस्तान के प्रस्ताव को आगे बढ़ने से रोकने में वैसी सक्रिय भूमिका निभाई। ईरान के धार्मिक और वैचारिक झुकावों, तथा कश्मीर मुद्दे पर उसकी नीतियों के मद्देनजर यह सहज माना जा सकता है कि ईरान ने क्षेत्रीय अखण्डता के प्रति भारत की चिन्ताओं को दूर भी किया है, ऐसे में यह विश्वास करना कठिन है कि ईरान खुद के लिए किसी भूमिका का पूर्वानुमान नहीं कर रहा है, भले हमने विगत उच्च स्तरीय राजनीतिक सम्पर्क में ईरान की ऐसी भूमिका के लिए खासतौर पर कोई सहमति न दी हो। सच है, अमरीकी शिष्टमंडल ने मानवाधिकार आयोग की बैठक में दिए अपने वक्तव्यों में कश्मीर और उससे जुड़े मुद्दों के बारे में जिक्र नहीं किया। पर अमेरिकी सरकार भारतीय सरोकारों, पाकिस्तान द्वारा कश्मीर में हस्तक्षेप और आतंकवादियों द्वारा मानवाधिकार उल्लंघन के बारे में उदासीन और अलग-थलग रही। लोकतंत्र के प्रति भारत की कटिबद्धता और मानवाधिकारों के सन्दर्भ में उसके संतोषजनक रिकॉर्ड के बावजूद भारत से जुड़े मानवाधिकार मुद्दों पर अमेरिका का व्यवहार अजीबो-गरीब रहा है। जिनेवा में ईरान और चीन की मंशाओं का विश्लेषण प्रासंगिक है। यह विश्वास करना गलत होगा कि चीन और ईरान ने भारत का समर्थन सिर्फ जिनेवा बैठक के पहले के तीन-चार सप्ताह के छोटे समय में उनके साथ हुई कूटनीतिक और राजनीतिक अंतर्व्यवहार के कारण किया था। चीन, खासतौर पर 1988-89 से, विभिन्न संयुक्त राष्ट्र मंचों पर देश-प्रधान मानवाधिकार प्रस्तावों का लक्ष्य रहा है। ईरान ने भी ईरानी प्रस्ताव के बाद से समान विस्थिति का सामना किया है। 1993 के शुरु में भारत ने साभिप्राय यह निर्णय लिया कि किसी बहुपक्षीय मंच पर वह मानवाधिकार मुद्दों पर देश-प्रधान प्रस्तावों का समर्थन नहीं करेगा। इससे ईरान और चीन को फायदा हुआ। दोनों ही देशों के स्व-हितों का परिणाम उनके द्वारा देश-प्रधान प्रस्तावों का विरोध करने में प्रकट हुआ। वे नहीं चाहते थे कि इस सन्दर्भ में किसी भी संयुक्त राष्ट्र अभिकरण में कोई मिसाल कायम हो। भारत-पाक प्रस्तावों में मध्यस्थ की भूमिका निभाने के पीछे ईरान के अतिरिक्त अभिप्रेरण का संबंध उसकी अपनी सुरक्षा और स्थायित्व तथा क्षेत्रीय आकांक्षाओं से था। हमारे

तत्कालीन प्रधानमंत्री के सितम्बर 1993 में, संयुक्त राष्ट्र की आम सभा सत्र के प्रारम्भ से ठीक पहले, चीन और ईरान के दौरे ने भारत को यह अवसर प्रदान किया कि वह अपने विचारों और सरोकारों को इन देशों के उच्च राजनीतिक स्तरों तक पहुंचाए। नरसिंह राव तथा ली पेंग व रफसनजानी के बीच की व्यक्तिगत घनिष्ठता का नतीजा जिनेवा में अतिरिक्त सकारात्मक परिणाम के रूप में आया। हमें जिनेवा में चीनी और ईरानी समर्थन को लेकर कोई भ्रम नहीं पालना चाहिए, न ही हमें किसी त्रिपक्षीय ''ईरान-चीन-भारत ध्रुवीय या रणनीतिक समीकरण'' की अपेक्षा करनी चाहिए-यह तो तेहरान में दिनेश सिंह व कुआन के चेन की बात-चीत के आधार पर उछाला गया एक विचार है। चीन की ऐसी कोई मंशा नहीं है। उनके दृष्टिकोण और निर्णय, मानवाधिकार के क्षेत्र में उनके अपने सरोकारों और अपने-अपने राष्ट्रीय हितों पर आवश्यक रूप से आधारित थे।

मानवाधिकार, पर्यावरण प्रबंधन, शांति-स्थापना या अप्रसार जैसे अन्तर्राष्ट्रीय मुद्दों पर संयुक्त राष्ट्र को एक बढ़ती हुई हस्तक्षेपपूर्ण भूमिका दिये जाने के लिए महाशक्तियों की आम सहमति के साथ ही भारत को पाकिस्तान द्वारा दुष्प्रेरित संयुक्त राष्ट्र की सक्रिय भूमिका के बारे में पहले से ही सचेत हो जाना चाहिए। हमें कश्मीर के संबंध मे मानवाधिकारों, आत्म-निर्णय, अप्रसार, अन्तरिम निःशस्त्रीकरण उपायों और न जाने ऐसे और कितने ही मुद्दों के जरिये उठाए जाने वाले विवादों के लिए तैयार रहना चाहिए।

अतएव, उत्साह अतिरेक या आत्मतुष्ट अहसास के लिए कोई जगह नहीं है। जिनेवा में अपनी घोर पराजय के बाद से पाकिस्तानी नेताओं ने पूरे राजनीतिक परिदृश्य में भारत के खिलाफ मुहिम छेड़ने के अपने अनगिनत प्रयासों को अपनी घोषणाओं में पुष्ट किया है। अतः हमारा लक्ष्य वास्तविक राजनीतिक सम्भावनाओं को व्यक्त करना, मानकपूर्ण नीतियों की रचना करना और जवाहर लाल नेहरू की विदेश संबंधों के सिलसिले में दी गई चेतावनी को याद रखना है कि प्रचार कभी भी नीति की जगह नहीं ले सकता है। हमें अपने हितों की सुरक्षा के लिए किए संकल्प में दृढ़ होना है, पाकिस्तान के साथ बातचीत के उद्देश्य को तलाशना है और सबसे महत्त्वपूर्ण, किसी भी चीज पर न तो अति उत्साही और न ही निराश होना है।

9
भारत-बांग्लादेश संबंध-आवश्यकता एक बेहतर समायोजन की

बांग्लादेश के विदेश सचिव फारूक शोभान अगस्त 1996 में जब दिल्ली आए तो इस दौरे ने भारत और बांग्लादेश के बीच, करीब चार साल के अंतराल पर सार्थक सम्पर्कों के पुनरुत्थान का संकेत दिया। इस दौरे की पृष्ठभूमि थी भारत और बांग्लादेश दोनों ही देशों में नई सरकार का सत्ता में आना। भारत सरकार ने विदेश सचिव सलमान हैदर को प्रतिनिधि बना कर ढाका भेजा और छह सप्ताह के भीतर ही फारूक शोभान की जवाबी भारत यात्रा ने दोनों ही सरकारों की भारत-बांग्लादेश संबंधों, को, जिसमें 1993 से दूरियां और विसंगतियां छाई हुई थीं, पुनः सही मार्ग पर लाने की मंशा का संकेत दिया।

जून 1996 में बांग्लादेश में हुए चुनावों ने लगभव 21 सालों के बाद बांग्लादेश की राजनीति की काया ही पलट दी। अवामी लीग जिसने पूर्वी पाकिस्तान में स्वायत्तता आन्दोलन की अगुआई की और फिर आजादी के संघर्ष का भी नेतृत्व किया, जिसके कारण बांग्लादेश का गठन हुआ, एक लम्बे समय के बाद सत्तासीन हुआ। बांग्लादेश जब से अस्तित्व में आया, इसके शासनतंत्र की राजनीति व स्वरूप में उतार-चढ़ाव से भरा इतिहास मौजूद है। 1990 में बेगम खालिदा जिया-उर-रहमान ने बांग्लादेश में लोकतान्त्रिक शासन का अभ्युदय किया। फिर भी, बांग्लादेश, की राजनीति में 1990 से 1996 के मध्य तक, वह और उनके दल ने उत्तर-अवामी लीग की ओजस्विता का ही प्रतिनिधित्व किया। मुजिबुर्रहमान की बेटी शेख हसीना जिन्हें आवामी लीग की परम्परा व नेतृत्व विरासत में मिले थे, लम्बे संघर्ष के बाद सत्ता में वापस आईं। यह तथ्य कि उनके दल को राष्ट्रपति इरशाद के दल और अन्य दलों, जिसमें मुस्लिम

रूढ़िवादी वर्ग भी शामिल था, का समर्थन पाना अनिवार्य था–दो रूझानों को व्यक्त करता है। पहला, बांग्लादेशी राजनीति में एक प्रमुख प्रभाव के रूप में पुनः उभरने के बाद भी अवामी लीग देश में राजनीतिक बलों के पारस्परिक व्यवहार में अपनी सर्वप्रधानता फिर से हासिल नहीं कर पाया था। दूसरा, बेगम खालिदा जिया को बीएनपी और राष्ट्रपति इरशाद का जातीय दल संसद में पर्याप्त संख्या में चुन कर आए, जिससे यह संकेत मिला कि इन राजनीतिक दलों ने, सैन्य नेताओं द्वारा नींव रखे जाने के बावजूद, लोकतान्त्रिक विश्वसनीयता और राजनीतिक वैधता हासिल कर ली थी। ध्यान देने वाली बात यह है कि बांग्लादेश की शक्ति सरंचना और समाज, दोनों की सामाजिक-राजनीतिक संचालन शक्ति 1956 और 1975 के बीच की अवधि की तुलना में, गंभीर रूप से परिवर्तित हो चुकी है। इस परिवर्तन के लक्षण, जैसे वे नजर आते हैं, अधोलिखित हैं: बांग्लादेशी राजनीति में स्वतंत्रता संग्राम और स्वायत्तता के आन्दोलन की विचारधारा और चारित्रिक गुण की प्रासंगिकता कुछ भी नहीं रही, दूसरा, बांग्लादेश की अलग राष्ट्रीय पहचान को सुदृढ़ करने के लिए जरूरी कारक के रूप में इस्लाम का पुनः अभ्युदय हो रहा है। जमात और अन्य धार्मिक गुटों के बढ़ते प्रभाव इस आकलन को पुष्ट कर रहे हैं। यहां तक कि अवामी लीग ने, जो अपने राजनीतिक मंच पर धर्मनिरपेक्षता को एक महत्त्वपूर्ण तत्व मानता था, इस सिद्धान्त के प्रति अपनी कटिबद्धता से नाता तोड़ लिया है।

तीसरा, देश की दलगत राजनीति में सैन्य शक्तियां सक्रिय रूप से शामिल हैं। चौथा, बांग्लादेश की राजनीति में, दक्षिण पूर्वी एशिया व पश्चिम और यहां तक कि पाकिस्तान के साथ मजबूत जुड़ाव सहित एक प्रभावशाली कारक के रूप में व्यापारिक और उपभोक्तावादी मध्यम वर्ग (मैंने 'व्यापारिक और उपभोक्तावादी' विशेषणों को उपयुक्त समझ कर इस्तेमाल किया है, क्योंकि बांग्लादेश के मध्यम वर्ग का उद्यमी, पेशेवर व औद्योगिक हिस्सा इस समुदाय में अल्पसंख्यक है) अच्छे खासे आकार में उभर रहा है। पांचवां लक्षण है बांग्लादेशी राजनीतिक परिदृश्य से वामपंथी दलों और केन्द्र से वामपंथ का अदृश्य हो जाना। वे किनारे लगा दिए गए हैं। छठा लक्षण, बांग्लादेश में आम सर्वसम्मति यह है कि इसके वृहत्-इस्लामी आन्दोलन का हिस्सा बनने पर ही देश का सुदृढीकरण और इसकी उत्तरजीविता निर्भर करती हैं। बांग्लादेश की राजनीति में ये रुझान आमतौर पर इसकी विदेश नीति, और खासतौर पर भारत के प्रति इसकी नीतियों, पर अवश्यम्भावी असर डालेंगे। हमें इन वास्तविकताओं को स्वीकार करना चाहिए और बांग्लादेश की नई सरकार के साथ अपने संबंधों

को खड़ा करने में पहली बात यह याद रखनी होगी कि हमें न तो यह अनुमान लगाना होगा न ही अपेक्षा करनी होगी कि चूंकि अवामी लीग सत्ता में वापस आ गई है, इसलिए इसकी प्रवृत्ति भारत के प्रति वही पुराने अंतरंग भावनाओं को फिर से उभारने की होगी, जो बांग्लादेश के मुक्ति युद्ध के तुरंत बाद के परिणामी माहौल में थी। ऐसा नहीं होने जा रहा है। अगर हम ऐसी अपेक्षा व्यक्त करें या ऐसी किसी अपेक्षा पर अपनी नीतियों को घोषित करें, तो यह अवास्तविक होगा और विपरीत स्थिति पैदा करेगा; यह उलझनें भी पैदा करेगा और नई अवामी लीग सरकार पर गैर जरूरी बोझ भी डालेगा। हमारा मूल उद्देश्य यह होना चाहिए कि हम बांग्लादेश के लोगों के सार्वजनिक रुख की सामयिक आकांक्षाओं और रूझानों का प्रतिनिधित्व कर रहे सारे बांग्लादेशी राजनीतिक दलों के साथ परस्परता दिखाएं। भारत और बांग्लादेश के बीच विश्वसनीयता और भरोसे का वातावरण बनाना जरूरी है। उन समस्याओं का, जिससे भारत व बांग्लादेश को जूझना है, विषय–प्रधान विश्लेषण बड़ा उपयुक्त होगा। सबसे महत्त्वपूर्ण विषय है यह तय करना कि गंगा के संग्रहण क्षेत्र के पानी का बंटवारा दोनों देश किस तरीके से करें। जनवरी और मई के बीच के शुष्क मौसम के दौरान फरक्का से पानी का प्रवाह बढ़ाने की बांग्लादेश की जरूरत उचित और वैध है। विचारणीय मुद्दा है बांग्लादेश के लिए जरूरी जल का परिमाण। विदेश सचिव स्तर की वार्ता के आखिरी दो दौर में, एक ढाका में और दूसरा हाल ही में दिल्ली में, कुछ ठोस प्रगति होती हुई दिखी। पहला, दोनों देशों के बीच यह समझौता होना चाहिए कि इस विषय पर निर्णय मूलतः 'राजनीतिक' होगा जिसका लक्ष्य, दोनों देशों के बीच के संबंध में एक सकारात्मक समीकरण स्थापित करना होगा। शुद्ध तकनीकी रवैया बस विवाद को बढ़ाने का काम करेगा। अगस्त 1996 में, दिल्ली में एक पत्रकार सम्मेलन में बांग्लादेश के विदेश सचिव फारुख शोभान ने कहा कि दोनों देशों की सरकारों के बीच एक आम सहमति उभर रही है कि जल संसाधनों पर साझेदारी के लिए समझौता स्थायी होना चाहिए न कि अल्प–कालिक व्यवस्था का सामयिक चलन। सब जोड़कर देखा जाए तो, कमी के मौसम के दौरान, फरक्का के ऊपर सुलभ जल प्रवाह के परिमाण के आधार पर भारत को बांग्लादेश को 21 से 26 हजार क्यूसेक तक की जल आपूर्ति का आश्वासन देना चाहिए। कुछ तकनीकी समस्याओं के बावजूद ऐसा सम्भव है यह संकेत द्विपक्षीय वार्ता के बाद उपलब्ध आम सूचना में दिखा, साथ ही यह भी इंगित किया गया कि दोनों ही पक्ष द्वारा बांग्लादेश में जल प्रवाह के दीर्घ कालिक आगम के लिए न सिर्फ गंगा के संसाधनों को बल्कि सारी नदियों और उनकी

सहयोगी धाराओं का, जो उस क्षेत्र में भारत और बांग्लादेश के हिस्सों से होकर बहती हैं, दोहन किया जाएगा। दूसरा मुद्दा है भारत और बांग्लादेश के बीच व्यापार में असंतुलन। इसका परिणाम हमारे इस महत्त्वपूर्ण पड़ोसी की राजनीतिक व आर्थिक विफलता का जहां एक तरफ दक्षेस के अन्तर्गत व्यापार व्यवस्थाओं के उदारीकरण की ओर हम बढ़ रहे हैं, वहीं भारत को द्विपक्षीय ढांचे में भी प्रयास शुरू करने होंगे। यदि भारत बांग्लादेश के लिए निर्यात शुल्क या गैर-शुल्क संबंधी अवरोधों को हटा दे तो भी इससे कोई बड़ा प्रतिकूल प्रभाव हमारे निर्यात या अर्थव्यवस्था पर नहीं पड़ेगा। जहां एक ओर हमारा कोई नुकसान नहीं वहीं हम बांग्लादेश की अर्थव्यवस्था में महत्त्वपूर्ण योगदान करेंगे, जिसके बदले एक सकारात्मक राजनीतिक प्रभाव पड़ेगा।

बांग्लादेश के सारे नेताओं ने यह मंशा जाहिर की कि मार्च, 1972 में इंदिरा गांधी और मुजिबुर्रहमान के बीच हुई शांति, मैत्री और सहयोग की भारत-बांग्लादेश सन्धि का नवीकरण करने में उनकी दिलचस्पी नहीं है। विदेश सचिव फारूक शोभान ने दिल्ली में कहा कि जिस समय सन्धि पर हस्ताक्षर हुए, उस समय हो सकता है यह जरूरी रही होगी और इसने द्विपक्षीय आवश्यकताओं की पूर्ति भी की हो, पर अब, जबकि सन्धि के सारे उद्देश्य प्राप्त किए जा चुके हैं, तो यह कतई प्रासंगिक नहीं रही। इस विषय पर विवादों को पनपने देने से अच्छा होगा कि हम बांग्लादेश के सन्धि के नवीकरण न करने के फैसले पर तुरन्त सहमत हो जाएं। भारत व बांग्लादेश के राजनीतिक संबंधों के नये सन्दर्भ सूत्रों को परिभाषित करते कुछ नये संयुक्त वक्तव्य और नई घोषणाएं सन्धि की जगह ले सकती हैं। ये नये सन्दर्भ सूत्र, एक और जहां भारत के हितों की रक्षा करें, वहीं स्पष्ट रूप से बांग्लोदश के सरोकारों के प्रति जवाबदेही भी हों। बेरु बेरी की सुपुर्दगी और तीन बीघा गलियारे को बांग्लादेश को देने के बाद भी दोनों देशों के बीच कुछ प्रमुख क्षेत्रीय मुद्दे हैं। अभी भी कुछ क्षेत्रों की अदला-बदली बाकी है। न्यू मूर द्वीप और भारत-बांग्लादेश समुद्री सीमा से संबंधित कुछ अनसुलझी समस्याएं अभी मौजूद हैं। हमारी केन्द्र सरकार को, पश्चिम बंगाल की सरकार से सलाह-मशविरा कर, बांग्लादेश के साथ इन मुद्दों को मैत्रीपूर्ण तरीके से निपटा देना चाहिए। बांग्लादेश के साथ क्षेत्रीय विवादों का कोई गहरा रणनीतिक या सुरक्षा विषयक असर हमारे ऊपर नहीं पड़ता पर वे राजनीतिक भावनाएं जरूर भड़काते हैं। क्षेत्रीय स्थिरता के वृहत्तर हितों के लिए इन पर काबू पाना आवश्यक है। दिल्ली में फारूक शोभान से विचार-विमर्श के अंत मे एक स्वागतपूर्ण खबर निकली कि बांग्लादेश के अधिकारी चकमा शरणार्थियों को

वापस लेने के लिए सहमत हैं। इससे भारत-बांग्लादेश संबंधों के न सिर्फ एक विवाद का खात्मा होगा, बल्कि भारत, बांग्लादेश व म्यांमार के बीच की गलतफहमियां भी दूर होंगी। भारत और बांग्लादेश, दोनों ही, व्यापार के लिए एक-दूसरे के क्षेत्रों से होकर पारगमन की सुविधा चाहते हैं। भारत अपने पूर्वी और उत्तर-पूर्वी राज्यों तक बेहतर पहुंच के लिए पारगमन की सुविधा यथाशीघ्र चाहता है। बांग्लोदश, नेपाल और भूटान मे अपने निर्यात को बढ़ाने के लिए पारगमन सुविधाएं चाहता हैं। दोनों ही देशों को आर्थिक बाध्यताओं की वजह से इन सुविधाओं को प्राथमिक तौर पर प्रदान न करने के पीछे अपनी कुछ शर्तें हैं। ये शर्तें राजनीतिक बाध्यताओं और सुरक्षा दृष्टिकोणों पर आधारित हैं।

प्रकट रूप से एक समस्या बांग्लादेश से भारत की ओर बड़े पैमाने पर हो रहे अवैध पलायन की है। बांग्लादेश का साफ-साफ मना कर देना कि ऐसा कोई अवैध पलायन नहीं हो रहा, इस मसले का हल नहीं। अब समय आ गया है कि बांग्लोदश की नई सरकार इस अत्यधिक कठिन समस्या पर कोई नया और ज्यादा वस्तुनिष्ठ नजरिया अपनाए और एक व्यावहारिक समाधान के लिए भारत के साथ बातचीत करे। यह समस्या राजनीति से परे है। यह मुद्दा बांग्लादेश और उसके चारों ओर भारतीय राज्यों के भूभागों पर प्रबल जनसांख्यिक दबाव के कारण जटिल हो गया है।

मोटे राजनीतिक शब्दों में, बांग्लादेश को भारत के प्रति कुछ आम आशंकाएं हैं। एक भारतीय पत्रिका को दिए साक्षात्कार में विदेश सचिव फारूक शोभान ने यह विचार व्यक्त किया कि भारत बांग्लादेश पर अपना ध्यान नहीं देता है। यह खुद को एक बड़ी शक्ति मानता है, जिसे अंतरराष्ट्रीय राजनीति मे महत्त्वपूर्ण शक्ति केन्द्रों साथ ज्यादा उत्कटता के साथ अंतर्व्यवहार करना चाहिए। पर, यह समीक्षा सही नहीं है, क्योंकि एक महत्त्वपूर्ण और घनी आबादी वाले पड़ोसी के रूप मे बांग्लादेश हमारे विदेश नीतिगत परिदृश्य में हमेशा विशाल रूप से छाया रहता है, क्योंकि भौगोलिक रूप से इसकी स्थिति भारत के उत्तर-पूर्वी हिस्से और बाकी हिस्सों के बीच में होने और म्यांमार के साथ हमारी अंतराष्ट्रीय सीमा में साझा करने की वजह से यह हमारे लिए भू-रणनीतिक तौर पर पाकिस्तान से भी ज्यादा अहम है। यदि बांग्लादेश को भारत के बारे मे कोई भी अंदेशा है, तो हमें यह स्पष्ट आश्वासन देना होगा कि भारत बांग्लादेश की क्षेत्रीय अखण्डता और एकता की कद्र करता है और यह उसके साथ सम्प्रभु समानता के आधार पर संबंधों का निर्वाह करना चाहता है। उनके साथ हमारे अन्तर्व्यवहार के ब्योरों के एक-एक बिंदु पर डाले गये जोर की बजाय बांग्लादेश के

राजनीतिक सरोकारों और सीमाओं के प्रति संवेदनशील प्रतिक्रिया दिखाना हमारा शासनगत नजरिया होना चाहिए।

1972 की भारत-बांग्लादेश मैत्री संधि–बांग्लादेश में राजनीतिक चिंतन

बांग्लादेश में सत्तासीन दल, साथ ही साथ विपक्ष के नेता, बेगम खालिदा जिया और शेख हसीना ने 1993 के ग्रीष्मकाल से मुजिबुर्रहमान व इंदिरा गांधी के बीच 19 मार्च 1972 को हुई शांति, मैत्री और सहयोग की संधि के बारे मे विवादों को फैला रही हैं। जहां एक ओर शेख हसीना यह तर्क रख रही हैं कि बदली परिस्थितियों और समयांतराल के कारण संधि अप्रासंगिक हो गई है, वहीं बेगम खालिदा जिया "बांग्लादेश को भारतीय आधिपत्य की बेड़ी" तोड़ने तथा "दिवंगत प्रधानमंत्री शेख मुजिबुर्रहमान की अदूरदर्शिता के कारण बांग्लादेश की संप्रभुता पर संधि द्वारा थोपी गई बाध्यताओं से मुक्त करने के लिए" संधि को रद्द करने की बातें करती हैं।

बेगम जिया और शेख हसीना, दोनों ही इस बात को स्वीकारती हैं कि यह संधि बांग्लादेश के अगले चुनावों के दौरान एक महत्त्वपूर्ण राजनीतिक मुद्दा होगी। पूर्व राष्ट्रपति इरशाद का दल और बांग्लादेश के इस्लाम-पसंद राजनीतिक गुट पूर्व-व्यापी विश्लेषण के अभ्यासों में इस संधि पर हस्ताक्षर करवाने के पीछे नकारात्मक भारतीय अभिप्रेरणों को जोड़ रहे हैं। यही वह समय है जब इस संधि की पृष्ठभूमि में छाए मकड़जाल को साफ करना है और सारे तथ्यों को खरा दिखाना है।

हालांकि 16 दिसम्बर 1971 को ढाका में पाकिस्तानी सेना के आत्मसमर्पण करने से बांग्लादेश मुक्त हो चुका था, पर कुछ सैनिक चित्तागोंग पहाड़ी भूभाग और काक्स बाजार की ओर भाग गये थे और वहीं से बांग्लादेश विरोधी सैन्य संचालन कर रहे थे। लगभग अंतिम समय तक बांग्लादेश ने पाकिस्तान चीन और अमेरिका का विद्वेष झेला है। बांग्लादेश के विरुद्ध यह वैर भाव 1972 के पूर्वार्द्ध तक बहुत प्रबल था। 93,000 पाकिस्तानी युद्धबन्दियों की गिरफ्तारी और बांग्लादेश के पाकिस्तानी अधिकारियों के खिलाफ युद्ध अपराध मुकद्दमा चलाने के वास्तविक अभिप्राय के कारण होने वाली राजनीतिक घटनाओं के प्रति अनिश्चितता ने तनाव को और बढ़ा दिया था। अपने देश की नाजुक स्थिति देख कर शेख मुजीब ने सत्ता संभालने के तुरंत बाद जनवरी 1972 में श्रीमती इंदिरा गांधी से अनुरोध किया कि भारतीय सशस्त्र बल 1972 के अंत तक बांग्लादेश मे बने रहें, ताकि बांग्लादेश-विरोधी बलों की गतिविधियों को, जो उस समय

क्रियाशील थी, निरस्त किया जा सके। श्रीमती गांधी का यह कहना था कि शेख मुजीब की रिहाई और बांग्लादेश के प्रधानमंत्री के रूप में सत्तासीन होने के बाद भारतीय सेना के वहां बने रहने का कोई नैतिक या राजनीतिक औचित्य नहीं बनता। उन्होंने कहा कि वह भारतीय सेना को जल्द से जल्द वापस बुला लेना चाहती हैं।

शेख मुजीब फरवरी 1972 में सरकारी दौरे पर कलकत्ता आए थे। श्रीमती गांधी के साथ, जो उनके आगमन पर कलकत्ता गई थीं, अपनी बातचीत के दौरान उन्होंने बांग्लादेश और भारत के बीच राजनीतिक और सुरक्षा सहयोग को संस्थागत बनाने के लिए संधि या समझौते की इच्छा जताई। उन्होंने कहा कि वह कलकत्ता में ही समझौते पर हस्ताक्षर करने के लिए तैयार हैं। श्री पी.एन. एक्सर ने, प्रधानमंत्री के तत्कालीन मुख्य सचिव, बिल्कुल सही विचार रखा था कि भारत की बांग्लादेश के साथ, खासतौर पर भारतीय क्षेत्र के ऊपर, इसकी मुक्ति के तुरन्त बाद किसी राजनीतिक या सुरक्षा समझौते पर हस्ताक्षर करने की हड़बड़ी नहीं करनी चाहिए। पाकिस्तान व चीन, साथ ही साथ अंतरराष्ट्रीय समुदाय अभिप्रेरित आलोचना में लिप्त होकर बिना वस्तुस्थिति जाने यह कहेंगे कि भारत ने बांग्लादेश पर दबाव डाल कर उक्त समझौते पर हस्ताक्षर करवाया। श्रीमती गांधी ने इस पूर्वानुमान को उचित माना और शेख मुजीब से कहा कि भारत बांग्लादेश के साथ हर लिहाज से खड़ा रहेगा पर संधि वगैरह के लिए थोड़ा इंतजार करना होगा। कलकत्ता में ही मुजीब ने श्रीमती गांधी को मार्च 1972 में बांग्लादेश के लिए सरकारी यात्रा का औपचारिक निमंत्रण दे दिया था। जो तारीखें तय की गईं, वे 17 से 19 मार्च 1972 के बीच में थी।

दिल्ली वापस लौटने पर श्रीमती गांधी ने अपने मंत्रिमंडलीय सहयोगियों के साथ सलाह-मशविरा करने के बाद हमारे सेना मुख्यालयों, साथ ही साथ ढाका में हमारे उच्चायुक्त को यह संदेश भिजवाया कि वह स्पष्ट रूप से चाहतीं है कि उनके ढाका उतरने के पहले सारी भारतीय सशस्त्र सैन्य टुकड़ियों को, चित्तागोंग पहाड़ी भूभाग में बचे हुए पाकिस्तानी बलों के खिलाफ संचालन कर रहे बल को छोड़ कर, बांग्लादेश से वापस बुला लिया जाए। शुरु में शेख मुजीब इस निर्णय से खुश नहीं थे पर बाद में वह सहमत हो गये। 12 मार्च 1972 को ढाका में उन्होंने भारतीय सैन्य टुकड़ियों की सलामी लेकर उन्हें विदा किया। सारी भारतीय सशस्त्र टुकड़ियां 15 मार्च तक भारतीय क्षेत्र में वापस आ गईं। श्रीमती गांधी 17 मार्च की दोपहर को ढाका पहुंची। श्रीमती गांधी के साथ अकेले में बातचीत के दौरान शेख मुजीब ने फिर राजनीतिक और रक्षा सहयोग पर एक तरह के संस्थागत समझौते की पेशकश की। समझौते पर हस्ताक्षर करने

का अंतिम निर्णय तब लिया गया जब 18 मार्च 1972 को अपने सहायकों के साथ शेख मुजीब और श्रीमती गांधी ढाका और नारायणगंज के बीच नौका विहार पर गये। विचारों के आदान-प्रदान के पीछे, जिसने समझौते पर हस्ताक्षर करने की भूमिका तैयार की, मानवीय और सहजतापूर्ण पृष्ठभूमि थी। ढाका के घाट पर विहार-नौका के पहुंचने के तुरन्त बाद शेख मुजीब ने श्रीमती गांधी से पूछा कि दस्तावेज की रूप रेखा क्या तय की जाए जिस पर यात्रा के अंत में हस्ताक्षर हों। दिवंगत पी.एन. धर ने कहा था कि इस पर संयुक्त प्रेस वक्तव्य हो सकता है। तब मुजीब ने पूछा था: ''वक्तव्य से बेहतर क्या है?'' धर ने जबाव दिया कि वक्तव्य से बेहतर संयुक्त विज्ञप्ति हो सकती है। मुजीब ने फिर पूछा कि राजनीतिक रूप से विज्ञप्ति से अधिक प्रभावकारी क्या होगा? जिसके जवाब में धर ने कहा था कि दोनों प्रधानमंत्रियों द्वारा संयुक्त घोषणापत्र ज्यादा प्रभावी हो सकता है। मुजीब ने बातचीत जारी रखते हुए पुनः पूछा था कि संयुक्त घोषणापत्र से भी ज्यादा अच्छा क्या होगा? तब विदेश सचिव टी. एन. कौल ने कहा, ''शांति, मैत्री व सहयोग की संधि।'' मुजीब श्रीमती गांधी की ओर मुखातिब हुए और कहा कि वह संयुक्त घोषणापत्र और शांति मैत्री व सहयोग की संधि, दोनों के इच्छुक हैं। श्रीमती गांधी ने शेख मुजीब से पूछा कि क्या वह वाकई दोनों दस्तावेजों के लिए उत्सुक हैं? मुजीब का जबाव सकारात्मक था। बांग्लादेश के विदेश सचिव इनायत करीम और भारत के विदेश सचिव टी.एन. कौल को नौका पर ही संधि का मसौदा तैयार करने के निर्देश दे दिये गए। संयुक्त घोषणापत्र के प्रारूप को तैयार करने का जिम्मा मुझे और बांग्लादेश के विदेश मंत्रालय के दक्षिण और दक्षिण एशिया विभाग के महानिदेशक श्री एच.एम.एस. किब्रिया को सौंपा गया। दोनों ही दस्तावेजों को, वरिष्ठतर अधिकारियों द्वारा जांच-पड़ताल के बाद प्रधानमंत्रियों को सौंप दिया गया और उन पर उसी दिन दस्तखत हो गये।

सीमा विवाद: भारत-बांग्लादेश संबंधों में एक नया मोड़

भारत के सीमा सुरक्षा बल और बांग्लादेश की सेना और बांग्लादेश राइफल्स के बीच 15 और 19 अप्रैल 2001 को हुई सैन्य झड़प ने भारत-बांग्लादेश संबंधों में एक नाजुक मोड़ पैदा कर दिया है। तीन दिनों से झड़प की गतिविधियों के बारे में पढ़ने के बाद मेजर जनरल राव फरमान अली, जो 1971 के बांग्लादेश मुक्ति युद्ध के दौरान जनरल नियाजी के राजनीतिक-सैन्य सलाहकार थे, की टिप्पणी स्वतः याद आती है। फरमान अली जब युद्ध के वरिष्ठ बन्दियों के साथ भारतीय वायु सेना विमान की ओर ले जाए जा रहे थे,

तब उन्हें ले जा रहे अधिकारी की ओर मुड़ कर उन्होंने कहा था: ''ये लोग जिन्हें आपने मुक्ति दिलाई है, एक दिन आपके ही खिलाफ हो जाएंगे। बंगालियों के साथ किसी भी दीर्घकालिक मैत्री को लेकर आश्वस्त नहीं होना। आपके विरुद्ध उनकी शत्रुता एक दिन फिर उठ खड़ी होगी। याद रखना, पाकिस्तान के निर्माण की ज्यादा वकालत इन लोगों ने ही की थी।''

पिरदीवाह में बांग्लोदश राइफल्स-बांग्लादेश सेना की कार्रवाई के बाद बांग्लादेश राइफल्स (बी.डी.आर.) के महानिदेशक फजलूर रहमान के वक्तव्य पर मन यह सोचने लगता है कि राव फरमान अली क्या भविष्यवक्ता थे। संकट का यह तात्कालीक वृहत् स्वरूप 20 अप्रैल की सुबह से ही जड़ पकड़ने लगा था। प्रश्न यह उठता है कि क्या यह कहानी का अंत है? इस हिंसात्मक घटना की संभावनाएं और संकेत क्या हैं? पिछले 29 सालों में यह दूसरी बार हुआ है कि भारत और बांग्लादेश के सुरक्षा बलों के बीच इतने बड़े पैमाने पर सैनिक मुठभेड़ हुई। हाल के इस विवाद की मात्र एक भिड़ंत के फलस्वरूप बड़े पैमाने पर भारतीय हताहत हुए (15 मृत दो गुमशुदा)। यह प्रासंगिक होगा कि हम क्षेत्रीय गलतफहमियों की पृष्ठभूमि को याद करें और उन कारणों का आकलन करें कि यह अनपेक्षित (भारतीय नजरिये से) सैन्य मुठभेड़ हो कैसे गई। इस मुठभेड़ के स्रोत को समझने के लिए भारत के बंटवारे के कालखण्ड में जाना होगा।

पाकिस्तानी और भारतीय स्वतंत्र अधिराज्यों की सीमाओं का निर्धारण करते समय, एक तरफ पूर्वी बंगाल की सीमा (जिसका नाम पूर्वी पाकिस्तान रखा गया) और दूसरी तरफ असम व पश्चिम बंगाल की सीमा इस तरह से अंकित की गई थी कि वहां के क्षेत्रों के कुछ हिस्सों को पाकिस्तान या भारत के बीच बांटा तो गया था, पर उस हिस्से की आबादी का धार्मिक या आर्थिक झुकाव उनके क्षेत्रीय विभाजन के बिल्कुल विपरीत था। भारत के हिस्से मुस्लिम आबादी वाला सीमा क्षेत्र आया, जिसका जुड़ाव पूर्वी पाकिस्तान से था और पूर्वी पाकिस्तान के हिस्से में हिन्दुओं वाला भाग आया, जो भारतीय राज्यों से जुड़ा था। इस पूरे घटनाक्रम को भूभागों के प्रतिकूल स्वामित्व या अंत:क्षेत्रों में विभाजन के रूप में व्यक्त किया जा सकता था, जिसका भावी स्वरूप भारत व पाकिस्तान के बीच की बातचीत से तय होना था। भारत व बांग्लादेश ने इस समस्या को विरासत में पाया था। सबसे बड़ा विवाद था बेरुबारी अन्त: क्षेत्र को लेकर, जिसे बांग्लादेश के हिस्से में जाना था, पर उस तक पहुंचने का रास्ता भारतीय भूभाग से होकर था। 1992 में गहन मंत्रणा कर इस समस्या को सुलझा लिया गया, जिसके तहत भारत ने बांग्लादेश को तीन बीघा गलियारे से बेरुबारी

तक पहुंचने की सुविधा मुहैया कराई। पर, अभी भी 111 ऐसे छोटे अंत:क्षेत्र हैं, जो भारत या बांग्लादेश के स्वामित्व के प्रतिकूल हैं, जिनके शासकीय क्षेत्राधिकार पर अभी बातचीत या निपटारा नहीं हुआ है। ज्यादा खास बात यह है कि असम-मेघालय-बांग्लादेश सीमा के तहत 755 एकड़ भूमि आती है, जिसमें से 520 एकड़ जमीन भारत के हिस्से है और बाकी 235 एकड़ भूमि पर बांग्लादेश का अधिकार है। दो दशकों से भी ज्यादा समय से बांग्लादेश-भारत सीमा पर अक्सर छोटी-मोटी झड़पे होती रही हैं। पर, हाल की यह मुठभेड़ बांग्लादेश सेना की पांच या छह वाहिनियों और बांग्लादेश राइफल्स के नियमित ऑपरेशन के दौरान हुई। किसी संवाद के माध्यम से इन सीमाई अंत:क्षेत्रों से जुड़ी समस्या का निपटारा करने के लिए, उन पर आम राजनीतिक सहमति होने के बावजूद, बातचीत में विलम्ब का कारण है एक देश द्वारा दूसरे देश के भूभागों के सीमांकन, साथ ही साथ, सीमा के दोनों तरफ के इन अन्त:क्षेत्रों में रह रहे लोगों के, आर्थिक और धार्मिक जुड़ावों के जनसांख्यिक कारकों से संबद्धित, वैधानिक और कानूनी शर्तें। इन अन्त:क्षेत्रों के अस्तित्व का दूसरा नाजुक पक्ष यह है कि वे भारत से बांग्लादेश में तस्करी और बांग्लादेश से भारत में अवैध पलायन का मार्ग बन गए हैं। चूंकि यह मसला अभी अनसुलझा है, अत: बांग्लादेश के उन राजनीतिक व स्थापित सत्ता गुटों के वर्गों द्वारा, जो भारत के विरूद्ध गहरे पैठी आशंकाएं और वैर रखते हैं, इसको इस्तेमाल किया जा रहा है। यह भी जानना जरूरी है कि शेख मुजीबुर्रहमन की मृत्यु के बाद सैन्य और लोकतांत्रिक, दोनों ही सत्ताएं, घरेलू राजनीतिक लाभ के लिए, यदा-कदा भारत विरोधी रुख अख्तियार कर लिया करती हैं। यही वह परिप्रेक्ष्य है, जिसमें 15 और 19 अप्रैल 2001 के बीच की घटनाओं का विश्लेषण करना है।

यह स्पष्ट है कि बांग्लादेशी सैन्य संचालन पूर्व नियोजित था और इसे सावधानीपूर्वक अमल में लाया गया, क्योंकि वह सैनिक गतिविधि बस अचानक और दुर्घटनावश भड़क उठने वाली कार्रवाई नहीं थी। 16 अप्रैल को रात के 1 बजे के बाद भारतीय ठिकाने के खिलाफ बांग्लादेश की सेना की 19वीं टुकड़ी की करीब पांच वाहिनियों ने, बांग्लादेश राइफल्स से लिए हुए अतिरिक्ति अधिकारियों के साथ, आक्रमण कर दिया था। बांग्लादेशी सेना, भारी पैदल सैन्य हथियारों और बख्तरबंद वाहनों में छोटी तोपों के साथ अपने ठिकाने माइमान सिंह से, आगे निकल आई थीं। भारतीय सीमा सुरक्षा बल अधिकारियों को बेदखल करने के अलावा, बांग्लादेशी सशस्त्र बलों ने, शुरुआती खबर के अनुसार, नागरिक आबादी के खिलाफ भी कार्रवाई की थी। इसका परिणाम यह हुआ कि ज्यादातर गांव वाले (लगभग तीन हजार की संख्या में) अपने-अपने घर छोड़ कर आसपास के गांवों के सुरक्षित क्षेत्रों में चले गये।

अपने आरंभिक वक्तव्य में, बांग्लादेश राइफल्स के प्रमुख मेजर जनरल फजलुर रहमान ने अपनी सेना की कार्रवाई को उचित ठहराया और कहा कि उन्होंने अपने भूभाग को पुनः प्राप्त कर लिया है, जो सही मायने में बांग्लादेश का हिस्सा है। फजलुर रहमान का व्यक्तित्व भी काबिलेगौर है। वह बांग्लादेश सैन्य अधिकारियों के उस गुट से संबंध रखते हैं, जो पाकिस्तान से बांग्लादेश की मुक्ति के प्रति प्रतिबद्ध नहीं था। उनका संबंध अतिवादी इस्लामी राजनीतिक दलों से था। उन्होंने बांग्लादेश में कुछ दबंग और उच्च प्रभाव वाली सैन्य छवि बना रखी थी, क्योंकि उन्होंने कुछ महीने पहले बांग्लादेश-म्यांमार सीमा स्थित नदी के ऊपर म्यांमार अधिकारियों को बांध बनाने और उनकी तैनातियों को बलशाली होने से रोका था। वह आश्वस्त थे कि अगर वह सफल होते हैं तो न प्रधानमंत्री हसीना न ही कोई अन्य राजनीतिक नेता उनके द्वारा की गई कार्रवाई की आलोचना करने की सामर्थ्य रखता है। उन्हें भारत की ओर से आलोचनात्मक राजनीतिक प्रतिक्रिया की भी अपेक्षा थी, जो उनके पूरे भारत-विरोधी नजरिये को और भी ज्यादा सार और मजबूती प्रदान करता। पर, यह नहीं हुआ। शीर्ष राजनीतिक स्तर पर भारत सरकार की प्रतिक्रिया संतुलित और संयमित थी। विदेश और रक्षा मंत्री जसवंत सिंह ने दोनों ओर से पूर्व स्थिति की बहाली और समस्याओं के समाधान के लिए संवाद की पेशकश की।

भारत सरकार ने मेजर जनरल फजलुर रहमान की तुलना में कोई भी बांग्लादेश-विरोधी या हठधर्मितापूर्ण वक्तव्य देने से परहेज किया। भारत में इस बात की आलोचना हुई कि हमारी सरकार इस मुठभेड़ से उठने वाले खतरों को नजरअंदाज कर रही है और पर्याप्त मजबूती के साथ प्रतिक्रिया नहीं कर रही है। पर मामला यह नहीं था। सेना की 112वीं और 74वीं वाहिनियों की सीमा सुरक्षा बल टुकड़ियां असम के धुबरी जिले के मनकाचर क्षेत्र में पर्याप्त संख्या में प्रवेश कर चुकी थी; तब, संचालन क्षेत्र में वरिष्ठ भारतीय अधिकारियों ने बांग्लादेश राइफल्स के अधिकारियों से सम्पर्क कर उन्हें सलाह दी कि जिन भारतीय ठिकानों और क्षेत्रों पर उन्होंने कब्जा कर रखा है, वहां से वे वापस हो जाएं अन्यथा, भारतीय सेना को इस लक्ष्य की पूर्ति के लिए सीमित कार्रवाई शुरू करनी होगी। इसके समांतर, नई दिल्ली में बांग्लादेश के उच्चायुक्त और बांग्लादेश में भारत के उच्चायुक्त इस तनाव को घटाने के लिए उच्च स्तरीय कूटनीतिक विचार-विमर्श में व्यस्त थे। अंततः सौहार्दपूर्ण सोच की जीत हुई और वह नीति या संयम काम आई। 20 अप्रैल तक बांग्लादेश द्वारा काबिज भूभागों पर वापस भारत का अख्यितार हुआ, वह भी बिना कोई कार्रवाई किए। ऐसी खबरें सुनने में आईं कि मेजर जनरल फजलुर रहमान ने भारतीय सीमा सुरक्षा बल

के महानिदेशक गुरबचन जगत से बात की और उस घटना पर खेद प्रकट किया। यह काबिलेगौर है कि भारत ने बांग्लादेश की सरकार या वहां के वरिष्ठ राजनीतिक नेतृत्व को फिजूल उलझन से बचाने के लिए कोई औपचारिक क्षमायाचना या खेद की मांग जानबूझ कर नहीं की। फिर भी, ऐसी खबरें उड़ी कि भारत द्वारा झेले गये नुकसान के मुआवजे के सवाल पर सरकारी बातचीत पर सोच-विचार किया जा रहा है।

इस अनावश्यक और परिहार्य सैन्य मुठभेड़ के कारणों के बारे में बस अटकलें ही लगाई जा सकती हैं। जिस क्षेत्र के कारण विवाद हुआ, वह बहुत छोटा है। आर्थिक रूप से भी वह बहुत महत्त्वपूर्ण नहीं। इसलिए, इसकी पहली वजह शायद फजलुर रहमान का अपना व्यक्तिगत एजेंडा हो, जिसकी जड़े उनकी राजनीतिक प्रवृत्ति और महत्ता भाव से जुड़ी हो। दूसरा, बांग्लादेश में यह चुनावी साल था। यह मुठभेड़ या तो प्रधानमंत्री हसीना को उलझन में डालने के लिए बेगम जिया के दल के उकसावे पर उनके द्वारा नियोजित करवाई गई थी, या फिर कुछ सलाहकार या प्रधानमंत्री हसीना ने इस दुर्घटना को अपना समर्थन इसलिए दिया हो ताकि चुनावी साल के दौरान वह भारत के साथ कड़ा रुख बनाए रखने के मुद्दे पर अपनी विश्वसनीयता साबित कर सकें। यह ध्यान देने वाली बात है कि 20 अप्रैल तक न तो हसीना न ही बेगम जिया-उर-रहमान ने मुठभेड़ के सिलसिले में कोई सार्वजनिक वक्तव्य दिया। फजलुर रहमान द्वारा स्वतंत्र रूप से यह चाल चली गई होगी इस संभावना से इंकार नहीं किया जा सकता है। उनका यह पूर्वानुमान होगा कि उस सीमित उद्देश्य को हासिल कर लेने के बाद बांग्लादेशी चुनावों को प्रभावित करने के लिए वह अपनी आवाज के राजनीतिक पहलुओं के साथ तारतम्य बिठा सकेंगे। यह भी स्वीकार करना होगा कि उत्तर-पूर्व से भारतीय अलगाववादी तत्वों को बांग्लादेश के सत्ताधारी अप्रत्यक्ष रूप से समर्थन दे रहे थे, जो उत्तर-पूर्व, साथ ही साथ, भारत-भूटान और भारत-नेपाल सीमा के लिए गंभीर सुरक्षा परिणामों का संकेत दे रहा था।

आखिर बांग्लादेश के साथ हमारे नाजुक व महत्त्वपूर्ण संबंधों को सुधारने के लिए क्या करना चाहिए? पहला, हमारी नीति को इस गहरे अहसास के सहारे खड़ा होना होगा कि भारत के रणनीतिक और राजनीतिक महत्त्व के लिहाज से बांग्लादेश एक महत्त्वपूर्ण पड़ोसी है। दूसरा, एक तात्कालिक उपाय के तहत जसवंत सिंह को उच्चस्तरीय बातचीत के लिए ढाका जाना चाहिए ताकि जहां तक हो सके, वातावरण पर छाई धुंध साफ कर वापस सामान्य माहौल बनाया जा सके। उन्हें न सिर्फ शेख हसीना बल्कि बेगम खालिदा जिया से भी मुलाकात करनी चाहिए। तीसरा, हमारे सुरक्षा बल ज्यादा सतर्कता के साथ प्रबलता के

उच्चतर स्तरों पर तैनात होने चाहिए। खासतौर पर भारत को बांग्लादेश के साथ उन सारे अंत:क्षेत्रों से जुड़े मुद्दों को, जो विवादास्पद हैं, सुलझाने के लिए कदम उठाने चाहिए। हमें जितना हो सके उतनी उदारता के साथ बांग्लादेश को अंत:क्षेत्र दे देने चाहिए, बशर्ते उनमें से कोई हमारी क्षेत्रीय सुरक्षा को प्रभावित न करे। यह जल्द से जल्द होना चाहिए, क्योंकि भारत और बांग्लादेश के बीच राजनीतिक और आर्थिक परिदृश्यों में हितों की सीमा साझेदारी को, भूभाग के छोटे हिस्सों की ऐसी समस्याओं के ऊपर वरीयता मिलनी चाहिए।

10
भारत-चीन संबंध-एक सिंहावलोकन

1988 के 19 और 23 दिसम्बर के बीच प्रधानमंत्री राजीव गांधी की चीन यात्रा के बाद से चीन के साथ भारत के संबंधों में सुधार के बावजूद दीर्घकालिक संभावनाओं पर सवाल और अटकलें अभी भी मौजूद हैं। क्या 'दिव्य राज्य' और 'मेरा भारत महान' आरंभिक आशंकाओं और प्रतिस्पर्धा की अंत:धारा से परे एक टिकाऊ, सकारात्मक और स्थिर संबंधों को प्रयासपूर्वक धीरे-धीरे खड़ा कर सकते हैं? क्या चीन अपने दक्षिणी हिस्से में एक शक्तिशाली भारत गवारा करेगा? क्या भारत हिन्द महासागर क्षेत्र में दक्षिण पूर्वी एशिया पर रणनीतिक रूप से हावी होते शक्तिशाली चीन को स्वीकार कर सकता है? ये वृहत्-स्तरीय सवाल भारत-चीन संबंधों के, सीमा विवाद और दोनों देशों के बीच कुछ और विशिष्ट मुद्दों पर मतान्तर को छोड़ भी दें तो, आड़े आते हैं। 1988 दिसम्बर में बीजिंग में श्री डेंग जिया पिंग के साथ श्री राजीव गांधी की बातचीत के बाद से थोड़े ही समय में भारत-चीन संबंधों में गुणवत्तापूर्ण प्रगति देखी गई। इस रुझान को एक सारगर्भित बढ़त, 1991 के 11 और 16 दिसम्बर के बीच, चीन के प्रधानमंत्री ली पेंग की भारत यात्रा के दौरान मिली। दोनों देशों के नेताओं ने इस बात पर सहमति दिखाई कि सीमा-विवाद के कठिन मसले को समय देकर संयम के साथ सुलझाने की आवश्यकता है। यह भी स्वीकार किया गया कि अंतरिम समय में सीमा पर अमन-चैन बनाए रखना चाहिए। भारत-चीन संबंधों के आम विस्तार और विकास के सामने सीमा-विवाद बाधा बनकर खड़ा नहीं होगा, इस बात पर राजनीतिक रूप से महत्त्वपूर्ण सहमति बनी।

परिणामस्वरूप, विभिन्न स्तरों पर विभिन्न अनुबंध किये गये। लगभग तीन दशकों बाद भारत-चीन संबंध फिर से बहु-मुखी बन रहे थे। मई 1992 में पूर्व राष्ट्रपति श्री आर. वेंकटरमन ने चीन की यात्रा की। 1993 सितम्बर में प्रधानमंत्री नरसिम्हा राव चीन गये। दोनों देशों के बीच राजनीतिक नेताओं से लेकर

शैक्षणिक, मीडिया-संबंधी, प्रशासनिक और वैज्ञानिक समुदायों से कई लोगों का आना-जाना हुआ।

इसमें से सबसे महत्त्वपूर्ण यात्राएं 1992 की जुलाई में पूर्व रक्षा मंत्री शरद पवार और 1993 में तत्कालीन लोकसभा अध्यक्ष शिवराज पाटिल के नेतृत्व में हमारे संसद सदस्यों के शिष्टमंडल की रहीं। चीन की तरफ से चीनी लोक सलाहकार समिति के अध्यक्ष व पोलित ब्यूरो के सदस्य ली रुईहुआन 1993 के नवम्बर-दिसम्बर में भारत आए, वैसे ही चीनी गणतंत्र के उपराष्ट्रपति, श्री लियाओ ऐनशेंग भी 1992 के उत्तरार्द्ध/1993 के पूर्वार्द्ध में भारत में हो रहे चीन के सांस्कृतिक महोत्सव का उद्घाटन करने और उस दौरान इसमें शामिल रहने के लिए आए।

1993 सितम्बर में बीजिंग में भारत-चीन सीमा पर नियंत्रण रेखा के आसपास अमन-चैन को बनाए रखने के लिए भारत-चीन समझौते पर हस्ताक्षर हुए जिनमें दो बिन्दुओं पर रोशनी डाली: (1) किसी तनावपूर्ण मुद्दे को सुलझाने की शांति और विवेकपूर्ण महौल को सुनिश्चित करने के लिए दोनों सरकारों का इच्छुक होना, (2) यह कि दोनों ही सरकारें सीमा-विवाद से आंखें नहीं चुरा रही हैं, बल्कि इस बात पर वास्तविक सहमति बनी है कि सीमा-विवाद के निपटारे में समय लगेगा। दोनों सरकारों के बीच महत्त्वपूर्ण नीतिगत फैसला यह हुआ है कि सीमा सम्बन्धित मुद्दा द्विपक्षीय संबंधों की प्रगति में आड़े नहीं आएगा। यह निर्णय कर्म में तब्दील हो रहा है। संस्कृति, अंतरिक्ष संबंधित प्रौद्योगिकी, मीडिया और सूचना, वातावरण प्रबन्धन और विज्ञान और प्रौद्योगिकी के क्षेत्रों में भारत और चीन के बीच आपसी सहयोग की संधि पर हस्ताक्षर हुए।

सीमा मुद्दे और उससे जुड़ी बातों से निपटने के लिए संयुक्त कार्यदल और हाल ही में स्थापित इसके विशेषज्ञ समूह के अलावा व्यापार, आर्थिक, वैज्ञानिक और प्रौद्योगिकीय सहयोग के तहत एक भारत-चीन संयुक्त दल भी है, जो परस्पर व्यापार बढ़ाने एवं अन्य प्रकार के आर्थिक आदान-प्रदान को बढ़ाने के तरीके व साधन तय करने के लिए नियमित रूप से बैठक कर रहा है।

भारत चीन के साथ द्विपक्षीय बैंकिग व्यवस्थाओं, जहाजरानी सम्पर्कों और दोहरे शुल्कों को टालने के लिए आगे और समझौतों पर दस्तखत की प्रक्रिया में है। विविध और नये क्षेत्रों, जैसे परम्परागत दवाइयां, कृषि, नागरिक उड्डयन और ऊर्जा के गैर-पारम्परिक स्त्रोतों, पर सहयोग की स्थापना के लिए विचार-विमर्श किए गए हैं। आर्थिक सहयोग पर संयुक्त समूह, निर्माण व प्रबंधन के क्षेत्रों में संयुक्त उपक्रमों और परियोजना निर्यात के लिए निविदा में, भारत और चीन की एक-दूसरे के साथ सहयोग की सम्भावनाओं की भी जांच कर रहा है।

द्विपक्षीय व्यापार की उत्पाद संरचना में कपड़ा, समुद्री भोजन और मशीनी पुर्जे से लेकर कृषि उत्पाद, औद्योगिक कच्चा माल तक शामिल है। चीन अपने इस्पात उद्योग के लिए लौह अयस्क की आपूर्ति सुनिश्चित करने के लिए भारत में लौह अयस्क खदान के संयुक्त उपक्रम का विकास करने के लिए उत्सुक है। बहुत सारे भारत-चीन संयुक्त उपक्रम पहले से भारत में कार्यरत हैं। इन संयुक्त उपक्रमों में लौह अयस्क, फार्मास्यूटिकल, बाल बियरिंग और विशिष्ट ग्लास उत्पादन श्रेणियां शामिल हैं। कृषि, लेजर, जीव-अभियान्त्रिकी और रसायनशास्त्र के क्षेत्र में सहयोग की परियोजनाएं भी कार्ययोजना के साथ आरंभ की जा चुकी हैं। ये गतिविधियां चीन के साथ एक मैत्रीपूर्ण और परस्पर लाभदायक संबंध का संकेत देते हैं।

ऐसा क्यों होना चाहिए था? यदि महाशक्तियों के बीच के समीकरणों और वैश्विक स्थिति के बदलाव के वृहतर संदर्भ को नजरअंदाज भी कर दिया जाए तो कुछ अन्य कारक ऐसे हैं, जिन्होंने हमारे प्रति चीनी नजरिये को बदलने में योगदान दिया है। पहला, श्री डेंग जिया पिंग का विश्व दृष्टिकोण और क्षेत्रीय नजरिया पहले के चीनी नेताओं से ज्यादा व्यावहारिक और विवेकपूर्ण और कम हठी है। दूसरा, चीन की अर्थव्यवस्था के आधुनिकीकरण और आन्तरिक राजनीतिक व्यवस्थाओं की पुनर्संरचना ने यह आवश्यक कर दिया है कि इसके पड़ोस में एक स्थिर व शांतिपूर्ण माहौल हो। तीसरा, चीन में दल प्रणाली व शासन प्रणाली के प्रकट समन्वय के बावजूद चीन को कम से कम आने वाले दशक में घरेलू अनिश्चितताओं को संभालना है। चीनी नेतृत्व को खुद को पुनर्संरचित करना होगा और चीन की राजनीति की आदेश और नियंत्रण प्रणालियों का पुनर्निमाण करना होगा। चीन के आर्थिक आधुनिकीकरण का प्रभाव चीनी गणतंत्र के विस्तृत भूभाग के अन्दर बराबर और संतुलित नहीं है। इस प्रक्रिया में चीन के विभिन्न भागों के बीच आर्थिक असंतुलन अपरिहार्य है। चीनी नेतृत्व खुद ही वितरणात्मक न्याय, सामाजिक समानता और राजनीतिक स्थिरता बरकरार रखने से जुड़ी समस्याओं को स्वीकार करता है, जिसका निपटारा करना जरूरी है। हालांकि, ध्यानमग्न संकट का सामना कर लिया गया था, पर, यह अलगाववादी प्रवृतियों के सिर्फ लक्षण मात्र थे।

शिनज्यांग, तिब्बत इत्यादि जैसे प्रांतों से उभर रहीं जातीय-धार्मिक और उपक्षेत्रीय केन्द्रविमुख शक्तियां चीन की शासन प्रणाली को प्रभावित कर रही हैं। इन आंतरिक रुखों को संभालते हुए चीन, स्वतंत्र रूप से बदलते हुए विश्व के साथ सामन्जस्य बैठाने, महाशक्तियों और महत्त्वपूर्ण आर्थिक शक्तियों के साथ नये संबंधों का निर्माण करने में भी व्यस्त है। ऐसे संबंध बनाने का अभ्यास

भी कठिनाइयों और विवादों से परे नहीं है। पूरे तौर पर चीनी प्रवृत्ति थोड़े समय के लिए समझौता कर लेने वाली व्यावहारिक और अपने आसपास की सरकारों के साथ तनाव पर रोक लगाने वाली दिखती है।

भारत भी ऐसी विस्थिति में है। भारत भी आर्थिक संक्रमण की प्रक्रिया से गुजर रहा है और इससे उत्पन्न समस्याओं से निपटने की स्थिति का सामना कर रहा है। हालांकि, हमारी राजनीतिक व्यवस्था चीन के बनिस्पत सर्वथा अलग है, फिर भी, हमारा राष्ट्र-निर्माण प्रयास दल प्रणालियों, राजनीतिक सुदृढ़ीकरण के तरीकों के पुनर्निमाण की प्रक्रियाओं से गुजर रहा है, जहां भारत के विभिन्न भागों के बीच संस्थान, नेतृत्व-संरचनाएं और नये क्षेत्रीय समीकरण आकार ग्रहण कर रहे हैं। हम सामान्य रूप से इस क्षेत्र के और देशों के साथ आर्थिक सामंजस्य बैठाने की प्रक्रिया में भी व्यस्त हैं। हमारे द्वारा लाए गये परिवर्तन के जरिए राष्ट्रीय पुनर्सुदृढ़ीकरण के लिए हमारे चारों ओर एक शांतिपूर्ण, तनाव-रहित, स्थिर और सुरक्षित वातावरण की जरूरत है-चीन के साथ एक अच्छा कामकाजी संबंध इस प्रयोजन के लिए अपरिहार्य आवश्यकता है।

भारत-चीन संबंधों में उभरते सकारात्मक रुखों को मौजूद बाध्यताओं के अहसास द्वारा समंजित करना चाहिए। हालांकि सीमा विवाद एक बाधा के रूप में खड़ा तो है, पर मोटे तौर पर संबंधों के संदर्भ में इसे उचित परिप्रेक्ष्य के अंतर्गत रख दिया गया है। एक बड़ी राजनीतिक शक्ति और सैन्य महाशक्ति के रूप में चीन का दर्जा भारत के सुरक्षा और क्षेत्रीय दृष्टिकोणों को अनिवार्य रूप से प्रभावित करता है। अप्रसार और शस्त्र-नियंत्रण के मसले पर चीन का नजरिया, पाकिस्तान के साथ इसके संबंध, संयुक्त राष्ट्र में इसकी भूमिका-ये सारी बातें ऐसी हैं, जिन्हें लेकर इस देश के साथ हमारे संबंधों में दूरी व्याप्त है।

ऐसी पृष्ठभूमि में अति उत्साहित हो, पश्चिम और अन्य महत्त्वपूर्ण शक्तिकेन्द्रों का सामना करने के लिए, भारत और चीन के बीच किसी अद्भुत रणनीतिक समीकरण की कल्पना करने वाले लोग स्वरचित भ्रम के शिकार हैं। न तो चीन की सरकार, न ही भारत सरकार के ऐसे विचार या अभिप्राय हैं और न ही आगत भविष्य में ऐसी किसी बात की सम्भावना है, पर दूसरी तरफ, बहुत सारे मसलों पर हितों और दृष्टिकोणों में समानता ने दोनों देशों के बीच सहयोगात्मक और सकारात्मक संबंधों की भूमिका तैयार की है।

दोनों ही देश इस बात को मानते हैं कि शीत युद्ध के बाद विश्व ने स्थितियों को विकासशील देशों के लिए राजनीतिक और आर्थिक रूप से ज्यादा मुश्किल बना दिया है। आर्थिक सहयोग को निश्चित करती राजनीतिक शर्तों, वातावरण और मानवाधिकार जैसे मसलों पर पश्चिमी देशों के उपदेशात्मक रवैये

के प्रति दोनों देशों की एक सी प्रतिक्रिया है। एशियाई क्षेत्र में शांति बहाली और तनाव को टालने की आवश्यकता को लेकर दोनों ही देश समान रूप से चिंतित हैं। दोनों ही देशों की औद्योगिक रूप से विकसित देशों के निवेश, व्यापार और प्रौद्योगिक हस्तानान्तरण पर नियंत्रण बनाए रखने की इच्छा को लेकर अपनी बाध्यताएं हैं। दोनों ही देशों की जातीय-धार्मिक, उपक्षेत्रीय और साम्प्रदायिक शक्तियों को लेकर, जो बहुधर्मीय, बहुजातीय और बहुलता वाले राष्ट्रों की क्षेत्रीय अखण्डता और मौजूदा राज्य सरंचनाओं को छिन्न-भिन्न करने में लगी हैं, साझा चिन्ताएं हैं। ये विचार और साझा नजरिया उन सृजनात्मक और व्यावहारिक मार्गों को प्रशस्त करते हैं, जिनपर भारत-चीन संबंधों का विकास हो रहा है और विकास करने की इच्छा की जा रही है। प्रधानमंत्री ली पेंग ने 1991 सितम्बर में दिल्ली आने से पहले, एक साक्षात्कार में भारत-चीन संबंधों के बारे में तर्क दिया: "भारत और चीन, दो महान राष्ट्र, को नई अन्तर्राष्ट्रीय व्यवस्था की स्थापना पर अपने दृष्टिकोणों को आदान-प्रदान करना चाहिए, ताकि एक सर्वसामान्य तालमेल (महत्ता के विषयों पर) पर पहुंचा जा सके। चीन व भारत द्वारा आरम्भ किए गए शांतिपूर्ण सह-अस्तित्व के पांच सिद्धांत, अन्तर्राष्ट्रीय व्यवस्था को निश्चित करने वाले मानक ठहराए जाने चाहिए। यही हमारा साझा लक्ष्य है। वृहत् अन्तर्राष्ट्रीय मसलों पर चीन और भारत के ज्यादा से ज्यादा समान नजरिया है... चीन और भारत की कौम, जिसने अद्भुत सभ्यताओं की रचना की है, आज 21वीं सदी की ओर कदम बढ़ाते हुए महत्तर उपलब्धि के क्षेत्रों को तलाश कर रही हैं।

15 मार्च, 1993 को नेशनल पीपुल्स कांग्रेस को अपना कार्य प्रतिवेदन प्रस्तुत करते समय प्रधानमंत्री ली पेंग ने यह जोर देकर कहा "चीन-भारत संबंध दो कौमों के हितों के सिर्फ अनुकूल ही नहीं होंगे बल्कि एशिया या पूरे विश्व में शांति और स्थिरता के ऊपर सकारात्मक प्रभाव भी डालेंगे।"

इन्हीं सन्दर्भ सूत्रों की साझेदारी भारत करता है और हाल के समय में चीन के प्रति हमारी नीतियों के आधार यही हैं।

चीन-भारत संबंध: रूझानों और सम्भावनाओं का मूल्यांकन

भारत चीन संबंधों के मद्देनजर हालिया समय में काफी गतिविधियां होती रहीं। वास्तविक नियंत्रण रेखा पर शांति बहाली पर संयुक्त सेमिनार और विचार-विमर्श होते रहे हैं, पर इन गतिविधियों का परिणाम अपेक्षाकृत धीमा रहा है। फिर भी, यह निराशा की बात नहीं है। भारतीय नजरिया "बातचीत को आगे बढ़ाने में मंथरता और उत्तरोत्तरता की अनिवार्यता" पर जोर दे रहा था। चीन भी

इसी तर्कपूर्ण समर्थन को स्वीकृति देता है क्योंकि यह एक स्थापित तथ्य है कि अन्तर्राष्ट्रीय संबंधों में सबसे ज्यादा मुश्किल समझौते सीमा-निपटारे और क्षेत्रीय-विवादों से संबंधित हैं।

भारत-चीन सीमा के महत्त्वपूर्ण मुद्दों को सुलझाने में हुए विलम्ब की सम्भावनाओं और जटिलता को स्वीकार करने के साथ हमें यह भी समझना चाहिए कि बातचीत में दीर्घ भटकाव को, यदि दोनों पक्षों की ओर से जानबूझ कर भी किया गया हो तो, एक सार्थक समझौता नहीं ठहराया जा सकता है। भारत और चीन, दोनों ही देशों के लोगों के इन परिसंवादों की विश्वसनीयता खत्म हो जाएगी, यदि ये अंतरिम समय में-वास्तविक नियंत्रण रेखा के परस्पर ज्ञात और स्वीकृत सीमांकन के संदर्भों में-कुछ ठोस परिणाम नहीं दिखाते हैं। भारत-चीन नजरिये में इस बात का साझा है कि साल दो साल के निकट भविष्य में सीमा सम्बद्धित प्रश्न अलहदा रूप से अपेक्षाकृत धीमी गति से सुलझाया जाना चाहिए, जबकि द्विपक्षीय संबंधों के अन्य पक्षों के विस्तार और सुदृढ़ीकरण की प्रक्रिया चलती रहनी चाहिए। यह साझा रुख मुलाकातों और परिसंवादों के आदान-प्रदान, दोनों देशों में परस्पर सांस्कृतिक महोत्सवों के आयोजनों, द्विपक्षीय व्यापार को बढ़ाने के प्रयासों और वैज्ञानिक और प्रौद्योगिकीय सहयोग में वृद्धि से प्रतिबिम्बित होता है। ऐसी अपेक्षा की जा रही है कि बहुमुखी और विषयपरक संबंधों से परस्पर विश्वास का जन्म होगा और दोनों देशों के सार्वजनिक दृष्टिकोणों को शिक्षित किया जा सकेगा, जो सीमा संबद्धित जटिल प्रश्न के निराकरण का माहौल बनाएगा। यह सवाल व्यावहारिक प्रयोजनों के लिहाज से फिलहाल स्थगित कर दिया गया है, पर इसका निपटारा करना जरूरी है। इसे दरकिनार नहीं किया जा सकता है।

अतएव हमें, भारत में, हमारे प्रति चीनी नजरिये और उस नजरिये को नियंत्रित कर रहे कारणों को समझना और उनका विश्लेषण करना बहुत जरूरी है। चीन की हालिया विदेश और रक्षा नीतियों को निर्देशित करने वाला लक्ष्य है इसके पड़ोस में शांति और स्थिरता का वातावरण सुनिश्चित करना, ताकि चीन नाजुक अन्तर्राष्ट्रीय गतिविधियों या अपने पड़ोसियों के साथ बुरे संबंधों से उपजी बाधाओं से प्रभावित हुए बगैर अपने आधुनिकीकरण और आर्थिक पुनर्संरचना के कार्यक्रमों को जारी रख सके। चीन के 'पेरेस्त्रोइका' (आर्थिक-राजनीतिक सुधार) कार्यक्रमों को दो तरीके का दबाव झेलना पड़ रहा है। पहला, चीन के कुछ हिस्सों में जातीय-धार्मिक अलगाववादी प्रवृत्तियों का उभरना और, दूसरा, आर्थिक समृद्धि के रास्ते में क्षेत्रीय असंतुलन, जो चीन के विभिन्न हिस्सों को भिन्न-भिन्न तरीके से प्रभावित कर रहा है। अपने महत्त्वपूर्ण पड़ोसियों के साथ

एक स्थिर और शांतिपूर्ण संबंध बनाए रखना चीन की जरूरत है, ताकि वह इस महत्त्वाकांक्षी उद्देश्य की पूर्ति कर सके और इन दबावों का सामना कर सके। अमेरिका के रूप में सामरिक और प्रौद्योगिकीय गुरुत्त्व केंद्र के साथ विश्व का एक ध्रुवीय हो जाना चीन के लिए उतना ही चिन्ताकारक है जितना दूसरे विकासशील देशों के लिए। चीन शायद इस स्थिति का सामना करने के लिए शक्ति के अन्य केंद्रों को सुदृढ़ करने और बढ़ावा देने के लिए उत्सुक होगा। पर चीनी चिन्तन की व्यावहारिकता इस प्रयोजन के लिए औपचारिक रणनीतिक समीकरणों या गठबंधनों के लिए प्रयत्नशील नहीं है म्यांमार के साथ रक्षा सहयोग के आधार पर चीन की सैन्य उपस्थिति, भारत के लिए सुरक्षा दुश्चिंता का जायज सबब है। यही वह वृहत् रणनीतिक संदर्भ है, जिसके तहत भारत-चीन संबंधों को प्रभावित कर रहे धरातल पर चीन की नीतियों और वास्तविकताओं के सवाल पर ध्यान डालना चाहिए। चीन तिब्बत से जुड़ी भारत की नीतियों को लेकर चिंतित और सशंकित है। यह दुश्चिंता, दलाई लामा को अन्तर्राष्ट्रीय समुदाय से मिले अत्यधिक समर्थन के कारण और बढ़ गई है। वर्ष 1991 और 1994 के मध्य यह संकेत देने के बावजूद कि वह भारत में सिक्किम के विलय को स्वीकार करता है, चीन औपचारिक रूप से सिक्किम को भारत का हिस्सा मानने के लिए तैयार नहीं। 1989 से संयुक्त कार्यदल की दर्जनों बैठकों के बावजूद चीनी नेताओं को भारत-चीन सीमा के सीमांकन के मूर्त्त सवाल पर ध्यान लगाने की कोई हड़बड़ी नहीं है। डेंग जिया पिंग, ली पेंग, राजीव गांधी और नरसिम्हा राव द्वारा आरम्भ किए गए नीतिगत दिशा निर्देशों और मूल प्रोत्साहन की गति खो गई दिखती है। सच तो यह है कि चीनी नेता, सीमा सवाल के समाधान के लिए आगे बढ़ने के लिए आवश्यक अन्तरिम कदम-जैसे कि वास्तविक नियंत्रण रेखा को उन सात वर्गों में अंकित करना, जहां पर चीन और भारत में इसे लेकर मतान्तर हैं-के प्रति भी उदासीन है। इससे जूझ रहा विशेषज्ञ उप समूह भी, 1993 से, कोई सारभूत प्रगति नहीं करा पाया। यह विस्थिति, खासतौर पर, उन अपेक्षाओं के प्रतिकूल उतरती है, जिसके आधार पर 1993 के सितम्बर में वास्तविक नियंत्रण रेखा पर अमन और चैन कायम करने पर समझौता हुआ था, साथ ही उन उम्मीदों के भी प्रतिकूल नजर आती है, जिस पर 1996 में विश्वास बढ़ाने के उपायों के प्रस्तावों पर सहमति हुई थी। पिछले सात सालों से वास्तविक नियत्रंण रेखा (एल ए सी) पर, हालांकि, कोई बड़ा तनाव या सैन्य कार्रवाई नहीं हुई है, फिर भी, ऐसी खबर है कि चीन धीरे-धीरे सड़क संचार व्यवस्था और सैन्य संचालन सुविधाओं को अपनी वास्तविक नियंत्रण रेखा (जैसा उनके द्वारा माना गया है) के आसपास बढ़ा रहे हैं। उन्होंने वास्तविक नियंत्रण रेखा के उन क्षेत्रों में, जिस पर भारत का दावा

है और जिन पर विचारों में मतभेद है कि 'रेखा' कहां पर पड़ती है, अच्छी खासी तादाद में गश्त बढ़ा दी है। ऐसे गश्तों की आवृत्ति बढ़ती जा रही है, जो इन क्षेत्रों के क्षेत्राधिकार को लेकर चीनी दावे का आधार बन सकता, जैसा कि उन्होंने 1962 के भारत-चीन युद्ध के ठीक पहले की अवधि में किया था। चीन की शक्ति संरचना को भारतीय संस्थानों के कुछ वर्गों में मौजूद सीमा संबंधित निश्चित रणनीतिक सोच का ध्यान भी रखना होगा कि जहां चीन भारत के साथ एक सामान्य रिश्ते की इच्छा रखता है, वहीं वे इस सामान्यीकरण को अपनी शर्तों पर पाने के लिए हठ करते दिख रहे हैं। एक भारतीय दृष्टिकोण यह भी है कि पाकिस्तान और म्यांमार के साथ चीन के संबंध भारत के चारों ओर एक चीनी निरीक्षण घेराबंदी का निर्माण या अभ्यास हो सकता है।

विदेश मंत्री तंग की नई दिल्ली की यात्रा के परिणामों का आकलन इसी पृष्ठभूमि में होना है। तंग और जसवंत सिंह द्वारा लिए गए महत्त्वपूर्ण निर्णय की घोषणा के अनुसार संयुक्त कार्यदल वास्तविक नियंत्रण रेखा से जुड़े मतभेदों को सुलझाने की प्रक्रिया को गति दे सकता है। सुरक्षा से जुड़े मुद्दों पर, जिसमें सामरिक संबंध भी शामिल हैं, ज्यादा नियमित आदान-प्रदान के लिए संस्थागत व्यवस्थाओं के निर्माण के द्वारा इस प्रक्रिया को बेहतर करने पर सहमति हो गई थी। यह अपेक्षा की जा रही है कि तंग की यात्रा के परिणामस्वरूप सुरक्षा और रणनीतिक मुद्दों पर बात-चीत और सैन्य प्रतिनिधि मंडल का आवागमन इस शरत्काल से शुरू हो जाएगा। यदि भारत-चीन संबंधों की वर्तमान स्थिति का लेखा-जोखा लिया जाए तो वह अधोलिखित जैसा हो सकता है:

- भारत-चीन सरहद पर, वास्तविक नियंत्रण रेखा और सीमा सवाल पर समझौतों के अभाव में भी, अपेक्षाकृत शांत और स्थिर माहौल है।
- 1993 से ही परस्पर विश्वास बढ़ाने कुछ उपायों पर आंशिक अमल हो रहा है, लेकिन 1993 और 1996 के मध्य सहमति वाले विश्वास बढ़ाने के उपायों (सीबीएम) पर पूर्णतः अमल तभी हो सकता है जब वास्तविक नियंत्रण रेखा को प्रभावित करने वाली समस्याएं हल हो जाएं। सांस्कृतिक और आर्थिक सहयोग का धीरे-धीरे विस्तार हो रहा है। भारत के नाभिकीय परीक्षण के बाद उभरा तीव्र तनाव खत्म हो गया है।
- वास्तविक नियंत्रण रेखा से जुड़ा मतभेद अभी भी अनसुलझा है। पर अब एक अग्रगामी कदम की आशा की जा सकती है।
- सीमा सवाल सुलझाने के सिलसिले में चीन उत्सुक नहीं दिखता। वह अभी भी भारत के नाभिकीय अस्त्र प्राप्त करने और प्रक्षेपास्त्र कार्यक्रमों के खिलाफ है। चीनी रक्षा सहयोग, खासतौर पर पाकिस्तान के साथ,

भारत के लिए सुरक्षा संबंधित एक बड़ी चिन्ता है, जिसके मुतल्लिक कोई संतोषप्रद चीनी जवाब नहीं मिलता है।

- चीन के साथ एक दीर्घकालिक, स्थिर सहयोगात्मक संबंध की स्थापना करना एक जटिल कार्य है, जिसमें समय और धैर्य की जरूरत है। उच्चस्तरीय यात्राएं, जैसे तंग का नई दिल्ली आना और जसवंत सिंह का बीजिंग जाना, इस प्रक्रिया में योगदान कर सकती हैं। इस अभ्यास की सफलता, भारत की चीन के आर्थिक, प्रौद्योगिक और सैन्य रूप से सशक्त बनने के इरादे और नीतियों की वास्तविकताओं को लेकर, चीन का सामना करने के लिए सतर्क होने पर निर्भर करती है।
- चीन के प्रति उग्र या उद्धत राष्ट्रवादी भावना से टकराव के बजाय अपने इस पड़ोसी के प्रति एक नपा-तुला और व्यवहारिक रुख रखना ज्यादा जरूरी है।

11
भारत-चीन संबंध–धीमी पड़ती गति

7 सितम्बर, 1993 को बीजिंग में वास्तविक नियंत्रण रेखा पर अमन और चैन की बहाली पर भारत-चीन समझौते पर हुए हस्ताक्षर, दिसम्बर 1988 में श्री राजीव गांधी की बीजिंग यात्रा के साथ शुरू हुए मेल-मिलाप की प्रक्रिया का चरम था। राजीव गांधी और डेंग जिया पिंग, भारत-चीन संबंधों को सामान्य बनाने की एक रूपरेखा पर खासतौर पर सहमत हो चुके थे, जिसके मुख्य तत्वों में से पहला, चूंकि सीमा विवाद एक जटिल विषय है, इसका निपटारा पर्याप्त समय लेकर एक दूसरे को संतुष्ट करते हुए होगा। दूसरा, जब तक ऐसा है, भारत और चीन अन्य गतिविधियों वाले क्षेत्रों में परस्पर लाभ पहुंचाने के लिए संबंधों का निर्माण कर सकते हैं। ऐसे संवादों के आरम्भ और विकास से परस्पर भरोसे और विश्वास का वातावरण बनेगा, जो अन्ततः सीमा विवाद को हल करने में मदद करेगा। वास्तविक नियंत्रण रेखा और भारत-चीन सीमा पर दीर्घकाल के लिए तनाव घटाने की बात पर भारत और चीन को सहमत हो जाना चाहिए। तीसरा, इस बाद वाले प्रयोजन के लिए दोनों ही पक्षों से उच्च अधिकारियों की एक संयुक्त कार्यदल का गठन किया जाए, जो तनाव को खत्म करने और शांति की बहाली करने के लिए ठोस उपायों का निर्धारण करे।

जुलाई 1991 के बाद से उच्च सरकारी अधिकारियों के बीच उच्च स्तरीय मुलाकातें, जिसमें दिसम्बर 1991 में प्रधानमंत्री की भारत यात्रा और हमारे राष्ट्रपति और प्रधानमंत्री की क्रमशः मई, 1992 और सितम्बर, 1992 की यात्राएं भी शामिल होने लगी थीं।

चीनी और भारतीय सांस्कृतिक महोत्सवों का दोनों देशों में परस्पर आयोजन सफलता पूर्वक हुआ। लोकसेवा और वित्तीय प्रबंधन से लेकर नागरिक उड्डयन और संबंधित प्रौद्योगिकी तक के सारे क्षेत्रों में सहयोगों में विषयपरक बढ़ोतरी हुई। चीन और भारत के बीच मानवाधिकारों पर अन्तर्राष्ट्रीय शर्तों और वातावरण

प्रबंधन सरीखे मसलों पर, जहां एक निश्चित समांतरता थी, वहीं निःशस्त्रीकरण और सीमा इत्यादि के महत्त्वपूर्ण मुद्दे पर मतान्तर भी था। जहां एक तरफ 1994 के शरद ऋतु तक भारत-चीन संबंधों में कुछ परिमाण में गति और विकास देखा गया, वहीं यह महसूस होता है कि न तो चीन न भारत द्विपक्षीय संबंधों में ध्यान लगाने और सीमा सवाल का समाधान करने के लिए आगे बढ़ने में उत्सुक दिखते हैं।

इस बात को याद किया जा सकता है कि अमन और चैन की बहाली पर हुए समझौते पर हस्ताक्षर के बाद संयुक्त कार्यदल के अधिक्षेत्र के अन्तर्गत एक विशेषज्ञ समूह का गठन हुआ था, जिसे वास्तविक नियंत्रण रेखा का सीमांकन उन हिस्सों पर करना था, जहां धरातल पर स्थिति स्पष्ट नहीं थी। संयुक्त कार्यदल को उन क्षेत्रों के लिए भी हल निकालना था, जिस पर अरूणाचल प्रदेश में दोनों देशों की अग्रिम चौकियों पर तैनात बलों के बीच झड़पों को रोका जा सके। 1994 और 1995 में सयुंक्त कार्यदल और विशेषज्ञ समूह की बैठकें बार-बार बुलाई गईं। जब तक कि चीनी और भारतीय चौकियों के समीपस्थ होने की वजह से होने वाली नजदीकी झड़पों को खत्म करने से जुड़े मुख्य मुद्दे और वास्तविक नियंत्रण रेखा पर अनिश्चित हिस्सों को परस्पर सहमति से परिभाषित नहीं कर दिया जाता, अमन और चैन के समझौते में कल्पना किए गए दो उद्देश्यों की पूर्ति नहीं हो सकती है-पहला, भारत-चीन सीमा पर दोनों ही देशों द्वारा सैन्य कर्मचारियों की संख्या में कटौती और दूसरा, सीमा विवाद की वास्तविकता पर बातचीत करने के लिए आगे बढ़ना।

हालांकि भारत-चीन संबंध हमारे ध्यान का मुख्य केन्द्र होना चाहिए और इन सबंधों के आम रूझान संसद और सर्वसाधारण के लिए सुलभ होने चाहिए, पर ऐसा नहीं हुआ है। बस यह आशा की जा सकती है कि विदेश मामलें पर हमारी संसद की स्थायी समिति इसमें दिलचस्पी लेती रहे और भारत-चीन के संबंधों के इन लक्षणों से पूरी तरह वाकिफ हो। ऐसा दिखता है कि चीन का नजरिया अंतर्राष्ट्रीय संबंधों को प्रभावित करने वाले प्रमुख मुद्दों के संबंध में एक सामान्य रुख का निर्माण करने पर आधारित सहयोग, समझदारी और आधारभूत ढ़ाचे को साकार करना है। इस समझदारी और सहयोग का निर्माण सांस्कृतिक, प्रौद्योगिक और आर्थिक द्विपक्षीय संबंधों के विधिवत प्रस्तुत प्रतिमानों पर होना है। चीन जहां एक और एक बड़ी और नाभिकीय अस्त्र शक्ति के रूप में खड़ा है। वहीं हम जिस चीन के साथ व्यवहार कर रहे हैं वह शायद अन्तर्मुखी है।

जहां तक सीमा का सवाल है, हमें इस तथ्य पर गौर करना चाहिए कि भारत भूटान और वियतनाम संबंधित सामुद्रिक सीमा के अलावा चीन में अपने

ज्यादातर पड़ोसियों के साथ अपनी सरहद का निपटारा कर लिया है। दूसरा, इस वर्ग में कुछ प्रासंगिकता तो है कि विवाद का केन्द्र बनी हुई भारत-चीन सीमा, औपनिवेशिक काल में लिए गए निर्णयों और कार्यवाई पर आधारित थी, जिसका प्रभाव चीन और भारत दोनों ही पर पड़ा। अतः संकल्पना के आधार पर इसे अपरिवर्तनीय मानने की जरूरत नहीं है। पहली प्राथमिकता यह होनी चाहिए कि वास्तविक नियंत्रण रेखा पर अमन-चैन कायम करने के लिए की गई सन्धि को लागू किया जाए। दोनों की देशों द्वारा आपसी झड़प से अपने आपको अलग करते हुए वास्तविक नियंत्रण रेखा के स्थान संबंधित मतभेदों को दूर करने की राह में आगे बढ़कर सामरिक विश्वास बढ़ाने के उपायों को सही दिशा में ढालने की शुरूआत करनी चाहिए। अब समय आ गया है कि संयुक्त कार्यदल उन सिद्धांतों पर विचार करें जिनके आधार पर सीमा का निर्धारण और निपटारा हो सके।

चीन और भारत, दोनों को ही, भारत-चीन सीमा के विभिन्न हिस्सों को लेकर रणनीतिक दुश्चिंताएं हैं। अतः पहला सिद्धांत इन दुश्चिन्ताओं को परस्पर अहमियत देना हो सकता है। सीमा निर्धारण को संचालित कर रहे दूसरे सिद्धांतों में ऐतिहासिक और पारम्परिक आकड़े अन्तर्राष्ट्रीय कानून द्वारा स्वीकृत भूभौतिकीय विशिष्टताएं और सरहदों के निर्धारण की प्रक्रिया को शामिल किया जा सकता है। सरहद का सीमांकन क्रमबद्धित मानचित्रण सिद्धांतों और प्रौद्योगिकी के आधार पर होना चाहिए। संयुक्त कार्यदल को ऐसे सिद्धान्तों की जांच करने की दिशा में धीरे-धीरे बढ़ना चाहिए। रवैया यह होना चाहिए कि पुरानी प्रवृत्तियों को त्याग कर, ऐतिहासिक वास्तविकताओं और यथार्थवाद के सहारे, अपने-अपने दावों की जांच करें। दोनों ही देशों के सार्वजनिक दृष्टिकोण को इस जरूरत का ज्ञान होना चाहिए और हमारे क्षेत्र में विकास और शांति के विस्तृत हित के लिहाज से इस विषय को एक संतुलित परिप्रेक्ष्य में देखने की शिक्षा उन्हें देनी चाहिए।

द्विपक्षीय दौरे और आदान-प्रदान की प्रकृति, संख्या और आवृत्ति साझा हितों और उभरती अन्तर्राष्ट्रीय स्थिति में और इसको लेकर दुश्चिंताओं को पुष्ट करता है। चीन और भारत के बीच अन्तर्राष्ट्रीय व्यापार और विकास, मानवाधिकार, पर्यावरण, प्रौद्योगिकी हस्तांतरण और प्रौद्योगिक और सुरक्षा आत्मनिर्भरता के मुद्दे से जुड़े दृष्टिकोण और हित एक ही बिंदु पर आकार मिल रहे हैं।

अतः भारत-चीन मेल-मिलाप को बढ़ावा देते भावनात्मक और सांस्कृतिक कारकों के अलावा इस प्रक्रिया में योगदान दे रहे है कुछ स्थायी कारक भी हैं। इन्हें प्रोत्साहन मिलना चाहिए, पर भारत को इस बात से अवगत रहना चाहिए कि चीन को नाभिकीय अस्त्र संपन्न बड़ी शक्ति का दर्जा मिला हुआ है। अतः

अप्रसार, निःशस्त्रीकरण, प्रक्षेपास्त्र विकास, क्षेत्रीय व्यवस्थाएं, क्षेत्रीय शांति और स्थिरता, साथ ही साथ, नई विश्व व्यवस्था के सिलसिले में इसकी अपनी कार्यावली है। भारत का लक्ष्य चीन के साथ बिना किसी भ्रम और अत्यधिक अपेक्षाओं के, एक व्यावहारिक, सामान्य रूप से मैत्रीपूर्ण संबंध की स्थापना होना चाहिए।

भारत-चीन संबंध-यथार्थ बनाम वांछनीयता

चीनी विदेश मंत्री तंग जियाजुआन सन् 2000 की 21 जुलाई से 24 जुलाई तक दिल्ली में थे। विदेश मंत्री जसवंत सिंह के साथ सारभूत बातचीत के अलावा, वह प्रधानमंत्री अटल बिहारी वाजपेयी और विपक्ष की नेता, श्रीमती सोनिया गांधी से मिलने गए और एक ऐसी अलग चीज की, जो सामान्य तौर पर चीनी नेता नहीं करते। उन्होंने एक समाचार सम्मेलन बुलाया। हमारे राष्ट्रपति, विदेश मंत्री और वाणिज्य व उद्योग मंत्री की चीन यात्रा के बाद उनका भारत आना, पिछले दस महीनों से, इस बात का संकेत दे रहा है कि भारत-चीन संबंध उन्नत हुए हैं और 1998 के जुलाई और नवम्बर के दरम्यान भारत के नाभिकीय परीक्षण और उससे जुड़ी राजनीतिक घोषणाओं के कारण रिश्तों को सामान्य बनाने की प्रक्रिया में आई अच्छी खासी बाधा के दूर होने से, वापस राह पर आ रहे हैं। औपचारिक स्तर पर, 1988 में राजीव गांधी की बीजिंग यात्रा के साथ शुरू हुई संबंध सामान्य बनाने की प्रक्रिया की रैखिक निरन्तरता में फिर से जान डाल दी गई है। फिर भी, ना सिर्फ द्विपक्षीय सन्दर्भ में बल्कि चीन की आर्थिक नीतियों, चीन के सुरक्षा सरोकारों और चीन की सैन्य क्षमताओं और हमारे क्षेत्र में अन्य देशों के साथ चीन के रक्षा सहयोग की रूपरेखा के संबंध में उभरती वास्तविकताओं के लिहाज से भारत-चीन संबंधों की सम्भावनाओं का विश्लेषण और चिन्तन करना चाहिए। 1995 से चीनी साम्यवादी दल के शीर्ष निकाय और इसके आर्थिक योजना समूहों के विचार-विमर्श ने अधोलिखित उद्देश्यों को इंगित किया है, जिसकी प्राप्ति के लिए चीन में समन्वित कार्रवाई का शुभारम्भ हो चुका है:

(क) चीन में आंतरिक आर्थिक विकास को त्वरित गति देना, आधारभूत ढांचे को सशक्त बनाने पर ध्यान देना, प्रौद्योगिकीय प्रक्रिया और खाद्य उत्पादन सुनिश्चित करना;

(ख) चीन की रक्षा क्षमताओं का आधुनिकीकरण, उभरते वैश्विक और क्षेत्रीय रणनीतिक वातावरण और इनसे उत्पन्न चुनौतियों का सामना करने के लिए चीन के रक्षा बलों के संचालन प्रभाव और मजबूती को बनाए रखना;

(ग) चीन की आन्तरिक समग्रता और घरेलू स्थिरता के सामने खड़े किसी भी खतरे के लिए सतर्क और तैयार रहना;

(घ) चीन के आर्थिक आधुनिकीकरण के लिए वित्तीय और प्रौद्योगिकीय निविष्टियों, साथ ही साथ, ऊर्जा सुरक्षा को सुदृढ़ करना और इसमें बढ़ोत्तरी लाना;

(ड़) उत्तर-शीत युद्ध काल के परिप्रेक्ष्य में चीन के ज्यादा तात्कालिक सुरक्षा और आर्थिक सरोकारों के मद्देनजर विश्व के महत्त्वपूर्ण शक्ति केन्द्रों, खास कर, अमेरिका, रूसी परिसंघ और यूरोपीय संघ के साथ नये रणनीतिक और राजनीतिक समीकरणों की रचना;

(च) मध्य एशिया और दक्षिण एशियाई देशों के साथ, एक स्थिर राजनीतिक और रणनीतिक वातावरण सुनिश्चित करने के लिए, संबधों का निर्माण करना, ताकि चीन अपनी सीमा और उच्च प्राथमिकताओं वाले उद्देश्यों पर अपना ध्यान निर्विघ्न केन्द्रित कर सके;

यह खास कर, भारत से संबंध, तिब्बत के साथ चीन की समस्याओं और धार्मिक और सांस्कृतिक केन्द्रविमुख शक्तियों के प्रति, जो चीन के पश्चिमी प्रांतों को प्रभावित कर सकते हैं, चीन की दुश्चिंताओं से जुड़े हैं।

चीन की शक्ति संरचना इस बात को मानती है कि सन् 2025 तक चीन के विभिन्न हिस्सों के बीच समृद्धि के स्तरों और विकास में असंतुलन की समस्याओं का सामना करना पड़ेगा। इसमें चीन के कम विकसित हिस्सों से ज्यादा समृद्धशाली हिस्सों में पलायन की समस्याएं शामिल हैं। इसके अलावा, बड़े पैमाने पर बेरोजगारी की आशंकाएं भी सिर उठाए खड़ी है। ऊर्जा सुरक्षा से जुड़े सरोकारों ने चीन को ऊर्जा संसाधनों के अधिक्षेत्रों में मध्य एशिया के देशों, खाड़ी-देशों और यहां तक कि दक्षिण अमेरिका जैसे सुदूर क्षेत्रों के साथ निवेश और सहयोग व्यवस्थाओं को आरम्भ करने की राह दिखाई है। इस प्रक्रिया अत्यधिक संवेदनशील राजनीतिक और रणनीतिक आयाम है दक्षिण चीनी समुद्र, स्प्राट्ले द्वीप इत्यादि में चीन द्वारा क्षेत्रीय दावा रखना, जिससे आसियान के महत्त्वपूर्ण देशों, जैसे इंडोनेशिया, मलेशिया, फिलस्तीन और वियतमान के साथ चीन के संबंधों में दरार पड़ गई है।

आंतरिक और बाह्य सुरक्षा सरोकारों के सन्दर्भ में ताईवान को लेकर चीन की अपेक्षाएं और आकांक्षाएं चुनौतियों से न सिर्फ घिरी हुई हैं, बल्कि ये चुनौतियां ताईवान की नई सरकार के साथ कुछ हद तक जुड़ भी गई हैं, जो मूर्त्त स्तर पर ताईवान की स्वतंत्रता के प्रति ज्यादा प्रतिबद्ध है। ताईवान से जुड़े

राजनीतिक और रणनीतिक विवादों और अन्य सुरक्षा स्थितियों ने जापान और अमेरिका को 'थियेटर मिसाइल डिफेंस' की तैनाती के लिए बाध्य किया, जिसे चीन ने अपनी सुरक्षा के लिए बड़ा रणनीतिक खतरा मान रखा है। इस सम्भावना का सामना करने के लिए कूटनीतिक और राजनीतिक प्रयास किए जाने के अलावा चीन ने अपने सशस्त्र बलों के आधुनिकीकरण और विस्तार के लिए घरेलू प्रयासों के साथ-साथ रूसी परिसंघ के साथ बड़े पैमाने पर सहयोग को भी जरिया बनाया है। सन् 2000 से 2004 के बीच, चीन रूसी परिसंघ से 20 अरब डालर के कीमत की शस्त्र और रक्षा प्रौद्योगिकी हासिल करने की योजना बना रहा है। इसमें बख़्तरबंद गाड़ियां, हवाई जहाज, पनडुब्बियां, यूरेनियम सेन्ट्रीफ्यूज, और चीन में रक्षा उपकरणों के सयुंक्त उत्पादन सुविधाओं का निर्माण शामिल है।

इस बृहत-स्तरीय रणनीतिक और सुरक्षा अभ्यास की सीढ़ियों से उतरते हुए चीन ने भारत के दो समीपस्थ पड़ोसियों, पाकिस्तान और म्यांमार के साथ रक्षा और सुरक्षा सहयोग व्यवस्थाओं की, अपने क्षेत्रीय रणनीतिक उद्देश्यों की पूर्ति के लिए, रचना और पोषण किया है। यह, भारत के पाकिस्तान के साथ प्रतिकूल संबंधों और यंगून की सैन्य सरकार के साथ कुछ दूरवर्ती संबंधों के सन्दर्भ में महत्त्वपूर्ण है। लोकतंत्र के प्रति भारत के सरोकारों और प्रतिबद्धताओं के मद्देनजर पाकिस्तान के साथ चीन का रक्षा सहयोग और बंगाल की खाड़ी व हिन्द महासागर के उत्तरी भागों में भारत-चीन व्यापार में बढ़ोत्तरी हो रही है। 1994 के वर्ष में भारत और चीन के बीच के व्यापार के परिमाण में, 1993 की तुलना में 32.4 प्रतिशत से भी ज्यादा की वृद्धि दर्ज की गई। 1990 से 1993 तक जहां व्यापार संतुलन भारत के पक्ष में था, वहीं अब यह रुख उलट गया है और अब व्यापार संतुलन चीन के पक्ष में हो गया है। भारत में चीन के कई संयुक्त उपक्रम हैं, उनमें से ज्यादातर पुनर्खरीद व्यवस्थाओं पर आधारित हैं। ये संयुक्त उपक्रम लोहा, धातुकर्म, नागरिक विमान के कल-पुर्जे से जुड़े क्षेत्रों में हैं। भारतीय कंपनियों ने भी चीन में संयुक्त उपक्रमों को स्थापित करना शुरू कर दिया है। रैनबैक्सी और हीरो मोटर्स जैसी कंपनियों ने चीन में, चीनी सहयोग के साथ, अपने उत्पादों का निर्माण करने की प्रक्रियाओं में प्रवेश कर इस रूझान का सूत्रपात किया है।

इन रूझानों का आदान-प्रदान जहां धीरे-धीरे बढ़ रहा है, वहीं मोटे तौर पर ये लक्षण एक बड़ी धीमी प्रक्रिया को इंगित करते हैं। यह प्रासंगिक होगा कि भारतीय आंकड़े का चीनी नजरिए और चीन को हमने विदेश नीति के इस मुकाम पर जैसा देखा है, उसके अनुसार विश्लेषण किया जाए। भारत के बारे

में चीन के तात्कालिक और दीर्घकालिक आकलन के संकेत 1992 के दौरान चीनी सेना के अखबार, 'दि लिबरेशन आर्मी डेली'' की प्रतियों में से एक में, भारत की राजनीति और समाज से संबंधित विषय पर छपे लेख में दिखाई दिये थे। उस लेख के द्वारा यह आकलन दर्शाया गया है कि भारत, हालांकि, बड़ी आबादी का, पर्याप्त कच्चे माल, प्रौद्योगिकी और मानव संसाधन क्षमता वाला बड़ा देश है, फिर भी, भारतीय समाज इतना अनुशासित नहीं कि इन लाभप्रद स्थिति का उपयोग कर इस क्षेत्र या विश्व में एक प्रभावशाली शक्ति बन सके। लेख में भारतीय गणतंत्र को एक नरम राष्ट्र माना गया है, जो अपने पड़ोसियों के साथ बहुत सारे विवादों के जंजाल में फंसा हुआ है। आकलन का सारांश यह था कि चीन को भारत के साथ स्थिर संबंध बनाए रखना चाहिए, पर इसे जापान, एशिया में आसियान क्षेत्र और अमेरिका व रूस कि वे महाशक्तियां, जो चीन के हितों को प्रभावित कर सकती हैं, के ऊपर अपना ध्यान ज्यादा केन्द्रित करना चाहिए। जहां तक चीन के बारे में भारत के आकलन का प्रश्न है, तो वास्तविक रूप से यह मान लिया गया है कि चीन एक नाभिकीय अस्त्र क्षमता संपन्न महाशक्ति है। जहां भारत-सीमा विवाद को लेकर एक उचित और न्यायसंगत समाधान चाहता है, वहीं उसे इस बात का भी अहसास है कि चीन को इस मुद्दे को सुलझाने की ज्यादा हड़बडी नहीं, क्योंकि वर्तमान जमीनी स्थिति से वह संतुष्ट है। जहां, भारत तिब्बत को चीनी गणतंत्र का स्वायत्त हिस्सा मानता है, वहीं इसका मानना है कि चीन तिब्बत के लोगों की राजनीतिक और धार्मिक आकांक्षाओं के प्रति जबावदेह हो। यह विचार बस सामान्य रूप से ही प्रकट नहीं हुआ है, बल्कि भारत द्वारा चीन को राजनीतिक स्तर पर भी संप्रेषित किया गया है। सबसे दिलचस्प बात यह है कि चीनी नजरिया नकारात्मक या विवादी नहीं था, फिर भी, उन्होंने इस संभावना पर चिन्ता व्यक्त की कि तिब्बतियों द्वारा भारत का इस्तेमाल चीन के खिलाफ वैर भाव भड़काने के एक आधार के रूप में किया जा सकता है।

भारत भी एशिया-प्रशांत क्षेत्र में चीन की नीतियों और गतिविधियों पर सावधानीपूर्वक निगरानी रख रहा है। नाथू ला के रास्ते भारत में दूसरी सीमा व्यापार इकाई खोलने को लेकर चीन की उत्कंठा, भारत के पूर्वी हिस्से और नेपाल व भूटान के सीमा से सटे राज्यों में, अपने राजनीतिक प्रभाव को बढ़ाने से जुड़ी उसकी सतत दिलचस्पी को इंगित करता है। ग्यान्तसे-गारतोक से कलिमपोंग, नाथू ला के रास्ते व्यापार मार्ग खोलने की चीनी इच्छा भारत और भूटान, दोनों ही के लिए, राजनीतिक और सुरक्षा से जुड़े गंभीर संकेत दे रहे हैं, जिस पर अति सावधानीपूर्वक और अत्यधिक सतर्कता के साथ विचार होना चाहिए।

हमें इस बात पर अवश्य गौर करना चाहिए कि वियतनाम के स्प्राट्ले द्वीप पर अपना दावा रखने के बाद, चीन अब इंडोनेशिया और फिलस्तीन के उत्तर में कुछ द्वीपों पर भी दावा कर रहा है। चीन ने म्यांमार में अपना प्रभाव और अपनी गतिविधियां धीरे-धीरे बढ़ा ली हैं। यही वे राजनीतिक-रणनीतिक गतिविधियां हैं, जिन्हें चीन से संबंद्धित हमारी नीति का निर्धारण करते समय हमें ध्यान में रखना होगा।

आसियान और एपेक में भाग लेने में चीन की सक्रिय दिलचस्पी और एक तरफ उत्तरी कोरिया और दूसरी तरफ जापान और अमेरिका के बीच उत्तरी कोरियाई नाभिकीय घटना के दौरान चीन का मध्यस्थता की भूमिका निभाना-इन सब पर भारत द्वारा, चीन से जुड़ी विदेश नीति की रणनीतिक योजनाओं के सिलसिले में, विचार किया गया। चीन द्वारा रूस से बड़े पैमाने पर हथियार का आयात भी हमारे क्षेत्र के सुरक्षा वातावरण को प्रभावित करने वाला कारक है।

भारत के साथ सामान्य तौर पर स्थिर संबंध बनाने के पीछे चीन की दिलचस्पी बस इसी बात तक सीमित है कि उपमहाद्वीपीय में या तिब्बत में हो रही गतिविधियां चीन की स्थिरता या सुरक्षा पर प्रभाव न डालें।

चीन यह नहीं चाहता कि हम क्षेत्रीय गतिविधियों में ज्यादा सक्रिय रूप से शामिल हों, और इसका प्रमाण इस बात से मिला कि बीजिंग में "चीन और इसके पड़ोसी, त्वरित विकास के क्षेत्र में आर्थिक संबंध" विषय पर हुए एक अन्तर्राष्ट्रीय सम्मेलन में पाकिस्तान का प्रतिनिधित्व करने के लिए इसके विदेश मंत्री मखदूल शहाबुद्दीन वहां उपस्थित थे। यह भी देखना होगा कि जहां चीन कश्मीर मुद्दे पर भारत और पाकिस्तान के प्रति सम-दूरस्थ और निष्पक्ष रुख अपनाए हुए है, वहीं दायरे और विषय वस्तु के हिसाब से, चीन के पाकिस्तान के साथ उनके रिश्तों की तुलना में कहीं व्यापक हैं और यह रूझान स्थिर बना रहेगा।

इस मौजूदा माहौल में हमारी नीति संबंधों को सुस्थिर बनाए रखने की है। चीन के प्रति हमारे नीति तत्वों में प्रतिस्पर्धा और टकराव की कोई जगह नहीं और होना भी नहीं चाहिए। पर इसी के साथ, जब हमने परस्पर अलगावों और दूरियों की खटास मिटा ली है, तो हमें द्विपक्षीय संबंधों में अवश्य प्रवाह देना चाहिए। व्यापार, प्रौद्योगिकी, संस्कृति व निवेश के क्षेत्रों में हमारे बीच सहयोग बढ़ने की अच्छी-खासी गुंजाइश है। अतः हमें प्रयास अवश्य करना चाहिए और इन क्षेत्रों मे संवाद बढ़ाने के लिए चीन को अभिप्रेरित करना चाहिए। इसी के साथ, संयुक्त कार्यदल और विशेषज्ञ वर्ग के कार्यों पर डाला गया एक बड़ा राजनीतिक दबाव, उनके 'अमन और चैन' पर हुए समझौते में कल्पना किए गए

लक्ष्यों को, हमारे संबंधों को सामान्य बनाने के उद्देश्य को आगे बढ़ाने के लिए, पूर्ण करेगा। हमें एशियाई क्षेत्र में, साथ ही साथ, विश्व की महत्त्वपूर्ण शक्तियों के संबंध में चीन की नीतियों से उभरे रणनीतिक अवसरों और रणनीतिक चुनौतियों के प्रति अवश्य सतर्क रहना चाहिए। यदि रणनीतिक चुनौतियां किसी भी तरीके से हमारे हितों को प्रभावित करने लगीं, तो हमें उनका सामना करने में कतई हिचकना नहीं है। हमें अपनी आवश्यकतानुसार इन हितों को आगे बढ़ाने के लिए अवसरों का उपयोग करने में अपने आपको रोकना भी नहीं चाहिए।

चीन, भारत की दृष्टि में-मौजूदा नजरिया

भारत के दो अत्यधिक महत्त्वपूर्ण पड़ोसियों में से एक है चीन और दूसरा है पाकिस्तान। अब समय आ गया है कि भारत इस बात की जांच करे कि चीन के सरोकारों और विदेश कार्यक्रमों के परिप्रेक्ष्य में इसे हम अपनी योजना में कैसे शामिल करें। किस तरह का व्यवहार हम चीन से करना चाहते हैं? चीन एशिया-प्रशांत क्षेत्र में, दक्षिण पूर्वी एशिया के संबंध में, महाशक्तियों के साथ कैसा व्यवहार करेगा? एशिया में और सामान्य रूप से विश्व में खुद की भूमिका के बारे में चीन के राजनीतिक अभिप्राय, इसके हितों और इसके विचारों के बारे में हमारा मानक निर्णय क्या है?

राष्ट्रपति जियांग की यात्रा की तारीख पक्की हो गई है। वह 20 नवम्बर से दो दिनों के लिए नई दिल्ली आ रहे हैं। दूसरे उत्तरार्द्ध से, इस यात्रा के लिए, भारत-चीन संवाद के पुनरुत्थान की तैयारी हो रही थी। सितम्बर 1996 में, वास्तविक नियंत्रण रेखा पर अमन और चैन की बहाली पर विचार कर रहे विशेषज्ञ वर्ग की बीजिंग में बैठक हुई। 14 अक्तूबर 1996 को भारत-चीन संयुक्त कार्यदल की बीजिंग में बैठक हुई। दोनों ही बैठकें एक वर्ष के अपेक्षाकृत लंबे अंतराल के बाद हुई थीं, जबकि नियमतः इसे हर छह महीने पर होना चाहिए था। भारत-चीन संवाद में यह गतिरोध भारत और चीन, दोनों की ही घेरलू राजनीतिक व्यस्तताओं की वजह से था। दोनों ही देश घरेलू राजनीतिक समस्याओं का सामना कर रहे थे, जिन पर उनके अपने नेताओं का ध्यान केन्द्रित था। इन द्विपक्षीय बैठकों के परिणाम में अतिआवश्यक उत्साही आवेग उभर कर आया। भारत-चीन संबंध, स्वभाविक रूप से चीन के बारे में हमारी सोच और इन संबंधों के महत्त्वपूर्ण अवयवों को गढ़ने वाले मुद्दों के प्रति हमारे रुख पर निर्भर करती है। पहला, चीन की अस्तित्ववादी विशिष्टता, जिस पर हमें विचार करना चाहिए। एशिया-प्रशांत क्षेत्र और एशियाई भू-भाग पर चीन आबादी और क्षेत्रफल के लिहाज से सबसे बड़ा राष्ट्रीय-राज्य है। दूसरा, इसके

पास इस क्षेत्र में सबसे महत्त्वपूर्ण आर्थिक शक्ति बनने का सामर्थ्य है। तीसरा, यह नाभिकीय और परम्परागत सैन्य क्षमताओं से परिपूर्ण दबंग राजनीतिक सत्ता है। चौथा, क्षेत्रीय प्रभुत्व के लिए किसी भी दावे को नकारने के बावजूद चीन ने एशिया में हमेशा खुद को अत्यधिक महत्त्वपूर्ण राजनीतिक-सांस्कृतिक सत्ता के रूप में देखा है। चीन के उभरती हुई घरेलू, राजनीतिक और विदेश नीतियों की विशेषताओं का मूल्यांकन करने की जरूरत है। चीन की वृहत्-रूपी विस्थिति यह है कि यह है कि यह संक्रमणकाल से गुजर रहा है। इस संक्रमण के कई पहलू हैं। चीन की शक्ति संरचना के शीर्षस्थ स्तरों पर बदलाव होने जा रहा है, जिसमें डेंग जिया पिंग पर्दे से हट जाने वाले हैं। जिया पिंग ने इस बात पर जोर दिया है कि चीन को ''भौतिक सभ्यता'' की अंतरिम बाध्यता के विपरीत ''राष्ट्रीय सुदृढ़ीकरण और पुनरुत्थान के मूल संदर्भ सूत्रों के रूप में आध्यात्मिक सभ्यता की जरूरत है।'' इन शब्दावलियों में से एक-अध्यात्मिक सभ्यता-चीनी साम्यवादी राजनीतिक सिद्धांतों और दर्शन के निर्देशात्मक प्राथमिकता को बरकरार रखने को इंगित करती है। दूसरी-भौतिक सभ्यता-चीन में सुधार कार्यक्रमों और आर्थिक आधुनिकीकरण को बढ़ावा देने वाले आर्थिक और राजनीतिक रूझानों की ओर इशारा करती है। पूर्ण अधिवेशन की अंतिम विज्ञाप्ति की घोषणा के अनुसार दल को, ''शुरू से अंत तक अध्यात्मिक सभ्यता की सर्वश्रेष्ठता बरकरार रखते हुए, दोनों ही सभ्यताओं के लक्षणों पर पकड़ मजबूत करने के लिए दृढ़'' होना चाहिए। उस विज्ञप्ति में आगे कहा गया है कि ''किसी भी समय हम क्षणिक आर्थिक विकास के नाम पर अध्यात्मिक मूल्यों की बलि चढ़ा सकते हैं। यह घोषणा चीनी शक्ति सरंचना के सरोकारों और अभिप्रायों, दोनों को ही व्यक्त करती है। आर्थिक उदारीकरण से जुड़ी चिन्ता कि यह शायद लोकतंत्र और राजनीतिक उदारतावाद को बढ़ावा देगा, जिस पर लगाम कसने की जरूरत है-इस बात का इशारा करती है कि चीनी साम्यवादी दल के नेता, जहां तक हो सकेगा राजनीतिक उदारीकरण और लोकतंत्र की ओर उन्मुख लक्षणों का प्रबल विरोध करेंगे। चीन में, भौगोलिक दृष्टिकोणों से, आर्थिक आधुनिकीकरण और सुधार असमान तरीके से हुए हैं। चीन की परियोजनाओं से जुड़ी एकीकृत शक्ति संरचना, अखण्डता और अनुशासन की छवि के बावजूद सशस्त्र बलों और नेताओं की नई पीढ़ी के बीच का संबंध एक नाजुक दौर से गुजर रहा है। मुख्य मंच से परे हट रहे वरिष्ठ नेताओं के हिस्से का लाभप्रद पक्ष यह था कि उन्होंने उस सैन्य संघर्ष में भाग लिया था जिसमें माओत्से तुंग को कूमिन्तंग के ऊपर विजय हासिल हुई। दल की नई पीढ़ी के नेता और सशस्त्र बलों को ऐसा साझा अनुभव नहीं मिला है। वे अपेक्षाकृत बहुवर्गीय गतिविधियों के साथ बड़े हुए हैं,

जिसमें शीर्ष राजनीतिक स्तर पर शक्ति समीकरणों में एक दूसरे की भूमिका और समायोजन में परस्पर समझदारी की जरूरत होती है। अंत में, चीन अपने राजनीतिक और रणनीतिक रूखों के निशाने पर उन नये समीकरणों को रख रहा है, जिन्हें वह एक ज्यादा खुले और बहिर्मुखी समाज के रूप में स्थापित करना चाहता है। चीन की विदेश नीति की इस विस्थति के दूसरे पक्ष ये हैं कि वह अपने पड़ोस और एशिया-प्रशांत क्षेत्र में एक शांतिपूर्ण और स्थिर वातावरण का आकांक्षी है, ताकि वह अपने घरेलू विकास और राजनीतिक स्थिरीकरण के उद्देश्यों पर पूरे तौर पर एकाग्र हो सके। दूसरा, चीन अपने मुताबिक समझी हुई क्षेत्रीय पहचान को पुनः हासिल करने को लेकर दृढ़ है। हांगकांग के एकीकरण के बाद चीन का लक्ष्य ताईवान, मकाओ और भू-भागीय समुद्र को अपने राजधानी क्षेत्र का हिस्सा बनाना है। आर्थिक और सामरिक रूप से अपने बड़े शक्ति दर्जे को पोषण करने के लिए चीन दृढ़ है। 21वीं सदी में एशियाई विकास में चीन खुद को केन्द्रीय भूमिका में देखता है। हालांकि इस अपेक्षा को बहुत ज्यादा विस्तार से व्यक्त नहीं किया गया है, फिर भी इसकी इच्छा है कि सारे एशियाई देशों की विदेश नीतियों में इस बात को स्वीकार किया जाए। यह संक्रमण काल से गुजर रहा एक शक्तिशाली चीन है जिसके साथ हम व्यवहार कर रहे हैं। चीन की अन्तर्निहित क्षमताएं और इसकी विदेशी नीतिगत रुख इसे हमारी विदेश नीति योजना में एक महत्त्वपूर्ण कारक बनाते हैं। हालांकि, भारत-चीन संबंध ने एक सकारात्मक मोड़ लिया है और धीरे-धीरे संबंधों में सुधार आ रहा है फिर भी, चीन के पाकिस्तान के साथ चल रहे रक्षा सहयोग, जिसमें प्रक्षेपास्त्र विकास और नाभिकीय गतिविधियों जैसे संवेदनशील क्षेत्र शामिल हैं, के कारण भारतीय सार्वजनिक दृष्टिकोण यह है कि चीन एक रणनीतिक प्रतिस्पर्धी और एक सशक्त राजनीतिक-सामरिक प्रतिरोधी है। यदि चीन के दक्षिण पूर्वी एशियाई देशों के साथ के संबंध एक संचालनात्मक प्रवृति के सामरिक और सुरक्षा आयामों में परिणत होते हैं, तो भारत के लिए यह चिन्ता का सबब होगा। अतः भारत 1940 के दशक के उतरार्द्ध और 1950 के दशक की शुरूआत के समय चीन के साथ के उस भरोसे और भावनात्मक जुड़ाव जैसी किसी भी चीज को उभारने में कतई इच्छुक नहीं। इसे यथावत ही होना चाहिए। फिर भी, शक्तिशाली पश्चिमी देशों के साथ अंतर्क्षेतीय समीकरण बनाने में विकासशील एशियाई देशों के रूप में भारत और चीन के हितों में इस लिहाज से समांतरता है कि पश्चिमी देश हमारी आर्थिक नीतियों के निर्धारण में हमारी वैकल्पिक स्वतंत्रता का हनन न करें और हमारे अपने समाज के राजनीतिक प्रबंधन में हस्तक्षेप न करें। चीन हमारी योजना में हमारी स्थिरता को प्रभावित

करने वाले महत्त्वपूर्ण कारक के रूप में मौजूद है और इसे मौजूद रहना भी चाहिए; हमारा उद्देश्य चीन के साथ एक यथार्थपरक और व्यावहारिक रिश्ता बनाना है; एक ऐसा रिश्ता जो सीमा मसले को बीते समय की आम भावनात्मकता से परे और 1956 और 1962 के बीच उभरे सीमा संकट को खड़ा करने वाले गलत ऐतिहासिक और मानचित्र संबंधी विवादों को निरस्त करने के लिए उन्मुख हो। चीन-पाक रक्षा सहयोग, तिब्बत जैसे विशिष्ट मसलों पर एक दूसरे की नीतियों और प्रवृत्तियों से जुड़ी चिन्ताओं को सच्चाई के साथ व्यक्त करने के योग्य होने के लिए और इनका समाधान कैसे हो सकता है, यह देखने के लिए, दोनों ही पक्षों के लिहाज से हमारे संबंधों को परिपक्व और संतुलित होना होगा। पाकिस्तान के साथ चीन का नाभिकीय सहयोग और उसे हथियारों की आपूर्ति करने के नकारात्मक परिणामों के प्रति हमें चीन को सचेत करने का प्रयास करना चाहिए। वैसे ही, चीनियों को तिब्बत के बारे में अपनी चिन्ताओं को बगैर अधीर या नाराज हुए व्यक्त करना चाहिए। दोनों ही देशों के वृहत्तर हितों में राजनीतिक-रणनीतिक वैर की अन्त:धाराओं के बावजूद दोनों ही पक्षों को स्थिर संबंधों की नींव रखनी चाहिए।

राष्ट्रपति नारायणन की चीन यात्रा–एक आकलन

राष्ट्रपति नारायणन को शुरू में 1999 में बीजिंग आने का निमंत्रण मिला था, जब चीन में चीनी जन गणतंत्र की स्थापना की 50वीं वर्षगांठ मनाई जा रही थी। 1999 में नारायणन अनेक राजनीतिक कारणों से बीजिंग नहीं जा सके, इनमें से सबसे महत्त्वपूर्ण था भारत सरकार का भारत-चीन संबंधों का व्यापक आकलन करने के लिए इच्छुक होना, ताकि दोनों ही पक्षों को, भारत के द्वारा 1998 में हुए नाभिकीय परीक्षणों के बाद उनके-आपसी संबंधों में उभरी जटिलताओं को लेकर कोई उलझन या वर्जनाएं न हों और ठंडे पड़े रिश्ते को सक्रिय बनाने की आजमाइश के तहत 1999 के उतरार्द्ध में जसवंत सिंह बीजिंग की यात्रा पर गये। अक्तूबर 1999 की मेरी बीजिंग यात्रा के दौरान मुझे यह कहा गया कि चीन के लोग राष्ट्रपति नारायणन के आगमन को लेकर दो कारणों से उत्सुक हैं; पहला, भारत पहला देश था, जिसने चीन के जन गणतंत्र की स्थापना के समय इसे मान्यता दी थी। दूसरा, नारायणन ने बीजिंग में, चीन के साथ श्रीमती इंदिरा गांधी द्वारा स्थापित किए गए राजनयिक स्तर के कूटनीतिक संबंध के तहत, चीन में भारतीय राजदूत की भूमिका को जिस युक्ति और राजनीतिक संवदेनशीलता के साथ निभाया था, उसके कारण चीनियों के मन में उनके लिए विशेष सम्मान था।

चीन के लिए भारतीय राष्ट्रपति की यात्रा 8 साल के अंतराल के बाद हुई

थी। राष्ट्रपति वेंकटरमन मई 1992 में चीन गए थे। जिस राजनीतिक परिप्रेक्ष्य में यह यात्रा हुई थी, वह भी महत्त्वपूर्ण हैं। हालांकि भारत के नाभिकीय अस्त्रीकरण पर चीन के आलोचनात्मक रुख को लेकर कोई भ्रांति नहीं है, फिर भी, इसकी तीव्रता, अमेरिका द्वारा सीटीबीटी का अनुमोदन नहीं करने, पश्चिमी प्रशांत में थियेटर मिसाइल डिफेंस पर अमेरिकी रुख, और अत्यधिक महत्त्वपूर्ण, न्यूयार्क में अ-प्रसार पर समीक्षा बैठक में अमेरिका की बैलेस्टिक प्रक्षेपास्त्र रोधी सन्धि (ए बी एम टी) को हल्का करने की इच्छा की घोषणाओं से, काफी हद तक कम हो गई। जसवंत सिंह की अपने चीनी समकक्ष तंग जियाजुआन के साथ बात-चीत के बाद भारत और चीन के बीच के संवाद में एक ठोस, हालांकि धीरे-धीरे ही सही, सामान्यीकरण दिखने लगा था। सीमा विवाद और इससे जुड़े मसलों पर भारत-चीन संयुक्त कार्यदल की बैठक हुई, जिसके फलस्वरूप चीन के साथ एक संस्थागत सुरक्षा वार्तालाप के लिए आम सहमति बनी और यह संकेत भी दिए गए कि भारत-चीन के आर्थिक संबंध को 1998 और 1999 के पूर्वाद्ध की कड़वाहट से वापस सही दिशा में बढ़ाया जाना चाहिए। यद्यपि हमारे राष्ट्रपति अधिशासी जिम्मेदारी का निर्वाह नहीं करते (वह देश के शीर्षस्थ पद पर होते हैं न कि सरकार के), तथापि चीनी उनकी व्यक्तिगत पृष्ठभूमि को लेकर सचेत थे, क्योंकि वे समझते थे कि भारत की विदेश नीति पर इसका प्रभाव पड़ेगा। करीब तीन दशकों से भी ज्यादा समय से विदेश सेवा की अपनी पृष्ठभूमि के अलावा राष्ट्रपति नारायणन को चीन संबंधित जानकारी में विशिष्टता हासिल है, क्योंकि विदेश मंत्रालय में निदेशक के रूप में 60 के दशक के मध्य में उन्होंने चीन और पूर्वी एशिया के साथ व्यवहार किया था। चीन में भारत के राजदूत होने के अतिरिक्त, भारत-चीन संबंधों और चीन की विदेश नीति को प्रभावित कर रहे राजनीतिक और रणनीतिक मुद्दों की उनकी व्यापक समझ की जड़ में दक्षिण पूर्वी एशिया में बतौर राजदूत काम करना और अमेरिका-चीन संबंधों में सकारात्मक झुकावों की बहाली के दौरान अमेरिका में भी बतौर राजदूत मौजूद रहना, शामिल है।

राष्ट्रपति का एक सप्ताह लम्बा चीन का दौरा हर लिहाज से, औपचारिक यात्रा से कहीं अलग था। राष्ट्रपति के लिए तैयार किए गए कार्यक्रमों की रूपरेखा इस पहलू को प्रतिबिम्बित करती है। नारायण की बातचीत राष्ट्रपति जियांग जेमिन, प्रधानमंत्री झू रोंग जी और पूर्व प्रधानमंत्री ली पेंग के साथ भी हुई, जिन्होंने नरसिंह राव के साथ 1991 और 1995 के बीच भारत-चीन रिश्तों में गुणवत्तापूर्ण बदलाव किए थे। हमारे राष्ट्रपति को बीजिंग विश्वविद्यालय में

संकाय और छात्रों के बीच बोलने का निमंत्रण दिया गया, शायद यह पहली बार था कि एक भारतीय राष्ट्रपति ने यहां विश्वविद्यालय को संबोधित किया था। सबसे महत्त्वपूर्ण बात यह है कि बीजिंग के बाहर सांस्कृतिक और ऐतिहासिक दिलचस्पी की जगहें दिखाने के बजाय उन्हें दक्षिण चीन में यूनान की राजधानी कुनमिंग आने का न्योता दिया गया, जो हमारे उत्तरपूर्वी राज्यों से सटा हुआ क्षेत्र है, जिसके साथ आर्थिक और वाणिज्यिक संबंधों की संभावनाएं तलाशने का काम भारत और चीन, दोनों के ही विचारक और नीति निर्धारक कर रहे हैं। खबरें यह इंगित करती हैं कि हमारे राष्ट्रपति की चीन के नेताओं के साथ द्विपक्षीय संबंधों, क्षेत्रीय सुरक्षा और आर्थिक समस्याओं को प्रभावित कर रहे मुद्दों, साथ ही साथ, अन्तर्राष्ट्रीय मसलों जैसे आंतकवाद मानवाधिकार, संयुक्त राष्ट्र के सुधार और व्यापार, प्रौद्योगिकीय हस्तांतरण और विकासमूलक प्रक्रियाओं को प्रभावित कर रही अन्तर्राष्ट्रीय व्यवस्थाओं से जुड़ी समस्याओं जैसे विस्तृत विषयों पर सारभूत विचार-विमर्श हुआ। उन मुद्दों पर, जिनका उल्लेख बाद में हुआ है, भारत और चीन के बीच एक निश्चित समांतरता और हितों में एका है।

इसे कहने के बाद, यह बात स्वीकार करनी होगी कि दोनों ही पक्षों ने सावधानी बरतते हुए ऐसे किसी भी विषय पर विस्तृत बातचीत से परहेज किया, जिसपर चीन व भारत के बीच आधारभूत मतभेद हैं। चीन ने भारत के नाभिकीय अस्त्रीकरण पर कोई बात आगे नहीं बढ़ाई और इस मुद्दे पर बहस से परहेज किया। सिक्किम पर पूर्ववर्ती चीनी रुख को लेकर भारत की चिन्ता और भारत में दलाई लामा के अनुयायिओं की गतिविधियों के कारण तिब्बत को लेकर चीन की चिन्ता पर सधा हुआ मौन बरता गया। जहां चीन ने अन्तर्राष्ट्रीय आतंकवाद पर भारत की चिन्ता और इसके प्रतिरोध की जरूरत के विचार पर साझा किया, वहीं कश्मीर पर चीन की नीतिगत रुख और पाकिस्तान के साथ उनके रक्षा और नाभिकीय सहयोग में कोई बदलाव नहीं आया। भारत-चीन संबंधों को प्रभावित कर रहा सर्वाधिक आधारभूत मुद्दा-सीमा विवाद, से जुड़ी बातचीत महज मलहम सी रही।

आम निष्कर्ष यह निकल कर आया कि सयुंक्त कार्यदल को वास्तविक नियंत्रण रेखा पर अमन और चैन की बहाली पर 1993 के समझौते को लागू करने के विलंबित मुद्दे को सुलझाने के लिए, अपने प्रयासों को तेजी के साथ जारी रखना चाहिए; दोनों देशों के बीच परस्पर और समान सुरक्षा को बढ़ाने के लिए विश्वास बढ़ाने के उपायों को लागू करने के लिए अग्रगामी प्रगति होनी चाहिए; दोनों देशों के बीच की सीमा के विभाजन से जुड़े सारभूत मसलों का

निबटारा एक क्रमबद्ध प्रक्रिया से होगा और वृहत्तर मंच पर भारत-चीन संबंधों के सुदृढ़ीकरण और विस्तार के मार्ग में यह आड़े नही आएगा।

अन्तर्राष्ट्रीय संबंधों में एकध्रुवीय प्रवृत्तियों का प्रतिरोध करने के लिए अन्तर्राष्ट्रीय समुदाय के सहयोग को लेकर राष्ट्रपति की सशक्त धारणा के प्रति चीनी नेताओं ने भी सहमति जताई।

इस महत्त्वपूर्ण चीनी दौरे के क्या ठोस परिणाम निकल कर आए? भारत के राष्ट्रपति की यात्रा ने यह संकेत दिया कि 1998 में भारत के नाभिकीय अस्त्र परीक्षणों के बाद पनपे भारत-चीन के संबंधों के संवेदनशील दौर का अंत हो गया है। इस यात्रा से दोनों देशों के नेताओं के द्वारा, एक दूसरे के दृष्टिकोणों और नीतियों के दिशा-निर्देशों के बारे में बनाया गया, प्रत्यक्ष उच्चस्तरीय आकलन प्राप्त हुआ। इस यात्रा की परिणति एक ऐसे समझौते के रूप में हुई, जिसके तहत भारत-चीन संबंध को वापस उन पटरियों पर लाना था, जिन पर सहमति और परस्पर समांतरवाद या पूरकता है। इस बात पर सहमति हुई कि कुछ ज्यादा मूल मसलों पर मतभेदों की मौजूदगी स्वीकार करते हुए भी इसका ध्यान रखा जाए कि वे अन्य बिन्दुओं पर बनते हुए संबंधों, जिनका विस्तार हो सकता है, के आड़े नहीं आए। यह स्पष्ट है कि चीन, भारत-चीन सीमा मुद्दे पर, बात को तेजी के साथ बढ़ाने के लिए उत्सुक नहीं। न ही इस बात की कोई संभावना है कि सीमा पार आतंकवाद और चीन के कुछ भागों में इस्लामी केन्द्रविमुख शक्तियों के फैलने के बावजूद, चीन पाकिस्तान के साथ अपनी रक्षा और रक्षा आपूर्ति सहयोग व्यवस्थाओं में कोई कमी करेगा। अतः राष्ट्रपति की यात्रा का सामान्य तौर पर सकारात्मक प्रभाव पड़ने के बावजूद, हमारी चीन संबद्धित नीतियों को उपरोक्त वास्तविकताओं के अनुसार ही गढ़ा जाना चाहिए। हमें भारत और चीन के बीच की असमानता से जुड़ी वास्तविकता को ध्यान में रखना चाहिए। भारत को चीन की वृहत्तर आर्थिक और सामरिक शक्ति से सावधान होना चाहिए कि भारत-चीन संबंध पूरी तरह से परस्पर पूरकताओं पर आधारित नहीं है, बल्कि उनका लक्ष्य उपरोक्त असंतुलनों का उपाय करने और भारत के राजनीतिक और रणनीतिक सरोकारों से जुड़ी चीन की नीतियों के उन आयामों को समंजित करने के लिए स्थिर वातावरण का निर्माण करना होना चाहिए।

उपरोक्त लिखे ज्वलंत मुद्दों पर भारत-चीन मतभेदों के परिप्रेक्ष्य में तनाव और विवाद की प्रबलता का प्रतिरोध करने और संबंधों को उत्तरोत्तर सामान्य बनाने की दिशा में, राष्ट्रपति नारायणन की चीन यात्रा से गति मिली। यदि चीनी नेताओं के साथ राष्ट्रपति की मुलाकातों से परस्पर विश्वास के माहौल को बेहतर

करने का प्रयोजन सिद्ध हुआ था, तो यह भारत-चीन संबंधों के लिए अच्छा शकुन है।

भारत-चीन सुरक्षा वार्ता-एक प्रासंगिक विश्लेषण

भारतीय और चीनी प्रतिनिधिमंडलों की सन् 2000 में 6 से 8 मार्च तक सुरक्षा वार्ता के लिए बैठक हुई, जो विदेश मंत्री जंसवंत सिंह की जुलाई, 1999 की बीजिंग यात्रा के दौरान तय की गई थी। सुरक्षा मामलों पर यह द्विपक्षीय सरकारी संवाद दोनों देशों के बीच पहली बार हुआ। 1950 के दशक के पूर्वार्द्ध में पंडित नेहरू के समय से वैश्विक विषयों, अन्तर्राष्ट्रीय रणनीतिक वातावरण और क्षेत्रीय गतिविधियों पर उच्च स्तरीय विचार-विनिमय होते रहे हैं। 1962 और 1976 के बीच में व्यवधान आ गया था, पर 1979 के बाद से, जब तत्कालीन प्रधानमंत्री अटल बिहारी वाजपेयी बीजिंग गए, उन उच्चस्तरीय संवांदों में फिर से जान आ गई थी। वैसे संपर्क इंदिरा गांधी, राजीव गांधी, नरसिम्हा राव और आई. के. गुजराल की सरकारों के कार्यकाल के दौरान बरकरार रहे थे। फिर भी मार्च 2000 की 6 और 8 तारीखों के बीच अधिकारी स्तर पर हुई बातचीत बिल्कुल अलग थी, क्योंकि विस्तृत सर्वेक्षण के बजाय सुरक्षा और रणनीतिक मामलों को देख रहे अधिकारियों में सुरक्षा मामलों पर विषय-विशिष्ट और क्षेत्र-विशिष्ट विचार-विमर्श हुआ और व्यवहार्य व तकनीकी स्तरों पर पनपते रणनीतिक और सुरक्षा वातावरण पर उनके मूल्यांकन और भविष्य पर उनके विचारों में समानता थी।

भारतीय शिष्टमंडल का नेतृत्व, विदेश मंत्रालय में शस्त्र नियंत्रण और नि:शस्त्रीकरण के प्रभारी संयुक्त सचिव, राकेश सूद ने किया था। चीनी शिष्टमंडल का नेतृत्व चीनी विदेश मंत्रालय के एशियाई विभाग के महानिदेशक झांग जिउहान ने किया था। ऐसी सुरक्षा वार्ता को कराने से जुड़े निर्णय का जन्म, सितम्बर 1991 और 1993 में प्रधानमंत्री नरसिम्हा राव और प्रधानमंत्री ली पेंग के बीच के विचार विनिमय में हो चुका था। सितम्बर 1993 में अमन और चैन की बहाली पर भारत-चीन समझौते में यह विशेष गुंजाइश रखी गई है कि दोनों देशों को परस्पर और समान सुरक्षा के उद्देश्य को बढ़ाने का प्रयास करना होगा। सुरक्षा मामलों पर अनौपचारिक विचार-विनिमय और आगे, सीमा विवाद पर भारत-चीन संयुक्त कार्यदल की बैठकों में, और खास तौर पर नवम्बर 1996 में राष्ट्रपति जेमिन की दिल्ली यात्रा के दौरान जारी रहा।

भारत के 1998 में नाभिकीय अस्त्र परीक्षणों और भारतीय रक्षा मंत्री और प्रधानमंत्री के दिए हुए वक्तव्यों ने, कि भारत द्वारा नाभिकीय अस्त्रों को प्राप्त

करने के कारणों में से एक है चीनी खतरे का अंदेशा, भारत-चीन संबंधों में कटुता उत्पन्न कर दी थी और इसका परिणाम यह हुआ कि अनौपचारिक व्यवहार्य स्तर पर की जा रही सुरक्षा और राजनीतिक वार्ता में व्यवधान आ गया। संयुक्त कार्यदल से अलग, एक विशिष्ट संस्थागत व्यवस्था के अंतर्गत सुरक्षा वार्ता को फिर से शुरू करना एक ऐसी महत्त्वपूर्ण बात थी, जिसका श्रेय विदेश मंत्री जसवंत सिंह और उनके चीनी समकक्ष तंग शिजुआन के बीच की बातचीत को जाता है। 6 से 8 मार्च के बीच बीजिंग में हुए चीन-भारत संवाद के महत्त्व और निहितार्थों के ज्यादा तात्कालिक संदर्भों में, साथ ही साथ, चीन की रणनीतिक सोच के वृहत्तर परिप्रेक्ष्यों में मूल्यांकन करने की जरूरत है। इस तात्कालिक संदर्भ के पहलूओं में से एक यह है कि भारत के नाभिकीय और प्रक्षेपास्त्र अस्त्रीकरण के बाद यह पहली सुरक्षा वार्ता है और दूसरा, कि भारत के नाभिकीय हथियारों तथा प्रक्षेपास्त्र प्राप्ति नीतियों के सिलसिले में प्रबल चीनी आलोचनाओं तथा चीन की पाकिस्तान के साथ अपना संबंध बनाए रखने की लगातार प्रतिबद्धता के बावजूद यह आयोजित की गई थी।

भारत-चीन सीमा संबंधित समाधान न मिलने और भारत के संबंध में, दक्षिण चीनी समुद्र और उससे सटे कुछ क्षेत्रों में चीन के क्षेत्रीय दावों के बावजूद बातचीत आयोजित की गई। चीन अमेरिका-जापान सुरक्षा व्यवस्थाओं और इससे उभरते अतिरिक्त पहलूओं जैसे अमेरिका द्वारा जापान को थियेटर मिसाइल डिफेंस मुहैया कराने का प्रस्ताव, को लेकर नुक्ताचीनी है। एक तरफ चीन और दूसरी तरफ जापान, अमेरिका और ताईवान के बीच में ताईवान एक बड़े तनाव का सबब बना हुआ है। दक्षिण पूर्वी एशियाई देशों में चीन की आगामी हठधर्मिता को लेकर अन्दर ही अन्दर आशंकाए घुमड़ रही हैं और दक्षिण एशिया और दक्षिण पूर्वी एशिया के महत्त्वपूर्ण देशों के बीच प्रतिरोधक रणनीतिक समीकरणों के निर्माण के लिए सोच-विचार चल रहा है।

अमेरिका द्वारा खुद के लिए एक राष्ट्रीय प्रक्षेपास्त्र रक्षा प्रणाली और पूर्वी एशिया के लिए थियेटर मिसाइल डिफेंस तैनात करने के कदम के प्रति अपनी आपत्तियों को ध्यान में रखते हुए और ताईवान से जुड़े तनावों के संदर्भ में चीन ने अपने रक्षा व्यय को ठीक उसी दिन यानी की 6 मार्च को ही, जब भारत-चीन वार्ता हुई थी, पिछले साल के रक्षा बजट से 12.7 प्रतिशत ज्यादा बढ़ा दिया था। चीनी वित्तमंत्री शियांग हुआइचेंग ने यह घोषणा की कि चीन का रक्षा व्यय 120. 5 अरब युआन, जो 14.5 अरब अमेरिकी डॉलर के बराबर है, का होगा। चीन अपने सकल घरेलू उत्पाद का लगभग 1.40 प्रतिशत और अपने बजट व्यय का 8.2 प्रतिशत अपने 25 लाख लोगों वाले सशस्त्र बलों पर खर्च करेगा। ऐसी खबरें

भी मिली हैं कि चीन ने सभी श्रेणियों के अत्याधुनिक हथियारों को प्राप्त करने और अपने नाभिकीय और प्रक्षेपास्त्र अस्त्र भंडार को बढ़ाने के लिए अतिरिक्त राशि आवंटित की है।

इन अत्याधुनिक रक्षा आपूर्तियों में से अधिकतर, 1998 में जियांग जेमिन की मास्को यात्रा के समय चीन और रूस, दोनों की ही, क्षेत्रीय स्थिरता को सुनिश्चित करने के लिए रणनीतिक भागीदारी पर सहमति के तहत, रूसी परिसंघ से प्राप्त की जाएंगी। अन्तर्राष्ट्रीय संबंधों में अमेरिका के वृहत् सामरिक और राजनीतिक प्रभाव के मद्देनजर चीन भी विश्व की महत्त्वपूर्ण शक्तियों के साथ रणनीतिक और सुरक्षा समीकरणों की सरंचना करने में व्यस्त है।

यह आवश्यक है कि इस भारत-चीन वार्ता की महत्ता और संभावनाओं का आकलन किया जाए। दक्षिण एशियाई और दक्षिण पूर्वी एशियाई देशों के प्रति, जो हमारे लिए खास मायने रखते हैं, बीजिंग का नजरिया निश्चित रूप से क्षेत्रीय राजनीति और शक्ति समीकरणों में संभावित विकास पर आधारित है। ये दृष्टिकोण और शंकाएं अनिवार्य रूप से चीन की अपनी सामरिक और प्रौद्योगिकीय क्षमताओं से प्रभावित हैं। पिछले ढाई दशकों से चीन में गंभीर परिवर्तन हुए हैं। इसने व्यापक आर्थिक आधुनिकीकरण और सुधारों को सफलतापूर्वक अंजाम दिया है। चीन की रणनीतिक और विदेश नीतियों के अधोलिखित अभिप्रेरण और उद्देश्य हैं:

फिलहाल चीन मूल रूप से घरेलू राजनीतिक सुदृढ़ीकरण और आर्थिक विकास पर ध्यान देना चाहता है। चीन का यह मानना है कि इसके चारों ओर स्थिरता और शांति के माहौल की बहाली से आंतरिक स्थिरता और आर्थिक विकास के प्राथमिक उद्देश्यों की पूर्ति हो सकेगी। अतः चीन अपने सारे पड़ोसियों और विश्व के अन्य महत्त्वपूर्ण शक्ति केन्द्रों जैसे अमेरिका, रूस, पश्चिमी यूरोप और जापान के साथ एक व्यावहारिक और सहयोगात्मक व्यवहार्य रिश्ता बनाने को इच्छुक है। सहयोग को लेकर यह नजरिया इस धारा के तहत है कि चीन अपने क्षेत्रीय, रणनीतिक और सुरक्षा हितों को लेकर किसी तरीके का समझौता नहीं करेगा। चीन में एक अनकही मान्यता भी गहरे पैठी हुई है कि इसके भाग्य में महाशक्ति दर्जे के साथ विश्व शक्ति बनना लिखा है। अत यह अपनी प्रौधीगिक और रक्षा क्षमताओं का अन्य प्रौगिक रूप से विकसित देशों द्वारा दी गई बाहरी चुनौतियों का सामना करने के लिहाज से निर्माण करेगा। इसका अतिरिक्त ध्येय होगा मौजूदा किसी भी नाभिकीय शक्ति को विश्व परिदृश्य पर हावी होने से रोकना और हो सके तो, अपने पड़ोस में अतिरक्ति नाभिकिय शक्तियों को भी उभरने से रोकना।

हमें इस पृष्ठभूमि में भारत-चीन सुरक्षा वार्ता की महत्ता और संभावनाओं और संस्थागत निरंतरता का आकलन करना है। भारत की तुलना में चीन की वृहत्तर सैन्य और आर्थिक प्रबलता के कारण दोनों के बीच की असमानता से भारत को सावधान होना होगा कि सुरक्षा और रणनीतिक वार्ता पूरकताओं पर आधारित न होकर उपरोक्त असतुंलन का परिहार करने के लिए एक स्थिरकारक वातावरण को उत्पन्न करने के ध्येय से हो। इस वार्ता का ध्येय दोनों देशों के बीच सीमा विवाद पर मतभेदों के संदर्भ में तनाव और विवादों की प्रबलता का सामना करना भी हो। वार्ता का लक्ष्य विश्वास के बढ़ते माहौल का निर्माण करना भी है, जो सीमा सवाल के हल का मार्गदर्शक बन सके। द्विपक्षीय विचार विनिमय भारत के नाभिकीय व प्रक्षेपास्त्र अस्त्रीकरण और शस्त्र नियंत्रण मसलों तथा अ प्रसार पर रणनीतिक और राजनीतिक समझ की सरंचना के बारे में गलतफहमी को दूर करने का प्रयोजन भी सिद्ध कर सकता है। यह वार्ता शायद भारत और पाकिस्तान के बीच के तनावों को कम करने और सामान्यत: दक्षिण और दक्षिण पूर्वी एशियाई सुरक्षा को प्रभावित करने वाले मुद्दों पर भारत और चीन के बीच एक सद्भाव को उभारने का प्रयोजन भी सिद्ध करेगा। चीन और भारत के बीच सुरक्षा और सद्भाव का रिश्ता, चीनी-पाक रक्षा सहयोग के बावजूद, पाकिस्तानी अतिवादिता और दुस्साहस पर लगाम कसेगा।

ये सारी बातें सिर्फ आवश्यक ही नहीं, बल्कि तात्कालिक रूप से प्रासंगिक उद्देश्य हैं। भारत और चीन के बीच सुरक्षा बातचीत सब तरह से हमारे क्षेत्र में एक सकारात्मक और रणनीतिक घटना है।

भारत-चीन संबंधों में कर्मापा संकट

कर्मापा प्रमुख अथवा महायान बौद्ध के काग्यू पंथ के प्रमुख 17वें ग्याला कर्मापा, 14 वर्षीय उग्येन त्रिनले दोरजी, सन् 2000 के पूर्वाद्ध में लोगों के ध्यान और विवादों का केन्द्र बने रहे। तिब्बत से भारत में उनके पलायन से भारत के तिब्बती समुदाय, सिक्किम में उनके पंथ के मुख्यालय, रूमतेक मठ की सत्ता राजनीति के संदर्भ में, भारत में जटिलताएं पैदा हुईं और उच्च स्तर पर भारत और चीन के बीच तनाव का विषय बन गया था। भारत में उनके पलायन से खड़ी हुई समस्याओं के समाधान में मानवाधिकारों पर और सरकार और धर्म के बीच रिश्तों के सवाल पर भारत की नीति के रुख और भारत के तिब्बती समुदाय का राजनीति के प्रति नजरिया शामिल है।

कर्मापा संप्रदाय के बारे में कुछ साक्ष्यपरक पृष्ठभूमि और इन 17वें कर्मापा के चयन के सिलसिले में होने वाली घटनाओं का जिक्र करना इसमें शामिल

मुद्दों को समझने के लिहाज से प्रासंगिक होगा। बौद्ध धर्म का काग्यू संप्रदाय न सिर्फ तिब्बत में अत्यधिक प्रभावशाली संप्रदायों में से एक है, बल्कि सिक्किम, भूटान और उत्तरी पूर्वी राज्यों, खासतौर पर अरूणाचल प्रदेश में और कुछ हद तक लद्दाख में इस संप्रदाय का व्यापक अनुयायी वर्ग है। पदासीन कर्मापा, तिब्बत और इससे जुड़े क्षेत्रों की बौद्ध धर्मगत राजनीति में दलाई लामा और पंचन लामा के बाद तीसरे अत्यधिक महत्त्वपूर्ण और धार्मिक और लौकिक व्यक्तित्व हैं।

हर नये कर्मापा का चयन और उनके पुनर्जन्म का निर्धारण उसी प्रक्रिया द्वारा होता है, जिसका पालन पंचन लामा और दलाई लामा के चयन के समय किया जाता है। कुछ मायने में तिब्बत में दलाई लामा के प्रभाव में ह्रास होने की वजह से, कर्मापा संप्रदाय के लौकिक प्रभाव और भौतिक संसाधन अत्यधिक ध्यान देने योग्य रहे हैं। यह संप्रदाय और इसके मठ बहुत समृद्ध और प्रभावशाली रहे हैं। परिणामतः, संप्रदाय से संबंधित संन्यासियों के विभिन्न गुटों के बीच, खासतौर पर रूमतेक और अन्य प्रमुख मठों में, भौतिक संसाधनों और पदासीन कर्मापा के मुद्दे पर लगातार संघर्ष होते रहे हैं। यह स्थिति चीनी सरकार की तिब्बत में धार्मिक शक्ति संरचना को नियन्त्रित करने की महत्त्वाकांक्षी इच्छा, जो चीनी राजधानी क्षेत्र के साथ तिब्बत के प्रगामी एकीकरण के चीनी अभ्यास का एक हिस्सा है, के साथ मिल कर द्विगुणित हो गई है। 17वें कर्मापा के तिब्बत से भारत में पलायन को लेकर मौजूदा विवादों का स्त्रोत इन्हीं कारकों के सम्मिश्रण में मौजूद है। 17वें कर्मापा की नियुक्ति की पृष्ठभूमि वर्तमान मुद्दे के पहलूओं के लिए और भी ज्यादा प्रासंगिक है। कर्मापा के पद के लिए 1989 और 1991 के बीच खड़े किए गए प्रतिद्वंद्वियों में से एक को रूमतेक सन्यासियों के एक वर्ग से तथा दूसरे को चीनियों के द्वारा समर्थन प्राप्त हुआ था। रूमतेक मठ के गुट ने सिक्किम सरकार के जरिये भारत सरकार पर दबाव डालने का प्रयास किया ताकि चीनी मनोनीत व्यक्ति का आना रोक कर अपने प्रत्याशी को पद पर बिठाना सुनिश्चित कर सके। इस संप्रदाय के शीर्ष पद के नामांकन में दलाई लामा बहुत ही अहम भूमिका निभाते हैं, क्योंकि कर्मापा का पदासीन होना दलाई लामा की मंजूरी पर ही निर्भर करता हैं। विदेश सचिव के रूप में अपने कार्यकाल के दौरान कर्मापा की नियुक्ति को लेकर होने वाली आरंभिक जोड़-तोड़ मुझे अच्छी तरह याद है। भारत सरकार ने मुख्य भूमिका अपनाते हुए यह स्पष्ट कर दिया था कि कर्मापा की नियुक्ति के मामले में न तो रूमतेक मठ के संन्यासियों या किसी खास गुट को और न ही चीनी सरकार को निर्णय लेने का हक है। 16वें कर्मापा के पुनर्जन्म की पुष्टि स्पष्ट रूप से परिभाषित और पारंपरिक परीक्षाओं और रीति-रिवाजों के आधार पर हुई थी। इससे जुड़ी

सत्यता और वैद्यता को अंतिम रूप से दलाई लामा का अनुमोदन मिलना आवश्यक होता है। जिस किसी को भी इस पद के लिए दलाई लामा का अनुमोदन मिलता है, वही इसका वैध हकदार होता है। भारत सरकार इसमें शामिल नहीं होगी। इस नीतिगत रुख को पुरजोर ढंग से इस तर्कपूर्ण मान्यता के तहत व्यक्त किया गया कि महा पावन दलाई लामा के निर्णय को संप्रदाय के अनुयायियों, साथ ही साथ, तिब्बती समुदाय के द्वारा सामान्य रूप से स्वीकार कर लिया जाएगा। कर्मापा के नामांकन से जुड़ी समस्याओं को, 90 के दशक के मध्य में दलाई लामा द्वारा चीनी सरकार के चयन और नामांकन को स्वीकार कर लिए जाने से, अन्ततः सुलझा लिया गया। हालांकि, चीनी अधिकारियों ने कर्मापा (उग्येन त्रिनले दोरजी) को रूमतेक मठ में आने और उनके संप्रदाय के शीर्षस्थ पीठ के धर्म सिंहासन पर बैठने की अनुमति नहीं दी। इस कदम के पीछे का तर्क स्पष्ट था। चीनी अधिकारी यह चाहते थे कि इस संप्रदाय का शक्ति केन्द्र तिब्बत में ही उनके राजनीतिक और क्षेत्रीय अधिकार के अंतर्गत रहे। यह न सिर्फ तिब्बत के राजनीतिक और लौकिक मामलों के ऊपर बल्कि धार्मिक मामलों के ऊपर भी, तिब्बत की स्वायत्त पहचान को धीरे-धीरे रूपातंरित करने के ध्येय से डाले गए नियंत्रण के अभ्यास को जारी रखने की उनकी सामान्य नीति का हिस्सा है।

सन् 2000 की 5 जनवरी को 17वें कर्मापा के भारत आगमन ने भारत के लिए ऐसी स्थिति पैदा कर दी, जिसे भारत टाल भी सकता था। उनके आगमन से उनके पद के लिए प्रतिद्वन्दी उम्मीदवारी फिर से खड़ी हो गई। रूमतेक में दो और उम्मीदवार खड़े हो गए थे और अभी जबकि पहले अवतार दोरजी जीवित हैं, चीनियों ने उल्लासपूर्वक 16वें कर्मापा के अवतार को भी ढूंढ लिया। उनके आने से तिब्बती समुदाय में राजनीतिक, साथ ही साथ, धर्मशास्त्रीय मतभेद उत्पन्न हो गए हैं। तिब्बत समुदाय और धार्मिक संगठन के आंतरिक मतभेदों के क्षणिक प्रभावों से भारत सरकार को चिन्तित होने की आवश्यकता नहीं, क्योंकि इससे चीन और भारत के बीच कोई अतिरिक्त तनाव पैदा नहीं हो रहा है। भारत सरकार का संयम इस लिए प्रासंगिक है, क्योंकि जब दलाई लामा भारत आए और यहीं बस गए तो उन्होंने एक बात समझाई थी कि वह और उनके अनुयायी राजनीतिक गतिविधियों, खास कर वैसी बातों से, जो भारत-चीन के रिश्तों को प्रभावित कर सकता है, दूर रहेंगे। हालांकि यह समझदारी, हाल के सालों में, पूरी तरह से बरकरार नहीं रह पाई। सरकारी स्तर पर जो बात ज्यादा प्रासंगिक है, वह है 17वें कर्मापा के भारत में पलायन पर चीनी प्रतिक्रिया से हमें किस तरह निबटना चाहिए। चीनी प्रवक्ताओं ने भारत को कर्मापा को राजनीतिक शरण

या सरंक्षण देने से सावधान किया था। उन्होंने यह बात रखी कि कर्मापा को भारत की ओर से संरक्षण मिलना शांतिपूर्ण सह-अस्तित्व के सिद्धान्तों के प्रतिकूल होगा और इससे भारत-चीन रिश्ते पर नकारात्मक प्रभाव पड़ेगा।

चीन के इस संदेश के प्रति हमारी प्रतिक्रिया पसोपेश भरी और थोड़ी रक्षात्मक रही है; यह जरूरी नहीं है। शांतिपूर्ण सह-अस्तित्व के सिद्धान्तों में मुख्य दो हैं– परस्पर सम्मान और एक दूसरे की क्षेत्रीय अखण्डता और संप्रभुता का आदर। इस परिप्रेक्ष्य में तीसरा सिद्धान्त भी प्रासंगिक है, जिसके अनुसार एक-दूसरे के आन्तरिक मामले में हस्तक्षेप नहीं करना है। इस सिलसिले में चीन की सरकार को यह जता देना उचित होगा कि उनकी ओर से भेजे गए चेतावनी संदेश में हमें शान्तिपूर्ण सह-अस्तित्व के जिन पांच सिद्धान्तों का पालन करने की सलाह दी गई है, वे पंचशील-सिद्धांत चीन की सरकार पर भी लागू होते हैं। इन सिद्धान्तों को लागू करने में एक तरह की परस्परता है, जो पावन है। चीन की सरकार को इस बात का ध्यान दिलाना होगा कि 17वें कर्मापा, जो उनके प्रत्याशी थे, जिन भी कारणों से स्वेच्छापूर्वक तिब्बत छोड़ कर आ गए थे, उनसे भारत का कोई लेना-देना नहीं है। न ही चीन से भारत में उनके पलायन में भारत की कोई भूमिका रही थी। भारत चीन के आंतरिक मामलों, खासतौर पर, तिब्बत की गतिविधियों से जुड़ी बातों में हस्तक्षेप करने से सावधानी पूर्वक परहेज करता रहा है। तिब्बत को चीन के स्वायत्त क्षेत्र के रूप में मान्यता देने की हमारी नीतिगत सोच स्थिर बनी हुई है। कर्मापा का भारत आने का निर्णय उनके और चीनी अधिकारियों के बीच का मामला है। उनके भारत आ जाने के बाद उन्हें शरण या राजनीतिक संरक्षण देना या न देना भारत सरकार की संप्रभुता के विवेकाधिकार में है, जो चीन के तिब्बत पर अधिकार के लिए कोई चुनौती नहीं खड़ा करता, और न ही भारत द्वारा चीन के मामलों में हस्तक्षेप करना है। चीन द्वारा कोई भी मतलब निकालना या वैसे अर्थों के आधार पर मांग खड़ा करना राजनीतिक रूप से और अन्तर्राष्ट्रीय कानून के नजरिये से उचित नहीं। बल्कि, सरंक्षण देने के मामले में चीन को भारत की संप्रभुता और क्षेत्रीय अधिकारिता का आदर करना चाहिए। चीन की सरकार को यह स्पष्ट रूप से समझा देना चाहिए कि भारत उसके साथ बने रिश्तों को अहमियत देता है और एक सामान्य और वृहत् सम्पर्क बनाए रखने का इच्छुक है तथा भारत-चीन द्विपक्षीय संबंधों के आयाम, एक अकेले बौद्ध गुरू के चीन के अधिकारियों के साथ के किसी संभावित समस्याओं के कारण चीन से बाहर चले जाने के अपेक्षा, कहीं ज्यादा विहंगम और विस्तृत हैं। द्विपक्षीय संबंधों को बरकरार रखना और उन्हें आगे बढ़ाना भारत और चीन द्वारा सीमा विवाद सुलझाने; आर्थिक, सांस्कृतिक,

वैज्ञानिक और प्रौद्योगिकीय सहयोग और परस्पर सलाह-मशविरे से सुरक्षा और स्थायित्व के माहौल की सरंचना करने जैसे वृहत्तर मसलों पर ध्यान केन्द्रित करने पर निर्भर करता है। यह स्पष्ट रूप से इंगित कर देना चाहिए कि भारत अपने संप्रभु क्षेत्राधिकार में आने वाले मुद्दों पर पड़े किसी भी दबाव में नहीं आएगा। यह और बात है कि हम अपने निर्णय के अनुसार कर्मापा को राजनीतिक सरंक्षण देते हैं या नहीं देते हैं। जिन शर्त्तों के तहत ऐसा सरंक्षण दिया जा सकता है, वे तिब्बत संबद्धित हमारी नीतियों के अनुरूप होंगी। पंचशील के सिद्धांतों में सर्वाधिक महत्त्वपूर्ण-समानता और परस्पर सम्मान के सिद्धान्त पर इस मामले के सन्दर्भ में टिके रहना होगा। भारत चीन संबंध में एकपक्षीय मांगों के लिए कोई जगह नहीं है।

ली पेंग की भारत यात्रा-भारत-चीन रिश्तों में एक बढ़ा कदम

चीनी नेशनल पीपुल्स कांग्रेस (चीनी संसद) की स्थायी समिति के अध्यक्ष ली पेंग सन् 2001 की जनवरी के पूर्वार्द्ध में चीनी अधिकारियों, राजनीतिक सहायकों और व्यवसायियों के बड़े शिष्टमण्डल के साथ भारत आए। उनके आगमन ने भारत-चीन संबंधों में नये जीवन का संचार किया। पिछले दशक के दौरान, भारत-चीन रिश्ते में उनके व्यक्तिगत योगदानों, चीनी राजनीतिक प्रणाली में उनके मौजूदा प्रभाव और उस क्षेत्रीय वातावरण, जिसमें उन्होंने भारत दौरे का निर्णय लिया, के सन्दर्भ में उनकी इस यात्रा के महत्त्व का मूल्यांकन होना आवश्यक है। बाहरी तौर पर ली पेंग की छवि यह है कि उन्होंने 1989 में थ्यानमन लोकतांत्रिक आंदोलन को कुचलने में मुख्य सूत्रधार की भूमिका निभाई थी। पर इस निर्णय के सिलसिलें में उन्हें एकमात्र उत्तरदायी ठहराना अनुचित होगा। यह डेंग जिया पिंग के नेतृत्व में रूढ़िवादी और सत्तावादी साम्यवादी दल के नेताओं के गुट का सामूहिक निर्णय था। उस समय ली पेंग ने जो दो लक्ष्य सामने रखे थे, उनमें से एक था, चीन के आर्थिक सुधारों और आधुनिकीकरण पर ध्यान केन्द्रित करना और दूसरा, चीनी राज्यों के अन्दर आवश्यक राजनीतिक स्थायित्व सुनिश्चित करना। यह गौर करना होगा कि ली पेंग और चीन के वरिष्ठ नेताओ के मन में चीन की सरकार पर सवाल खड़ा करते तेजी, से उभर रहे लोकतांत्रिक आवेगों का सामना करते समय, सोवियत संघ के विखण्डन के समय की लक्षणों की याद ताजा थी। नैतिकता के लिहाज से ली पेंग एक नकारात्मक और निरकुंश व्यक्ति लगते हैं, पर यथार्थपरक राजनीति के नजरिए से डेंग जिया पिंग और ली पेंग ने चीन को आधुनिकीकरण और विश्व शक्ति दर्जे की दिशा की ओर अग्रसर किया। चीन के प्रधानमंत्री के

रूप में अपने कार्यकाल के दौरान भारत-चीन संबंधों में, 1996-1997 तक और उसके बाद भी, ली पेंग ने जो भूमिका निभाई वह और भी अधिक महत्त्वपूर्ण है। यह गौर करने की जरूरत है कि दिसम्बर, 1988 में राजीव गांधी की बीजिंग यात्रा ने जिस पहल का बीज बोया था, उसे ली पेंग ने अपने कार्यकाल में चीन और भारत के बीच उच्चस्तरीय यात्राओं के रूप में फिर से साकार किया। ली पेंग की दिल्ली यात्रा और तत्कालीन प्रधानमंत्री नरसिम्हा राव के साथ उनकी बातचीत ने राजीव गांधी की डेंग जिया पिंग के साथ की मुलाकातों के दौरान लिए गए निर्णयों को व्यवहार्य नीतियों में तब्दील किया। सीमा विवाद पर चीन-भारत संयुक्त कार्यदल द्वारा सारगर्भित बातचीत हुई, जिसने सितम्बर 1993 में वास्तविक नियंत्रण रेखा पर अमन और चैन की बहाली पर भारत-चीन समझौते पर हस्ताक्षर का मार्ग प्रशस्त किया।

राष्ट्रपति वेंकटरमन 1992 में बीजिंग गए, उसके बाद 1993 में प्रधानमंत्री नरसिम्हा राव ने वहां की यात्रा की। उस समय के चीनी प्रधानमंत्री झाऊ रोंग्जी, चीनी राष्ट्रपति जियांग जेमिन और चीनी सेना के प्रमुख पिछले दशक के उतरार्द्ध में भारत आए। इस बात में कोई अतिश्योक्ति नहीं कि इन आवागमनों की पृष्ठभूमि ली पेंग द्वारा भारत के आकलन और उनकी सलाह के प्रभाव तले तैयार हुई। भारत-चीन संबंधों में सारभूत दिशा-निर्देश, जो इन संपर्कों में परिलक्षित हुए, अधोलिखित हैं:

चीन और भारत, दोनों ने ही उन नकारात्मक ऐतिहासिक यादों को भूल जाने का निश्चय किया, जो 1960 से 1990 तक के दशकों तक उनके संबंधों को प्रभावित करती रही थीं। हालांकि, इसका यह अर्थ नहीं था कि भारत और चीन ने एक दूसरे के प्रति, आलोचनात्मक दृष्टिकोण को भी भुला दिया या सीमा विवाद जैसे विशिष्ट नाजुक मुद्दों के निबटारे की अहमियत को घटा दिया था। चूंकि सीमा विवाद के जल्दी सुलझने की सम्भावना कम थी, इसलिए जानबूझ कर यह निर्णय लिया गया कि भारत और चीन को परस्पर पूरकताओं और परस्पर लाभ के अन्य क्षेत्रों में अपने रिश्तों का निर्माण करना चाहिए और इसे आगे बढ़ाना चाहिए। इससे जुड़ा पुर्वानुमान यह था कि द्विपक्षीय संबंधों को विस्तार देने और सामान्य बनाने से परस्पर भरोसे, विश्वास और समझौते की प्रवृत्ति का आवश्यक माहौल तैयार होगा, जो शायद सीमा विवाद को सुलझाने का वातावरण तैयार कर सके। कुछ आर्थिक और प्रौद्योगिक क्षेत्रों मे एक-दूसरे की जरूरतों में इस पूरकता को द्विपक्षीय संबंधों में मान्यता मिले और एक ऐसा निर्णय लिया जाए जो इन क्षेत्रों में सहयोग को आगे बढ़ाए। कुछ अन्य बहुपक्षीय मुद्दे भी मौजूद हैं; जैसे-पर्यावरण प्रबंधन, मानवाधिकारों के बाह्य मानकों के प्रावधान इत्यादि।

विश्व व्यापार संगठन की व्यापार व्यवस्थाएं, जिस पर भारतीय और चीनी रुखों में समान्तरता है। हालांकि, नाभिकीय अस्त्रों के अप्रसार और इससे जुड़े मुद्दे पर भारत और चीन के बीच आधारभूत मतभेद है। भारत द्वारा अपने नाभिकीय अस्त्रीकरण के पीछे चीन को एक विशेष कारक ठहराने से उबली आरम्भिक प्रतिक्रिया के बाद चीन ने इस विषय पर भारत के प्रति एक यथार्थपरक दृष्टिकोण अपना लिया है। चीन का पाकिस्तान के साथ रक्षा सहयोग संबंध और रक्षा आपूर्ति और पाकिस्तान की प्रक्षेपास्त्र क्षमताओं और नाभिकीय अस्त्रीकरण के लिए उपकरण और प्रौद्योगिकी उपलब्ध कराना भारत के लिए चिन्ता का कारण बना हुआ है, जिसका संकेत चीन को दे दिया गया है।

ली पेंग की भारत यात्रा पर स्पष्ट तौर पर इन रूझानों और परस्पर संवाद का असर था। उस राजनीतिक-रणनीतिक माहौल की विशिष्टता पर ध्यान डालना आवश्यक है, जिसमें वह भारत आए। भारत के नाभिकीय अस्त्रीकरण के बाद का आलोचनात्मक और आक्रामक रुख कुछ हद तक, राष्ट्रपति नारायणन और विदेश मंत्री जसवंत सिंह और उनके चीनी समकक्षों के साथ के विचार-विमर्श से पिछले दो सालों के दौरान काफी कम हुआ है। चीन की सुरक्षागत चिन्ताएं अमेरिका द्वारा पश्चिमी प्रशांत में थियेटर मिसाइल डिफेंस और नेशनल मिसाइल डिफेंस के कार्यक्रमों पर आगे बढ़ने का निहितार्थों पर केन्द्रित हैं। अमेरिका-जापान की सुरक्षा व्यवस्थाओं का पुनः नवीकरण चीन के लिए दूसरी सुरक्षा दुष्चिन्ता बन गया है। तिब्बत और जिनजियांग में केन्द्रविमुख और विघटनकारी गतिविधियों का भी चीन को सामना करना पड़ रहा है। हालांकि, चीन ने आर्थिक उपलब्धि का बड़ा कीर्तिमान स्थापित किया है, फिर भी, उसे बेरोजगारी, ग्रामीण क्षेत्र से शहरी क्षेत्र की ओर अनियन्त्रित पलायन और खाद्य सुरक्षा जैसी समस्याओं का सामना करना पड़ सकता है। चीनी नजरिए में भारत की नाभिकीय अस्त्रीकरण और प्रक्षेपास्त्र क्षमताएं भी उसके सुरक्षा वातावरण को कुछ हद तक प्रभावित कर सकते हैं। 1998 में भारत द्वारा नाभिकीय परीक्षणों के परिणामस्वरूप अपने हिस्से आए आर्थिक, राजनीतिक और रणनीतिक बहिष्कार को भारत द्वारा निरस्त करना, अमेरिका और पश्चिमी यूरोप के साथ भारत के संबंधों में गुणवत्तापूर्ण प्रगति, आसियान समुदाय में भारत की उत्तरोत्तर स्वीकृति और आसियान सुरक्षा मंच पर इसकी भागीदारी ऐसे कारक हैं, जो चीन की भारत के प्रति नीतियों पर हावी हैं। आतंकवाद और नशीले पदार्थ जन्य आतंकवाद को लेकर, अलगाववादी और विघटनकारी आंदोलनों के बारे में चीन और भारत की चिन्ताओं में समानताएं भी ऐसे कारक हैं, जो चीन और भारत के एक दूसरे के प्रति रुखों को प्रभावित कर रहे हैं। इस बात का जिक्र करना

प्रासंगिक होगा कि ली पेंग भारत-चीन संबंधों को सामान्य बनाने के प्रबल समर्थक थे।

ली पेंग की भारत यात्रा का ठोस परिणाम आखिर क्या निकल कर आया? ली पेंग ने बार-बार इस तथ्य को व्यक्त किया कि चीन भारत के साथ लगातार उच्चस्तरीय विचार-विनिमय बनाए रखना चाहता है, ताकि मतभेद दूर किए जा सकें ओर सहयोग बढ़ाया जा सके। भारतीय नेताओं के साथ बातचीत के दौरान उन्होंने इस बात को स्वीकार किया कि सीमा विवाद एक बहुत अहम मुद्दा है, जिसका हल आवश्यक है। दोनों पक्षों की इस बात पर सहमति हुई कि संयुक्त कार्यदल ने वास्तविक नियंत्रण रेखा के सीमांकन को प्रभावित कर रही शेष समस्याओं को सुलझाने में पर्याप्त प्रगति नहीं की है, जो कि सीमा विवाद को निबटाने की राह में पूर्वापेक्षित शर्त है। ली पेंग ने प्रधानमंत्री अटल बिहारी वाजपेयी को इस विचार से अवगत कराया कि चीन वास्तविक नियंत्रण रेखा से जुड़े कार्य को तेजी से पूरा करना चाहता है, ताकि 1993 के समझौते के प्रावधानों को पूर्णतः लागू किया जा सके, जिसके बाद संयुक्त कार्यदल सीमा विवाद का आवश्यक मुद्दा अपने हाथ में ले सके। ली पेंग ने भारत-चीन संबंधों को वापस सही दिशा में लाने की चीन की इच्छा का सकेंत देते हुए यह स्वीकारा कि या सीमा विवाद की अहमियत को नकारा नहीं जा सकता है, फिर भी, चीन और भारत को आर्थिक और प्रौद्योगिक सहयोग बढ़ाने पर ध्यान लगाना चाहिए। ली पेंग का भारत में नौ दिनों के लिए रहना और हैदराबाद और बंगलौर जाना न सिर्फ आर्थिक संबंधों को बढ़ाने की दिशा में, बल्कि सूचना प्रौद्योगिकी के क्षेत्र में भी, प्रौद्योगिकीय सहयोग का खासतौर पर विस्तार करने की चीन की दिलचस्पी को दर्शाता है।

ऐसे परिणाम के लिहाज से ली पेंग की यात्रा, 1998 के पोखरन परमाणु परीक्षणों के समय उभरी तल्खियों के बाद, भारत-चीन संबंधों को सामान्य बनाने की दिशा में एक महत्त्वपूर्ण कदम है। हालांकि अभी भी भारत के ऐसे बहुत सारे महत्त्वपूर्ण मुद्दे हैं, जिन पर यदि हमारे द्विपक्षीय संबंधों को परस्पर भरोसे और सहयोग के अपेक्षित स्तरों तक पहुंचना है तो-चीन की ओर से ज्यादा संतोषप्रद और सकारात्मक जवाब मिलना जरूरी है। वास्तविक नियंत्रण रेखा के सीमांकन के लिए आगे की ओर ठोस कदम उठाना जरूरी है और चीन की ओर से सीमा विवाद पर सारपूर्ण बहस की शुरूआत के लिए सहमति होनी चाहिए। यद्यपि भारत यह उम्मीद नहीं करता है कि चीन-पाकिस्तान के साथ अपने नजदीकी रिश्तों को नजरअंदाज कर दे, फिर भी, चीन को पाकिस्तान के साथ अपनी रक्षा आपूर्ति और रक्षा प्रौद्योगिकीय सहयोग के निहितार्थों पर सावधानीपूर्वक पुनः

विचार करना चाहिए, क्योंकि यह भारत की सुरक्षा के लिए गंभीर स्थिति का कारण बना हुआ है। पहले के पाकिस्तान समर्थक रूख की तुलना में चीन मने कश्मीर मुद्दे पर एक तटस्थ रुख अपना रखा है, फिर भी, सीमा पार आतंकवाद, धार्मिक अतिवाद और अलगावादी आंदालेनों के सन्दर्भ में भारत और चीन जिन समान्तर संकटों का सामना कर रहे हैं, उन्हें स्वीकार करने में चीन को और भी स्पष्टवादी होने की जरूरत है। चीन को दक्षिण एशिया और दक्षिणपूर्वी एशियाई क्षेत्रों में, द्विपक्षीय रूप से, साथ ही साथ, बहुपक्षीय प्रणालियों जैसे, आसियान क्षेत्रीय सुरक्षा मंच (ए.आर.एफ) के माध्यम से सहयोगात्मक सुरक्षा की प्रक्रियाओं को आगे बढ़ाने के लिए ज्यादा सक्रिय होने के लिए विचार करना होगा।

यद्यपि ली पेंग की यात्रा ने भारत-चीन संबंधों को सामान्य बनाने की प्रक्रिया को आगे बढ़ाया है, फिर भी, भारत को चीन संबंधित अपनी नीतियों में दो कारकों को लेकर सचेत रहना चाहिए। पहला, क्षेत्रीय रणनीतिक समीकरणों में चीन अभी भी एक अनिश्चित प्रतिस्पर्धात्मक कारक बना हुआ है, और दूसरा, इससे पहले कि हम भारत-चीन संबंधों को पूर्णतः सामान्य बनाएं, अभी भी ऐसे कई मुद्दे हैं, जिनको सुलझाने के लिए हमें लम्बा रास्ता तय करना होगा।

भारत-चीन संबंध- पथ-II के विचार-विमर्श के नजरिए से वर्तमान स्थिति

मीडिया में इस बात को लेकर सोच-विचार चल रहा था कि चीन के प्रधानमंत्री झाऊ रोग्जी बांग्लादेश, पाकिस्तान, नेपाल और शायद श्रीलंका के अपने आगामी दौरे के दौरान भारत नहीं आएंगे। विश्लेषकों ने, जो जरूरत से ज्यादा अर्थ निकालने के चक्कर में थे, यह आरोप लगाया कि इसका अर्थ यह है कि चीन भारत की अहमियत को कमतर आंक रहा है और चीन-पाक रिश्ते को पुनः स्वीकृति दे रहा है। यहां पर चीन-भारत संबंध की वर्तमान अवस्था को परखना प्रासंगिक होगा और भारत और चीन में विभिन्न स्तरों के संवादों की ओर सर्वसाधारण का ध्यान आकृष्ट करना होगा।

भारत के चीन के साथ संबंधों और इसकी संभावनाओं की वर्तमान अवस्था का इस परिप्रेक्ष्य में मूल्यांकन आवश्यक है। पहला और सबसे महत्त्वपूर्ण, जसवंत सिंह के अपने समकक्ष तंग शिजुआन के साथ संपर्कों और 1999 में राष्ट्रपति नारायणन की बीजिंग यात्रा के फलस्वरूप सीमा विवाद पर भारत-चीन संयुक्त कार्यदल के कार्य और बातचीत में ठोस अग्रवर्ती गतिविधि

दिखाई दी। इसके विशेषज्ञ उपसमूह ने करीब सात साल के विलम्ब के बाद (1993 से) अब तक के, भारत और चीन के बीच वास्तविक नियंत्रण रेखा को सुनिश्चित करने और यदि हो सके तो, सीमांकन को तय करने के लिए मानचित्रों के आदान-प्रदान की शुरूआत के लिए हामी भर दी है, जो 1993 में भारत-चीन समझौते में दोनों देशों के बीच संकल्पित विश्वास बढ़ाने के उपायों को लागू करने के लिए भू-भौतिक आधार होगा, जो नवम्बर, 1996 में राष्ट्रपति जियांग जेमिन की भारत यात्रा के दौरान विशिष्ट विश्वास बढ़ाने के उपायों के 1996 के भारत-चीन समझौते, में रूपान्तरित हो गया था। इस निर्णय में एक सूक्ष्म अर्थ छिपा हुआ है, वह यह कि नक्शों के आदान-प्रदान और वास्तविक नियंत्रण रेखा के विशिष्ट क्षेत्रों में, जिस पर चीन और भारत के विचारों में भिन्नता है, मतभेदों पर बहस के बजाय सीमांकन से जुड़े तथ्यों पर ध्यान दिया जाना चाहिए। इस बात पर सहमति हुई है कि सीमांकन को लेकर होने वाली बातचीत में उत्तर-पूरब से पूरब तक की सारी नियंत्रण रेखा को ध्यान में रखा जाएगा। सीमांकन के सिलसिले में एक एकीकृत और व्यापक नजरिया अपनाया जाएगा, जो मेरे विचार से आगे की ओर एक सृजनात्मक कदम है। द्विपक्षीय सुरक्षा वार्ता के लिए राजनीतिक मामलों पर द्विपक्षीय आदान-प्रदान के विस्तार के लिए जसवंत सिंह और तंग शिजुआन के बीच सहमति होना, दूसरी महत्त्वपूर्ण घटना है, जिसमें न सिर्फ द्विपक्षीय सुरक्षा सरोकार शामिल होंगे, बल्कि क्षेत्रीय और वैश्विक सरोकार और उनके रणनीतिक क्रियाकलाप भी शामिल हैं। इसमें स्वाभाविक रूप से नाभिकीय अस्त्रों और बड़े पैमाने पर विनाश करने वाले अन्य अस्त्रों से जुड़े मुद्दे, ऐसे हथियारों के प्रसार के प्रबंधन और उनकी वितरण प्रणालियों से जुड़े मुद्दे, क्षेत्रीय गुटों की भूमिकाएं, ए. आर. एफ. (आसियान क्षेत्रीय सुरक्षा मंच) में भारत और चीन के बीच संवाद, एशिया के क्षेत्रीय सुरक्षा वातावरण पर महत्तर शक्तियों के बीच के शक्ति समीकरणों का प्रभाव इत्यादि शामिल हैं।

यही वह परिप्रेक्ष्य है, जिसमें चीन के राजनीतिक परिदृश्य के दूसरे सर्वाधिक महत्त्वपूर्ण व्यक्ति-ली पेंग-चीनी व्यवसायियों और आर्थिक विशेषज्ञों के बड़े शिष्टमंडल के साथ, नौ दिन के दौरे पर फरवरी, 2001 में भारत आए थे। उनकी यात्रा और उनकी बातचीत ने चीन की विशिष्ट दिलचस्पी वाले-और स्वभाविक रूप से, भारत के हितों के मद्देनजर, क्षेत्रों में चयनात्मक और केन्द्रित भाव से भारत के साथ आर्थिक और प्रौद्योगिक सहयोग का विस्तार करने की चीन की मंशा को व्यक्त किया। ली पेंग की लम्बी यात्रा और उनका भारत के दक्षिणी राज्यों में जाना, जिनकी आर्थिक और प्रौद्योगिक गतिविधियों को उत्तरोत्तर

अन्तर्राष्ट्रीय मान्यता मिल रही है, चीन की खास दिलचस्पी वाले क्षेत्र की ओर इशारा करता है। कुछ खेमों से यह आलोचना उभरी कि दिल्ली में ली पेंग ने अपनी बातचीत में सीमा विवाद और चीन की पाकिस्तान के साथ रक्षा, नाभिकीय और प्रक्षेपास्त्र सहयोग जैसे दो ज्वलंत मुद्दों, जो भारत के लिए खासतौर पर चिन्ता का कारण हैं, को उठाया ही नहीं। तथ्यों के लिहाज से यह आलोचना उचित है, पर इसकी प्रासंगिकता का मूल्यांकन, भारतीयों और चीनियों के अपने-अपने सुरक्षा हितों और भू-रणनीतिक सरंचनाओं पर आधारित उनकी अपनी नीतियों के प्रारूपों के तहत उभरे किसी व्यावहारिक समझौते की सम्भावनाओं के सन्दर्भ में करना है।

दिसम्बर, 1988 में राजीव गांधी की यात्रा के बाद दोनों ही पक्षों की सरकारों ने इस बात को स्वीकार किया कि इन खास मुद्दों में धैर्यपूर्ण और क्रमबद्ध रवैये की आवश्यकता है, क्योंकि ऐसे समस्याओं को सुलाझाने में समय लगता है। वैकल्पिक रवैया विवादित तथा टकरावपूर्ण होगा, जो न तो भारत न ही चीन को मंजूर है। महत्त्वपूर्ण बात यह है कि इन समस्याओं को दरकिनार नहीं किया जा सकता है।

अन्तः-सरकारी संवादों के समान्तर एक पथ-II गैर-सरकारी संस्थागत संवादों की पद्धति को 1997 में आरम्भ किया गया, जो 1998 के उत्तरार्द्ध और 1999 के पूर्वाद्ध के दौरान भारत द्वारा मई, 1998 में किए गए नाभिकीय परीक्षणों के कारण उत्पन्न नाजुक मनमुटाव के दौर को छोड़ कर, बरकरार रहा है। नीति शोध केन्द्र, दिल्ली विश्वविद्यालिय के चीनी भाषा संस्थान और अधोलिखित चीनी थिंक टैंक: चांग रुइशेंग, बीजिंग में चीनी अन्तर्राष्ट्रीय अध्ययन संस्थान के वरिष्ठ सलाहकार, चीनी समकालीन अन्तर्राष्ट्रीय संबंध संस्थान, चीनी समाज विज्ञान अकादमी, दक्षिण एशियाई अध्ययन संस्थान यूनान समाज विज्ञान अकादमी और चीन के लोक गणतंत्र के एशिया विकास केन्द्र के बीच ऐसा अन्तर्राष्ट्रीय विचार-विनिमय संपन्न हुआ है।

अब तक इन संगठनों के भारतीय और चीनी विशेषज्ञों के बीच चार-दौर की बातचीत हो चुकी है। इनमें से दो नई दिल्ली में और दो चीन में (देजिंग और कुनमिंग) संपन्न हुए। चौथे और आखिरी दौर की बातचीत नई दिल्ली में 22 और 24 मार्च 2001 को सम्पन्न हुआ। चौथे दौर की बातचीत में आगामी भारत-चीन संबंधों के भविष्य की संभावनाओं के संकेत प्राप्त हुए थे। राजदूत चांग रुइरोंग, चीनी अन्तर्राष्ट्रीय अध्ययन संस्थान के वरिष्ठ सलाहकार, चीनी दल के प्रतिनिधि थे (वह 1997 के पहले दौर की बातचीत के समय से ही प्रतिनिधित्व कर रहे थे)। मैंने भारतीय दल की नतृत्व किया, जिसमें रक्षा

अध्ययन और विश्लेषण संस्थान के विशेषज्ञ, प्रमुख अखबारों के वरिष्ठ रणनीतिक विश्लेषक, चीनी अध्ययन संस्थान के प्रतिनिधि और भारतीय आर्थिक शोध संस्थानों और मीडिया, दोनों से ही, आर्थिक विशेषज्ञ शामिल थे। यह सरंचित विचार-विमर्श दो दिनों तक चला, जिसकी व्यापक कार्यावली में भारत-चीन रिश्ते को प्रभावित करने वाले वैश्विक, क्षेत्रीय और द्विपक्षीय मुद्दों को शामिल किया गया था। यह काबिले गौर है कि दोनों पक्षों द्वारा व्यक्त किए गए विचार भारत और चीन की सरकारों के नीतिगत रुखों के निषेधों और सावधानियों पर आश्रित नही थे। बेशक, व्यक्त किए गए दृष्टिकोण दोनों देशों के सभी समस्याओं पर कुल नीति प्रारूपों के ढांचे के अन्तर्गत ही थे, पर उनकी प्रस्तुति और आदान-प्रदान बातचीत के वैश्लेषिक आयामों में सीधी, स्पष्ट और ज्यादा ब्योरेवार थी। इस बातचीत के दौर की अवधि में जिन विशिष्ट निष्कर्षों और सामान्य पूर्वानुमानों पर पहुंचा गया, उन्हें याद करना उपयुक्त होगा। सहयोग की दिशा में इस बात पर सहमति हुई कि भारत-चीन द्विपक्षीय आर्थिक सहयोग में पूरी पूरकता भले न स्थापित हो पाए, पर कुछ प्रौद्योगिकीय, प्रशासकीय और व्यापार के क्षेत्र में वैसी पूरकताएं मौजूद हैं और उनमें विकास के सत्व मौजूद हैं। इस बात पर वृहत् सहमति हुई कि यदि चीन ने भारत और म्यांमार से सटे अपने दक्षिण क्षेत्रों के आर्थिक विकास पर ध्यान केन्द्रित किया, तो भारत, चीन, म्यांमार और बांग्लादेश के बीच सहयोग की सम्भावनाओं की सकरात्मक उम्मीद बन सकेगी। बातचीत में इस बात के भी संकेत मिले कि मेकौंग, ब्रह्मपुत्र और पूर्वी गंगा नदी संग्रहण क्षेत्र के बीच सहयोग और विकासमूलक प्रक्रियाओं को जोड़ने का काम हो सकता है।

चीनी सामानों द्वारा भारतीय बाजार से भारतीय सामानों को ही दरकिनार कर दिए जाने के विवादास्पद पहलूओं पर, खासकर चीन के विश्व व्यापार संगठन में प्रवेश करने के सन्दर्भ में, एक सीमा तक बातचीत हुई है। भारत द्वारा महसूस किए गए इन नकारात्मक निहितार्थों को चीनी पक्ष ने खारिज नहीं किया, बल्कि सलाह दी कि इन सरोकारों की पूर्ति के लिए पहले गैर-सरकारी और बाद में सरकारी विशेषज्ञ स्तर की बातचीत होनी चाहिए। मानवाधिकारों पर्यावरण प्रबंधन और आर्थिक विकास से जुड़े मुद्दों पर चीन और भारत के आम नजरिए और हितों में समान्तरता है। द्विपक्षीय सहयोग के लिए यह आधार बन सकता है। इसी के साथ संयुक्त राष्ट्र को लोकतांत्रिक बनाना, सयुंक्त राष्ट्र के सुधार सुरक्षा परिषद का विस्तार और अ प्रसार जैसे मुद्दों पर दृष्टिकोणों में भिन्नताओं को भारत और चीन के हितों की भिन्नता और ढांचे के लिहाज से स्पष्ट रूप से स्वीकार किया गया। महत्त्वपूर्ण बात यह है कि चीन की ओर से यह कहा गया कि

इसका नाभिकीय अ-प्रसार पर पिछला नीतिगत रुख बरकरार रहेगा, फिर भी, भारत के साथ नाभिकीय अस्त्रों और प्रक्षेपास्त्रों के विषय पर व्यवहार करने में, चीन मौजूदा वास्तविकताओं और तथ्यों को आधार बनाने का इरादा रखता है। चीन का नजरिया टकरावपूर्ण या दंडात्मक नहीं होगा। भारत को भी इस चीनी यथार्थवाद के आधार पर चीन के प्रति अपनी प्रतिक्रिया की रचना करनी चाहिए। इस बिन्दु की व्याख्या करते हुए चीनी पक्ष ने यह आकलन पेश किया है कि यह यथार्थवाद आगे चल कर कर प्रगत्यात्मक अन्तर्राष्ट्रीय घटना बनने वाला है, जो प्रमुख शक्तियों की नीतियों में प्रतिबिम्बित होगा। चीन ने इस बात पर जोर दिया कि इसकी प्रमुख सुरक्षा चिन्ताएं अमेरिका की नेशनल मिसाइल डिफेंस और थियेटर मिसाइल डिफेंस परियोजनाओं को तैयार करने और तैनात करने की योजनाओं और ताईवान के साथ जुड़ी हैं। इस बात को आगे कहा गया कि चीन, हालांकि, भारत के नाभिकीय सिद्धांतों और तैनाती योजनाओं पर निगाह रखेगा, पर जब तक सामान्यीकरण की प्रक्रियाएं चल रही हैं, चीन भारत के साथ किसी भी गंभीर झड़प की कल्पना नहीं करता है।

चीन के पाकिस्तान के साथ सामान्य रक्षा सहयोग और नाभिकीय प्रक्षेपास्त्रों के सवाल पर चीन की ओर से यह खुलासा किया गया कि यह रिश्ता चीन द्वारा अपनी सुरक्षा और रणनीतिक हितों के आकलन पर आधारित है। उन्होंने इन मामलों पर भारत की चिन्ताओं, जिन्हें स्पष्ट रूप से और दृढ़ता के साथ उन तक संप्रेषित किया गया था, को उपयुक्त ठहराया। चीन का जवाब यह था कि चीन-पाक रक्षा संबंध के पीछे आर्थिक और सुरक्षा कारण मौजूद हैं और भारत और चीन को इस नाजुक घटना के साथ तालमेल बैठाने के लिए यथार्थपरक तरीके से उपायों के बारे में सोचना होगा। चीन ने कहा कि पाकिस्तान के साथ इस रक्षा सहयोग का यह मतलब नहीं कि भारत और पाकिस्तान के बीच के द्विपक्षीय विवादों के मसले पर चीन पाकिस्तान समर्थक रुख अपनाएगा। चीन इस सिलसिले में निष्पक्ष और अलग रहेगा। भारत में सिक्किम के विलय के सवाल पर चीन का जवाब यह था कि चीन का नजरिया यथार्थपरक है और वह तथ्यपरक स्थिति को स्वीकार करता है। इस विषय पर औपचारिक घोषणा की मांग करने के बजाय उनकी ओर से यह सलाह दी गई कि तिब्बत और भारत के बीच एक सीमा व्यापार समझौते पर चीन और भारत को हस्ताक्षर करना चाहिए जिसके तहत सामान सिक्किम के रास्ते ले जाया जा सके। इस व्यापार व्यवस्था की कार्य विधिक औपचाररिकताओं से सिक्किम पर भारत का क्षेत्राधिकार खुद व खुद स्वीकृत हो जाएगा। यह एक ऐसी सलाह थी जिसे परखा जा सकता है। जहां तक सीमा का सवाल है, दोनों ही पक्ष इस बात

पर सहमत हैं कि वास्तविक नियंन्त्रण रेखा के सीमांकन के सिलसिले में की गई प्रगति एक रचनात्मक कदम थी। सीमा विवाद पर यथा-समय विचार करने के लिए भारत ने अधोलिखित सामान्य सिद्धान्तों पर आधारित दीर्घकालिक प्रस्ताव की सलाह दी थी: 1. औपनिवेशिक काल के सन्दर्भ सूत्रों को दरकिनार किया जाए: 2. ऊंचे पर्वतीय भू-भाग के लिए सीमाओं के निर्धारण को संचालित करते मान्यता प्राप्त अन्तर्राष्ट्रीय कानून के सिद्धान्तों के आधार पर सीमा का निर्धारण किया जाए: 3. सीमांकन के लिए सर्वाधिक आधुनिक मानचित्रण प्रक्रिया का उपयोग किया जाए: 4. आबादी पर क्षेत्राधिकार संबंधित स्थिति में आंशिक परिवर्तन हो: 5. श्रेणी में जिक्र किए गए सिद्धान्त के अनुसार क्षेत्रों का परस्पर आदान-प्रदान हो।

आमतौर पर इस पर भी सहमति हो गई थी कि भारत-चीन सहयोग के मुख्य बिन्दु निम्नलिखित हो सकते हैं: 1. विकास, नागरिक समाजों के वितरणात्मक न्याय और पलायन इत्यादि का प्रबन्धन; 2. घरेलू, बाहरी रणनीतिक वातावरण और एशिया में सुरक्षा वातावरण का प्रबंधन; 3. वैश्वीकरण; 4. बहुपक्षीयवाद में उभरते लक्षण और 5. द्विपक्षीय संबंध।

पूरे तौर पर पथ-II का यह अभ्यास भारत और चीन के बीच चल रहे आपसी आदान-प्रदान में सार्थक, अनुपूरक और सर्मथनपूर्ण निविष्टि बन सकता है। जहां तक प्रधानमंत्री झाऊ रोंग्जी का अपनी दक्षिण एशियाई यात्रा न करने का सवाल है, मेरे विचार से चीन ने इसके लिए विवेकपूर्ण स्पष्टीकरण दिया है। ली पेंग ने हाल ही में भारत की यात्रा की है। अप्रैल में वरिष्ठ चीनी नेता की दूसरी यात्रा के दौरान, ली पेंग की दिल्ली और भारत के दूसरे हिस्सों में की गई बातचीत से अलग कुछ और सारपूर्ण परिणाम निकलने की कोई उम्मीद नहीं। ऐसी यात्राओं से ठोस परिणाम निकलने चाहिए। मैं मानता हूं कि भारत-चीन संबंधों की स्थिति का अनुमान इन उच्चस्तरीय सरकारी यात्राओं के आधार पर नहीं किया जा सकता है। सबसे अहम बात यह है कि सारपूर्ण मसलों पर लगातार रूप से वार्ता को बनाए रखना होगा।

12
श्रीलंका संकट-भारत की दुविधाएं

श्रीलंका ने हाल में जिस संकट का सामना किया है, उसे राष्ट्रपति चन्द्रिका कुमारतुंगा ने श्रीलंका की स्वतंत्रता के बाद से अब तक का गंभीर खतरा ठहराया है। श्रीलंका के समाज के विभिन्न वर्गों द्वारा भारत की सरकार से श्रीलंका के मामलों में फिर से शामिल होकर वहां के सैन्य बलों के पराभव को रोकने और श्रीलंका सरकार और लिबरेशन टाइगर ऑफ तमिल ईलम (लिट्टे) के बीच किसी प्रकार की वार्ता को फिर से शुरू कराने का अनुरोध किया गया है। आने वाले समय में श्रीलंका संकट किस दिशा की ओर बढ़ सकता है, इस सिलसिले में किए जा रहे अनुमान के पहले उन जमीनी वास्तविकताओं, जिस तरह से वे उभर कर आई हैं, पर पुनः नजर डालना जरूरी होगा। 'एलिफैन्ट' दर्रे पर कब्जे के बाद लिट्टे ने जाफना प्रायद्वीप पर, श्रीलंकाई बलों द्वारा अस्त्र-शस्त्र और वायु शक्ति के इस्तेमाल के बावजूद, कमोवेश विजयी भाव में ही जीत हासिल कर ली है। लिट्टे द्वारा इस अभियान को सफलतापूर्वक जारी रखने के पीछे मुख्य रूप से इसके संगठन की श्रीलंका में स्वतंत्र तमिल राज्य बनाने के राजनीतिक और वैचारिक ध्येय के प्रति उत्कृष्ट प्रतिबद्धता है। इसमें लिट्टे संगठन का चौकस और चुस्त-दुरूस्त होना उनकी रणनीतिक और युक्तिपूर्ण क्षमता, हथियारों और संसाधनों की कोई कमी न होना और श्रीलंकाई बलों से बड़ी मात्रा में हथियारों पर कब्जा करना जैसे कई अतिरिक्त कारक भी शामिल हैं।

लिट्टे ने जाफना प्रायद्वीप के ज्यादातर हिस्सों पर कब्जा कर रखा है। पलाले वायु सेना अड्डे और काकासेन्थुराई बन्दरगाह पर श्रीलंकाई बलों का नियंत्रण है। श्रीलंका से मिली खबरों के अनुसार श्रीलंकाई सेना के अन्दर बढ़ते पलायन के लक्षणों से उनके आत्मविश्वास पर बुरा प्रभाव पड़ रहा है। उनका आत्मविश्वास कमजोर पड़ रहा है और लिट्टे द्वारा पिछले पांच सालों से आरोपित दीर्घकालिक युद्ध अभियान से वे बिल्कुल टूट गये हैं। इस बात पर गौर करना

होगा कि जाफना प्रायद्वीप में अपने आंदोलन को बरकरार रखते हुए लिट्टे ने, त्रिन्कोमाली से लेकर कोलम्बो तक, श्रीलंका के विभिन्न हिस्सों में बड़ी हिंसात्मक कार्रवाई को अंजाम देने की अपनी क्षमता को लगातार पुष्ट किया है, इसमें राष्ट्रपति कुमारतुंगा पर किया प्राणघातक बम आक्रमण भी शामिल है। लिट्टे की वृहत् जमीनी वास्तविकता यह है कि वह सैन्य और राजनीतिक रूप से सशक्त है, जबकि श्रीलंका की सरकार प्रतिरक्षा में लगी हुई दिखती है।

सवाल यह उठता है कि अभी हाल में नार्वे की मध्यस्थता के जरिये श्रीलंका की सरकार के साथ बातचीत फिर से शुरू करने के लिए राजी होने के बाद आखिर क्यों लिट्टे ने अपना मौजूदा आंदोलन शुरू कर दिया? पिछले दशकों के अनुभव के आधार पर जवाब यह है कि लिट्टे श्रीलंका की सरकार और सशस्त्र बलों को बातचीत की उम्मीद के भुलावे में फंसा कर उन्हें सामरिक रूप से चैन की मनःस्थिति में पहुंचाना चाहता है, और दूसरी तरफ वे पुनः संगठित होकर अपने संसाधनों को व्यवस्थित करते हुए महत्त्वपूर्ण जीत हासिल करने का इरादा रखते हैं, ताकि जब भी बातचीत की स्थिति बने तो वे एक सशक्त हैसियत के साथ इसमें शामिल हों। इस लक्ष्य को प्राप्त करने में वे सफल भी हुए हैं। श्रीलंकाई राजनीतिक परिदृश्य के खेमों के साथ, जिसने साल दर साल दिए कई वादों के बावजूद तमिल आकांक्षाओं को पूरा करने से इन्कार कर दिया था और जिसने यह दावा करते हुए अचानक भारतीय शांति सेना की वापसी की मांग कर डाली थी कि वे अपने लिट्टे हमवतनों के साथ मिले हुए हैं और भरतीय भूमिका प्रासंगिक नहीं है, इतिहास पुनः एक विडंबनापूर्ण ढांचे में ढल कर लौट आया है। पूर्व सत्तासीन यू एन पी के तत्कालीन प्रतिनिधि बौद्ध सन्यासी और यहां तक कि श्रीलंकाई सशस्त्र बलों के खेमों से भारत के पुनः शामिल होने के बारे में पूछा जा रहा है। इस संबंध में भारत की चुप्पी के मद्देजनर वे नार्वे के प्रशंसनीय प्रयास के समर्थन में भारतीय भूमिका की वकालत तक करने लगे हैं। 1978 और 1990 के बीच श्रीलंका में हमारे अनुभवों के मद्देनजर भारत सरकार की प्रतिक्रिया अब तक नपी तुली, अल्पभाषी और सजग रही है। भारत सरकार ने श्रीलंका में, जुलाई 1987 में की गई कार्रवाई की तर्ज पर, किसी भी तरह के सैन्य हस्तक्षेप की सम्भावना से इन्कार किया है। पर, भारत ने जाफना के लोगों और उस प्रायद्वीप में बेबस पड़े श्रीलंकाई सशस्त्र बलों की ओर मानवता के नाते सहायता का हाथ बढ़ाने की इच्छा का संकेत दिया है, बशर्ते श्रीलंका सरकार औपचारिक रूप से निवेदन करे और कुछ तर्कसंगत पूर्व-शर्तें, भारत द्वारा किसी भी तरह की मानवतापूर्ण सहायता के पहले, तय हों। हालांकि, कोई औपचारिक निवेदन प्राप्त नहीं हुआ है, फिर भी श्रीलंका से सरकारी और

गैर-सरकारी माध्यमों से ऐसी सहायता की मांग के लिए अनौपचारिक सलाहें संप्रेषित की गई हैं। यद्यपि भारत ने अपनी मानवतापूर्ण सहायता के ब्यौरे की कोई रूपरेखा स्पष्ट नहीं की है, पर अनुमानतः यह सहायता जाफना के लोगों के लिए जरूरी दवाओं और बड़े परिमाण में खाद्य आपूर्ति के रूप में और श्रीलंकाई बलों को जाफना से निकाल कर समुद्र के रास्ते कोलम्बो पहुंचाने के रूप में होगी। राष्ट्रीय सुरक्षा की भारतीय संसदीय समिति में और राष्ट्रीय सुरक्षा परिषद के सामरिक नीति समूह में, जिसमें तीनों सेना प्रमुखों, हमारे गुप्तचर विभाग के प्रमुख; रक्षा मंत्रालय, विदेश मंत्रालय और गृहमंत्रालय के सचिव शामिल हैं; काफी गहन सलाह मशविरा हुआ। इस बात की भी खबरें मिलीं कि भारत के पूर्वी नौसेना कमांड को फंसे लोगों को निकालने के संभावित अभियान के लिए सतर्क कर दिया गया था।

भारत सरकार ने, श्रीलंका के अधिकारियों के साथ, वहां की नाजुक सैन्य स्थिति को सुलझाने में मदद करने के लिहाज से, लगातार सम्पर्क बनाए रखने के अलावा नार्वे की सरकार और अमेरिका की सरकार के प्रतिनिधियों के साथ सम्पर्क बनाए रखा था। यह बात स्पष्ट है कि श्रीलंकाई बलों को निकालने और जाफना प्रायद्वीप में आवश्यक आपूर्तियों के वितरण के अभियान को शुरू करने से पहले एक प्रभावी युद्ध-विराम जरूरी था, न कि मामूली सा युद्ध-विराम जिसमें बीच-बीच में हिंसा भड़कती रहे। ज्यादा अहम सवाल बातचीत को फिर से शुरू करने की सम्भावना को लेकर है-अगर तात्कालिक सैन्य झड़प खत्म हो जाती है तो। क्या लिट्टे, जो हावी होता जा रहा है, युद्ध-विराम के लिए मान जाएगा? दूसरा, जाफना से श्रीलंकाई बलों के पीछे हटने से लिट्टे को जाफना प्रायद्वीप के ऊपर अपनी पकड़ को दृढ़ करने का मौका मिल जाएगा। संभावना यह है कि लिट्टे श्रीलंका के पूर्वी क्षेत्रों में-त्रिन्कोमाली, बत्तिकोलोवा और अम्पराई में अपना ध्यान केन्द्रित करेगा, जो लिट्टे के विचार से श्रीलंका के तमिलों की परम्परागत गृहभूमि का हिस्सा हैं।

श्रीलंकाई संकट को सुलझाने के लिए कोई भी बातचीत और इस प्रक्रिया में भारत की किसी भी तरीके की संबद्धता अधोलिखित विचारों पर निर्भर करेगी। यह बात याद रखनी जरूरी है कि लिट्टे और प्रभाकरण के श्रीलंका में तमिल ईलम का निर्माण करने को लेकर एक जरूरी और उत्कट वैचारिक प्रतिबद्धता है। सैन्य और राजनीतिक सफलताएं और उत्तरजीविता ने, जो लिट्टे ने हासिल की हैं, इन प्रतिबद्धताओं को और मजबूत बनाया है। 1987 की तमिल मांगें इस बार और भी ज्यादा प्रखर हो उठेंगी। इसके विपरीत सैन्य संघर्ष और पलटवारों ने सिंहलियों के मन में इतनी कड़वाहट भर दी है कि तमिलों के साथ

समझौता करने के लिए शायद ही वे आगे आएं। लिट्टे की प्रभुत्वपूर्ण और हिंसात्मक प्रवृत्ति के बावजूद श्रीलंकाई तमिलों के मन में लिट्टे के लिए समर्थन भरा है। यह समर्थन भय के कारण है या वे स्वैच्छिक तौर पर लिट्टे का समर्थन करते हैं, यह उतना मायने नहीं रखता। जो बात अहम है-वह यह कि समर्थन मौजूद तो है। विभिन्न देशों में रह रही तमिल आबादी के जो लिट्टे का समर्थन करती है, अपने निहित स्वार्थ हैं- शायद इस संघर्षमय स्थिति के बरकरार रहने से श्रीलंका में उत्पन्न राजनीतिक अनिश्चितताओं की वजह से विदेशों में उन्हें राजनीतिक संरक्षण और शरणार्थी, दर्जे का लाभ मिलता है और वे आराम की जिन्दगी बसर कर पाते हैं।

श्रीलंका की मुस्लिम आबादी, हालांकि वह तमिल भाषी है, एक अलग जातीय-धार्मिक पहचान के लिए अपना दावा रख रही है। उनकी अपनी वर्गीकृत मांगें हैं, जो किसी भी समझौते की पेशकश में अभिन्न हिस्से के रूप में रखी जाएंगी। भारत में लिट्टे एक प्रतिबन्धित संगठन है फिर भी, इसने तमिलनाडु के साथ अपना सम्पर्क बना रखा है। भारत में और तमिलनाडु की राजनीति में तमिल लोगों के दृष्टिकोण श्रीलंका के संबंध में भारतीय नीतियों को, श्रीलंका की नाजुक अवस्था की विकटता के अनुपात में-जिसका सामना श्रीलंका की तमिल आबादी को अभी या वर्तमान संकट के निपटने के बाद भी करना पड़ सकता है-प्रभावित कर सकते हैं। भारत खुद अपनी भू-राजनीतिक अवस्था के परिप्रेक्ष्य में श्रीलंका की क्षेत्रीय अखण्डता और एकता के प्रति अपनी प्रतिबद्धता इस संकेत के साथ घोषित कर चुका है कि जातीय विवाद का समाधान इसी ढांचे के तहत किया जाए। इस खेमे की प्रतिबद्धता को लिट्टे की ईलम की मांग के घेरे के साथ सामन्जस्य बैठाना बड़ा ही मुश्किल कार्य है। यह भी ध्यान देने योग्य बात है कि मौजूदा संकट के दौरान लिट्टे की ओर से भारत सरकार से कोई निवेदन या मांग नहीं रखी गई कि वह श्रीलंका के मामले में मध्यस्थता या हस्तक्षेप करे। इस सन्दर्भ में नार्वे ने वाकई बड़ा मुश्किल कार्य अपने हाथों में लिया है। हमारी सरकार ने एक नपा-तुला और व्यावहारिक नीतिगत रुख अपनाया है, जिसमें हम श्रीलंका की समस्याओं को दूर करने के किसी भी रचनात्मक प्रयास में राजनीतिक रूप से समर्थन देंगे।

श्रीलंका के मामले में भारत की संबद्धता की प्रकृति और सार के बारे में कोई निश्चित अनुमान नहीं लगाया जा सकता है। अतएव, प्रधानमंत्री वाजपेयी ने जब भारत के विकल्पों को खुला रखते हुए यह कहा कि भारत उपयुक्त साधनों के साथ श्रीलंका में किसी भी घटनाक्रम का सामना करने के लिए तैयार है, तो वह बिल्कुल सही थे।

श्रीलंका में चुनाव

सन् 2000 के अक्तूबर की शुरूआत में श्रीलंका में आम चुनाव हुए। राष्ट्रपति चंद्रिका कुमारतुंगा को 2001 में राष्ट्रपति चुनाव का सामना करना था। अक्तूबर के पूर्वाद्ध में हुए चुनावों में उनके पीपुल्स अलायंस को पूर्ण बहुमत नहीं मिल पाया था। वह संसद में तमिल पार्टियों के प्रतिनिधियों, इस्लामिक पार्टी ऑफ श्रीलंका के साथ असुविधाजनक गठबंधन और जेवीपी के कुछ समर्थन के आधार पर अपनी पार्टी की सरकार के गठन में कामयाब हुई।

भारत की विदेश नीति का ध्यान पिछले एक साल से अमेरिका, जापान, चीन और रूस के साथ के रिश्तों पर केन्द्रित है। पर, अब समय आ गया है कि हमारे निकटस्थ पड़ोस पर हम अपना ध्यान डालें (पाकिस्तान को छोड़ कर, जो लगातार हमारी विदेश नीति की चौकस आंखों में समाया रहता है।) श्रीलंका में होने वाली राजनीतिक गतिविधियां, जो जातीय संघर्ष की वजह से बरकरार जटिलताओं का शिकार बनती रहती हैं, भारत के सरोकारों और चिन्ता का विषय बनी हुई हैं, क्योंकि श्रीलंका की टकरावपूर्ण घटनाएं भारत की स्थिरता, सुरक्षा और यहां तक कि क्षेत्रीय एकता पर भी प्रभाव डालती हैं।

अतः श्रीलंका के चुनाव पर हमें अपना ध्यान लगाना होगा। चुनावों और उनके परिणामों या निहितार्थों के बारे में कोई भी महत्त्वपूर्ण निर्णय पर पहुंचने से पहले श्रीलंका की सैन्य, राजनीतिक और आर्थिक स्थिति की, जो चुनावों की पृष्ठभूमि तय करती है, जांच बहुत जरूरी है। सैन्य रूप से श्रीलंका में गृहयुद्ध की सी स्थिति बनी हुई है। कुमारतुंगा सरकार ने हालांकि, कुछ हद तक उस बड़े पराभव के बाद, जिसमें सन् 2000 के ग्रीष्मकाल के दौरान लिट्टे द्वारा 'एलिफैन्ट' दर्रे पर कब्जा कर लिया गया था और पूरे जाफना प्रायद्वीप को अपने कब्जे में लेने के लिए वह तैयार बैठा था, अपनी सैन्य स्थिति को पुनः सुधार लिया था। श्रीलंका इस साल के शुरू में क्षेत्रीय विखंडन के कगार पर खड़ा था। पर, कई देशों, खासकर अमेरिका, इजरायल, ब्रिटेन और पाकिस्तान, से मिले सामरिक और रक्षा सहयोग के सहारे श्रीलंका सरकार द्वारा सही समय पर किए गए राजनीतिक–सामरिक प्रयासों ने लिट्टे की सामरिक और क्षेत्रीय सफलताओं को उखाड़ फेंका। भारत ने भी एक संयत पर सहयोगात्मक भूमिका निभाते हुए श्रीलंका को लिट्टे के आक्रमण का सामना करने में सहयोग दिया। मौजूदा स्थिति यह है कि लिट्टे और श्रीलंका के सुरक्षा बलों के बीच एक सामरिक दूरी बनी हुई है, जिसमें श्रीलंका के सुरक्षा बल लिट्टे का प्रतिरोध करने में बढ़त ली हुई क्षमता दर्शा रहे हैं। राष्ट्रपति कुमारतुंगा को सशस्त्र बलों की संचालन संरचना में बदलाव के सिलसिले कुछ मौलिक और कठोर निर्णय लेने की

जरूरत थी, जो उनके सामरिक प्रतिष्ठान में उन्हें कोई लोकप्रियता हासिल न करा पाता। फिर भी, वह श्रीलंका को ऐसी स्थिति से बचा कर ले जाने की हिम्मत और दृढ़ता न दिखा सकी, जहां पर सरकार सैन्य पराजय के कगार पर खड़ी थी।

टूटी हुई हिम्मत, थोड़े समय के लिए उपयुक्त सैन्य उपकरणों का अभाव और बार-बार अपनी सेना से होते हुए पलायन का सामना कर रहे श्रीलंकाई सशस्त्र बलों के आंतरिक संकट के बावजूद लिट्टे के घातक सैन्य आक्रमणों का प्रतिरोध करने में श्रीलंका को सफलता मिली है। यह बात काबिलेगौर है कि इन समस्याओं के बावजूद श्रीलंकाई सुरक्षा बलों ने कुछ हद तक अपनी विश्वसनीयता फिर से स्थापित कर ली है।

श्रीलंका की राजनीतिक स्थिति और भी ज्यादा जटिल और पेचीदा हो गई है। जातीय विवाद दलगत राजनीति, शासन की प्रक्रियाओं और आर्थिक प्रबंधन के ध्यान का केन्द्र बना हुआ है। कुमारतुंगा के लिट्टे के साथ सीधी बातचीत द्वारा समाधान प्राप्त करने के शुरूआती प्रयास, उनकी प्रयोजनसिद्ध कोशिशों के बाद भी असफल हो गये। अन्य तमिल समूहों के साथ, जो श्रीलंका की लोकतन्त्रात्मक प्रक्रियाओं की मुख्य धारा का हिस्सा हैं, किए गए मशविरे के आधार पर आधारभूत तमिल मांगों के प्रति जवाबदेह संवैधानिक प्रस्तावों की संरचना करने का उनका प्रयास भी पूरी तरह से सफल नहीं हो पाया है। तमिल समूह यह महसूस करते हैं कि 1995 से कुमारतुंगा द्वारा पेश किए गए संवैधानिक प्रस्ताव पर्याप्त रूप से संतोषप्रद नहीं हैं। यह दृष्टिकोण उस समय उभर कर आया, जब संसद की एक चयनित समिति, जिसमें सिंहल बहुसंख्यकों और तमिल मुस्लिम अल्पसंख्यकों के प्रतिनिधि मौजूद हैं, के समक्ष संवैधानिक प्रस्तावों को पेश किया गया। मामले को और जटिल बनाने में शामिल मामले थे मुख्य विपक्षी दल की अनिच्छा, यू एन पी, इन प्रस्तावों पर एक विवेकपूर्ण राष्ट्रीय जनमत की ओर बढ़ना इत्यादि। यह स्थिति, सुरक्षा संस्थानों और सशस्त्र बलों के वरिष्ठ अधिकारियों द्वारा तमिलों को, लिट्टे द्वारा न सिर्फ श्रीलंकाई सेना बल्कि सिंहली नागरिकों के ऊपर भी लगातार की जा रही हिंसा और आक्रमण के मद्देनजर, किसी भी तरह के समझौते की पेशकश करने को लेकर बहुत उत्साहित न होने की वजह से और भी जटिल हो गई थी। कुमारतुंगा के सामने सबसे निराशाजनक और मुश्किल स्थिति यह थी कि बौद्ध मठाधीश तमिल अल्पसंख्यकों के प्रति जवाबदेह किसी भी समझौते के लिए राजी नहीं थे, जिन्हें राष्ट्रपति कुमारतुंगा द्वारा बनाए गए वैधानिक सुधारों के प्रस्तावों में दृढ़ करने की जरूरत थी।

इन सारी समस्याओं के बावजूद राष्ट्रपति कुमारतुंगा ने तमिलों की ज्यादा सारपूर्ण मांगों, सिर्फ एक को छोड़ कर, जिसमें उन्होंने श्रीलंका के उत्तरी और पूर्वी प्रांतों के विलय की बात कही है और इस एकीकृत प्रान्त को औपचारिक रूप से तमिल मातृभूमि घोषित करने की मांग रखी है, और संवैधानिक प्रस्तावों को एक साथ रखने में सफलता हासिल की। कुछ मायने में उनकी सरकार द्वारा पेश किए गए प्रस्ताव उन प्रस्तावों की अगली कड़ी थी, जिन्हें अपने कार्यकाल के खत्म होने के समय जयवर्द्धने ने, प्रेमदासा द्वारा उन्हें हरा कर विजयी होने औंर सारी प्रक्रिया पर पानी फेर देने के पहले, लागू करने की योजना बनाई थी। इन सारी कठिनाइयों के बावजूद कुमारतुंगा की सरकार संसद में सहमति प्राप्त करने की मंशा से इन संवैधानिक प्रस्तावों को पेश करने के उपक्रम में थी, हालांकि संसद में इन प्रस्तावों को अपेक्षित बहुमत द्वारा पारित किया जाता है या नहीं, इस बात पर अनिश्चितता बरकरार थी। वह यू एन पी और इसके नेता रानिल विक्रमासिंधे को कट्टरवादी विचारों से ऊपर उठा कर अन्तःदर्शी समाधानों को स्वीकार करने के लिए, जो लम्बे समय से चले आ रहे जातीय विवाद को सुलझाने की ओर एक अहम कदम हो सकता है, तैयार करने में सफल हो गई थीं। प्रस्तावों में न सिर्फ तमिल मांगों को ध्यान में रखा गया, बल्कि श्रीलंका के मुस्लिम समुदाय के हालिया मांगों और आकांक्षाओं पर भी नजर डाली गई। यू एन पी और बौद्ध धर्माचार्यों ने हालांकि इन प्रस्तावों को, हाल के चुनाव के तहत संसद के बर्खास्त होने से पहले, मतों की प्राप्ति के ध्येय से संसद में पेश किए जाने पर रोक लगा दी थी। यह राष्ट्रपति कुमारतुंगा के लिए निराशाजनक बात थी, जो हिंसा भरे माहौल का सामना करने और दिसम्बर, 1999 में अपने ऊपर हुए प्राणघातक हमले के बावजूद जातीय विवाद के लिए शांतिपूर्ण समाधान के प्रति प्रतिबद्ध बनी हुई हैं।

श्रीलंका की आर्थिक स्थिति, उत्तरी और पूर्वी प्रान्तों में बरकरार हिंसापूर्ण माहौल के कारण इन क्षेत्रों को प्रभावित कर रही राजनीतिक अनिश्चितताओं और अपने रक्षा बजट में झोंके जा रहे विशाल संसाधनों के बावजूद, स्थिर बनी हुई है।

श्रीलंका के मध्य, पश्चिमी और दक्षिणी प्रान्त पर्यटन, कृषि, वृक्षरोपण क्षेत्र और कपड़ा जैसे विनिर्माण क्षेत्र में अपने आर्थिक प्रदर्शन के मानकों को बनाए रखने में कामयाब रहे हैं। यह श्रीलंका के लोगों के धीरज और लचीले रुख का द्योतक है, जिसे पिछले 17 सालों से लगातार हिंसा का सामना करने के बावजूद उन्होंने बचा रखा है। यही वह माहौल था, जिसमें चुनाव हुए। इन चुनावों से जुड़े कुछ आधारभूत तथ्यों पर गौर करना उपयुक्त होगा। चुनावी दंगल में 42

राजनीतिक दल शामिल थे, जिनके 5048 प्रत्याशी मैदान में उतरे थे। मुख्य दलों के नाम इस प्रकार हैं: राष्ट्रपति कुमारतुंगा की पीपुल्स अलायंस और श्री रानिल विक्रमसिंघे की यूनाइटेड नेशन्स पार्टी। पीपुल्स आलायंस के अन्दर श्रीलंकाई मुस्लिम लीग के प्रतिनिधि भी शामिल हैं। लिट्टे को छोड़ कर, आमतौर पर अनेक तमिल समूह भी चुनाव लड़ रहे हैं। महत्त्वपूर्ण खबर यह है कि ई पी आर एल एफ भी एक लम्बे अंतराल के बाद इस चुनाव में शामिल हो रहा है। इससे भी अहम बात यह है कि वामपंथी राजनीतिक दल, जे वी पी (जनता विमुक्ति पेरामुना) भी इस चुनाव में हिस्सा ले रहा है। हाल की खबरें यह इंगित करती हैं कि विधान सभा और राष्ट्रपति चुनावों के दौरान बड़ी संख्या में मतदाताओं ने हिस्सा लिया, जो श्रीलंका के लोगों की लोकतंत्र के प्रति गहरी और स्थिर प्रतिबद्धता को दर्शाता है। चुनाव के पहले बड़े नाजुक घटनाक्रम घटित हुए। श्रीलंका में मुसलमानों के सबसे महत्त्वपूर्ण नेता अशरफ, बत्तिकोलोवा के पूर्वी प्रान्त के ऊपर उड़ान के दौरन हेलिकाप्टर दुर्घटना में मारे गए। उनकी जगह पर आने वाले नेता की हत्या का प्रयास हुआ। नरम तमिल दल, टी यू एल एफ (TULF) का वरिष्ठ नेतृत्व, लिट्टे द्वारा पिछले तीन सालों से चलाए जा रहे हत्याओं के सिलसिले से निष्प्रभावी होता जा रहा है। चुनाव में हिस्सा ले रहे तमिल दलों ने लगातार मिल रही लिट्टे की धमकियों के बीच अपने काम को अंजाम दिया है। अत्यधिक दबावपूर्ण स्थिति में भी यह हिम्मतभरा काम उन्होंने आखिर कर ही दिखाया है। चुनावी प्रचार कड़वाहटपूर्ण, विवादास्पद और जातीय-विभाजन से प्रभावित रहा है और इसमें उस मध्यम मार्ग और विवेकपूर्ण रुखों के ऊपर भी कटाक्ष किए गए हैं, जिनकी पैरवी कुमारतुंगा ने की है। यह अनुमान लगाया जा रहा है कि यू एन पी के वरिष्ठ नेतृत्व में ऐसे खेमे हैं, जो जातीय मुद्दे पर राजनीतिक और संवैधानिक समझौते के पक्ष में हैं। पर चुनावी राजनीति ने इस विचार को समर्थ जन-आवाज बनने से रोक रखा है। यह बड़े दुःख की बात है कि बौद्ध धर्माचार्य जनमत को प्रभावित करने में अवरोधी सिंहल-केंद्रित भूमिका निभाए जा रहे हैं। यह श्रीलंका के शासन की प्रक्रियाओं में न सिर्फ जटिल बल्कि गहरी विपरीत स्थितियां पैदा कर रहा है।

श्रीलंका की राजनीतिक सम्भावनाओं पर असर डालने वाला दूसरा कारक भारत से उत्पन्न हो रहा है। अभी भी लिट्टे का तमिलनाडु के साथ व्यापक सम्पर्क बना हुआ है। कई राजनीतिक दलों ने, हालांकि वे मुख्य धारा के राजनीतिक दल नहीं हैं, रैलियां निकालीं और जनसभाएं की, जिनमें उन्होंने ईलम के निर्माण और वैसे तमिल राज्य को भारत सरकार की ओर से मान्यता दिए जाने की मांग रखी। यह घटनाक्रम श्रीलंका की राजनीतिक प्रक्रियाओं को बाधित

कर रहा है। भारत के लोकतांत्रिक मानकों के तहत ऐसी राजनीतिक गतिविधियों के लिए स्वभाविक रूप से प्राप्त आजादी के कारण इन पर रोक लगाना मुश्किल है, फिर भी, श्रीलंका में आम चुनाव और राष्ट्रपति के चुनाव का परिणाम जो भी निकले, वहां की नई सरकार को लगातार असाध्य जटिलताओं का सामना करना पड़ेगा। इस पर कामयाबी तभी हासिल की जा सकती है जब श्रीलंका के तमिल नागरिकों की आकांक्षाओं के प्रति ठोस रूप से जवाबदेह राष्ट्रीय सर्वसम्मति उभर कर आए। यही एकमात्र उपाय है, जिससे श्रीलंका की तमिल आबादी को लिट्टे के नेतृत्व तले तमिल आतंकवादी दल के जटिल और टकरावपूर्ण दुष्प्रेरणों से आजाद कराया जा सकता है।

श्रीलंका में जो भी सरकार बने, तमिलों के साथ तारतम्य बिठाने और समझौता करने के पथ पर आगे बढ़ने में भारत को उस सरकार की मदद करनी चाहिए। यह मदद कूटनीतिपूर्ण और राजनीतिक होना चाहिए। श्रीलंका की राजनीतिक प्रक्रियाओं में भारत की ओर से सीधी भागीदारी, मध्यस्थता या कोई भूमिका नहीं होनी चाहिए।

श्रीलंका से आपात संकेत

श्रीलंका फिर गंभीर संकटो से घिरा है। लिट्टे ने एक बड़े सैन्य आक्रमण के जरिये 'एलिफैंट' दर्रे और ईयाकाच्ची से, श्रीलंका के शेष हिस्सों सें जाफना प्रायद्वीप को जोड़ने वाले भू-मार्ग के मुख्य ठिकानों, श्रीलंकाई सेना को बाहर कर दिया है। इस मौजूदा संकट के परिणामों का विश्लेषण करने से पहले उस पृष्ठभूमि का जिक्र करना प्रासंगिक होगा, जिसमें श्रीलंका की क्षेत्रीय एकता आज पुनः खतरे से घिरी है-शायद पहले से भी गंभीर रूप में।

सबसे पहले, सिर्फ सिंहलियों के हित पर केन्द्रित नीति और 1958 में श्रीलंका के संविधान में बौद्ध धर्म को दिया गया सर्वोच्च महत्त्व वहां की तमिल आबादी के विरुद्ध एक क्रमबद्ध और जबरदस्त भेदभावपूर्ण वातावरण का कारण बना। तमिल आबादी श्रीलंका की पूरी जनसंख्या का 15 प्रतिशत हिस्सा है। दूसरा, 1948 में श्रीलंका की आजादी के समय से 1980 के दशक के उत्तरार्द्ध तक सिंहली नेताओं व श्रीलंका सरकार और श्रीलंकाई तमिलों के नेताओं के बीच तमिलों के न्याय, समान व्यवहार और अवसर सुनिश्चित करने के लिए कई समझौतों पर हस्ताक्षर हुए। इनमें से हर समझौते पर धोखा मिला और वादों को तोड़ा गया, जबकि तमिलों को इस बात की पूरी तसल्ली दिलाई गई थी। तीसरा, 1983 और 1990 के बीच भारत द्वारा उचित मध्यस्थता और समाधान तलाशने के प्रयासों को प्राथमिक तौर पर श्रीलंका सरकार के सदस्यों द्वारा पूरी तरह से

तहस-नहस कर दिया गया। स्थिति कुछ ऐसी थी, श्रीलंका जहां एक ओर लिट्टे के साथ हिल-मिल कर रहने की प्रवृत्ति दर्शा रही थी, वहीं भारत सरकार से उन्हें काबू करने की प्रार्थना भी कर रही थी। लिट्टे और श्रीलंका सरकार के बीच 1990 और 1999 के दरम्यान की सारी बातचीत बस दिखावा मात्र रही और इससे कोई भी अग्रवर्ती प्रयोजन सिद्ध नहीं हुआ। नतीजा यह हुआ कि सन् 2000 के अप्रैल के अंतिम सप्ताह में लिट्टे द्वारा किए सैन्य आक्रमण में करीब 20,000 सरकारी सैन्य टुकड़ियों को अपनी चौकियों को छोड़ना पड़ा, लगभग 140 श्रीलंकाई सैनिक मारे गये और 600 घायल हुए।

सामान्य नजरिये से देखा जाए तो ये गतिविधियां प्रतिकूल वातावरण का द्योतक हो सकती हैं, क्योंकि ऐसी अपेक्षा की जा रही थी कि यूरोप में किसी जगह, नाव्रे की मध्यस्थता में, लिट्टे और श्रीलंका सरकार के प्रतिनिधियों के बीच बातचीत चल रही है। पर अतीत के अनुभवों और पृष्ठभूमि में मौजूद आसारों के आधार पर संबद्धित लोगों को यह अनुमान लगा लेना चाहिए था कि बातचीत शुरू होने के पहले लिट्टे जरूर एक महत्त्वपूर्ण सैन्य कार्रवाई करेगा। दरअसल वार्ता को तुरन्त शुरू करने के मद्देनजर स्वीकृति देने से पहले कुमारतुंगा सरकार और लिट्टे, दोनों ने ही, समानान्तर पूर्व शर्तों की फेहरिस्त निर्धारित की थी। श्रीलंका सरकार ने लिट्टे से उसकी कार्रवाईयों को पूरी तरह से समाप्त करने की मांग की, जबकि लिट्टे ने श्रीलंकाई सैन्य प्रत्याक्रमण को रोकने और प्रयास पूर्वक प्राप्त किए हुए 'एलिफैन्ट' दर्रे से श्रीलंकाई बलों की वापसी की मांग रखी। यह स्पष्ट था कि ऐसी मांगों की पूर्ति नहीं की जा सकती थी। लिट्टे द्वारा आरोपित उस घोर आक्रमण की व्यूहरचना में जरूर कुछ ऐसे युक्तिपूर्ण और सुनियोजित गुर रहे होंगे, जिसके परिणामस्वरूप एलिफैंट दर्रे पर काबिज होकर उन्होंने दर्रे के उत्तरी और दक्षिणी हिस्से से श्रीलंकाई सेना को बाहर कर जाफना शहर में सरकारी सैन्य बलों को अपने नियंत्रण में कर रखा था। अब लिट्टे का सैन्य लक्ष्य जाफना के ऊपर अपने वर्चस्व को सुदृढ़ करना है और इसका राजनीतिक ध्येय नार्वे प्रायोजित मध्यस्थता में, श्रीलंका के तमिल क्षेत्रों के ऊपर क्षेत्रीय नियंत्रण के आधार पर, सशक्त और विश्वसनीय स्थिति की हैसियत से शामिल होना है। एक तरफ लिट्टे जाफना प्रायद्वीप में वृहत्तर रूप से हावी होता जा रहा है, वहीं त्रिन्कोमाली, बत्तिकोलोवा और अम्पेराई में सरकार के क्षेत्राधिकार को लेकर बात उठाना प्रभावी भी नजर आता है। अप्रैल के दूसरे पक्ष में हुई गतिविधियां श्रीलंका सरकार द्वारा झेली जा रहीं नाजुक स्थितियों की परिणाम थीं। दिसम्बर 1999 में राष्ट्रपति कुमारतुंगा के ऊपर आत्मघाती बम के जरिये आक्रमण हुआ। उधर लिट्टे ने जनवरी और मार्च के बीच जाफना में सैन्य

दबाव इस कदर बढ़ा दिया था कि राष्ट्रपति कुमारतुंगा ने अपनी तीनों सेनाओं के प्रमुखों को बुला कर उन्हें जाफना में व्यक्तिगत रूप से तैनात होकर लिट्टे के खिलाफ सैन्य कार्रवाई का संचालन करने का आदेश दिया। पर इस प्रयास की ओट में श्रीलंकाई बलों के आत्मविश्वास और दृढ़ता में नई ऊर्जा का संचार करने का स्वप्न साकार नहीं हो पाया। एलिफैंट दर्रे और इयाकाच्ची पर लिट्टे के कब्जे का मतलब है कि जाफना प्रायद्वीप से श्रीलंका के शेष हिस्से को जोड़ने वाला मुख्य मार्ग अब लिट्टे के नियंत्रण में है। इसके समान्तर, श्रीलंका के पूर्वी प्रान्तों की शासन व्यवस्था, साथ ही साथ, जमीनी और सामुद्रिक आवागमन को बाधित करने की लिट्टे की क्षमता में भी कोई कमी नहीं आई है। अतएव श्रीलंका में फिलहाल स्थिति यह है कि लिट्टे और श्रीलंका की सरकार के बीच एक संक्षिप्त संघर्ष विराम लागू है। श्रीलंका के अधिकारियों ने जाफना प्रायद्वीप में चार हजार अतिरिक्त टुकड़ियां भेजी हैं। इसने इजरायल से जहाज, गश्ती नौकाएं व वायुयान और पाकिस्तान से राकेट दागने वाली मल्टी बैरल सचल तोपखाने और पैदल सेना के उपयोग के अन्य अत्याधुनिक हथियार आपात् स्थिति के मद्देनजर प्राप्त कर लिए है। फिलहाल, यह दबंग सैन्य रुख अभी कुछ शांत बना सा दिखता है। इसी बीच, लिट्टे ने सिंहल–क्षेत्रों में हिंसा फैलाने के अपने रवैये का फिर से प्रदर्शन करते हुए कोलम्बो के निकट करीब तीस लोगों की हत्या कर डाली, जिसमें श्रीलंका के उद्योग मंत्री सी.वी. गुनरत्ने और उनकी पत्नी रत्यालना भी शामिल थे।

सैन्य विराम और लिट्टे के हिंसात्मक रवैये के मद्देनजर नार्वे का प्रयास थोड़े समय के लिए अधर में लटका नजर आ रहा है। राष्ट्रपति कुमारतुंगा ने विपक्षी दलों और महत्त्वपूर्ण रूप से बौद्ध धर्म गुरुओं के साथ सलाह–मशविरा किया कि सरकार को नार्वे द्वारा आरम्भ की जा रही बातचीत में कैसा रुख अख्तियार करना चाहिए। इन सलाहों का परिणाम उत्साहजनक नहीं रहा है। मुख्य विपक्षी दल, यू एन पी, ने इस बात की आलोचना की कि कुमारतुंगा सरकार ने नार्वे के प्रयासों को औपचारिक रूप से स्वीकार करने के पहले विपक्षी दलों के साथ ब्योरे वार विचार–विमर्श नही किया। श्रीलंका के दो मुख्य बौद्ध धर्माचार्यों–अस्गारिया के महानायक और मालवात्ते शाखा के संन्यासीगण ने–पिछले एक साल की गतिविधियों के परिप्रेक्ष्य में नार्वे के प्रयास को लेकर अपनी कुछ शर्तों का जिक्र किया है। हालांकि, लिट्टे ने नार्वे की मध्यस्थता के जरिये बातचीत में भाग लेने की इच्छा का संकेत दिया है, पर उसका ध्येय यही है कि उसकी सारी आधारभूत मांगों को श्रीलंका सरकार पूरी करे। अगर बातचीत से यह प्रयोजन सिद्ध नहीं हुआ तो लिट्टे शायद इस प्रक्रिया से अलग हो जाएगा।

इसका अंदेशा इस बनिस्पत भी ज्यादा नजर आता है कि उनकी स्थिति अपेक्षाकृत मजबूत है।

श्रीलंका सरकार जिन कठिनाईयों का सामना कर रही है उसमें नाजुक सैन्य स्थिति के अलावा आंतरिक राजनीति में इसके पांव पसारने से देश की स्थिरता के लिए अतिरिक्त समस्याएं उठ खड़ी होंगी। अतः सिर्फ उपरोक्त परिप्रेक्ष्य में ही आगामी संभावनाओं का आकलन नहीं होना चाहिए, बल्कि पूरी राजनीतिक-सामरिक स्थिति के सन्दर्भ में भी इसका मूल्यांकन होना आवश्यक है। पिछले पांच सालों से श्रीलंकाई सशस्त्र बलों पर लगातार सैन्य दबाव बना हुआ है, जिसका सामना, कुछ अंतरिम सैन्य सफलताएं हासिल करने के बाद भी, वह सफलतापूर्वक नहीं कर पा रहे हैं। लिट्टे लड़ाकों में अपने उद्देश्य को लेकर प्रतिबद्धता और युद्ध से मजबूत हुए दृढ़ निश्चय की तुलना में श्रीलंका की सेना की टूटती हिम्मत और पलायन की खबरें सुनने में आई है। जमीनी संचालन के अलावा लिट्टे ने वायुयानों को मार गिराने के हथियारों को भी प्राप्त कर लिया है, जो श्रीलंका की नौसेना के खिलाफ समुद्री कार्रवाई में वृहत्तर रूप से प्रभावी हो सकते हैं। एक अलगाववादी संगठन होने के बावजूद ऐसा नहीं लगता कि उन्हें धन या हथियार की कोई कमी है। खासतौर पर, 1993-94 से, ताकत और संगठनात्मक क्षमताओं के लिहाज से वे और भी मजबूत हुए हैं, ऐसा नजर आता है। इस पूरे परिदृश्य में भारत को प्रभावित करने वाला एक नाजुक तथ्य यह है कि भारत सरकार द्वारा निषेधित कर दिए जाने के बावजूद लिट्टे का तमिलनाडु और तटीय क्षेत्रों, जिसमें रामेश्वरम और वेदारूयम के बन्दरगाह शामिल हैं, से राजनीतिक और सैन्य संचालन संबद्धित सम्पर्क बना हुआ है। अभी हाल ही में टी वी पर दिखाई जा रही खबरों के अनुसार, तमिलनाडु के कुछ क्षेत्र अभी भी लिट्टे की आपूर्तियों और सैन्य संचालन गत समर्थन देने के ठिकानों के रूप में काम कर रहे हैं। तमिलनाडु के कुछ समूहों और राजनीतिक दलों के साथ लिट्टे के राजनीतिक सम्पर्क मजबूत बने हुए हैं, जिससे यह संकेत मिलता है कि जनसाधारण के कुछ वर्गों में लिट्टे के लिए समर्थन बना हुआ है। तमिलनाडु में लिट्टे की जो पहुंच और समर्थन मौजूद है, वह सुरक्षा बलों और प्रशासन के कुछ वर्गों की मदद के बगैर सम्भव नहीं हो सकता था।

श्रीलंका-समस्याओं के मंडराते साए

लिट्टे के एक आत्मघाती दस्ते ने जनवरी 96 में कोलम्बो के सेन्ट्रल बैंक की इमारत के मुख्य द्वार से विस्फोटकों से भरा ट्रक अन्दर ले जा कर उड़ा दिया, जिससे श्रीलंका के जातीय संघर्ष के इतिहास का अब तक का सबसे बड़ा

नागरिक जान–माल का नुकसान हुआ। दिसम्बर 95 में श्रीलंकाई बलों ने जब जाफना का मोर्चा खोला, तो प्रभाकरन ने इस बात को जोर देकर कहा था कि वह श्रीलकंा के पूर्वी भाग सें संघर्ष जारी रखेंगे। इसके पहले, जब जाफना को लेकर लड़ाई जारी थी, प्रभाकरन से यह पूछा गया कि उन पर पड़ रहे सैन्य दबाव के परिप्रेक्ष्य में उनकी आगामी गतिविधि क्या होगी, उनका जवाब था, ''जो हिम्मत करता है, वही विजयी होता है।'' वह अपनी बात पर डटे रहे। हालांकि, इसके परिणाम श्रीलंका के लोगों के लिए काफी यातनापूर्ण रहे। जाफना के पराभव के बाद से श्रीलंका सरकार की संचालनात्मक सैन्य और सुरक्षा स्थितियां स्पष्ट रूप से समस्यापूर्ण हो गई है। लिट्टे द्वारा नवम्बर 95 से उठाए गए कदम इस प्रकार थे: पहला, लिट्टे के राजनीतिक और सैन्य नेतृत्व का बड़ा भाग और इसके प्रशिक्षित सैनिक एक बड़ी संख्या में जाफना से निकल कर बावुनिया और बट्टिकोलोवा क्षेत्र में फिर से इकट्ठे हो चुके थे; दूसरा, जाफना में हुए सैन्य पराजय के बाद भी, लिट्टे कार्यकताओं में संघर्ष को बरकरार रखने और इसे सिंहलियों के वर्चस्व वाले भू–भाग तक आगे बढ़ा कर ले जाने की प्रतिबद्धता और दृढ़ता बनी हुई थी; तीसरा, जाफना से बाहर निकलने की वजह से हुए अवरोधों के बावजूद लिट्टे की सैन्य आपूर्तियों के स्रोत अक्षुण्ण थे; चौथा, इसकी संगठनात्मक दक्षता और संचालनगत दुस्साहस पर जाफना के पराजय का असर दिख रहा था, फिर भी, सरकार के खिलाफ न सिर्फ देश के उत्तरी या पूर्वी हिस्से में, बल्कि राजधानी कोलम्बो पर भी, अपनी हिंसापूर्ण हरकतों से वह असर डाल सकता था। लिट्टे ने कोलम्बो में ही मुख्य तेल भंडारण टंकियों को उड़ा दिया और कोलम्बो के मुख्य पत्तन सुविधाओं, रक्षा मंत्रालय, नौ सैनिक मुख्यालयों, विदेश कार्यालय और राष्ट्रपति के सरकारी आवास से बस हाथ भर की दूरी पर स्थित सेन्ट्रल बैंक की इमारत को धराशायी कर दिया था। विदेशी तमिल और श्रीलंकाई स्रोतों से मिली खबरें यह इंगित करती हैं कि लिट्टे ने बावुनिया के जंगलों और बत्तिकोलोवा क्षेत्र में खुद को फिर से बसाने का चालाकी भरा रणनीतिक विकल्प चुना है। पूर्वी और उत्तर–मध्य श्रीलंका में इन दोनों बिन्दुओं के बीच अगर कोई संचालन केन्द्र चालू होता है, तो कोलम्बो और त्रिन्कोमाली के बीच के संचार सम्पर्कों में बाधा पड़ सकती है और अनुराधापुरा के महत्त्वपूर्ण धार्मिक केन्द्र की सुरक्षा पर भी प्रभाव पड़ सकता है। यदि लिट्टे पश्चिम की ओर आगे तलाईमनार के क्षेत्रों के आसपास अपनी गतिविधियों को फिर से शुरू करता है, तो वह एलिफैंट दर्रे और जाफना में विजयी श्रीलंकाई सेना पर एक गंभीर संकट खड़ा कर सकता है। लिट्टे की युद्ध क्षमताओं में योगदान देने वाले दो अन्य कारकों को पहचाना जा

सकता है, पहला, ऑस्ट्रेलिया, यूरोप और दक्षिण-पूर्वी एशिया के विभिन्न हिस्सों में प्रवासी श्रीलंकाई तमिल आबादी की ओर से मिल रहे समर्थन से इंकार नहीं किया जा सकता है। दूसरा, बत्तिकोलोवा के तमिल युवा (यूएनपी सरकार के समय से) क्षेत्र में मुस्लिम साम्प्रदायिक राजनीति के प्रभाव, बढ़ती बेरोजगारी और आर्थिक दवाबों से विक्षुब्ध होकर लिट्टे की 'सेना भर्ती' के लिए उपयुक्त संसाधन बन सकते थे।

इस वजह से, राष्ट्रपति चन्द्रिका कुमारतुंगा को अपने देश में चल रहे जातीय संघर्ष के लिए राजनीतिक समाधान तलाशने के ईमानदार प्रयासों के बावजूद कठिन और हिंसापूर्ण स्थिति का सामना करना पड़ रहा था। मतभेदों को दूर करने के उनके प्रयासों के मुख्य दृष्टिकोण इस प्रकार हैं: पहला, दो विचारणीय बिन्दुओं के तहत तमिल मांगों के प्रति जहां तक सम्भव हो सके जवाबदेह होना-तमिलों के साथ समझौता प्रस्तावों की संरचना करते वक्त उन्हें सिंहली बहुसंख्यकों, बौद्ध धर्माचार्यों और सशस्त्र बलों को अपने साथ ले कर चलना होगा; दूसरा, वह श्रीलंका की मुस्लिम आबादी के उस रूपांतरित राजनीतिक यथार्थ को स्वीकार कर चुकी थीं, जिसके जरिये वे अपनी अलग पहचान और तमिलों के बराबर की शक्तियों के प्रतिनिधित्व की मांग खड़ी कर रहे थे। तीसरा, लिट्टे के साथ शान्तिपूर्ण व्यवहार बिठाने की इच्छा जाहिर करने के बावजूद उन्हें यह अहसास हो गया था कि श्रीलंकाई तमिलों के एकमात्र प्रतिनिधि संगठन के रूप में लिट्टे के साथ व्यवहार करने से तमिल लोगों का कोई हित सुनिश्चित नहीं हो सकता है। चौथा, उन्होंने इस बात को स्पष्ट किया कि उनका सरोकार श्रीलंका की तमिल आबादी से जुड़ा है न कि लिट्टे की सैन्य या संकीर्ण राजनीतिक प्रकृति की मांगों को पूरा करने से। पांचवां, एक ओर वह श्रीलंका के संविधान को इस तरह से संशोधित करना चाह रही थीं, जो यहां के संघटित समाज के बहुलतापूर्ण बहुजातीय प्रकृति के प्रति जवाबदेह हो, वहीं सही अर्थों में, वह श्रीलंका की क्षेत्रीय एकता और अखण्डता के विषय पर किसी भी समझौते के लिए तैयार नहीं थीं। अन्त में, उन्होंने इस बात से इंकार नहीं किया कि यदि लिट्टे अपनी सैन्य कार्रवाई को जारी रखता है, तो वह भी सैन्य विकल्प चुन लेंगी।

यू एन पी की जयवर्द्धने, प्रेमदासा और विजयतुंगा सरकारों की तुलना में राष्ट्रपति चन्द्रिका कुमारतुंगा जातीय विवाद को हल करने की अपनी नीतियों के प्रति बेहतर अन्तर्राष्ट्रीय समर्थन और सहानुभूति जुटाने में कामयाब रही थीं। यह समर्थन सिर्फ राजनीतिक नहीं था, बल्कि तथ्यपरक भी था। पश्चिमी लोकतांत्रिक देशों, इजरायल, पाकिस्तान और कुछेक एशिया प्रशान्त देशों से श्रीलंका सरकार

को सैन्य सहायता पहुंचाई गई थी। भारत राजनीतिक रूप से चंद्रिका कुमारतुंगा के प्रस्तावों को समर्थन देता रहा है और उसने लिट्टे के लिए आपूर्तियों के स्तोत्र और ठिकाना बनने की रोकथाम भी की है।

इस वजह से, वह सैन्य मतभेद से उत्पन्न झड़पों को प्रभावी रूप से संभाल पाई हैं। अब तक श्रीलंका से भारत की ओर या विश्व के दूसरे भागों की ओर तमिल शरणार्थियों का कोई बड़ा प्रस्थान नहीं हुआ है। जाफना में जिस तरह की कार्रवाई हुई, उसमें सुरक्षा बलों की ओर से ज्यादती तो होनी ही थी, पर मानवाधिकारों के गैरसरकारी संगठनों और अन्तर्राष्ट्रीय समुदाय में मोटे तौर पर चंद्रिका कुमारतुंगा की छवि यह बनी हुई थी कि उनकी सरकार जहां तक भी सम्भव है तमिल नागरिकों के प्रति अपनी जिम्मेवारी विवेकपूर्ण तरीके से निभाती रही थीं। उन्होंने अपने तमिल नागरिकों और श्रीलंका के तमिल राजनीतिक दलों और समूहों से बार-बार यह निवदेन किया कि एक स्थायी समाधान खोजने के लिए बातचीत करने में वे उनके साथ आए और लिट्टे को हिंसा से परहेज करने के लिए बाध्य करें। तमिल आबादी और तमिल राजनीतिक दलों और समूहों की प्रतिक्रिया सचेत और अल्पभाषी थी, इसका थोड़ा-सा कराण तो भय था और थोड़ी उनके मन में सिंहली सरकारों द्वारा तमिल नागरिकों को दिए गए वादों को पूरा करने के बारे में बैठी हुई अनिश्चितताएं और थोड़ा अगस्त 1995 में कुमारतुंगा की ओर से तमिल आवश्यकताओं को पूरा करने के लिए किए गए प्रस्तावों की अनुपयुक्तता।

30 जनवरी, 96 में कोलम्बो के सेन्ट्रल बैंक में हुए बम विस्फोट को लेकर तमिल प्रतिक्रियाएं मिली जुली थीं। ई पी आर एल एफ (EPRLF) ने इस आतंकवादी कार्रवाई की भर्त्सना की थी। अन्य तमिल राजनीतिक समूह शांत बने हुए थे, या उन्हें चुप करा दिया गया था। मध्य पर्वतीय क्षेत्रों में बसे भारतीय मूल के तमिलों के नेता हालांकि लिट्टे की हिंसा के खिलाफ थे, क्योंकि इसका असर उनके अपने आर्थिक हितों पर पड़ रहा था, पर वे खुले शब्दों में लिट्टे की आलोचना नहीं कर रहे थे, क्योंकि उन्हें तमिल आतंकवाद का अपने क्षेत्र में भी फैल जाने का अन्देशा था। गैर-लिट्टे तमिल राजनीतिक दलों और सामान्य तौर पर तमिल आबादी के बीच अपनी विश्वसनीयता और प्रभाव को स्थापित करना एक ऐसा लक्ष्य रह गया है, जिसे कुमारतुंगा सरकार को हासिल करना है। इस लक्ष्य की पूर्ति एक ऐसा अहम कारक है जिस पर कुमारतुंगा सरकार की जातीय मसले को सुलझाने की सफलता निर्भर करेगी।

जाफना के पराभव के बाद भी लिट्टे की ओर से जारी हमलों से राष्ट्रपति कुमारतुंगा का काम और भी जटिल हो गया था। जाफना की सफल सैन्य

कार्रवाइयां और सिंहलियों के ऊपर लिट्टे की ओर से लगातार हो रहे आक्रमणों से श्रीलंका की सेना और बौद्ध धर्मगुरू के नेतृत्व में सिंहली बहुसंख्यकों द्वारा श्रीलंका के राष्ट्रपति पर इस बात का दबाव डाला जाने लगा कि वह सैन्य विकल्प को ही चुनें।

13
श्रीलंका की त्रासदी–अनिश्चित परिदृश्य

यह अंदाज लगाना असम्भव है कि 1977–78 से कितने राजनीतिक व्यक्तियों को एक या दूसरे समूह ने हिंसक कार्रवाई में खत्म कर दिया है। पिछले बीस साल के दौरान श्रीलंका की प्राचीन लोकतांत्रिक छवि को साम्प्रदायिक, वैचारिक, जातीय और धार्मिक हिंसा ने कलंकित और मटियामेट कर दिया है। श्रीलंका की त्रासदी के जन्मकाल को खंगालना और देश की आगामी सम्भावनाओं को लेकर खड़ी अनिश्चितताओं का आकलन करना एक बड़ी लम्बी प्रक्रिया होगी। इतना कहना ही काफी है कि जब राजनीतिक नेता सत्ता में बने रहने के लिए जनोत्तेजक भाषण की छाया में अदूरदर्शी लोकवाद का सहारा लेते हैं, तो लोकतंत्र के ह्रास के रूप में एक अनिवार्य और त्रासद कीमत चुकानी पड़ती है।

20 वीं सदी के पचासवें दशक के मध्य में अगर एस. डब्ल्यू. आर. डी. भंडारनायके ने दुदले सेनानायके को अपने पिता के बाद प्रधानमंत्री बनने पर नाराजगी न जाहिर की होती, तो वह श्रीलंका के सभ्य समाज के लोगों को–चाहे वे सिंहल हों, तमिल हों या फिर मुस्लिम–सत्ता प्राप्त करने की प्यास में 'सिर्फ–सिंहली' नीति को एक हथियार के रूप में इस्तेमाल करते हुए जातीय, धार्मिक और भाषाई वैर के मार्ग पर कतई नहीं धकेलते। जिस जातीय संघर्ष की लपलपाती कमान उन्होंने संभाली थी, उसकी कीमत उन्हें अपनी ही जिंदगी दे कर चुकानी पड़ी। जिन प्रवृत्तियों, नीतियों और रूझानों को उन्होंने सक्रिय कर दिया था, वे एक चक्रवात की तरह पूरे श्रीलंका पर छा गए, जिसे आज श्रीलंका की शक्ति संरचना और वहां के लोग भुगत रहे हैं।

श्रीलंका के भविष्य की सम्भावनाओं के बारे में कोई भी विवेकपूर्ण अनुमान करते समय इस बात पर गौर करना आवश्यक है कि कुछ राजनीतिक समूहों और नेताओं को उनके विरोधी संगठन हिंसापूर्ण तरीके से अपने रास्ते से हटा देते हैं। 1989 और 1990 के बीच चेन्नई में पूरे ई पी आर एल एफ नेतृत्व का खात्मा इस तरह की पहली घटना थी। ईलम पीपुल्स रिवोल्यूशनरी लिबरेशन फ्रंट तमिलों को भारत-श्रीलंका समझौते के ढांचे के तहत श्रीलंका की राजनीति की मुख्यधारा में वापस लाने की कोशिश कर रहे थे। श्रीलंका की जयवर्द्धने और बाद में प्रेमदासा सरकारों ने उनके प्रयासों को व्यर्थ कर दिया। लिट्टे ने उन्हें मार्ग से हटा दिया-प्रेमदासा उनमें सबसे वरिष्ठ थे। इसी तरह से अमृथलिंगम और तमिल यूनाइटेड लिबरेशन फ्रंट के दो अन्य शीर्ष नेताओं को उसी अवधि के दौरान लिट्टे ने रास्ते से हटा दिया था।

प्रेमदासा, ललित अतुलदमुदली और गामिनी दिसानायके की एक-एक कर हत्या होती चली गई। इन हत्याओं के लिए लिट्टे को जिम्मेवार ठहराते समय मन में शंकाएं घुमड़ती हैं। श्रीलंका में हो रही सारी हत्याओं के लिए सिर्फ लिट्टे को ही एकमात्र आरोपी नहीं माना जाना चाहिए। श्रीलंका के राजनीतिक वातावरण में 1980 और 1990 के दशकों के दौरान एक परिगम्य चारित्रिक गुण के रूप में हत्याओं का सिलसिला चल पड़ा था। श्रीलंका की राजनीति में पनप आई नृशंसता (जैसा भारत में भी हो गया है) अकेले लिट्टे को ही मार-काट का एकाधिकार नहीं दे देती।

इन हत्याओं से ये परिणाम निकल कर आए; पहला, तमिल राजनीतिक परिदृश्य से नरम लोकतांत्रिक नेताओं को निकाल दिया गया; दूसरा, इसके परिणामस्वरूप महत्त्वपूर्ण सिंहली नेताओं को हटना पड़ा, जिन्हें जातीय संकट के बारे में प्रत्यक्ष जानकारी थी-जो समस्या का समाधान करने के लिए एक व्यावहारिक और विवेकपूर्ण तरीके से रास्ता निकाल सकते थे; तीसरा, दिसानायके की हत्या से प्रधानमंत्री चन्द्रिका कुमारतुंगा द्वारा लंबे समय से कष्ट पहुंचाना जातीय संघर्ष का व्यावहारिक समाधान पाने की दिशा में लिट्टे और अन्य तमिल समूह के साथ संवाद शुरू करने के प्रयासों को एक गहरा धक्का लगा; चौथा, गामिनी दिसानायके की हत्या उस आवांछित स्थिति का द्योतक है कि सिंहल और तमिल, दोनों की ही राजनीतिक शक्ति सरंचना में उग्रवादी तत्व हावी हैं।

गामिनी दिसानायके श्रीलंका की तरफ से भारत-श्रीलंका समझौते की नींव रखने वालों में से एक थे, हालांकि उनके मन में सिंहलियों के प्रति गहरा

झुकाव और नाता था। वह इस बात को मानते थे कि एक बहुल समाज के रूप में श्रीलंका का अस्तित्व में बने रहना और भारत के साथ इसका स्थिर रिश्ता इस बात पर निर्भर करता है कि तमिल उग्रवाद का निपटारा हो जाए और तमिल आकांक्षाओं की पूर्ति हो जाए। यही वह वजह थी कि वह भारत–श्रीलंका समझौते के संदर्भों की संरचना में सक्रिय भूमिका निभा रहे थे। यह समझौता सभी तमिल आकांक्षाओं के प्रति जवाबदेह था। इसने श्रीलंका के उत्तरी व पूर्वी प्रान्तों के विलयन का प्रावधान रखा, जो निर्भर करता था एकीकृत प्रान्त के कार्यकलापों को निश्चित अवधि के लिए प्रस्तावित अंतरिम सरकार द्वारा संभालने के बाद होने वाले जनमत–संग्रह पर। इस एकीकृत प्रान्त को इसमें तमिल मातृभूमि की पहचान दी गई है। इसमें श्रीलंकाई गणतंत्र का गठन करने वाले सारे प्रान्तों के लिए संवैधानिक, राजनीतिक, वित्तीय, प्रशासनिक और आर्थिक अधिकारों के न्यागमन का प्रावधान है। जहां तक तमिलों का संबंध है, श्रीलंका के संघटित समाज में तमिलों को सिंहलियों के बराबर का दर्जा दिलवाने का प्रावधान इसमें किया गया है। इसमें तमिलों के खिलाफ होने वाले भेदभाव को दूर करने के ढांचे का प्रावधान है। समझौते को पूर्णरूपेण नहीं लागू किया गया, इसकी मुख्य वजह है कि समझौते पर हस्ताक्षर करने के बाद श्रीलंका सरकार ने निर्धारित समय सीमा में इसके प्रावधानों पर गंभीरता से अमल नहीं किया था। यू एन पी की अपनी घरेलू राजनीतिक बाध्यताएं थीं, जिन पर कोई कुछ फैसला नहीं कर सकता था। पर यह एक कड़वी सच्चाई थी कि समझौते के प्रावधानों को लागू करने में विलम्ब और तकरार मौजूद थीं। अन्ततः परिणाम यह हुआ कि तमिलों का मोहभंग हुआ और वे पुनः हिंसा की ओर उन्मुख हो उठे। राजनीति में गांधीवादी दृष्टिकोण के बारे में अपने दृढ़ नजरिये के बावजूद प्रेमदासा शुरू से ही समझौते के खिलाफ थे। उनका ध्येय था सबसे पहले जे वी पी और लिट्टे को निष्प्रभावी करना और श्रीलंका की राजनीति में सिंहल वर्चस्व के आधारभूत बिन्दुओं को पुनः हासिल करना। अतएव उन्होंने पहले भारतीय शांति सेना को लौटा लेने का अनुरोध किया, जो हमने श्रीलंका और भारत, दोनों के ही राजनीतिक हितों के परे जाकर, लेकिन अन्तर्राष्ट्रीय कानून के प्रति अपनी प्रतिबद्धता का अनुपालन करते हुए पूरा किया। दूसरा, लिट्टे के साथ बातचीत से उनके जटिल प्रयास असफल हुए।

प्रेमदासा की हत्या के बाद राष्ट्रपति विजेतुंगा ने तमिलों के विरुद्ध सामान्य रूप से सैन्यवादी और दबंग रुख अख्तियार कर रखा था। इसके परिणामस्वरूप सिंहली उग्रवादी तत्व और श्रीलंकाई सेना महत्त्वपूर्ण हो उठे थे और श्रीलंका की राजनीति में तेजी से प्रभावी कारक बनते जा रहे थे। जाहिर है कि तमिलों के साथ विवादास्पद स्थिति को और लम्बा खींचने में उनके अपने हित छुपे हुए थे।

प्रधानमंत्री चंद्रिका कुमारतुंगा ने लिट्टे के साथ वार्ता का आयोजन करते हुए नई शुरूआत की कोशिश की। श्रीलंका की राजनीति में सक्रिय होने के बहुत पहले, शुरूआती 90 के दशक में और 80 के दशक के मध्य में भी, वह और उनके स्वर्गीय पति ने मिल कर श्रीलंका को कष्ट पहुंचा रहे हिंसापूर्ण माहौल पर लगाम कसने और एक व्यावहारिक समाधान निकालने के लिए विभिन्न तमिल गुटों के साथ सम्पर्क करने का प्रयास किया था। पर दिसानायके की हत्या ने इस दिशा में किए जा रहे उनके प्रयासों के जुनून पर तात्कालिक रूप से रोक लगा दी। पूर्व सत्तासीन दल, यूनाइटेड नेशनल पार्टी ने दिसानायके की पत्नी को राष्ट्रपति चुनाव में अपना उम्मीदवार बना कर खड़ा कर दिया। तमिल मुद्दों के साथ व्यवहार बनाए रखने की विस्थिति की विशेषताओं पर विस्तार से स्पष्टीकरण किया गया। इस विस्थिति का पहला संघटक तत्व, निश्चित रूप से गामिनी दिसानायके की हत्या से उपजा परिणाम था और लिट्टे इसमें मुख्य संदिग्ध था। श्रीलंका में कोई भी सरकार लिट्टे के साथ अल्पकाल में बातचीत शुरू नहीं कर सकती, जब तक कि वह बहुत ही दिलेर न हो और उसे सिंहल नागरिक नजरिये से कोई फर्क न पड़ता हो।

अगर इस बाधा को दूर कर भी दिया जाए तो श्रीलंका की सरकारों, जो कोई भी उसमें शामिल हों, और सिंहल बहुसंख्यकों को इस बात का पूरा अहसास होना चाहिए कि जब तक श्रीलंकाई तमिलों की उचित और वैध आकांक्षाओं को परस्पर सम्मान और समायोजन की भावना के साथ पूरा नहीं किया जाएगा, तब तक किसी भी तरह की बातचीत से समस्या का समाधान संभव नहीं है। यह समस्या श्रीलंकाई समाज में मुस्लिम चेतना के उभरने के साथ और भी जटिल हो गई है। श्रीलंकाई मुस्लिम आबादी जिसका ज्यादातर हिस्सा श्रीलंका के पूर्व, मध्य और दक्षिण पूर्व में बसा हुआ है, आंतरिक आवेग और बाहरी बढ़ावे, दोनों ही कारणों से अपनी अलग पहचान की वकालत करने में जुट गई है, जबकि ज्यादातर मुस्लिम तमिल भाषा ही बोलते हैं। सापेक्ष रूप से यह नया कारक, उत्तरी और पूर्वी प्रान्तों के विलयन और इस एकीकृत क्षेत्र को संवैधानिक और राजनीतिक रूप से तमिल स्वदेश के रूप में मान्यता दिलाने की तमिलों की मांगों के खिलाफ संघर्षरत है। यह तमिलों की सबसे महत्त्वपूर्ण मांगों में से एक है। इस उलझी समस्या से निपटने के अलावा सिंहल वार्ताकारों को पूरे राजनीतिक और आर्थिक परिदृश्य में शक्तियों के जटिल चक्रव्यूह के सवालों के साथ भी गंभीरतापूर्वक और तल्लीन हो कर निपटना होगा। उन्हें तमिल भाषा को देश की गणतंत्रात्मक प्रणाली में एक समान और उपयुक्त दर्जा देने का सिद्धान्त खोज निकालना होगा। उन्हें श्रीलंका की राजनीतिक प्रणाली में

तमिलों के खिलाफ पैठी भेदभावपूर्ण प्रथाओं और व्यवस्थाओं को भी दूर करना होगा। इसमें शायद आगे प्रशासन की सभी शाखाओं, पुलिस सेवा और सशस्त्र बलों में वचनबद्धता के साथ तमिलों के विकेन्द्रित और समानुपातिक प्रतिनिधित्व को भी शामिल करना होगा। श्रीलंकाई राजनीति की पिछले तीन दशकों की पृष्ठभूमि के मद्देनजर और तमिल नेताओं के साथ इन विषयों को लेकर पुष्ट किए हुए समझौतों से बार-बार सिंहल बहुसंख्यकों के पीछे हटने से किसी को भी इन जटिल मुद्दों पर तमिलों के साथ व्यावहारिक समायोजन के बारे में सिंहलियों की सीमाओं का अनुमान हो जाना चाहिए। इस समायोजन को बढ़ावा देने या रोकथाम करने में बौद्ध धर्मगुरूओं की भूमिका को नजरअंदाज नहीं करना चाहिए। लेकिन श्रीलंका को यदि खुद को एक बहुल लोकतांत्रिक समाज बनाए रखना है और अपनी क्षेत्रीय अखण्डता को बचाना है, तो तमिलों के साथ एक उपयुक्त व्यावहारिक समझौता अनिवार्य है। भारत को 1980 के दशक के दौरान समझौतों में मध्यस्थता करने और इनके क्रियान्वयन में भी की गई सक्रिय कोशिश के बाद फिर से श्रीलंका की राजनीति में किसी भी तरीके से शामिल नहीं होना चाहिए। श्रीलंका के लोगों और दक्षिण एशियाई स्थायित्व के लिए स्वर्गीय राजीव गांधी की सद्‌भावना और उनके सरोकारों को हाल के सालों में गलत अर्थ निकाला गया और आलोचना की गई। यह मुश्किल है फिर भी, हमें एक पड़ोसी-मित्र की हैसियत से श्रीलंका के लोगों के कल्याण और वहां स्थिरता के लिए अपनी दिलचस्पी जाहिर करते हुए वार्ता को बढ़ावा देना चाहिए। हमें श्रीलंकाई राजनीति की हस्तियों द्वारा श्रीलंका की परिस्थितियों में फिर से उलझाने के किसी भी प्रयास का विरोध करना होगा। एक बार हमारा शामिल होना ही काफी है।

श्रीलंका-विघटन के कगार पर?

श्रीलंका में चल रहा संकट गंभीर होता जा रहा है। मेरा ध्यान उन जमीनी सच्चाइयों और अब तक दिखाई गई भारतीय प्रतिक्रियाओं पर केन्द्रित रहा है। भारतीय शांति सेना के वापस लौटने के बाद श्रीलंका के संकट के परिप्रेक्ष्य और श्रीलंका सरकार ने औपचारिक अपेक्षाओं से हट कर कौन-सी सारभूत उम्मीदें भारत से पाल रखी हैं-इन सारी बातों की जांच प्रासंगिक होगी। 1989 और 1994 के बीच की अवधि में, जब राष्ट्रपति प्रेमदासा के नेतृत्व में यू एन पी की सरकार सत्ता में थी, लिट्टे के नेताओं और राष्ट्रपति के बीच चूहे-बिल्ली का खेल चल रहा था। प्रेमदासा की योजना लिट्टे के ऊपर से भारतीय फौज का दवाब हटाने के आधार पर उनके साथ एक समझौता करने का आडम्बर रचना था। प्रेमदासा

को आशा थी कि जैसे ही भारतीय सेना श्रीलंका से वापस होगी, वह लिट्टे पर सैन्य विजय प्राप्त कर लेंगे। प्रेमदासा की यह योजना कुछ हद तक सफल भी हो गई थी, जब 1990 में भारतीय शांति सेना श्रीलंका से वापस लौट गई थी। पर लिट्टे ने उनकी योजना को भांप लिया और अपने विरुद्ध हो रहे श्रीलंकाई अभियान का सफलतापूर्वक सामना किया। राजनीतिक समाधान के लिए की जा रही बातचीत 1994 के दौरान बेकार साबित हुई, क्योंकि प्रेमदासा तमिलों को दी जाने वाली उन रियायतों को भी खत्म कर देना चाहते थे जो श्रीलंका के संविधान के 13वें संशोधन में उन्हें प्रदान की गई थीं। दूसरी तरफ लिट्टे अपनी अलगाववादी आकांक्षाओं को लेकर और प्रतिबद्ध हो गया था। मई 1993 में प्रेमदासा की हत्या कर लिट्टे ने सिंहलियों के साथ संवाद के इस अध्याय को समाप्त कर दिया।

चन्द्रिका कुमारतुंगा की सरकार को इस बात का लाभ मिल रहा था कि 1987 के बाद से वह किसी राजनीतिक बातचीत या सैन्य विवाद का हिस्सा नहीं रही थी। अत: एक साफ छवि के साथ वह अपनी शुरूआत कर सकती थी। 1994 के अंत से लगभग 1998 के अंत तक राष्ट्रपति चंद्रिका कुमारतुंगा ने समझौते के लिए गंभीर प्रयास किए।

1995 से 1998 के दरम्यान जातीय समस्या का समाधान करने के लिए उनके द्वारा सामने रखे गए प्रस्तावों से श्रीलंका के तमिल क्षेत्रों में शक्ति के न्यागमन और प्रशासनिक और वित्तीय अधिकारों के विकेन्द्रीकरण के लिए उनकी महत्तर गंभीरता और निष्ठा परिलक्ष्यित हुई। फिर भी, उनके प्रस्तावों में सबसे बड़ी खामी यह थी कि ये श्रीलंका के उत्तरी और पूर्वी प्रान्तों के विलय से बन रहे तमिल स्वदेश के लिए की गई पूर्ववर्ती प्रतिबद्धता और उस क्षेत्र में तमिल सरकार का गठन करने से पीछे हट रहे थे। वह पिछले प्रस्तावों के इस नये रूपान्तारण को नजरअंदाज नहीं कर सकती थीं, क्योंकि त्रिन्कोमाली, बहिकोलोवा और अम्पेराई के पूर्वी प्रान्तों की सिंहल और मुस्लिम आबादी अपनी मांगों को लेकर खड़ी होने लगी थी कि वे तमिलों की जातीय-क्षेत्रीय निकाय में विलय होना नहीं चाहते हैं।

1995 के इन नये प्रस्तावों की बौद्ध धर्मगुरूओं और विपक्षी यू एन पी पार्टी ने अस्वीकार कर इसकी धज्जियां बिखेर दीं। दूसरी ओर, प्रस्तावों पर सिंहली आमसहमति प्राप्त करने के लिए चन्द्रिका कुमारतुंगा द्वारा आरम्भ की गई संसदीय चयन समिति और अन्य सलाह पद्धति के समक्ष भी जब इन प्रस्तावों को रखा गया तो इन्हें व्यर्थ बता दिया गया। 1998 के मध्य तक यह प्रक्रिया अधर में लटका दी गई और लिट्टे ने श्रीलंका की सेना के विरुद्ध बड़े पैमाने

पर एक विस्तृत सैन्य अभियान फिर से छेड़ दिया। सिंहली संगठन इस बात को लेकर निश्चिंत थे कि लिट्टे को राजनीतिक समझौते के लिए तैयार कर लिया जाएगा, क्योंकि श्रीलंका की सरकार ने जाफना पर अपना अधिकार पुनः हासिल कर लिया था और पूर्वी प्रान्तों में बरकरार तनावपूर्ण कानून व्यवस्था को भी संभाल लिया था। 1995 से 1997 के बीच श्रीलंकाई सशस्त्र बलों को यह महसूस हुआ कि लिट्टे के साथ चल रहे दीर्घकालीन संघर्ष में वह बेहतर नियंत्रण हासिल कर रहे हैं। पर लिट्टे द्वारा कोलम्बो, साथ ही साथ, पूर्वी प्रान्तों में किए गए बड़े आतंकवादी आक्रमणों और उत्तरी श्रीलंका एवं खासतौर पर जाफना प्रायद्वीप में खासे सफल सैन्य अभियान के संचालन से यह पुर्वानुमान गलत साबित हुआ। श्रीलंका सरकार के सामने लिट्टे की बढ़ती हुई सफलता के बावजूद जाफना में लिट्टे के खिलाफ कठोर कदम उठाने के अलावा कोई विकल्प नहीं था। फिर भी, यह स्पष्ट था कि श्रीलंका सरकार का रुख प्रतिरक्षात्मक था। प्रभाकरण को दिए गए मुख्यमंत्री पद के प्रस्ताव का जवाब सकारात्मक नहीं आया था। 1987 में भी, जब राष्ट्रपति जयवर्द्धने ने प्रभाकरण को ऐसा प्रस्ताव दिया था तो उन्होंने इसे ठुकरा दिया था, जबकि उस समय वह सैन्य और राजनीतिक रूप से ज्यादा कमजोर स्थिति में थे।

लोगों का यह मानना था कि 1987 में भारत ने शांति सेना को भेज कर दूसरे देश के आंतरिक मामलों में उलझने की जो भूल की थी, वह इसे दोबारा नहीं करनी चाहिए। यह भी माना जा रहा था कि पाकिस्तान और चीन को लेकर हमारे सुरक्षा सरोकारों और उससे जुड़े रक्षा व्यय के मद्देनजर, भारत को कोई अतिरिक्त क्षेत्रीय सुरक्षा जिम्मेदारी नहीं लेनी चाहिए। इसके अलावा एक नजरिया यह भी था कि अगर भारत श्रीलंका की क्षेत्रीय अखण्डता और एकता के प्रति प्रतिबद्ध है, तो श्रीलंका सरकार को पूरा राजनीतिक और सैन्य समर्थन देने से उसे कतई पीछे नहीं हटना चाहिए। यह भी माना जा रहा था कि यदि राजीव गांधी की हत्या और बेहिसाब भारतीय सैनिकों, जो तमिलों की आकांक्षाओं की रक्षा करने श्रीलंका गए थे, के मारे जाने का प्रतिकार करने का अवसर मिले, तो भारत को लिट्टे के खिलाफ सैन्य कार्रवाई करने से कतई झिझकना नहीं चाहिए। लोग यह भी सोचते थे कि एक स्वतंत्र तमिल राज्य के निर्माण के साथ श्रीलंका के विघटन से भारत का कोई वास्ता नहीं होना चाहिए।

श्रीलंका के मामलों में भारत के पुनः हस्तक्षेप की किसी भी संभावना को लेकर श्रीलंकाई प्रतिक्रियाएं भी समान रूप से जटिल हैं।

श्रीलंका के विदेश मंत्री कादिरगमार ने यह घोषणा की कि श्रीलंकाई मामलों में बिना श्रीलंका की सहमति के संयुक्त राष्ट्र का शामिल होना एक

गंभीर हस्तक्षेप होगा, जिसे बर्दाश्त नहीं किया जाएगा। संयुक्त राष्ट्र में श्रीलंका के पूर्व राजदूत स्टेन्ले कलपगे ने यह विचार व्यक्त किया कि किसी भी संगठन या देश को दूसरे देश के आंतरिक मामले में दखल देने का कोई हक नहीं है। ब्रूसेल्स में यूरोपीय संघ की संसद द्वारा पारित प्रस्ताव पर श्रीलंका में औपचारिक रूप से आपत्ति जताते हुए यह सलाह दी गई कि श्रीलंका के जातीय संकट पर उचित कार्रवाई के लिए इस ओर संयुक्त राष्ट्र का ध्यान दिलाना चाहिए।

सबसे महत्त्वपूर्ण बात यह है कि जिस किसी बाध्यता के तहत श्रीलंकाई सरकार ने भारतीय सैन्य सहयोग मांगा हो, वास्तविक और सारभूत सम्भावनाएं तो यह दिखती हैं कि श्रीलंकाई सरकार के खेमे और सिंहल बहुसंख्यक, तमिलों के साथ भारतीयों के भावनात्मक जुड़ाव और भारत की तथाकथित प्रभुतावादी प्रवृत्ति के मद्देनजर किसी भी तरह के भारतीय हस्तक्षेप को लेकर अपने मन में छुपी आशंकाओं के कारण आलोचना करेंगे। वहां की जातीय समस्या के समाधान के लिए नहीं बल्कि अल्पकालिक सुविधा के लिए ही वे भारतीय सैन्य सहयोग चाहेंगे। भारत सरकार की नीतियां संबद्धित दलों के कार्यकलापों की सीमाओं को लेकर चैतन्य, व्यावहारिक और नपी-तुली थीं। हम श्रीलंका की एकता और अखण्डता के संबंद्ध में राजनीतिक समर्थन दे रहे हैं, पर लिट्टे और श्रीलंकाई सरकार के अनुसार वे मसले को सैन्य और राजनीतिक संवादों के प्रत्यावर्तन के जरिये आपस में ही सुलझाना चाहते हैं। हमें यह उन पर छोड़ देना चाहिए। भारत को व्यवहार रूप से तभी सक्रिय होना चाहिए जब श्रीलंकाई विवाद ठोस और सीधे तौर पर भारत की क्षेत्रीय अखण्डता और हितों पर असर डालने लगे।

श्रीलंका का जातीय संघर्ष-वर्तमान विस्थिति

तमिल और सिंहलियों के बीच लगातार चल रहे जातीय संघर्ष के कारण श्रीलंका का मौजूदा माहौल अराजकता से भरा हुआ है। इसका सूत्रपात कैसे हुआ-इसको समझने के लिए श्रीलंका के मौजूदा जातीय संघर्ष को जन्म देने वाली सामाजिक-राजनीतिक गतिविधियों और कुछ तथ्यों को जानना प्रासंगिक होगा।

सामाजिक-राजनीतिक गतिविधियों का संक्षिप्त इतिहास

इतिहास में झांक कर देखें तो हमें इस बात का स्पष्ट अंदाजा होता है कि भारत से होने वाले पलायन के रुझानों ने ही श्रीलंका के मौजूदा जनसांख्यिक

स्वरूप का निर्माण किया है। यह कम से कम तीन से चार सदी ईसा पूर्व की बात है। पलायन का पहला रुझान पूर्व, बंगाल और उड़ीसा तक फैले मध्य तटीय भारत से शुरू हुआ था। श्रीलंका के वर्तमान सिंहली उन्हीं प्रवासियों की सन्तानें हैं। पलायन का दूसरा रुझान तमिलनाडु से और आज केरल कहे जाने वाले राज्य से तमिल भाषी लोगों के जाने से दिखाई दिया। अरबों और मलयों के वंशजों ने भी श्रीलंका की ओर पलायन किया। इन्हीं लोगों से आज के श्रीलंका के तमिलों की आबादी की रचना हुई है।

समकालीन कालखण्ड पर यदि नजर डालें तो 19वीं सदी के तीसरे दशक से ज्यादातर तमिलों को श्रीलंका के मध्य पर्वतीय भू-भागों में बंधुआ मजदूर के रूप में ले जाया गया। आज श्रीलंका की कुल आबादी में 15 प्रतिशत तमिल हैं और बाकी बड़ा हिस्सा सिंहलियों का है।

श्रीलंका में बहुसंख्यकों और अल्पसंख्यकों को अलग-अलग पहचान देने में भाषा और धर्म की अहम भूमिका रही है। भारतीय इतिहास के मौर्य काल में अशोक के शासन के दौरान श्रीलंका में बौद्ध धर्म का आगमन हुआ। वहां के बहुसंख्यक बौद्ध धर्म के अनुयायी ही हैं। सिंहली भाषा मूलतः पाली से उद्‌घृत हुई है, जिसमें आगे चल कर बंगाली, पुर्तगाली और उड़िया भाषाओं के शब्द भी शामिल होते चले गये । इसकी लिपि ब्राह्मी शैली की है। तमिल भाषी लोग या तो हिंदू हैं या मुस्लिम। उनकी भाषा प्राचीन तमिल बोली से उद्‌धृत हुई है।

श्रीलंका का इतिहास पश्चिमी औपनिवेशिक ताकतों के आगमन-पुर्तगाल से लेकर हालैंड और अंग्रेजों तक, श्रीलंका में दक्षिणी भारत से किए जा रहे आक्रमणों और सिंहलियों द्वारा भारतीय प्रायद्वीप के दक्षिणी सिरे और तमिलनाडु पर किए जा रहे हमलों की प्रवृत्तियों से भरा हुआ है। पश्चिमी औपनिवेशिक शक्तियों ने सिंहलियों के विरूद्ध तमिल सदृश और तमिलों के विरूद्ध सिंहल सदृश व्यवहार किया, ताकि इस द्वीप के ऊपर वे प्रभुत्व हासिल कर पाएं। इस कवायद में अंग्रेज सर्वाधिक सफल रहे, जब 18वीं सदी के उत्तरार्द्ध में उन्होंने श्रीलंका पर कब्जा कर लिया। उन्होंने 'बांटो और राज करो' नीति का जम कर इस्तेमाल किया, जिसका आर्थिक, सामाजिक और प्रशासनिक रूप से सबसे ज्यादा लाभ तमिलों को मिला। अतः द्वितीय विश्व युद्ध के बाद श्रीलंका की आजादी का समय आने तक ब्रिटिश औपनिवेशिक काल के दौरान तमिल-सिंहल के बीच वैर बोया जा चुका था।

सार्वभौमिक व्यस्क मताधिकार पर आधारित लोकतंत्रात्मक सरकार के आगमन के साथ सिंहल बहुसंख्यक स्वाभाविक रूप से देश की अर्थव्यवस्था और शासन प्रणाली में पूर्वकालिक तमिल प्रभाव प्रदत्त असंतुलनों की क्षतिपूर्ति के लिए कदम बढ़ा चुके थे।

पर बाद में पचास के दशक के उत्तरार्द्ध में सिंहलियों के असंतुलनों की क्षतिपूर्ति करने के प्रयास आगे चल कर तमिलों के साथ भेदभाव पूर्ण गतिविधियों और बाद में उनके उत्पीड़न में बदल गये। श्रीलंका के वरिष्ठ तमिल नेताओं जैसे पूनम बालुन, चेल्वनक्यम और तिरुचेवलम ने सिंहली नेताओं जैसे सेनानायके, कोट्लवाला और भंडारनायके के साथ मिल कर तमिलों को श्रीलंका की अर्थव्यवस्था और शासन की शक्ति संरचना में उपयुक्त और उचित भागीदारी दिलाने के लिए प्रयास किया। पर समझौते पर पहुंचने के बावजूद इन समझौतों को जब निभाने की बारी आई तो सिंहल नेताओं ने मुंह मोड़ लिया।

यही वह पृष्ठभूमि है, जिसके तहत सत्तर के मध्य दशक से तमिल उग्रवाद ने अपना शिकंजा कसना शुरू किया। वस्तुस्थिति और भी खराब हो गई जब तमिल उग्रवादियों ने जुलाई, 1983 में जाफना में श्रीलंकाई सैनिकों को मार डाला। इस वजह से सिंहल क्षेत्रों में भीषण तमिल विरोधी दंगे भड़क उठे। लगभग दो लाख तमिल शरणार्थियों ने भाग कर भारत की सीमा में प्रवेश किया।

1983 में श्रीलंका के उस संकटपूर्ण समय में भारत वहां के मामले में शामिल हुआ और उस समय तक शामिल रहा जब तक कि 1990 दशक की शुरूआत में भारतीय शांति सेना वापस नहीं हुई। यह श्रीलंका के इतिहास और समकालीन राजनीति के विस्तृत रूझानों के अति-सरलीकृत रूप हैं। भारत-श्रीलंका समझौतों से जुड़े तथ्य, श्रीलंका में भारतीय शांति सेना का प्रवेश और उसके बाद इसकी वापसी, सर्वविदित है।

राष्ट्रपति चंद्रिका कुमारतुंगा के नेतृत्व में नई सरकार 1994 में सत्ता में आई और आते ही इसने लिट्टे के साथ शांति संबंध बनाने के प्रयास शुरू कर दिए। लिट्टे ने थोड़ी सी शुरूआती प्रतिक्रिया दर्शायी, पर उसके बाद श्रीलंकाई सरकार के शांति प्रयासों को नजरअंदाज करते हुए उसने वापस आक्रामकता का जामा पहन लिया। श्रीलंका के तमिल तीन वर्गों में बंटे हैं-श्रीलंका के उत्तरी और पूर्वी हिस्सों में मूल तमिल प्रवासी, भारतीय मूल के तमिलों के रूप में जाने जा रहे तमिल श्रमिक और अन्य तमिल लोग, जो देश के मध्य पर्वतीय भू-भागों में रह रहे है और तमिल-भाषी मुसलमान, जो अब अलग सामाजिक-सांस्कृतिक पहचान का दावा रखने लगे हैं।

कई तमिल उग्रवादी और राजनीतिक दल भी मैदान में मौजूद हैं; इसमें लिट्टे सबसे ज्यादा अनुशासित, प्रभुत्वपूर्ण और प्रभावी तमिल समूह है, जो तमिल हितों का प्रतिनिधित्व करने का दम भरता है। वे किसी भी तरह से आधे-अधूरे समझौतों के पक्ष में नहीं हैं। उनकी मुख्य मांग है-श्रीलंका में 'ईलम' के नाम से उनका अलग तमिल देश हो। अंतरिम दौर में वे पूर्ण स्वायत्तता, शक्ति

के न्यागमन इत्यादि बातों पर सहमति दर्शा सकते हैं, हालांकि श्रीलंकाई सरकार जवाब में जो कुछ प्रदान करें, वह पर्याप्त नहीं दिखता। राष्ट्रपति चन्द्रिका कुमारतुंगा के शांति प्रयास अब व्यर्थ हुए से दिखते हैं।

आक्रामक लिट्टे और श्रीलंका सरकार की दुविधा

श्रीलंका की रणनीतिक दुविधाओं में जिसकी भी दिलचस्पी है, उसे यह बात ध्यान में रखनी होगी कि जब तक श्रीलंका सरकार तमिलों के स्वायत्तता और स्वसरकार और श्रीलंका की शक्ति सरंचना में एक उचित हिस्सा पाने की मांगों को पूरा नहीं करती, यह जातीय संघर्ष अन्ततः शायद दो देशों में विघटित होने के बाद ही शांत होगा, जो हर लिहाज से एक बुरी स्थिति होगी। इस बात पर ध्यान देना होगा कि श्रीलंका पर पिछले चार दशकों से जिन राष्ट्रपतियों और सरकारों ने शासन किया, उनकी तुलना में वर्तमान राष्ट्रपति ने सही दिशा में अपनी रूचि दिखाई है और उनके अन्दर दूरदर्शिता और निर्भीकता, दोनों ही कूट-कूट कर भरी हैं, जिसकी डोर थाम वह लिट्टे और तमिल राष्ट्रवादियों के साथ जातीय समस्या के शांतिपूर्ण समाधान के लिए बेहिचक आगे बढ़ रही हैं।

जब चंद्रिका कुमारतुंगा सत्ता में आई तो उन्होंने बड़े मनोयोग से लिट्टे के साथ समझौते पर पहुंचने का प्रयास किया। पर लिट्टे को यह महसूस हुआ कि सारभूत राजनीतिक मसलों पर बातचीत को आगे बढ़ाने के लिहाज से उनके द्वारा दी गई आरम्भिक और प्राथमिक रियायतें पर्याप्त नहीं हैं। जिसका परिणाम यह हुआ कि लिट्टे और श्रीलंकाई सरकार के बीच की शत्रुता फिर से सिर उठाने लगी।

यह वैर जब 'अति' की स्थिति में जा पहुंचा, तब राष्ट्रपति चंद्रिका कुमारतुंगा ने अपने कुछ मित्र देशों से रक्षा आपूर्ति और सहयोग के लिए मदद मांगी, पर भारत से उन्होंने रणनीतिक रूप से महत्त्वपूर्ण कुछ भी नहीं मांगा, सिवा इसके कि भारतीय नौ सेना पाल्क जलडमरूमध्य में लिट्टे को तमिलनाडु से, जहां अभी भी उसके पर्याप्त सम्पर्क बने हुए हैं, हथियारों और अन्य आपूर्तियों को प्राप्त करने पर निरोधक कार्रवाई करे। अखबारों से मिली खबरों से यह पता चला कि भारतीय नौ सेना ने ऐसी कार्रवाइयां की थीं। प्रभाकरण ने श्रीलंका सरकार और पूरे विश्व को यह चेतावनी दी थी कि लिट्टे ने श्रीलंका की सेना से सफलतापूर्वक मुकाबला किया है; इसने भारतीय शांति सेना को भी सबक सिखा दिया है; यदि राष्ट्रपति चंद्रिका कुमारतुंगा ने लिट्टे का सामना करने के लिए ऐसी कोई मदद अमेरिका से मांगी तो अमेरिकी सेना को ऐसा ही सबक सिखाने में वे सक्षम हैं।

14
भारत-नेपाल संबंध-जी. पी. कोइराला की यात्रा का महत्त्व

1996 के बाद लगभग चार साल के अन्तराल पर नेपाल के प्रधानमंत्री ने हाल ही में भारत का दौरा किया। दिल्ली में उनका आगमन बहुत ही उपयुक्त समय पर हुआ, क्योंकि भारत-नेपाल संबंध आशंकाओं और तनावों की अंत:धाराओं के साथ निस्तेज से नजर आ रहे हैं। भारत और नेपाल के बीच के संबंध भावनात्मक आक्रामकताओं और जटिलताओं से युक्त काफकाई लगाव के रहे हैं। धर्म, भाषा और संस्कृति के गहनतम बिन्दुओं पर मौजूद समानता ने नेपाल के मन में भारत के प्रति आशंकाओं और निराशा को जन्म दिया है। ठीक इसके विपरीत भारत में नेपाल को लेकर भावनात्मक और राजनीतिक हताशा नजर आती हैं, क्योंकि भारत और नेपाल के लोगों को परस्पर जोड़ के रखने वाले कारकों के बावजूद नेपाल भारत का एक वर्जना-रहित सहयोगी और समर्थक नजर नहीं आता। यह एक अजीब विडम्बना है कि भारत-नेपाल संवादों में भारत की ओर से नेपाल के लोगों की कुशलता और आकांक्षाओं के प्रति जवाबदेही का भाव झलकता रहा है, फिर भी नेपाल में राजनीतिक रूपान्तरण के हर अगले पड़ाव के साथ, जिसमें भारत ने मदद की, भारत और नेपाल की उस अगली शक्ति संरचना के बीच के संबंधों में तनाव और दूरी हावी होती रही। भारत ने नेपाल के राजतंत्र को राणाओं के गुटतंत्रीय और सामन्तशाही कब्जे से आजाद होने में मदद की। पर उसके लगभग दो दशकों के बाद तक, नेपाल के राजतंत्र और भारत सरकार के बीच संबंध प्रतिकूल बने रहे।

1990 के दशक के पूर्वार्द्ध में भारत ने नेपाल में लोकतंत्र के पुनरुत्थान के समय पुन: अपना योगदान दिया, लेकिन नेपाल में निर्वाचित होकर आने वाली सरकारों के भारत सरकार के साथ संबंध समस्यापूर्ण ही बने रहे। यहां मेरा

प्रयोजन भारत-नेपाल संबंधों के इतिहास का सविस्तार वर्णन करने का नहीं, बल्कि द्विपक्षीय संबंधों को प्रभावित कर रही मौजूदा दुविधाओं को इंगित करने और अगर हो सके तो कुछ निश्चित क्षेत्रों में वर्जना रहित सहयोग के लाभों के साथ इसके बिल्कुल उल्टी तस्वीर पेश करने से है।

भारत-नेपाल संबंधों को प्रभावित कर रही समस्याओं को अवधारणाओं के आधार पर निम्नलिखित श्रेणियों में बांटा जा सकता है:

(क) द्विपक्षीय संबंधों के उच्चस्तरीय राजनीतिक सन्दर्भ सूत्रों की पुनर्संरचना;

(ख) प्रभाव के क्षेत्रीय संतुलन के बारे में नेपाली दृष्टिकोणों के सन्दर्भ में संबंधों की रूपरेखा तैयार करना, जो नेपाली हितों के काम आ सके;

(ग) भारत के रणनीतिक सरोकारों और अपनी क्षेत्रीय पहचान को लेकर नेपाल के विचारों को ध्यान में रखते हुए क्षेत्रीय मतभेदों और तनावों का समाधान करना;

(घ) दोनों देशों के साझा नदी-संग्रहण क्षेत्रों के जल संसाधनों के उपयोग को लेकर समानतापूर्ण और न्यायोचित व्यवस्था पर राजी होना;

(ड़) भूटान से हो रही आव्रजन समस्याओं, विघटनवादी व अलगाववादी आंदोलनों और कट्टरवादी आतंकवाद से उत्पन्न होने वाली समस्याओं, जो भारत और नेपाल की आन्तरिक सुरक्षा पर असर डाल रही हैं, के मुद्दों का निपटारा करना;

(च) भू-आवृत्त देश होने की वजह से उत्पन्न नेपाल की आर्थिक और वाणिज्यिक दुष्चिन्ताओं के लिए एक निर्णायक व्यावहारिक समाधान निकालना।

उच्चस्तरीय द्विपक्षीय राजनीतिक संबंधों के सन्दर्भ सूत्रों की पुनर्संरचना का जहां तक सवाल है, नेपाल की ओर से हमेशा यह वृहत् मांग रखी जाती रही कि जुलाई, 1950 की मैत्री और शांति की भारत-नेपाल सन्धि, और पारगमन, वाणिज्य और व्यापार पर सन्धि, जिस पर उसी साल हस्ताक्षर हुए, में निहित कुछ दिशा निर्देशक सिद्धान्तों का पुनरावलोकन किया जाए। ये दोनों सन्धियां नेपाल और भारत की ब्रिटिश सरकार के बीच की पिछली सन्धियों में कल्पित दबंग भूमिका को नरम बनाते हुए अभी भी नेपाल और भारत के बीच एक विशिष्ट संबंध का माहौल रचते हैं। हालांकि स्वतंत्र भारत और नेपाल के बीच के समझौते नेपाल के लोगों के लिए लाभप्रद रहे हैं, इस बात को भी मानना होगा कि नेपालियों के मन में यह बात बैठी है कि 1950 का भारत-नेपाल समझौता कुछ हद तक उनकी राष्ट्रीय पहचान और विकल्पों की स्वतंत्रता के प्रतिकूल

खड़ा है। अब, जबकि समझौते पर हस्ताक्षर के पचास साल गुजर चुके हैं और वैश्विक और क्षेत्रीय राजनीतिक-राणनीतिक समीकरणों के सन्दर्भ में विश्व में बदलाव आ चुका है, भारत को इस विषय पर नेपाल की संवेदनशीलताओं के प्रति जवाबदेह होना होगा। जुलाई 1950 की मैत्री और शांति सन्धि पर पुर्नर्विचार को लेकर कोई भी आपत्ति नहीं होनी चाहिए। नेपाल शायद सन्धि के 2 और 5 अनुच्छेदों में परिवर्तन या संशोधन करने की इच्छुक हो। 1950 की संधि के अनुच्छेद 2 के प्रावधान इस प्रकार है: ''दोनों सरकारें एतद्द्वारा यह जिम्मा लेती हैं कि किसी भी पड़ोसी देश के साथ किसी भी गंभीर विवाद या गलतफहमी की स्थिति होने पर, जिससे दोनों सरकारों (भारत व नेपाल) के बीच बने हुए मैत्रीपूर्ण रिश्तों में दरार पड़ने की आशंका हो, वे एक दूसरे को इस संबंध में सूचित करेंगी। अनुच्छेद 5 का अनुबंध इस प्रकार है: नेपाल की सरकार नेपाल की सुरक्षा के लिए जरूरी उपकरणों और युद्ध के साजो-सामान या शस्त्र और गोला-बारूद-भारतीय क्षेत्रों से और इनसे होकर-आयात करने के लिए स्वतंत्र होगी। इस व्यवस्था पर अमल की प्रक्रिया को दोनों सरकारें मिलकर तय करेंगी। नेपाल यह महसूस करता है कि ये अनुच्छेद इसके विदेश संबंधों के निर्वाह और इसकी रक्षा और सुरक्षा नीतियों की रूपरेखा तैयार करने में इसके संप्रभु विवेकाधिकार पर रोक लगा रहे हैं जबकि इस मामले में वास्तविकता यह है कि नेपाल को इन विषयों में अपने संप्रभु विवेकाधिकार का उपयोग करने से कभी भी रोका नहीं गया है। इस स्थिति का एकमात्र नकारात्मक पहलू बस यही है कि नेपाल के चीन के साथ सुरक्षा और रक्षा सहयोग और इनके आर्थिक सहयोग के चंद पहलुओं को लेकर भारत पिछले पचास सालों के दौरान यदा कदा चिन्तित और सम्बद्धित नजर आता रहा है। मेरे विचार से भारत को वर्तमान भू-रणनीतिक माहौल के सन्दर्भ में 1950 की सन्धि पर पुनः समझौता-वार्ता के खिलाफ नहीं होना चाहिए। भारत और नेपाल के बीच मौजूद रक्षा, राजनीतिक और सुरक्षा रिश्तों में एक निश्चित तालमेल और समन्वय कमजोर पड़ रहा है, अतः ऐसी स्थिति में भारत को इस विशिष्ट संबंध के कुछ पहलुओं पर वापस जाकर इस निढाल पड़ते संबंध में फिर से जान डालनी है। इस बात को, 1950 की सन्धि के पुनः संशोधन के मद्देनजर, नेपाल को अपनी व्यग्रता के सन्दर्भ में स्वीकार करना होगा। हमें भी 1950 की संधि के पुनः संशोधन के सिलसिले में विचार-विमर्श शुरू करने के लिए तैयार होना चाहिए। इस प्रक्रिया का एक प्रासंगिक परिदृश्य, यदि उस पर सहमति बनती है तो, यह होना चाहिए कि भारत नेपाल के चीन के साथ संबंधों को लेकर ज्यादा चिंतित न हों। हम जितना बेपरवाह होंगे उतना ही नेपाल के लिए चीन की ढाल भारत के खिलाफ और

भारत की ढाल चीन के खिलाफ इस्तेमाल करना मुश्किल होगा। पर इसका यह मतलब नहीं कि भारत नेपाल में चीन की किसी भी विस्तृत राजनीतिक-रणनीतिक उपस्थिति को लेकर सतर्क न रहे। हमारा नजरिया नेपाल द्वारा अपने विकल्पों का इस्तेमाल करने के हक को मान्यता देना है, पर इसी के साथ-साथ नेपाल को एक स्पष्ट और सुनिश्चित संदेश देना भी है कि नेपाल के अन्दर चीन की किसी भी अतिरिक्त लिप्तता की योजनाओं से निपटने के लिए भारत को आवश्यक उपाय करने होंगे और अपनी सुरक्षा के लिए भारत रणनीतिक, विदेश नीति और रक्षा योजनाओं के रास्ते जो कुछ भी आवश्यक होगा, करेगा। पाकिस्तान की खुफिया एजेंसियों की गतिविधियां और हमारे उत्तर-पूर्व में नेपाल से उभरने वाले अलगाववादी समूह, भारत के लिए दिनोदिन बढ़ती जा रही चिंता का सबब हैं। गौरतलब बात यह है कि इन गतिविधियों से नेपाल की अपनी आंतरिक सुरक्षा और संघटन पर ज्यादा गहरा प्रभाव पड़ सकता है। हालांकि औपचारिक सरकारी स्तर पर नेपाल की तरफ से पिछले दशक के दौरान बार-बार भारत के साथ सहयोग करने और प्रभावी आन्तरिक कदम उठाने का आश्वासन मिलता रहा है, पर स्थिति के लिहाज से अभी भी बहुत कुछ करना बाकी है। भारत को इन विषयों पर हठधर्मितापूर्ण अपेक्षा नहीं रखनी चाहिए, बल्कि हमारा पक्ष तथ्यपरक ब्यौरों पर आधारित और दो टूक होना चाहिए। भारत की दुश्चिंताओं के ऊपर प्रश्नचिन्ह लगाना और इसे अनुचित मान आलोचना करने की नेपाली प्रवृत्ति भी गलत है। इस खास समस्या से निपटने के लिए भारत और नेपाल के साथ-साथ काम करने में इनके हितों की सारभूत परस्परता छुपी है। यह सहयोग उपमहाद्वीपीय सुरक्षा और स्थायित्व के वृहत्तर उद्देश्य को सुनिश्चित करने के लिए महत्त्वपूर्ण है।

जहां तक व्यापार और पारगमन से जुड़ी कुछ बची हुई समस्याओं का सवाल है, अतिरिक्त पारगमन मार्ग और पत्तन सुविधाओं के संबंध में नेपाल की मांग को पूरा करने में, जहां तक सम्भव हो सके, हमें गुंजाइश निकाल लेनी चाहिए। भूमंडलीय उदारीकरण, मुक्त बाजार और आधुनिकीकरण के इस युग में वे पुरानी दुश्चिंताएं, जिससे भारत के वाणिज्यिक और व्यापार मामले प्रभावित रहे होंगे, सर्वाधिक सारपूर्ण स्तरों पर कतई प्रासंगिक नहीं। हमें नेपाल को अपने पूर्ण अंतर्राष्ट्रीय आर्थिक और व्यापार सामर्थ्य को हासिल करने में अवश्य मदद करनी चाहिए।

जहां तक 'कालापानी' का सवाल है, भारत और नेपाल, दोनों को ही, समझौता-वार्ता की गतिहीनता से, अब तक जो स्थिति दिखती रही है, परहेज करना चाहिए। कोई ऐसा माध्यम तलाशा जाना चाहिए। जिसके जरिये भारत उस

क्षेत्र में नेपाल के उचित क्षेत्राधिकार को मान्यता दे और नेपाल उस क्षेत्र में भारतीय सुरक्षा सरोकारों के रूप में भारतीय उपस्थिति के प्रति संवदेनशील रूख बनाए रखें, जब तक कि भारत–लद्दाख सीमा का लम्बित मसला हल नहीं हो जाता है। भारत और नेपाल के साझा नदी–जल संसाधनों के उपयोग में सहयोग से दोनों ही देशों को आर्थिक रूप से और विकासमूलक मामले में लाभ मिलने की सम्भावना है। पर अभी तक ऐसा कुछ भी शुरू नहीं हो पाया है, मुख्य रूप से इसका कारण नेपाल की झिझक है और दूसरा भारत द्वारा समझौता–वार्ता में इन लक्ष्यों का निर्णय करने और फिर उन्हें वास्तविकता में रूपान्तरिक करने के लिहाज से लिए जा रहे कठोर तकनीकी और वाणिज्यिक कदम हैं। टनकपुर पन बिजली परियोजना और बाद में महाकाली परियोजना पर समझौते पर हस्ताक्षर होने के बाद भी ये अभी कागजों में ही बंद हैं। अगर इन संसाधनों का उचित दोहन किया जाए तो नेपाल, बिहार, उत्तर प्रदेश और यहां तक कि उत्तरी बंगाल की भी ऊर्जा आवश्यकता, आने वाले समय में 85,000 मेगावाट ऊर्जा उपलब्ध होने से, पूरी हो जाएगी। भारत की ओर से तकनीकी चिन्ताएं और नेपाल की ओर से राजनीतिक दुश्चिंताएं ऐसे सहयोग की सम्भावना की राह में रोड़े अटका रहीं हैं।

अब समय आ गया है कि परस्पर लाभ के लिए सहयोग के इस महत्त्वपूर्ण क्षेत्र में दोनों देशों की नीतियों को सृजनात्मक और नवीन दृष्टिकोण का अवलम्ब दिया जाए। बांग्लादेश और पाकिस्तान जैसे बड़े पड़ोसियों की अपेक्षाकृत नेपाल भारत का एक छोटा पड़ोसी है, पर इसके साथ एक अच्छा संबंध बनाए रखना भारत के लिए वृहत् रणनीतिक महत्त्व रखता है। निकट भविष्य में उन पर असर डालने वाली जटिलताओं और दबावों के बावजूद हमें इस संबंध के दृड़ीकरण को बढ़ावा देने का प्रयास करना चाहिए। हमारा ध्येय यह होना चाहिए कि हम नेपाल को यह आश्वासन दें कि भारत उसके साथ समानता और परस्पर आदर के आधार पर और परस्पर लाभ के लिए स्थायी भागीदारी का इच्छुक है।

भूटान से नेपाल में होने वाले नेपाली आव्रजन से जुड़े मसलों में से एक, हालांकि यह दोनों देशों के लिए एक द्विपक्षीय मामला है, की समस्या को सुलझाने के लिए हमारा सहयोग आवश्यक है। इस साल ग्रीष्म काल के आरम्भ में भारत के राष्ट्रीय सुरक्षा सलाहकार ब्रजेश मिश्रा ने नेपाल की यात्रा की। प्रधानमंत्री कोइराला की नई दिल्ली की यात्रा ने इस बहस को शीर्षस्थ राजनीतिक स्तरों तक पहुंचा दिया है। स्वाभाविक रूप से इस बात का अंदाजा लगाया जा सकता है कि इन सारी समस्याओं पर वाजपेयी और कोइराला के बीच अवश्य विचार–विमर्श हुआ होगा। मन में सच्ची आशा जागती है कि एक हाथ

लो और एक हाथ दो तथा परस्पर तर्क-वितर्क करने की भावना ने विचार-विमर्श में नई जान डाल दी होगी।

भारत और नेपाल-असमान सह-अस्तित्व की दुविधाएं

भारत-नेपाल विदेश विभाग सलाह-मशविरे का सबसे हालिया दौर 2001 के पहले सप्ताहांत में समाप्त हुआ। नेपाल के विदेश सचिव नारायण शमशेर थापा ने हमारे विदेश सचिव ललित मान सिंह के साथ विचारों का आदान-प्रदान करने के लिए चार-सदस्यीय प्रतिनिधिमंडल का नेतृत्व किया। यह द्विपक्षीय विचार-विमर्श के वार्षिक अभ्यास का एक हिस्सा है, जो भारत ने सारे महत्त्वपूर्ण देशों के साथ बना रखा है। नेपाल के साथ भारत के रिश्ते भारत की क्षेत्रीय नीतियों की महत्तर प्राथमिकताओं की श्रेणी में होने की वजह से तथ्यपरकता के लिए घोर प्रयास करेंगे। अतः हाल की द्विपक्षीय वार्ता के महत्त्व को शायद ही अहमियत देने की जरूरत है। हाल तक खासतौर पर पिछले 18 महीनों के दौरान भारत-नेपाल संबंध कुछ नकारात्मक अंतःधाराओं के साथ मुरझाए हुए से थे। अतः कुछ ही समय पहले हुए वार्ताओं के दौर को ही हाल के समय की गतिविधियों और रुखों के सन्दर्भ में आंकने की जरूरत है।

भारत के साथ नेपाली रिश्ते, खासकर नेपाल के दक्षेस क्षेत्र के अन्य देशों और इसके अन्य महत्त्वपूर्ण पड़ोसी, चीन के साथ के संबंधों से कहीं ज्यादा नेपाल की घरेलू राजनीति के आवेगों और दबावों पर निर्भर करते हैं। इस बात की नींव 1950 के दशक में नेपाल में राजतंत्र की प्रभुता और लोकतंत्र की बहाली में भारतीय योगदान से रखी गई, जब भारत ने महत्त्वपूर्ण रूप से प्रभावी राणाओं के वर्चस्वपूर्ण सामंतशाही शासन का अन्त कर दिया था। उस समय नेपाल की घरेलू राजनीति भारत के शामिल होने की जो भी वैधता या योग्यता रही होगी, नेपाली राजनीतिक घेरों और नागरिकों के बीच गहरे भावनात्मक और मनोवैज्ञानिक स्तरों पर नेपाल के घरेलू मामले में भारत के हस्तक्षेप करने की सामर्थ्य को लेकर आशंकाओं की अन्तः धारा आकार ले चुकी थी। नेपाल और भारत के बीच साझा सांस्कृतिक, धार्मिक और कुछ हद तक भाषाई पहचान जो नेपाल की तुलना में भारत के वृहत् आकार के सहारे खड़ी है, इस आशंका को और बल प्रदान करती है और अभी भी भारत के बारे में नेपाली सोच का एक अहम हिस्सा गढ़ती है।

नेपाल में लम्बे समय के राजतंत्रीय पंचायती शासन के दौरान भारतीय राजनीतिक दलों और नेपाल के राजनीतिक दलों के बीच नजदीकी सम्पर्कों ने लगभग पिछले दशक, 1990, के आरंभ तक नेपाल की शक्ति संरचना के

संभ्रांत खेमों पर अपना प्रभाव बनाए रखा। यह अपेक्षा की जाने लगी थी कि 1990 के दशक के पूर्वार्द्ध में नेपाल में लोकतंत्र की बहाली और राजतंत्र द्वारा संवैधानिक में कुछ स्थिरता आएगी। यह हो नहीं सका, क्योंकि नेपाल के राजनीतिक दलों को भारत के सशक्त प्रभाव या प्रभुत्व को लेकर नेपाल के सार्वजनिक दृष्टिकोण में पैठी वृहत् साझा आशंकाओं से जूझना पड़ रहा था, क्योंकि विभिन्न समय में विभिन्न राजनीतिक दलों ने सत्ता हासिल करने के लिए भारत और भारतीय नीतियों के माध्यम के रूप में इस्तेमाल किया था। परिणाम यह हुआ कि भौगोलिक निकटता, केन्द्रीभूत हितों और साझा जातीय-धार्मिक और सांस्कृतिक पहचानों के बावजूद भारत-नेपाल रिश्तों को प्रभावित कर रही आशंकाओं और दुश्चिंताओं की अन्त:धारा फूट पड़ी।

चीन और भारत के बीच पिसते हुए नेपाल ने अपने आपको एक भिन्न स्थिति प्रदान की, जिसके लिए भारत को उसकी प्रशंसा करनी चाहिए। 1962 के भारत-चीन युद्ध ने इस विस्थिति की संवेदनशीलता को बढ़ा दिया था, क्योंकि भारत की नेपाल-नीतियां नेपाल व भूटान के सीमावर्ती राज्यों में चीनी रणनीतिक और राजनीतिक प्रभावों के विस्तार की अन्तर्निहित शक्ति के संदर्भ में चीन को लेकर भारतीय आशंकाओं से प्रभावित थीं। भारत चीन के साथ नेपाल के नजदीकी राजनीतिक, खासकर, रक्षा सहयोग की सम्भावनाओं को लेकर ज्यादा चिन्तित हो गया था। भारतीय नजरिये से देखा जाए तो यह बड़ा तर्कपूर्ण था। इसके विपरीत, 1960 के दशक की शुरूआत से लगभग ढाई दशकों तक नेपाल की विदेश नीति ने भारत के साथ अपने संबंधों की संरचना करने में चीन की ढाल का इस्तेमाल करने से कोई गुरेज नहीं किया। कुछ हद तक पाकिस्तान के सैन्य शासन के साथ नेपाल के नजदीकी संबंध से भी भारत की चिंता और बढ़ गई थी, क्योंकि भू-आवृत्त क्षेत्र होने की वजह से नेपाल का एकमात्र आसान सामुद्रिक और व्यापार मार्ग भारत से होकर ही गुजरता है, जिससे भारत के ऊपर निर्भर होने की स्थिति बनती है, जिसे नेपाली नजरअंदाज नहीं करते। भारत अपने सुरक्षा सरोकारों और अपने आर्थिक हितों के कुछ पहलुओं के कारण द्विपक्षीय संबंधों के इस पक्ष के मद्देनजर नेपाल की मांगों और आकांक्षाओं के प्रति पूरे तौर पर जवाबदेह नहीं हो सकता।

भारत-नेपाल संबंध इसी आधारभूत सांचे में आकार ग्रहण कर रहे हैं। पिछले दशक के दौरान हुई गतिविधियों से भी स्थिति को कोई फायदा नहीं पहुंचा है। 1990 के दशक में भट्टाराई और कोइराला सरकारों की वापसी से भारत-नेपाल संबंधों में गुणवत्तापूर्ण प्रगति की अपेक्षाएं जागी थीं। नरसिम्हा राव और इन्द्र कुमार गुजराल सरकारों के नेपाल के लोकतान्त्रिक शासनों के साथ

के संवाद और इसके परिणामस्वरूप लिए गए शुरूआती नीति-निर्णयों से इन अपेक्षाओं का आधार मिला था। परन्तु नेपाल सरकार पर भारतीय दबाव और प्रभाव के आगे झुक जाने के लिए अन्य राजनीतिक दलों की ओर से लगातार दबाव पड़ता रहा। परिणाम यह हुआ कि इन नीति-निर्णयों पर अमल नहीं हो सका, यही नहीं कुछ नये मुद्दे भी उभर कर आए, जिससे भारत-नेपाल संबंध और भी जटिल हो गए। जल-संसाधन के उपभोग और टनकपुर और महाकाली जैसी पन बिजली परियोजनाओं पर हुए समझौतों को कार्यान्वित नहीं किया जा सका। भारत द्वार नेपाल से बांग्लादेश के लिए भारतीय क्षेत्र के रास्ते अतिरिक्त पारगमन मार्ग न दिए जाने की वजह से नेपाल अभी भी खफा है। पिछले दशक से भारत-नेपाल संबंधों को प्रभावित कर रहा एक बड़ा मसला है नेपाल द्वारा रखी गई मांग कि 1950 की भारत-नेपाल सन्धि की जगह या तो एक नई सन्धि तय की जाए या इसमें ऐसे विस्तृत परिवर्तन किए जाएं कि 1950 की सन्धि से जुड़े इस नेपाली दृष्टिकोण को दुरुस्त किया जा सके कि इससे नेपाली संप्रभुता, खासतौर पर नेपाल द्वारा अपने रक्षा सहयोग और सुरक्षा नीतियों की रूपरेखा तय करने में, विकल्पों की स्वतंत्रता प्रभावित हो रही है। भूटान सरकार द्वारा भूटानी राष्ट्रीय पहचान का सवाल खड़ा कर अपने क्षेत्र से बड़ी संख्या में नेपालियों के निष्कासन के परिणामस्वरूप भूटान से बड़ी संख्या में इनका पलायन नेपाल की ओर हुआ। नेपाल यह चाहता था कि भारत इसमें हस्तक्षेप कर भूटान सरकार को इन नेपालियों को वापस बुला लेने की बात रखें। भारत ने भूटान सरकार को अपने निर्णय को न्यायोचित और वस्तुनिष्ठ तरीके से पुनः विचार करने के लिए सामान्य सुझाव दिया, जबकि अपनी नीतियों के आधार पर भारत का यह मानना था कि यह भूटान और नेपाल के बीच एक द्विपक्षीय मामला था अतः इसका समाधान भी उन्हें ही आपस में निकालना चाहिए था। इस मसले पर भारत के असंबंधित रुख से नेपाल खुश नहीं था। हाल के समय में भूटान सरकार और नेपाल द्वारा इस सवाल से निपटने के लिए एक संयुक्त जांच या तथ्य-खोजी प्रणाली का निर्माण करने का निर्णय एक स्वागत करने योग्य गतिविधि है, ऐसी आशा की जा सकती है कि इस मुद्दे पर यह भारत के बारे में नेपाली दृष्टिकोण को बदल डालेगा।

'कालापानी' पर फिर से अपना दावा रखने की अपनी इच्छा के वशीभूत नेपाल भारत से इसे छोड़ देने की मांग कर रहा है, जिससे भारत-नेपाल रिश्तों में एक नया क्षेत्रीय विवाद उठ खड़ा हुआ है। यही नहीं; नेपाल से पाकिस्तान की खुफिया एजेंसी इन्टर सर्विसेज इन्टेलिजेंस द्वारा भारत-विरोधी गतिविधियों में वृद्धि करना और जम्मू-कश्मीर में विध्वंसात्मक गतिविधि के लिए नेपाल को

माध्यम बनाना, भारत-नेपाल रिश्ते के संवदेनशील मुद्दे बन गए हैं। दिसम्बर, 1999 में इंडियन एयरलाइंस के विमान को काठमांडू से अपहरण, नेपाल में हो रही पाकिस्तानी खुफिया विभाग की गतिविधियों को लेकर भारतीय आशंकाओं को पुष्ट करता उदाहरण हैं। पाकिस्तानी खुफिया एजेंसी नेपाल में भारत-विरोधी तत्त्वों के साथ मिल कर वहां भारत के खिलाफ भावनाओं को उकसाने में लगी हुई है, यह बात पिछले दिसम्बर के अंत या जनवरी की शुरूआत में साबित हो गई थी, जब सिम्मी गरेवाल को दिए एक टेलीविजन साक्षात्कार में भारतीय फिल्म अभिनेता रितिक रोशन के तथाकथित नेपाल-विरोधी कथन के खिलाफ नेपाल में बड़े पैमाने पर भारत-विरोधी प्रदर्शन हुए। यह भारत के खिलाफ मनोवैज्ञानिक और दुष्प्रचार युद्ध का सफल अभ्यास था, जो ईश्वर की कृपा से ज्यादा दिन तक नहीं चला। वस्तुस्थिति यह थी कि रितिक रोशन ने कभी भी किसी भी साक्षात्कार में नेपाल-विरोधी वक्तव्य नहीं दिए। यहां तक कि नेपाली मीडिया और सरकार ने भी आगे बढ़ कर इस तथ्य को माना। पर इस घटना ने एक बात तो साबित कर दी कि नेपाल में भारत-नेपाल रिश्तों में दरार डालने का प्रयास कर रहे तत्वों के लिए कोई जगह नहीं।

भारत-नेपाल के विदेश सचिवों के स्तर की बातचीत, जो जनवरी, 2001 के आखिरी सप्ताह में हुई, इसी पृष्ठभूमि में की गई थी। बातचीत का एजेंडा इन संवदेनशील गतिविधियों पर आधारित था। इसके मुख्य बिंदु इस प्रकार थे: भारत-नेपाल सन्धि के पुनरावलोकन पर विचार-विमर्श हो; 'कालापानी' का मसला; महाकाली समझौते को, जो भारत-नेपाल रिश्ते में खासी अहमियत रखता है, लागू करने के लिए आगे कदम उठाए जाएं। जिन वृहत् मुद्दों पर विचार-विमर्श हुआ, उनमें दक्षेस से जुड़ी गतिविधियां, उपक्षेत्रीय सहयोग की सम्भावना, क्षेत्रीय सुरक्षा और राजनीतिक गतिविधियां और व्यापार और आर्थिक संबंधों की प्रगति से जुड़े आकलन शामिल थे। बाहरी तत्त्वों द्वारा संचालित की जा रही विध्वंसात्मक गतिविधियों के मद्देनजर भारत की सुरक्षा दुष्चिंताओं पर खास ध्यान दिया गया था। बातचीत के पूरे ब्योरों और रुखों और उनके परिणामी निर्णयों को सार्वजनिक नहीं किया गया है। यह बहुत स्वाभाविक है, क्योंकि पारदर्शिता की मांगों को नेपाल और भारत के सरोकारों के सन्दर्भ में चर्चा किए गए मुद्दों की संवदेनशीलता के साथ तालमेल बिठाए रखना है। फिर भी, ऐसे संकेत मिले हैं कि बातचीत में रचनात्मक और व्यावहारिक नजरिया दिखाई दिया। भारत 1950 की सन्धि को अन्तर्राजकीय संबंधों को संचालित कर रहे एक साधारण तरीके के समझौते द्वारा संशोधन करने या बदलने के खिलाफ नहीं है। पर नेपाल को वैसी स्थिति में यह बात स्वीकार करनी होगी कि भारत-नेपाल संबंध में जो एक

विशिष्ट रिश्तां और साधन नजर आते हैं, वे, संबंधों के औपचारिक बन जाने पर, लगभग 50 सालों से चले आ रहे विशिष्ट संबंध के बदल जाने से अप्रसंगिक हो उठेंगे। कालापानी में अपनी उपस्थिति की वैद्यता और इसकी प्रासंगिकता पर ऐतिहासिक कानूनी और रणनीतिक संदर्भ में भारत ने बल दिया है। दूसरे मसलों पर, दोनों ही पक्ष एक दूसरे के सारभूत सरोकारों को ध्यान में रखते हुए व्यावहारिक समाधानों को तलाश करने में रजामंद दिखते हैं।

वार्ताओं का यह दौर, कुछ हद तक, उस नाजुक परिप्रेक्ष्य के लिए महत्त्वपूर्ण दिखता है, जिसमें ये हुईं। यह स्पष्ट है कि दोनों देशों के बीच नजदीकी संबंधों के लिए नेपाल और भारत के बीच कुछ मसलों पर भिन्न सरोकारों और प्रवृत्तियों की असमानता के परिप्रेक्ष्य में स्थायित्व की आवश्यकता है। भारतीय नीति निर्माता इस लक्ष्य को पूरा करने की अपनी विशेष जिम्मेदारी को लेकर सचेत हैं, पर इस ओर प्रगति नेपाल की तदनुसार की गई प्रतिक्रिया की, खासकर भारत के सुरक्षा सरोकारों के मद्देनजर, क्षमता पर भी निर्भर करती है। यह एक तरफा और बदले में कुछ भी न पाने वाली प्रक्रिया कतई नहीं हो सकती है।

15
नेपाल की गतिविधियां राजनीतिक अनिश्चितता भरी त्रासदी

मुख्य न्यायाधीश केशव प्रसाद उपाध्याय और नेपाली संसद के अध्यक्ष तारानाथ राणाभट्ट को लेकर बनी दो सदस्यीय जांच समिति अपनी रिपोर्ट सौंप चुकी है, जिसमें इस बात की पुष्टि की गई है कि राजकुमार दीपेन्द्र ने अपने परिवार के सदस्यों को मार डाला और फिर उसी बन्दूक से खुद को गोली मार कर अपनी जीवनलीला खत्म कर डाली। नेपाल के लोग अभी भी इस धक्के से उबर नहीं पाए हैं। मनोवैज्ञानिक और भावनात्मक लिहाज से उन्हें सामान्य अवस्था में लौटने में अभी वक्त लगेगा, क्योंकि नेपाल में राजतंत्र मात्र एक राजनीतिक संस्थान नहीं, बल्कि उससे भी बढ़ कर रहा है। यह भावनात्मक, धार्मिक, सांस्कृतिक और सामाजिक आवेगों द्वारा नेपाल की राष्ट्रीय पहचान को दृढ़ बनाने वाले कारक का आधार है। 'नारायण हिती महल' में हुई घटना के ब्योरों को उपमहाद्वीपीय साथ ही साथ, विदेशी मीडिया ने भी विस्तार से पेश किया है। हत्या के कारण, उससे सम्बधित घटनाएं और बाद की गतिविधियां, इन सारी बातों को अब जनता जान चुकी है। हालांकि षड्यन्त्र की बात मानने वाले लोग अभी भी उन सवालों पर जोर डाल रहे हैं; जिसके बारे में न्यायमूर्ति केशव प्रसाद उपाध्याय की जांच रिपोर्ट भी कोई जवाब नहीं दे पाई है। सबसे महत्त्वपूर्ण यह है कि दीर्घकालिक और गंभीर राजनीतिक परिप्रेक्ष्य में उस आघातकारी घटना के परिणामों का आकलन किया जाए।

सबसे पहले तो यह विचार करना चाहिए कि कुछ राजनीतिक उलझनों और परिणामी अनिश्तिताओं को टाला जा सकता था। हत्या के बाद आधिकारिक तौर पर यह वक्तव्य आया कि दुर्घटनावश स्वचालित बन्दूक के चल पड़ने से वे मारे गए और फिर आसन्न मृत्यु के साए में गहरी मूर्च्छा में पड़े दीपेन्द्र को

राजा घोषित करना महल के कर्मचारियों की शाही घराने की छवि और साख की रक्षा करने और शारीरिक, मनोवैज्ञानिक और भावनात्मक कमजोरियों और विवादों जिससे शाही परिवार प्रभावित रहा–को छिपाने की इच्छा से अभिप्रेरित था। यह आकलन आगे इस बात से पुष्ट होता है कि प्रधानमंत्री जी.पी. कोइराला को इस घटना की जानकारी लगभग एक डेढ़–घंटे बाद दी गई थी। उस समय भी महल द्वारा उनको दी गई शुरूआती सूचना गलत थी कि राजा वीरेन्द्र को हृदय का दौरा पड़ा है। शाही घराने की छवि को संरक्षित करने की यह प्रक्रिया स्पष्ट रूप से अनुपयुक्त और उलझाने वाली थी। जैसे ही राजा दीपेन्द्र की मृत्यु हुई और शाही सलाहकार परिषद ने राजा के रूप में राजकुमार ज्ञानेन्द्र को मनोनीत किया, तथ्यों पर आवरण डालने के प्रयासों को खत्म होना ही था और नए राजा ने खुद ही जांच के आदेश दिए और यह शर्त रखी कि तीन दिन के अन्दर रिपोर्ट पेश हो जानी चाहिए। उन्होंने यह महत्त्वपूर्ण निर्देश भी दिया कि जांच समिति के सदस्य हत्या के स्थान पर जाने और शाही परिवार के सदस्यों से मिलने के लिए स्वतंत्र हैं। पर तब तक नुकसान हो चुका था। नेपाल की सरकार के पहल आधिकारिक वक्तव्यों के बावजूद कुछ ही घंटों के भीतर बुनियादी तथ्य मीडिया और सर्वसाधारण में फैल चुके थे। विभिन्न नेपाली राजनीतिक दलों के राजनीतिक रीति–नीति में अन्तर्निहित होने के कारण इस मुद्दे का राजनीतिकरण हो गया था। आम जनता सरकार द्वारा दी जा रही सूचना पर विश्वास नहीं करना चाह रही थी। साम्यवादी दल (माओवादी) ने इस स्थिति का पूरा फायदा उठाते हुए तुरन्त यह अमेरिकी बात फैला दी कि इस घटना के पीछे कोई षड्यंत्र है और इसके लिए भारतीय और अमेरिकी खुफिया एंजेसी के ऊपर हत्या की योजना बनाने, राजकुमार दीपेन्द्र को नेपाल की संप्रभुता और स्वतंत्र पहचान को नष्ट कर भारत के साथ इसका विलय करने के मूल ध्येय से मोहरा बनाने का दोष मढ़ दिया गया। उन्होंने इस बात पर जोर दिया कि राजा वीरेन्द्र इस षड्यंत्र से वाकिफ थे और इसलिए उन्होंने उनके दल (कम्युनिस्ट पार्टी–माओवादी) के शीर्ष नेताओं के साथ सम्पर्क बना रखा था–विडम्बना यह है कि यह सम्पर्क नए राजा, राजकुमार ज्ञानेन्द्र के जरिए बना हुआ था। यह कहा जाता है कि राजा वीरेन्द्र का ध्येय माओवादियों को राष्ट्रीय गठबंधन में शामिल होने के लिए मनाना था। नेपाल की वर्तमान अवस्था और भविष्य की सम्भावनाओं को कुछ हद तक समझने के लिए पिछले दशक के दौरान घटे राजनीतिक घटनाक्रमों को याद करना जरूरी है। नेपाल में लोकतंत्र की बहाली एक मुश्किल अनुभव रहा है। नेपाल में नौ से दस सरकारें सत्ता में आईं, जिनमें कम्युनिस्ट पार्टी और नेपाली कांग्रेस बारी–बारी से सत्ता की बागडोर संभालती

रहीं। हर एक राजनीतिक दल गुटबंदि से प्रभावित है। हर एक जब तक सत्ता में रहा, उस पर भ्रष्टाचार और कुशासन का आरोप लगता रहा। राजा वीरेन्द्र की सबसे उल्लेखनीय सफलता यह है कि उन्होंने इस लड़खड़ाते लोकतांत्रिक अनुभव को संवैधानिक राजतंत्र की भूमिका के ढांचे में पोषित किया, जिसका जिम्मा 1990 में अपने महत्त्वाकांक्षी कार्यकारी अधिकार का त्याग करने के बाद उन्होंने स्वेच्छा से ले लिया था। नेपाल में शासन की प्रक्रियाएं, विशेष कर पिछले तीन सालों के दौरान, प्रशासन पर इसके नियंत्रण-खास तौर पर जिला स्तर पर-में कमी होने से प्रभावित रहीं।

ऐसी खबरें मिली हैं कि कम्युनिस्ट पार्टी (माओवादी) ने नेपाल में कम से कम छह से सात जिलों में समानान्तर शासन व्यवस्था चला रखा है। यही वह परिप्रेक्ष्य है जिसमें राजा वीरेन्द्र ने पांच जिलों की स्थिति पर नियंत्रण करने के लिए शाही नेपाली सेना की तैनाती का आदेश दिया, जबकि इसी बात के लिए प्रधानमंत्री कोइराला ने जब पिछले साल उनसे पूछा था, तो उन्होंने सेना को इसमें शामिल करने से मना कर दिया था। जहां माओवादियों ने राजा ज्ञानेन्द्र की वैधता पर सवाल खड़ा किया और आगे भी लगातार इस मसले को उछालते रहेंगे, वहीं अन्य राजनीतिक दल, उल्लेखनीय रूप से नेपाली कांग्रेस और राष्ट्रीय प्रजातान्त्रिक दल, शाही संस्थानों को संपोषित करने और बनाए रखने के लिए जुटे रहेंगे, ताकि नेपाली माओवादियों का राजतंत्र को खत्म करने और एक साम्यवादी नेपाली गणतंत्र की स्थापना करने की मंशा पूरी न हो पाए। यही कारण था कि प्रधानमंत्री कोइराला ने शाही उत्तराधिकार को स्वीकृति देने और नए राजा के रूप में बदलाव को समर्थन देने में तत्परता दिखलाई। नये राजा को खुद उस दर्जे, जो उन्होंने प्राप्त किया था, की अनिवार्यताओं के अन्दर रहना होगा। ऐसा सुनने में आता है कि राजा ज्ञानेन्द्र 1990 में लोकतंत्र के पुनरुत्थान के विरोधी रहे हैं। यह कहा जाता है कि वह राजनीतिक तौर पर ज्यादा महत्त्वाकांक्षी और व्यावहारिक तौर पर ज्यादा दबंग हैं। उनकी एक अतिरिक्त शक्ति यह थी कि आर्थिक संसाधन उनके नियंत्रण में हैं। उनके सामने खड़ी मुख्य चुनौती यह होगी कि वह अपने भाई स्वर्गीय राजा वीरेन्द्र सिंह द्वारा स्थापित उदाहरण के आधार पर संवैधानिक लोकतंत्र की भूमिका के साथ सामन्जस्य बिठाएं। उन्हें कुछ हद तक अपने दूरी बनाएं रखने वाले और अभिजात्यवादी व्यक्तित्व से बाहर निकल कर लोगों तक पहुंचना होगा ताकि उनका विश्वास और सौहार्द हासिल कर सकें। पूरे तौर पर, उनका काम स्थिरता बहाल करना और लोकतंत्र का पोषण करना होगा। उनके प्रयासों की सफलता इस बात पर निर्भर करती है कि राजनीतिक दलों, नेपाली सेना के साथ उनका तालमेल कैसा है। सैन्य उच्च कमान शाही परिवार

के झगड़े में, जिसकी परिणति हत्या और उसके बाद की घटनाओं में हुई, जानबूझ कर शामिल नहीं हो रहा और इसी के साथ राजा और राजनीतिक दलों के बीच के संवाद में भी कोई प्रत्यक्ष नजरिया नहीं अपना रहा है। नेपाल की शाही सेना का रुख हत्या के बाद नेपाल की राजनीति का निर्णायक कारक होगा।

गहराई से देखा जाए तो नेपाल की सामाजिक-आर्थिक स्थिति पर गौर करना जरूरी है। नेपाल भू-आवृत्त क्षेत्र है और विश्व के सबसे कम विकसित देशों में से है। नेपाल के अन्दर ही संवेदनशील प्रकृति की सामाजिक-आर्थिक असमानता ने अपना जाल फैला रखा है। अगर हम पश्चिमी नेपाल को देखें तो उसकी तुलना में काठमांडू घाटी और पूर्वी नेपाल के कुछ भाग ज्यादा समृद्धशाली हैं। देश के करीब आधे हिस्से को एक प्रयोजन सिद्ध शासन और विकासजन्य निविष्टियों की आवश्यकता है। यह तभी हासिल हो सकता है जब कम से कम राजनीतिक स्थिरता और निरंतरता के स्तर बने रहें। पर हत्या के कारण गर्माए हुए माहौल के मद्देनजर इसमें कुछ समय लगेगा।

नेपाल का तनावपूर्ण और अस्थिर माहौल भारत के लिए गंभीर राजनीतिक और सुरक्षा चिंताएं पैदा कर सकता है। भूटान, भारत और नेपाल में विस्थापित नेपालियों की आबादी और उनकी अनिर्धारित राष्ट्रीय पहचान हिंसा और अन्य अपराधों के लिए एक उर्वरक भूमि सदृश काम करेगी। एक अस्थिर नेपाल पाकिस्तान की आई. एस. आई. और भारत के उत्तर-पूर्वी राज्यों के उग्रवादी और अलगाववादी तत्त्वों, जो पहले से ही नेपाल में अपनी पैठ बना चुके हैं, के लिए विस्तृत माध्यम बन सकता है। नेपाल भारत और चीन के बीच एक महत्त्वपूर्ण अन्तःस्थ देश है। अस्थिरता और बेलगाम राजनीति से जूझता नेपाल विदेश नीति और सुरक्षा निर्णयों के जाल में फंस सकता है, जिसका एक अहितकर असर न सिर्फ भारत-नेपाल, बल्कि भारत-चीन संबंधों पर भी पड़ सकता है। यही वह परिप्रेक्ष्य है जिसके तहत भारत ने प्रधानमंत्री कोइराला को समर्थन देने और राजा ज्ञानेन्द्र को गद्दी पर बैठते ही राजा के रूप में स्वीकार करने में तत्परता दिखलाई। संकट की उस घड़ी में भारत की प्रतिक्रिया नेपाल के लोगों की राष्ट्रीय पहचान के भाव के प्रति नपी-तुली, व्यावहारिक, सहानुभूतिपूर्ण और सम्मान भरी थी। एक बार जब स्थिति संभल जाए और कुछ हद तक नेपाल में राजनीतिक परिदृश्य सामान्य हो जाए, फिर भारत को नेपाल के साथ आर्थिक और वाणिज्यिक सहयोग को बढ़ाने में आगे आना चाहिए।

द्विपक्षीय संबंधों की सबसे ज्यादा फलदायक सम्भावनाएं भारत और नेपाल द्वारा साझा जल संसाधन के ऊपर समझौते पर पहुंचने के सिलसिले में दिखती हैं। नेपाल की सारी महत्त्वपूर्ण नदियां बहती हुई भारत में आती हैं। नेपाल की

पन बिजली शक्ति क्षमता लगभग 43,000 मेगावाट से 45,000 मेगावाट तक आंकी गई है। नेपाल की भौगोलिक स्थिति ऐसी है कि इसे पनबिजली संसाधनों का विकास सिर्फ भारत की भागीदार बनाने से ही सम्भव है, पर यह नेपाल की खुद की इच्छा और जरूरत पर निर्भर करता है। भारत को चिसपानी, करनाली और महाकाली पर पंचेश्वर परियोजना, जो पश्चिमी नेपाल के आर्थिक रूप से पिछड़े क्षेत्रों के लिए खासकर लाभदायक होगा, पर नेपाल को सहयोग करने की अपनी मंशा बता देनी चाहिए। इसके समान्तर दोनों सरकारों को पूर्वी नेपाल में सप्तकोसी नदी पर 'वाराहक्षेत्र परियोजना' का कार्य आरम्भ कर देना चाहिए। इसके साथ अगर 'बूढ़ी गंडक परियोजना' को भी सक्रिय कर दिया जाए तो यह परस्पर रूप से लाभप्रद होगा। वातावरण प्रबंधन, खाद्य–नियंत्रण और कृषि–सहयोग के क्षेत्र में भी भारत–नेपाल सहयोग में काफी सम्भावनाएं छुपी है।

कालापानी सरीखे क्षेत्रीय विवाद पर जहां तक हो सके, भारत को सूझ–बूझ भरा और सामन्जस्यपूर्ण रवैया अपनाना चाहिए। एक ओर जहां ये सारी सम्भावनाएं मौजूद हैं, वहीं राष्ट्रीय पहचान से जुड़ा गहरा अहसास और नेपाल के लोगों के आत्मसम्मान की भावना से उत्पन्न वर्चस्वपूर्ण जटिलता उनके ऊपर बाध्यता बनी खड़ी है। हमें इस कारक के प्रति संवदेनशील और जवाबदेह होना चाहिए। भारत और नेपाल के बीच जो समानताएं हैं, वे नेपालियों के बीच जटिलताएं और आशंकाओं को जन्म देती हैं, जिसे हमें समझना चाहिए और जिसका शमन करना चाहिए। राजा वीरेन्द्र के चले जाने से भारत–नेपाल रिश्ता एक नाजुक मोड़ पर खड़ा है। लोकतांत्रिक ढांचे में सामान्य और स्थिर माहौल में वापस आने की नेपाल की क्षमता और भारत का बिना नियम–निर्धारक बने नेपाल को सहयोग करने की योग्यता ही वे कारक होंगे जो भारत–नेपाल संबंधों के भविष्य को तय करेंगे।

16
भारत और म्यांमार-एक महत्त्वपूर्ण संबंध

म्यांमार की सैन्य सरकार के उप-निदेशक जनरल मौंग आई की हाल की यात्रा ने भारत के म्यांमार के साथ रिश्तों को, जबकि वहां सैनिक शासन है, पोषित करने और आगे बढ़ाने की उपयुक्तता से जुड़ी बहस को फिर से उभार दिया है। जनरल मौंग के नेतृत्व में 16-सदस्यीय प्रतिनिधिमंडल भी दिल्ली आया था और हमारे प्रधानमंत्री, विदेश मंत्री और गृह मंत्रालय, रक्षा मंत्रालय और विदेश मंत्रालय के अधिकारियों के साथ उनकी वृहत् बातचीत हुई। यह उच्च स्तरीय दौरा उस प्रक्रिया को बरकरार रखने के सिलसिले में हुआ, जिसे मार्च 1972 में तत्कालीन प्रधानमंत्री नरसिम्हा राव ने म्यांमार के साथ संबंधों को, जिसमें दूरी आ गई थी-खासकर जब म्यांमार के सशस्त्र बलों के उच्च कमान ने सु श्री औंग सान सू की को सत्ता सुपुर्द करने से इंकार कर दिया था-फिर से सक्रिय बनाने के लिए शुरू किया था।

जिस पृष्ठभूमि में भारत-म्यांमार संबंधों का मौजूदा दौर आकार ले रहा है और जो कारक उन्हें प्रभावित कर रहे हैं, उन सारी चीजों को याद करना प्रासंगिक होगा। यह ध्यान रखना होगा कि भारत और म्यांमार (पहले का बर्मा) की आजादी के बाद के शुरुआती दौर में भारत-म्यांमार के बीच बड़े नजदीकी संबंध थे। 1945-46 में पंडित जवाहर लाल नेहरू रंगून गए थे और वह बर्मा की आजादी के बहुत बड़े पक्षधर थे। बर्मा के संस्थापक कर्नल औंग सान, औंग सान सू की के पिता और द्वितीय प्रधानमंत्री यू नू के साथ नेहरू के संबंध उन लोगों की औपनिवेशिक शासन से जुड़े ऐतिहासिक अनुभवों और परस्पर हितों के केन्द्रीभूत होने को लेकर बनी धारणा पर आधारित थे।

जब जनरल नी विन ने रंगून की सत्ता संभाली तो एक लम्बे समय तक भारत-बर्मा के संबंधों पर नकारात्मक प्रभाव बना रहा। ऐसा नहीं था कि संबंधों में दरार पड़ गई हो, लेकिन वे बस औपचारिक स्तर पर ही बने हुए थे और उस अवधि के दौरान द्विपक्षीय संबंधों में बहुत ज्यादा आर्थिक, राजनीतिक और प्रौद्योगिकीय सहयोग मौजूद नहीं था। म्यांमार में लोकतंत्र के खत्म होने के बाद अप्रभावित रह जाने वाला एकमात्र अपवाद है बौद्ध धर्म का उर्जस्व बन्धन। दूसरा कारक, जिसने दोनों देशों के बीच दूरी पैदा की, म्यांमार में भारतीय मूल के लोगों पर आरोपित किया जा रहा भेदभावपूर्ण रवैया था। म्यांमार द्वारा राष्ट्रमंडल और गुट-निरपेक्ष आंदोलन में शामिल होने से इंकार कर दिया जाना भी भारत-म्यांमार रिश्तों की उष्मा को ठंडा कर गया। यह स्थिति भारत के अपने सबसे महत्त्वपूर्ण पड़ोसियों में से एक के साथ के संबंधों के बिल्कुल प्रतिकूल थी, क्योंकि भू-रणनीतिक स्थिति, सुरक्षा विचारों, बाजार सुलभता और परस्पर आर्थिक आवश्यकताओं की पूरकता के लिहाज से भारत के म्यांमार के साथ संबंध बहुउद्देशीय और सारभूत होने चाहिए थे। शुरूआत में म्यांमार सरकार का अलग-थलग रहना और सैन्य शासन को लेकर भारत की अपनी वैचारिक बाध्यताएं, इस विरोधी स्थिति का मूल कारण थे। राजीव गांधी ने 1980 के दशक के उत्तरार्द्ध में प्रधानमंत्री के रूप में अपने कार्यकाल के मध्य में इस प्रतिकूल स्थिति को सुलझाने का प्रयास किया था। द्विपक्षीय व्यापार संबंधों में कुछ विस्तार हुआ और म्यांमार को सुरक्षा आपूर्ति उपलब्ध कराने के रूप में एक शुरूआत हुई। माहौल में फिर एक नाटकीय मोड़ तब आया जब म्यांमार के सैन्य प्रतिष्ठान ने 1990 में जनता के चुनावी फैसले को मानने से इंकार कर दिया। वी.पी. सिंह और चन्द्रशेखर की सरकारें घरेलू राजनीतिक अनिश्चितताओं में कुछ इस कदर उलझी हुई थीं कि स्पष्ट प्राथमिकताओं के साथ एक सामान्सस्यपूर्ण विदेश नीति का निर्माण करने के ऊपर ध्यान लगाने में किसी भी तरह से वे समर्थ नहीं हो पाईं। यह काबिलेगौर है कि म्यांमार सरकार ने सत्ता संभालने के बाद अपने प्रति भारत की आलोचनापूर्ण प्रतिक्रिया के प्रति शांत और अविवादी रवैया बनाए रखा। इसके अलावा भारत के लोगों और मीडिया की आलोचना और हमारी सरकार के रुख के प्रति भी 1989 और 1991 की शुरूआती अवधि के दौरान म्यांमार की सरकार ने कोई प्रतिक्रिया नहीं की, न ही भारत के विरूद्ध कुछ भी नकारात्मक किया। यहां पर यह जिक्र करना प्रासंगिक होगा कि पश्चिम से अमेरिका, ब्रिटेन, जर्मनी और एशिया से जापान जैसी महत्त्वपूर्ण शक्तियों ने म्यांमार के सैन्य शासन पर राजनीतिक दबाव बनाने के लिए राजनैतिक स्तर पर प्रयास किया कि लोकतंत्र की बहाली के लिए कार्यरत नेशनल लीग की नेता

औंग सान सू की को सत्ता सौंप दी जाए। इन शक्तियों ने औपचारिक रूप से भारत से भी निवेदन किया कि वह रंगून में उनके दूतावासों के सैन्य शासन द्वारा चुनाव के परिणामों को स्वीकार न करने के मुद्दे पर औपचारिक विरोध प्रकट करने में शामिल हो जाए। औद्योगिक रूप से विकसित शक्तियां इस अभ्यास में दोहरा बर्ताव कर रही थीं। एक तरफ सैन्य शासन के प्रति आम राजनैतिक विरोध में भी शामिल थीं, पर दूसरी तरफ उन्होंने म्यांमार में अपना निवेश और निर्यात व्यापार बनाए रखा था। हालांकि भारत भी उनमें शामिल हो गया था, पर म्यांमार में लोकतंत्र को अस्वीकार किए जाने की बाबत उसने अपनी नागवारी द्विपक्षीय कूटनीतिक माध्यमों से जतला जरूर दी थी।

कुछ ऐसे विचारणीय बिन्दु मौजूद थे, जिन्होंने भारत को म्यांमार के साथ रिश्ते को पुनः संवारने के लिए प्रेरित किया था। पहला, म्यांमार भू-रणनीतिक रूप से भारत के लिए महत्त्वपूर्ण है। म्यांमार बांग्लादेश के कुछ हिस्सों और हमारे संवेदनशील उत्तर-पूर्वी राज्यों से सटा है। म्यांमार का चीन के साथ समान रूप से महत्त्वपूर्ण सीमा में साझा है। इस तरह से म्यांमार की उत्तरी सीमाएं बांग्लादेश, चीन और भारत की पूर्वी सीमाओं का त्रिकोणीय संगम तैयार करती हैं। बंगाल की खाड़ी के किनारे, भारत के दक्षिण-पूर्वी व्यापार मार्गों के दोनों तरफ फैला म्यांमार वाकई एक महत्त्वपूर्ण देश है। म्यांमार का दक्षिणी तट भारत के अंडमान और निकोबार द्वीपसमूह के काफी नजदीक है, अतएव इस क्षेत्र की गतिविधियां बंगाल की खाड़ी में हमारे सुरक्षा हितों को प्रभावित कर सकती हैं।

दूसरा, नशीली दवाओं की तस्करी, नशीले पदार्थ जन्य आतंकवाद, घुसपैठ को निरस्त करने के लिए भारत-म्यांमार सहयोग और उत्तर-पूर्वी राज्यों में छाया सुरक्षा संकट हमारी विदेश नीति के अनिवार्य विचार बिन्दु बन गए थे। इसी के साथ यह सुनिश्चित करना भी उतना ही महत्त्वपूर्ण था कि म्यांमार क्षेत्र की दूसरी शक्तियों के अनन्य प्रभाव क्षेत्र का कहीं हिसस्सा न बन जाए, जिनके साथ भारत के सबंध सामान्य नहीं थे, उदाहरणार्थ चीन। यह एक ऐसा लक्ष्य है, जिसका म्यांमार के लोगों और सरकारों को अपनी विदेश नीति और सुरक्षा सरोकारों के साथ तालमेल करते समय अपनी आजादी और विकल्पों की स्वतंत्रता बनाए रखने के नजरिए से भी अहसास करना होगा। अतः म्यांमार के साथ रिश्तों को सामान्य बनाना जरूरी समझा गया, भले ही वहां किसी की भी सरकार हो। तीसरा कारक व्यावहारिक रूप से विवेकपूर्ण था। जहां भारत लोकतंत्र और इससे जुड़े मूल्यों के प्रति प्रतिबद्ध था, वहीं उसके लिए ऐसी कोई बाध्यता नहीं थी कि दूसरे देशों में लोकतंत्र की बहाली के लिए वह एक तरफा जिम्मेवारी उठा ले। यह संबंधित देश के लोगों के चयन और उत्तरदायित्व का मसला था, यानी म्यांमार के लोगों का।

भारत सरकार और म्यांमार के विदेश मंत्रालय के बीच 1992 के फरवरी और अगस्त के मध्य शुरूआती विचार-विमर्श हुए थे। मैंने इस बातचीत में हिस्सा लिया था, जिसने अन्ततः म्यांमार के उपविदेश मंत्री यू वासवी की भारत यात्रा, 11 और 13 अगस्त, 1992 के दौरान, की पृष्ठभूमि तैयार की। म्यांमार के शिष्टमंडल ने यात्रा के दौरान तीन तथ्यों पर ध्यान खींचा; म्यांमार भारत की लोकतंत्र के प्रति प्रतिबद्धता की कद्र करता है और आशा करता है कि म्यांमार में लोकतंत्र के अभ्युदय के प्रति भारत धीरज बनाए रखेगा। दूसरा, म्यांमार ने इस बात को स्वीकार किया कि ऐसे सुरक्षा और राजनीतिक सरोकार मौजूद हैं, जिसे दोनों देश साझा करते हैं। अतः म्यांमार भारत के साथ, दोनों देशों के सुरक्षा और रणनीतिक हितों की पूर्ति के मद्देनजर सयुंक्त उपक्रम करने के लिए, सहयोग करने के लिए इच्छुक है। यू वासवी ने तीसरा तथ्य यह दर्शाया कि म्यांमार भारत के साथ आर्थिक और प्रौद्योगिकीय सहयोग बढ़ाने के लिए उत्सुक और इच्छुक है। भारत की अन्य सुरक्षा दुश्चिंत थी म्यांमार और चीन के बीच बढ़ती हुई रणनीतिक कड़ियां। चीनियों ने अपने कुनमिंग क्षेत्र से म्यांमार के मंडाले तक पहले से ही हर मौसम में उपयुक्त सड़क-मार्ग तैयार कर रखा था, जिसे वे यंगून तक बढ़ाना चाह रहे थे। यह भी खबर है कि म्यांमार सरकार ने चीनी नौ सेना को कुछ आवागमन और लंगर डालने की सुविधाए मुहैया कराई थीं। म्यांमार के अधिकारियों को जब इस बात का हवाला दिया गया तो जवाब में उन्होंने कहा कि वे अपने देश में परिवहन ढांचे के निर्माण में भारत का सहयोग लेने के लिए तैयार हैं। उन्होंने इस बात का इशारा किया कि वे चाहते हैं कि भारत इम्फाल से मंडाले और फिर यंगून तक, चीन द्वारा सड़क मार्ग तैयार करने की प्रक्रिया के सामानान्तर, सड़क तैयार करे। उन्होंने चीन को किसी भी सैन्य सुविधाएं देने की बात से इंकार किया और कहा कि वे अपने बंदरगाहों और तटों पर भारतीय नौ सेना को भी आम सुविधाएं देने के लिए तैयार हैं। 1993 से अब तक दोनों देशों के बीच गृह सचिवों, वाणिज्य मंत्रियों के अधिकारियों और औषधि नियंत्रकों की यात्राएं हुईं। पिछले पांच सालों के दौरान म्यांमार आसियान और एशियाई क्षेत्रीय मंच (ए आर एफ) का हिस्सा बन गया है, जिससे क्षेत्र की अन्य सरकारों की नजरों में म्यांमार सरकार की वैधता और बढ़ गई है, जो विस्तृत तौर पर उस देश के साथ हमारे सबंधों की उपयुक्तता में इजाफा करता है।

अतएव जनरल मौंग आई की यात्रा उपयुक्त समय पर हुई है और इसने हमारे द्विपक्षीय संबंधों को मजबूत करने में योगदान किया है। यह यात्रा भारत-म्यांमार सहयोग में इजाफा करेगी, ताकि भारत-म्यांमार के 1600

किलोमीटर की संवदेनशील सीमा पर घुसपैठ रोकी जा सके। म्यांमार को काचिनों और हमें नागा अलगाववादियों से परेशानी है। भारत और म्यांमार के बीच आर्थिक, वाणिज्यिक और प्रौद्योगिकीय क्षेत्र में व्यापक पूरक जरूरतें मौजूद हैं। इस यात्रा का एक अहम ध्येय था आर्थिक व प्रौद्योगिकीय सहयोग को सक्रिय बनाना। यदि भारत इम्फाल–तामू–कालेमाओ सड़क के निर्माण को गति प्रदान करता है, तो दक्षिण–पूर्व एशियाई देशों और भारत के बीच म्यांमार को एक जमीनी पुल के रूप में दृढ़ करने की सच्ची शुरूआत होगी।

म्यांमार में प्रभावी नियंत्रण के साथ काम कर एक ऐसी सरकार के साथ व्यवहार बनाना, जिसे क्षेत्र की सारी शक्तियों ने स्वीकार किया है, भारत की लोकतंत्र के प्रति प्रतिबद्धता को किसी भी तरह से कमजोर नहीं करता है। यही काफी है कि भारत अपने लोकतंत्र को मजबूत करने में अपना ध्यान केन्द्रित करे, न कि दूसरे देशों और लोगों को इसका पाठ पढ़ाए।

पड़ोसियों के साथ हमारे रिश्तों के सबसे प्रभावी विचार–बिन्दु ये हैं कि हम हमारे हितों की रक्षा करें और अन्य सम्बंद्धित देश के कल्याण और स्थिरता में योगदान दें।

भारत के लिए म्यांमार की रणनीतिक महत्ता

रेलवे और आमबजट को पेश करने के मद्देनजर तल्लीनता, कश्मीर पर वार्ता आरम्भ करने को लेकर लगातार बनी चिन्ताएं, उसके पहले युद्धविराम की अवधि को बढ़ाना और ऐसी ही अन्य घरेलू व्यस्तताओं की वजह से फरवरी, 2001 में विदेश मंत्री जसवंत सिंह की महत्त्वपूर्ण म्यांमार यात्रा पर नाममात्र ही ध्यान गया था। वह यात्रा भारत–म्यांमार के रिश्तों को एक व्यावहारिक ढांचे में संरचित करने का एक अहम कदम था। जसवंत सिंह की यात्रा 12 से 21 नवम्बर 2000 के दौरान म्यांमार के उपराष्ट्रपति श्री मौंग आई की दिल्ली यात्रा के जवाब में थी। इस यात्रा के दौरान सबसे महत्त्वपूर्ण बात थी तामू–कालेवा सड़क का उद्घाटन, जो म्यांमार के सहयोग से भारत सरकार के सीमा सड़क संगठन द्वारा बनाई जा रही थी। भू–रणनीतिक रूप से म्यांमार एक क्षेत्र के दोनों तरफ इस तरह फैला है कि कई तरह से यह हमारे सुरक्षा सरोकारों पर हावी दिखता है–म्यांमार उत्तर–पूर्वी राज्यों में मणिपुर और नागालैंड से सटा है, जहां अलगाववादी आंदोलन होते रहे हैं और जिसके म्यांमार के उग्रवादी गुटों के साथ सीमा–पार संबंध बने हुए हैं, जिनका जातीय और भाषाई सम्पर्कों में साझा है; म्यांमार की उत्तर–पूर्वी सीमाएं म्यांमार और चीन के साथ भारत की सीमाओं का त्रिकोणय संगम रचती हैं; म्यांमार का दक्षिण–पश्चिमी तट बंगाल की खाड़ी से

दक्षिण–पूर्वी एशिया को जाने वाले भारत के जहाजरानी मार्ग के दोनों तरफ फैला हुआ है। यह तटीय क्षेत्र अंडमान और निकोबार द्वीपसमूह से काफी नजदीक है, अतः भारत की सुरक्षा योजना में इस द्वीपसमूह की महत्ता कुछ सालों से बढ़ गई है। भारत के राजनीतिक और सुरक्षा हितों के संदर्भ में म्यांमार के साथ एक सहयोगात्मक और मैत्रीपूर्ण रिश्ता सर्वोच्च अहमियत रखना है। एक ऐसे सैन्य शासन, जिसने लोकतांत्रिक रूप से निर्वाचित राजनीतिक दल, नेशनल लीग फॉर डेमोक्रेसी–सु श्री आंग सान सू की के नेतृत्व तले, को सत्ता में आने की अनुमति नहीं दी हो, के साथ बर्ताव करने की नैतिक और आदर्शवादी दुविधाओं के मुद्दों ने भारत को, 1980 के दशक के उत्तरार्द्ध और 1990 के दशक के शुरूआती समय में, म्यांमार के साथ सामान्य संबंधों को फिर से बहाल करने से रोक रखा था। ये सारी वर्जनाएं 1992 से अधोलिखित तर्कसंगत तथ्यों के आधार पर धीरे–धीरे खत्म होती गईं। पहला और सबसे अहम, भारत के अत्यावश्यक सुरक्षा और राजनीतिक हित की मांग यह है कि म्यांमार में प्रभावी शक्ति के रूप में जो भी सरकार हो, हमें उसके साथ कार्यमूलक संबंध बनाए रखना चाहिए। दूसरा, जहां भारत को अपने लोकतंत्र के प्रति प्रतिबद्धता अटूट है, वहीं उसे दूसरे देशों की ऐसी स्थितियों में, जहां संबंधित देश के लोगों ने खुद अपने देश के शासन के साथ समझौता कर लिया हो, लोकतंत्र को बरकरार रखने की जिम्मेवारी नहीं लेनी चाहिए। तीसरा, म्यांमार की राजनीति में ऐसे रूझानों में वृद्धि हो रही है, जिसमें सैन्य शासन आंग सान सू की और राजनीतिक दलों के साथ बातचीत में व्यस्त है। चौथा, आसियान के वे देश, जिनका म्यांमार के साथ नजदीकी रिश्ता है, सैन्य शासन को इतना प्रभावी और स्थिर मान रहे थे कि उन्हें लगता था कि यह म्यांमार को आसियान और इसके सुरक्षा मंच का सदस्य बना कर ही दम लेगा और इसलिए वे इसके साथ व्यवहार बनाए रखने में दिलचस्पी ले रहे हैं। पांचवा, भारत और म्यांमार के बीच परस्पर लाभप्रद आर्थिक रिश्तों की दीर्घकालिक सम्भावनाएं हैं। म्यांमार की आंतरिक राजनीति का समाज वैज्ञानिक आयाम यह है कि सैन्य शासन, स्टेट पीस एंड डेवलपमेन्ट काउन्सिल, को भले ही म्यांमार के लोगों का पूरा समर्थन और स्वीकृति नहीं मिली हो, पर उनके बीच प्रचलित प्रवृत्ति यह है कि वे 'तत्मादाव' (देश के सशस्त्र बल) को सरकार चलाने के स्थिर माध्यम के रूप में विश्वसनीय मानते हैं। डा. मेरी पी. कालाहन के अनुसार जनरल नी विन के समय से बर्मा के समाज का सैन्यीकरण होने का परिणाम यह निकला कि लगभग हर परिवार का बर्मी सशस्त्र बलों से किसी न किसी प्रकार व्यक्तिगत संबंध निकल आता है। एक बड़ा कौतुकपूर्ण और दिलचस्प माजरा यह भी है कि सशस्त्र बल उर्ध्वमुखी

सामाजिक गतिशीलता और आर्थिक साधन–सम्पन्नता का मुख्य मार्ग बन रहे हैं। कई तरह से सैन्य शासन एक लाभदायक संस्थान समझा जा रहा है। म्यांमार की राजनीतिक स्थिति के एक और विशेषज्ञ डेविड आई. स्टेनबर्ग ने अपनी हाल में प्रकाशित पुस्तक, बर्मा म्यांमार–स्ट्रांग रेजीम वीक स्टेट, में कहा है कि बर्मी लोग सत्ता को सीमित मानते हैं। इसका अर्थ यह है कि सत्ता के साझे को अनिवार्यता है सत्ता का त्याग करना, जिसकी न तो व्यक्तिगत स्तर पर, न ही संस्थानिक आधार पर जिम्मेदारी ली जा सकती है। ऐसी परिस्थिति में सत्ता और निष्ठा वैयक्तिक हो जाती हैं। अतएव प्रभुतापूर्ण शासनों को, यदि वे सर्वसाधारण को न्यूनतम आर्थिक सुरक्षा और स्थिरता दें, स्वीकार करने की दिशा में लोगों का झुकाव नजर आता है। अगर हम यह दावा करें कि सैन्य शासन के साथ जीवंत सम्पर्कों को फिर से खड़ा करने की भारत की नीति उपरोक्त गहन बौद्धिक विश्लेषण में पैठी थी, तो यह मिथ्यापूर्ण होगा, परन्तु इन पंक्तियों पर जो एक आम नजरिया म्यामंार की राजनीतिक स्थिति में प्रतिबिम्बित हुआ था, वह भी वहां के सैन्य शासन के साथ भारत के संवादों की स्थापना में एक कारक बना।

इसी क्रम में नरसिम्हा राव के शासन में मार्च, 1992 में आरम्भ की गई प्रक्रिया का परिणाम था जसवंत सिंह की यात्रा। शुरूआती सम्पर्क दोनों देशों के विदेश मंत्रालयों के वरिष्ठ अधिकारियों, फिर गृह मंत्रालयों और तब वाणिज्य मंत्रालयों व मादक पदार्थ नियंत्रण विभाग के अधिकारियों के बीच साधे गये। म्यांमार के साथ संबंधों को पुनः जीवित करने के विशिष्ट उद्देश्यों में से पहला था भारत–म्यांमार सीमा के दोनों तरफ अलगाववादी और आतंकवादी गतिविधियों का सामना करने के लिए भारत और म्यांमार के बीच सहयोगात्मक व्यवस्थाओं का निर्माण करना; दूसरा, यह सुनिश्चित करना कि म्यांमार की सुरक्षा और विदेश नीतियां एक तरफ चीन के साथ और दूसरी तरफ भारत के साथ म्यांमार के रिश्तों के सन्दर्भ में संतुलित रहें; तीसरा उद्देश्य था 'स्वर्णिम त्रिभुज' से उपमहाद्वीपीय भारत से होकर विश्व के अन्य भागों में नशीली दवाओं के अवैध व्यापार पर नियन्त्रण करने के लिए परस्पर सहयोग को बढ़ाना; चौथा, बंगाल की खाड़ी में हमारे सुरक्षा हितों और जहाजरानी मार्गों की जो भारतीय व्यापार के लिए खास महत्त्व रखते हैं, रक्षा करने के लिए म्यांमार के साथ समीकरणों का निर्माण करना। 1990 के दशक के मध्य में भारत–म्यांमार संबंधों में काफी खट्‌टास आ गई थी, जब भारत ने म्यांमार के सैन्य शासन की आपत्तियों को दरकिनार करते हुए अन्तर्राष्ट्रीय सूझ–बूझ के लिए जवाहर लाल नेहरू पुरस्कार औंग सान सू की को दे दिया। उसके बाद हमारे रक्षा मंत्री ने यह आरोप लगाया कि म्यांमार के

चीन के साथ संबंध भारत के लिए सुरक्षा संकट खड़े कर रहे हैं और म्यांमार भारत की रणनीतिक घेराबंदी के चीनी उद्देश्य का सहभागी बन रहा है। फिर भी 1999 के अंत में आसियान की विभिन्न बैठकों में म्यांमार के विदेश मंत्री और जसवंत सिंह के बीच परस्पर संवाद से इन घटनाओं से उपजी दूरियां और गलतफहमीयां काफी हद तक दूर हो गईं।

यह जिक्र करना प्रासंगिक होगा कि चीन की दक्षिण पूर्व एशियाई नीतियां आसियान के प्रति और खास तौर पर म्यांमार को लेकर भारत की नीतियों को प्रभावित करने वाले महत्त्वपूर्ण कारक रहे हैं। सन् 2000 के मध्य से चीन ने यूनाम के अपने दक्षिण-पश्चिमी प्रान्त के विकास के लिए विशेष कार्यक्रम की शुरूआत की है। चीन कुन्मिंग प्रान्त की राजधानी को एक क्षेत्रीय ऊर्जा और परिवहन निकाय के रूप में विकसित कर रहा है। चीन कुन्मिंग से दक्षिण पूर्व एशिया की ओर म्यांमार के रास्ते जमीनी मार्ग, हवाई अड्डा और नदी-पत्तनों का भी विकास कर रहा है। म्यांमार से गुजर कर बंगाल की खाड़ी तक पहुंचने का चीन का उद्देश्य स्पष्ट नजर आता है। इसी के समान्तर चीन दक्षिण पूर्वी एशियाई क्षेत्र में संचार-तंत्र तैंयार कर रहा है और छह देशों वाली 'मेकॉना उप क्षेत्रीय सहयोग' व्यवस्था के साए तले वियतनाम, लाओस, कम्बोडिया, थाईलैंड और म्यांमार के साथ सहयोग में एशिया-पार सड़क और रेल परियोजनाओं में हिस्सा ले रहा है।

अतएव उपरोक्त उल्लिखित देशों के साथ सारभूत आर्थिक संबंधों की संरचना के साथ-साथ चीन के साथ एक सामान्य संबंध को बनाए रखना भारत की क्षेत्रीय विदेश नीति की संरचना में आवश्यक रूप से शामिल हैं। भौगोलिक रूप से म्यांमार सबसे समीपस्थ दक्षिण-पूर्व एशियाई देश होने के कारण भारत की क्षेत्रीय नीति में ऊंची प्राथमिकता रखता है। चीन ने म्यांमार के साथ सार पूर्ण रक्षा सहयोग व्यवस्थाएं कर रखी हैं। यह रिश्ता मिकांग और इरावाडी नदियों से होकर म्यांमार में बन्दरगाहों के साथ जुड़ने की चीन की कोशिश और उसे म्यांमार के दक्षिण-पश्चिम तटों पर अपनी नौ सेना के लिए सैन्य संचालन सुविधाएं मिलने की पृष्ठभूमि के मद्देनजर भारत के लिए स्पष्ट रणनीतिक और सुरक्षा सरोकार खड़ा करता है। यही वह परिप्रेक्ष्य है कि कुन्मिंग-लाशिओ-मंडाले सड़क के समानान्तर तामू-कालेवा सड़क निर्माण के लिए भारत ने बातचीत की थी, जिसकी शुरूआत म्यांमार में जसवंत सिंह की फरवरी यात्रा के दौरान हुई थी। इस सड़क को और आगे दक्षिण की ओर बढ़ाने की बात पर अभी विचार-विमर्श हो रहा है। जसवंत सिंह की म्यांमार के विदेश मंत्री के साथ समान महत्त्व के जिन दो विषयों पर बातचीत हुई थी, उनमें से एक था संचार

और विकासजन्य प्रयोजनों के लिए दो नदी-संग्रहण क्षेत्रों को जोड़ने वाली छह-देशीय गंगा-मिकांग परियोजना के लिए आगे बढ़ना। इस योजना में शामिल देशों के नाम हैं भारत, लाओस, कम्बोडिया, वियतनाम, म्यांमार और थाईलैंड। अगर यह समूह क्षेत्रीय परिवहन के एक समन्वित कार्यक्रम का विकास करने में सफल होते हैं, तो इससे उस वृहत् एशियाई राजमार्ग परियोजना को लाभ पहुंचेगा, जिस पर लगभग तीन दशकों से बहस जारी है। दूसरा विषय था म्यांमार से प्राकृतिक गैस को आयात करने की सम्भावना। मेघालय, असम और कालादां खाड़ी से गैस पाइपलाइन का निर्माण करने की सम्भावनाएं भी नजर आती हैं। दूसरी या वैकल्पिक गैस पाइपलाइन अक्याब (शित्वे) से पश्चिमी बंगाल तक बनाई जा सकती है। जसवंत सिंह की यात्रा और बातचीत से इस तथ्य की पहली पुष्टि हुई कि म्यांमार का दक्षिण एशिया और दक्षिण पूर्व एशिया के बीच में स्थित होना और इसके पश्चिमी तटीय क्षेत्रों का हिन्द महासागर के पूर्वी छोर तक फैले भारतीय तटीय क्षेत्र के ऊपर वर्चस्व होने के कारण एक बड़े दक्षिण-पूर्व-एशियाई शक्ति के रूप में उभरने की सामर्थ्य इसमें मौजूद है। इसके अलावा, उनकी यात्रा और पिछले दो सालों के दौरान अन्य उच्चस्तरीय संवाद इस बात की भी पुष्टि करते हैं कि भारत म्यांमार की इस क्षमता को मानता है और उसके साथ एक ठोस और दीर्घकालिक संबंध बनाने की इच्छा रखता है। कई नजरिये से भारत के विशिष्ट हितों के मद्देनजर सुरक्षा व्यवस्थाओं के लिए म्यांमार धुरी सदृश नजर आता है। हाल के सालों में म्यांमार के साथ टिकाऊ समीकरणों को स्थापित करने के लिए की गई शुरूआत समयसिद्ध और प्रासंगिक है।

17
क्षेत्रीय मंच–आसियान और दक्षेस

वर्तमान परिदृश्य में आसियान के साथ हमारे अतिरिक्त सकारात्मक आयामों का निर्माण करने वाले तीन तत्त्व निम्नलिखित हैं:

(अ) हम आसियान के साथ आंशिक–वार्ता–सहभागी दर्जे से आगे बढ़ कर पूर्ण–वार्ता–सहभागी की हैसियत में आ पहुंचे हैं।

(ब) आसियान क्षेत्र के एशियाई क्षेत्रीय मंच (ए आर एफ) नाम से निश्चित किए जा रहे अर्द्ध–संस्थानिक सुरक्षा–व्यवस्थाओं में हमें प्रवेश मिल चुका है।

(स) क्षेत्रीय बहुपक्षीय परिप्रेक्ष्य में आसियान ने भारत के साथ अपने संवाद को पाकिस्तान के साथ उनके रिश्तों के साथ जोड़ना बंद कर दिया है।

मेरे आकलन के अनुसार भारत को पूर्ण–वार्ता–भागीदारी मिलने के पीछे अधोलिखित कारक काम कर रहे थे:–

पहला, आंशिक–वार्ता–दर्जा–सहयोग, जिसमें आसियान के देशों और भारत के निजी क्षेत्रों के बीच हुआ संवाद शामिल था, परस्पर लाभ के लिए व्यापक पूर्ण–वार्ता–दर्जे की आवश्यकता को लेकर आसियान देशों की सहमत करने के लिए पर्याप्त रूप से संतोषजनक था। दूसरा, ऐसे सहयोग में भारत के आर्थिक सुधारों की गति और दिशा–निर्देश और बाजार और संयुक्त उपक्रम के सामर्थ्य का आकलन आसियान देशों के हितों के प्रति जवाबदेह और पूरक रूप में हुआ था। तीसरा, अमेरिका के नेतृत्व तले पश्चिमी लोकतान्त्रिक देशों ने, जिनका आसियान क्षेत्र में खासा प्रभाव है, आसियान देशों की सरकारों को इस दलील के साथ भारत के साथ अपने रिश्तों को बढ़ाने की सलाह दी होगी कि यह भारत के आर्थिक सशक्तिकरण नीतियों को सहारा देगा और अमेरिका के नेतृत्व में नए वैश्विक आर्थिक समीकरणों की संरचना में भारत का तेजी के साथ एक

उपयोगी भागीदार बनना सुनिश्चित करेगा। चौथा, भारत सरीखे एक बड़ी अर्थव्यवस्था वाले देश का आसियान में शमिल होना आसियान बाजार में अन्य शक्तिशाली अर्थव्यवस्थाओं को संतुलित करने वाला कारक माना जा सकता था।

आसियान की प्रवृत्ति में हुआ यह रूपान्तरण दर्शाता है कि आसियान देशों ने क्षेत्रीय सुरक्षा-व्यवस्था में भारत की भूमिका के बारे में अल्पकालिक परिसीमाओं पर आधारित अपने शुरूआती एतराज से परे जा कर क्षेत्रीय सुरक्षा के बारे में दीर्घकालिक रणनीतिक आत्म निरीक्षण किया है। भारत की भू-राणनीतिक स्थिति, दक्षिण-एशियाई क्षेत्र में इसका फैला हुआ क्षेत्र और इसकी सैन्य-प्रौद्योगिक क्षमताएं न सिर्फ दक्षिण-एशियाई, बल्कि विस्तृत दक्षिण-पूर्व एशियाई क्षेत्र की स्थिरता को भी प्रभावित करने वाले कारक के रूप में मानी जाती हैं। दूसरा, सारी बड़ी एशिया-प्रशांत शक्तियां ए आर एफ में शामिल हो गई थीं, जैसे अमेरीका, रूस, चीन और जापान। भारत को, जो एशियाई भू-भाग के दक्षिणी सिरे और आसियान क्षेत्र के पश्चिमी और उत्तर-पश्चिमी हिस्से के दोनों तरफ फैला हुआ है, अलग रखने से बड़ी विसंगतिपूर्ण स्थिति उत्पन्न हो जाती। भारत को ए. आर. एफ. में लाने से आसियान के लिए एक सुरक्षा माहौल बन पाएगा, जिसमें सारी महत्त्वपूर्ण शक्तियां-जो आसियान देशों के स्थायित्व और सुरक्षा पर प्रभाव डाल सकती हैं-ए. आर. एफ. के संदर्भ सूत्रों में नियत की गई बाध्यताओं और जिम्मेदारियों का निर्वाह करेंगी। ए. आर. एफ. में चीन और भारत, दोनों के ही होने से, सुरक्षा व्यवस्थाओं की बाध्यताओं को दोनों ही स्वीकार करेंगे, जिससे आसियान देशों के साथ व्यवहार करने में उनके बीच नकारात्मक प्रतिस्पर्धा की सम्भावना कम हो जाएगी। इसके अतिरिक्त यह आश्वासन भी मिला, जिसके बारे में भारत 1991 से संप्रेषित करता आ रहा है कि बहुपक्षीय व्यवस्थाओं में भागीदारी के सन्दर्भ में इसकी नीति के अनुरूप भारत ऐसे मंच पर द्विपक्षीय मुद्दे या विवादों को नहीं उठाएगा। वह आंशका भी जताई जा रही थी कि ए. आर. एफ. का सदस्य बनने पर भारत की नाभिकीय अस्त्रों से जुड़ी आकांक्षाएं भड़क उठेंगी।

विश्व के विभिन्न शक्ति केन्द्रों के साथ जो नये समीकरण भारत को बनाने हैं, उनमें आसियान के साथ सकारात्मक और सारपूर्ण समीकरण बिठाना एक ऊंची प्राथमिकता का विषय है और होना भी चाहिए।

1961 के अंत में पंडित नेहरू ने नई दिल्ली में दक्षिण-पूर्व एशियाई देशों में नियुक्त भारतीय राजनयिकों के साथ एक बैठक की अध्यक्षता की। इसको याद करने की जरूरत नहीं कि पश्चिमी शक्तियों द्वारा संरचित और अमेरीका के

नेतृत्व तले सैन्य गठबंधन प्रणाली पूर्ण रूप से सक्रिय थी। नाटो के अलावा, सेन्टो (सी. इ. एन.टी. ओ.) सिएटो (एस. ई. ए. टी. ओ.) और ए. एन. जेड. यू. एस. साम्यवादी गुट, चीन और सोवियत संघ के विरूद्ध 'कॉरडॉन सैनीटेअर' के केन्द्र थे। बैठक में कई भारतीय राजदूत/उच्चायुक्त उपस्थित थे, जिन्होंने दक्षिण-पूर्व एशिया के देशों के साथ भारत के संबंध अच्छे न होने पर अफसोस जताया। उनका यह मानना था कि भौगोलिक, ऐतिहासिक और सांस्कृतिक विशिष्टताओं की वजह से भारत को 'भारत-चीन' और म्यांमार से फिलिस्तीन तक फैले क्षेत्र के प्रति ज्यादा सतर्क हो जाना चाहिए था। उनका यह भी मानना था कि भारत का दक्षिण पूर्व एशियाई क्षेत्र से खुद को अलग रखना भारत के रणनीतिक हितों के लिए ठीक नहीं था। जवाब में पंडित जी की प्रतिक्रिया संक्षिप्त और शांत थी। उन्होंने कहा कि यह मुमकिन नहीं कि भारत 'कोका कोला' सरकारों के आगे-पीछे घूमे।

उस समय भारतीय विदेश नीति के विचारणीय तथ्यों, दृष्टिकोणों और बाध्यताओं ने दक्षिण पूर्व एशिया की ओर एक अटपटा रुख प्रतिबम्बित किया था। एक तरफ हम दक्षिण पूर्व एशिया के लोगों के साथ अपने गहरे पैठी ऐतिहासिक और सांस्कृतिक बंधनों को सरंक्षित करने की बात कर रहे थे; वहीं दूसरी ओर हम उन्हें अमेरीका द्वारा संगठित सैन्यं गठबंधनों, जो उसने मुख्य रूप से खुद अपने हितों की खातिर बनाया था, का हिस्सा बनाने के अविवेकी कार्य पर उपदेश भी पिला रहे थे।

परिणाम यह हुआ कि दक्षिण पूर्व एशियाई देशों और हमारे बीच दूरियां पैदा हो गईं और सामान्यत: दोनों ही बातों से हमने उन्हें क्षुब्ध किया और चोट पहुंचाई। उनकी सामाजिक और सांस्कृतिक व्यवस्था के उद्‌भव के विषय पर हमारी ओर से रखी गई पुरज़ोर दलील कि वे भारतीय योगदान पर आधारित हैं: उनके आत्मसम्मान और व्यक्तित्व के लिए अपमानजनक था। उस खास समय पर उनकी विदेश और रक्षा नीतियों पर जो आलोचनात्मक मूल्यांकन हमने पेश किया था, उसमें उनके अनुसार, उनकी चिन्ताओं और सरोकारों-दक्षिण पूर्व एशिया में चीनी या सोवियत के विस्तार के खतरे के संबंध में-को लेकर हमारी ग्रहणशक्ति में कमी थी। परिणाम यह हुआ कि भारत और इस क्षेत्र के बीच राजनीतिक रूप से संबंध नाजुक और औपचारिक बन कर रह गए और आर्थिक अन्तर्व्यवहार भी बस नाममात्र को ही बने रहे।

उसके बाद से भारत और आसियान ने काफी लंबा मार्ग तय किया है। आसियान भारत की विदेश और विदेश आर्थिक नीतियों के ध्यान के एक मुख्य क्षेत्र के रूप में उभर रहा है। रूपांतरण का यह सफर और दक्षिण पूर्व एशियाई

देशों के साथ नजदीकी संबंध का अभ्युदय बिना किसी उतार-चढ़ाव के नहीं था। भारत और आसियान के बीच आगामी रिश्तों की कोई भी भविष्यवाणी करते समय इस परिवर्तन को साकार करने वाले विभिन्न कारकों और गतिविधियों पर नजर डालना चाहिए।

उत्तर-वियतनाम काल ने सैन्य गठबंधनों की व्यवस्था की संक्रियात्मक प्रासंगकिता को कम होते और समाप्त होते देखा था। आसियान देशों की आर्थिक नीतियां, जिसने अन्ततः आसियान का निर्माण किया, उसके बाद इस क्षेत्रीय व्यवस्था को लगातार मिली सफलता ने दक्षिण पूर्व एशिया को एशियाई क्षेत्र में महत्त्व और प्रभाव दिलाया। 1970 के दशक के उत्तरार्द्ध और 1980 के दशक ने दक्षिण पूर्व एशियाई देशों को अपने मुख्य आंतरिक मतभेदों और विवादों पर विजयी होते और आर्थिक और राजनीतिक नीतियों में महत्तर समन्वय हासिल करते हुए देखा। सोवियत संघ का विघटन, और चीन की गतिविधियों का, जिसने चीन की आंतरिक राजनीति और विदेश रूख में गुणात्मक परिवर्तन किए, परिणाम यह निकला कि आसियान देशों की विदेश नीतियां इस क्षेत्र के देशों के साथ नए समीकरणों का विकास करने की खातिर ज्यादा खोजपूर्ण और एशिया केंद्रित हो गईं।

यह याद करना प्रासंगिक होगा कि भारत को आसियान के शुरूआती सालों में इसका सदस्य बनने का निमंत्रण दिया गया था और हमने राजनीतिक कारणों, खासतौर पर, हमारी आर्थिक नीतियों और आर्थिक व्यवस्था के तरीकों के आसियान देशों की तुलना में फर्क होने की वजह से एतराज किया था। शर्तों के साथ आसियान में शामिल होने का यह आधार, हालांकि, 1980 के दशक के अंत तक तर्कसंगत हो सकता था, पर भारत के लिए भी, सोवियत संघ के विघटन, हमारे अपने आर्थिक सुधारों की शुरूआत, हमारी अपनी बाजार निवेश माध्यमों और आर्थिक सहयोग के अवसरों की तलाश के साथ, स्थिति बदल चुकी थी।

भारत और दक्षिण पूर्व एशियाई देशों के बीच के संबंधों को ज्यादा राजनीतिक और आर्थिक संतोष पहुंचाने की प्रक्रिया का शुभारंभ श्रीमती इंदिरा गांधी के हाथों हुआ था। 1980 में जब वह सत्ता में वापस आईं, तो इस क्षेत्र के देशों में उनकी यात्राओं ने इस क्षेत्र के प्रति हमारे वर्तमान नजरिये की नींव रखी। राजीव गांधी ने इस प्रक्रिया को आगे बढ़ाया जिससे इस क्षेत्र के हर एक देश के साथ भारत के द्विपक्षीय संबंधों को न सिर्फ प्रोत्साहन मिला, बल्कि यह संदेश भी मिला कि भारत आसियान समूह के साथ नजदीकी बहुआयामी संबंध रखने का इच्छुक है। इस चालू प्रक्रिया में 1989-91 के दौरान राजनीतिक

अनिश्चितताओं की वजह से-जिसने इस अवधि में हमें प्रभावित किया था-एक अंतराल आ गया था। पर 1991 के मध्य से यह प्रक्रिया फिर ऊंचाई छूने लगी। आसियान के साथ हमारे संबंधों का विस्तार और सुदृढ़ीकरण बहुत ज्यादा मायने रखता है। आसियान एक बड़ा बाजार है और यदि आसियान के बाहरी निवेश कार्यकलापों पर नजर डालें, तो यह कई मिलियन डालर के निवेश का माध्यम है। यह क्षेत्र पेट्रोल, रबर, खजूर का तेल, टिन, पेट्रोलियम, प्राकृतिक गैस, कोयला और लौह अयस्क जैसे कच्चे पदार्थों से भरा हुआ है। यहां आवश्यक मानव संसाधन के साथ ही साथ विभिन्न उद्योगों और उत्पादन क्षेत्रों में संयुक्त उपक्रमों की मांग भी मौजूद है। आसियान क्षेत्रों के साथ जापान और पश्चिम के महत्त्वपूर्ण औद्योगिक देशों के आर्थिक जुड़ाव इसे एक उत्प्रेरक सदृश बनाते हैं, जिसके जरिए भारत की निवेश और प्रौद्योगिकी तक पहुंच बन सकती है। आसियान के साथ अब तक का हमारा आरंभिक अनुभव यह दर्शाता है कि यह भारतीय निवेशों, संयुक्त उपक्रमों और व्यापार को बढ़ाने के लिए महत्त्वपूर्ण और विकासजन्य क्षेत्र है। वर्तमान समय में कपड़े से लेकर स्टील क्षेत्र तक कई भारतीय कंपनियां हैं, जो आसियान क्षेत्र में काम कर रही हैं। भारत और आसियान के बीच द्विपक्षीय व्यापार कई बिलियन डॉलर का है।

भारत के लिए आसियान की रणनीतिक और राजनीतिक महत्ता को बड़ा चढ़ा कर बोलने की जरूरत नहीं है। हमारे दक्षिण-पूर्वी भाग में इन देशों की राजनीतिक और सुरक्षा स्थिति हमारे सुरक्षा वातावरण को आवश्यक रूप से प्रभावित करती है। ये देश एशिया-प्रशांत क्षेत्र की ओर हमारे व्यापार मार्गों, मौजूदा लिहाज से, के दोनों तरफ स्थित हैं।

इन कारकों ने दक्षिण पूर्व एशिया के देशों के साथ हमारे रिश्तों को और सारपूर्ण बनाने और उन्हें विस्तार देने की ओर एक सजग निर्णय लेने की राह दिखाई। विलंब से ही सही, प्रयोजन सिद्ध संवादों ने आसियान को भारत को एक क्षेत्रीय वार्ता सहभागी के रूप में स्वीकार करने के लिए उद्धत किया।

सार्क (दक्षेस)

सांस्कृतिक, प्रौद्योगिक, सामाजिक, राजनीतिक और आर्थिक क्षेत्रों में क्षेत्रीय सहयोग के प्रति भारत हमेशा से प्रतिबद्ध रहा है। हमारी आजादी के पहले दशक के दौरान पंडित जवाहर लाल नेहरू ने अपने विदेश नीति से जुड़े वक्तव्यों में बार-बार इस बात पर जोर दिया कि शांति का पोषण न सिर्फ युद्ध से दूर रहने का मंत्र है, बल्कि इसमें राष्ट्रों के बीच, खासकर एशियाई क्षेत्र के, निरन्तर विस्तार लेते सहयोग को प्रोत्साहन देना भी शामिल है।

फिर भी, वृहत् स्तर पर, भारत की इस प्रतिबद्धता में राजनीतिक और मनोवैज्ञानिक बाध्यताएं शामिल थीं। सहयोग के लिए भारत की ओर से किए गए दावों और हिमायतों के बावजूद भारत के सभी पड़ोसियों के मन में उसको लेकर आशंका भरे दृष्टिकोण ने अपनी जड़े फैला रखी थीं। यह दूर नहीं किया जा सका था। अतएव, क्षेत्रीय सहयोग की वकालत करने के बाद भी भारत ने इस प्रयोजन के मद्देनजर सांस्थानिक व्यवस्थाओं के लिए कोई प्रस्ताव तैयार नहीं किया था, क्योंकि भारत का यह अनुमान था कि यदि उसने इस मामले में कोई कदम उठाया तो उसके पड़ोसी शक करेंगे यहां तक कि प्रतिरोध भी कर सकते हैं। एक तरफ भारत और दूसरी तरफ इसके सारे सन्निकट पड़ोसियों के बीच विकास के स्तरों, संसाधनों जनसंख्या और आकार में असमानता ने इस प्रवृत्ति को जन्म दिया था। इसके अतिरिक्त कई राजनीतिक मामले ऐसे भी थे, जिन पर भारत और इसके पड़ोसियों के बीच मतभेद थे (आज भी हैं), जो इस मामले में भारत के मौन को सहारा देने का कारक बने। अतः जनवरी 1980 में बांग्लादेश में स्व. जिया-उर-रहमान द्वारा एशियाई क्षेत्रीय सहयोग के लिए पेश किए गए प्रस्ताव पर भारत ने सावधानी के साथ नजर डाली। यह माना जा रहा था कि भारत और पाकिस्तान के बीच के कई सालों से चले आ रहे तनावों और बांग्लादेश और श्री लांक के साथ भारत के रिश्तों में छाई दूरी के मद्देनजर जिया-उर-रहमान का प्रस्ताव सिर्फ एक ऊपरी लीपा-पोती सदृश ही होगी। यह भी आशंका थी कि यदि वह मंच बना तो एक ऐसा क्षेत्रीय प्लेटफार्म तैयार होगा जो 'भारत पर प्रहार' के लिए अन्य भागीदार देशों में से हर एक के एकल सरोकारों के मामलों पर भारत के ऊपर सामूहिक दबाव बनाने के लिए-इस्तेमाल होगा। भाग न लेने की स्थिति में भारत के ऊपर खुलेआम यह आरोप लगता कि इस क्षेत्र में सामाजिक-आर्थिक रूप से सर्वाधिक सम्पन्न होने के बावजूद वह क्षेत्रीय सहयोग के नवीनतापूर्ण प्रस्ताव से भाग रहा है। इन सारे कारकों को ध्यान में रख कर भारत अन्ततः सार्क के निर्माण के लिए बातचीत में शामिल हो गया। दिसम्बर, 1985 में, चार साल तक लगातार चलती समझौता वार्ता के बाद, यह अस्तित्व में आया।

तब से, राजनीतिक विवादों के कारण, जिन्होंने उन क्षेत्रों पर नकारात्मक असर डाला-जहां पर सार्थक सहयोग होना चाहिए था-सार्क का वजूद उतार-चढ़ाव से भरा रहा। दूसरा, सार्क देशों को परस्पर पूरकताओं पर आधारित, परस्पर लाभ के मद्देनजर सारपूर्ण मामलों में सहयोग के लिए यथार्थपरक सन्दर्भ सूत्रों और व्यावहारिक ढांचे को पुनर्जीवित करना होगा। भविष्य की सम्भावनाएं

इस बात पर निर्भर करती हैं कि क्या दक्षिण एशियाई देश इसका शुभारंभ कर सकते हैं और फिर सुदृढ़ संवादों की ओर बढ़ सकते हैं। हमें अन्य क्षेत्रीय समूहों के अनुभवों की रोशनी में इस बात की अवश्य जांच करनी चाहिए कि क्षेत्रीय सहयोग को प्रभावी ढंग से स्थिर बनाने में कौन से कारक काम आते हैं।

पहला, निश्चित तौर पर, भौगोलिकी से जुड़ा हुआ कारक है। भौगोलिक सन्निकटता आवश्यक रूप से संवाद में परिणत हो जाती है। यह, हालांकि विषय–सामग्री को लेकर आवश्यक रूप से सकारात्मक हो, जरूरी नहीं है; संवाद नकारात्मक और प्रतिकूल भी हो सकते हैं, जैसे हमारे अनुभवों ने दर्शाया है। समय के साथ, प्रतिकूल रिश्तों की व्यर्थता और बर्बादी का अहसास होता है, जैसा कि विशेष रूप से 1970 के दशक की शुरूआत में विश्व के विभिन्न हिस्सों की गतिविधियों और अनुभवों से प्रकट हुआ–जब शीतयुद्ध में एक हलचल उठी थी, जो 1989 में वैश्विक परिदृश्य के पूर्ण रूपातंरण में तब्दील हो गई थी।

ये नए समीकरण, और नए क्षेत्रीय समूह, जो उस समय से उभर कर आए हैं और उभर रहे हैं, इस बात की पुष्टि करते हैं कि भौगोलिकी का तर्क, चाहे वह महादेशीय नजदीकी के सन्दर्भ में हो या महासागरीय किनारे के सन्दर्भ में, देशों को सहयोगात्मक व्यवस्थाओं के लिए प्रेरित करता है। भौगोलिक कारक दक्षिण एशियाई सहयोग के पक्ष में दलील पेश करता है। यह क्षेत्रों को परिभाषित करने का सवाल भी खड़ा करता है; दक्षिण एशिया कहां से शुरू होना चाहिए? सार्क में अफगानिस्तान को शामिल करने के लिए क्या इसे 'ड्यूरन्ड लाइन' से शुरू होना चाहिए या धुरी से शुरू होना चाहिए? सार्क क्षेत्र की सीमा कहां तक होनी चाहिए? क्या इसे भारत के उत्तर–पूर्वी छोरों पर, जहां म्यांमार की सीमा शुरू होती है, खत्म होना चाहिए? या इसकी सीमा, सार्क व्यवस्था में म्यांमार को शामिल करने के तहत, म्यांमार की सीमा के सुदूर दक्षिणी सिरे तक होनी चाहिए? ध्यान देने वाली बात यह है कि क्षेत्रीय या उपक्षेत्रीय सहयोग के भौगोलिक मानदण्ड किसी दलील या क्षेत्रीय या राष्ट्रीय सीमाओं की सार्वजनिक बोधगम्यता से निर्धारित नहीं होते हैं, बल्कि राजनीतिक प्रवृत्तियों और आर्थिक मांगों के लिहाज से तय होते हैं। इस परिप्रेक्ष्य में, दक्षिण एशियाई क्षेत्र को नियत करने के विषय पर अस्पष्टता है। अतएव, एक दक्षिण एशियाई व्यवस्था का हिस्सा बनना विभिन्न देशों के उत्साह और इच्छा से कहीं, अधिक आर्थिक और राजनीतिक धारणाओं पर निर्भर करता है।

क्षेत्रीय सहयोग में योगदान दे रहा दूसरा सर्वाधिक महत्त्वपूर्ण कारक है इस क्षेत्र के देशों की अर्थव्यवस्थाओं की परस्पर लाभदायक पूरकता। यह देखा गया

है कि दक्षिण एशियाई देशों (वे जो सार्क के सदस्य हैं) की अर्थव्यवस्थाओं की विशिष्टताएं परस्पर पूरक नहीं हैं। उनके पास कमोबेश समान साधन-सम्पन्नता और एक जैसी सीमाएं है। इन देशों की अर्थव्यवस्थाओं के आधुनिकीकरण और औद्योगिकीकरण के लिए किए गए सारे प्रयासों और विकासमूलक गतिविधियों के बावजूद, सार्क क्षेत्र के देशों में कमाबेश समान फसलों और कृषि उत्पाद पद्धतियों पर आधारित कृषीय अर्थव्यवस्था ही प्रधान रूप से पाई जाती है। दूसरी तरफ, मानव-भूमि अनुपात के सन्दर्भ में जनसंख्या का घनत्व और कृषि योग्य भूमि का व्यापक इस्तेमाल, दोनों ने मिल कर स्थिति को बहुत ज्यादा जटिल बना दिया है, पर जापान जैसे देशों में दूसरी स्थिति है; वहां जनसांख्यिक घनत्व और भूमि के साधन और अधिकतम उपयोग के साथ मेल बिठाया गया है।

इसके अतिरिक्त, इस क्षेत्र की राष्ट्रीय अर्थव्यवस्थाओं के आकार और उनके संसाधन और प्रौद्योगिकीय आधारों के बीच द्वंद्व है। इस लिहाज से भारत एक अपनी ही बनाई हुई श्रेणी में है। पाकिस्तान और बांग्लादेश की अर्थव्यवस्थाएं, भूगोल, संसाधन और आबादी के सन्दर्भ में, विस्तृत हैं। इसके विपरीत नेपाल, भूटान और मालदीव में अपेक्षाकृत छोटी एकपक्षीय अर्थव्यवस्थाएं हैं। श्रीलंका ने, उत्पाद और सेवा क्षेत्रों पर समय पर ध्यान केन्द्रित करने और उदार व्यापार नीतियों की वजह से एक ज्यादा विविध अर्थव्यवस्था का विकास कर लिया है। इस क्षेत्र की अर्थव्यवस्थाओं की प्रकृति और दिशा-निर्देश भिन्न रहे हैं। पिछले दशक तक वे एक दूसरे के साथ घालमेल नहीं करती थीं। बस पिछले तीन साल से इस क्षेत्र के सारे देशों में मुक्त बाजार आर्थिक व्यवस्थाएं एक सामान्य घटना बन गई है। इससे दक्षेस देशों में परस्पर लाभदायक पूरक आर्थिक व्यवस्थाओं का निर्माण करने के लिए अपेक्षाकृत ज्यादा इच्छा और क्षमता उत्पन्न हो सकेगी। सदस्य देशों के बीच पारदर्शी और तकनीकी संवाद पर आधारित एक साझा नजरिया सारपूर्ण आर्थिक और प्रौद्योगिकीय सहयोग की राह पर ले जा सकता है। सदस्य देशों के औद्योगिक और निर्माण क्षेत्रों की लागत-लाभ अनुकूल पुनर्संरचना, उत्पादकता, संसाधनों का अधिकतम उपयोग और एक समन्वित क्षेत्रीय आम बाजार व्यवस्था दक्षेस देशों के सामूहिक उद्देश्यों के रूप में स्वीकार की जानी चाहिए। सम्भावित सारपूर्ण सहयोग की अन्य सम्भावना, बशर्ते राजनीतिक आशंकाएं और संशय दूर हो चुके हों, दक्षिण एशियाई अर्थव्यवस्थाओं के महत्त्वपूर्ण विकासमूलक क्षेत्रों में मौजूद हैं। ऐसा सहयोग परिवहन, दूरसंचार, हाइड्रो-कार्बन, ऊर्जा, मशीनी पुर्जे और अभियान्त्रिकी के क्षेत्रों में सम्भव है। इन अहम क्षेत्रों में सहयोग होने से एकल राष्ट्रीय अर्थव्यवस्थाओं और क्षेत्रीय विकास

को समष्टि रूप से बढ़ावा मिलेगा। यह सहयोग के परिप्रेक्ष्य और कार्यक्षेत्र को गुणात्मक रूप से बदल डालेगा, जो, वर्तमान में नाममात्र के क्षेत्रों और आंकड़े और सूचनाओं के आदान–प्रदान तक ही सीमित है।

जातीय–सांस्कृतिक जुड़ाव और समानता क्षेत्रीय सहयोग को बौद्धिक, भावनात्मक और सामाजिक प्रोत्साहन देते हैं। दक्षिण एशिया में नकारात्मक और सकारात्मक, दोनों ही तत्व मौजूद हैं, जो इस कारक को प्रभावित कर रहे हैं। दक्षिण एशिया के लोगों की भाषाई, जातीय, धार्मिक और सांस्कृतिक विशिष्टताएं सात सदस्य देशों की राष्ट्रीय सीमाओं से भी परे अपनी जगह बना रही हैं। इन देशों के लोग एक ही धर्म को मानते हैं। यह सब सहयोग के लिए एक सशक्त उद्दीपन के रूप में काम करना चाहिए। पर यहां एक अजीब विरोधाभास नजर आता है कि जातीय–सांस्कृतिक और धार्मिक–विरासत की सामान्यता ही है जिसने भारत के पड़ोसियों, खासकर पाकिस्तान में और हाल में बांग्लादेश में राष्ट्रीय राजनीतिक पहचान की समस्याएं खड़ी की हैं। साझा सामाजिक–सांस्कृतिक और धार्मिक विरासत के बावजूद अलग राजनीतिक पहचान का दावा पेश करना जरूरत बन जाती है और परिणाम यह हुआ है कि इस क्षेत्र के देश आर्थिक और सामाजिक–सांस्कृतिक सहयोग प्रक्रियाओं से पीछे हट रहे हैं। उनके मन में बैठी यह आशंका कि भारत उन्हें दरकिनार कर देगा या उनका विलय कर देगा, क्षेत्रीय सहयोग के सुदृढ़ीकरण की प्रक्रिया में बाधा बन कर खड़ी है।

इस क्षेत्र में देशों की शक्ति संरचनाओं के संस्थानिक ढांचे के संदर्भ में सामंजस्यता, सरकार के संघटन के बारे में विचारों का साझा, क्षेत्र राजनीतिक पद्धति को आकार देने के लिए मूल्यों का साझा, सहयोग की सम्भावना में और इजाफा करता है। दक्षिण एशिया को ऐसे सामंजयस्य के लिए घोर प्रयास करना होगा; इस लक्ष्य को सच करने के लिए हमें अभी कुछ और रास्ता तय करना होगा। दक्षेस के शुभारम्भ के समय, सदस्य देश इन संदर्भों में एक महत्त्वहीन समूह थे। उसमें दो राजतंत्र थे (नेपाल और भूटान), लोकतंत्र का रूप धरे दो सैन्य तानाशाही थी और तीन लोकतांत्रिक देश थे (मालदीव, श्रीलंका और भारत)। लोकतांत्रिक देशों में एक, मुख्य रूप से, एकदलीय देश (श्रीलंका) था। फिर भी, 1989 से, तस्वीर बदल चुकी है। तनाव और अनिश्चितताओं को अलग हटा दें, तो सारे दक्षेस देशों की सरकारें लोकतांत्रिक हैं, जिनके पास निर्वाचित सांसद और मन्त्री हैं जो देश का काम–काज चला रहे हैं। यह एक सकारात्मक रूझान है, जिससे क्षेत्रीय सहयोग को बढ़ावा मिलना चाहिए। ऐसा कहने के बाद ऐसी अपेक्षा होगी कि निर्वाचित सरकारों पर बढ़ते हुए घरेलू राजनीतिक दबावों और पूर्वाग्रहों का शिकंजा कसेगा–यदि उनके सामने क्षेत्रीय

सहयोग में योगदान करने और सत्ता में बने रहना तय करने के बीच चुनाव करने की नौबत आती है। क्षेत्रीय सहयोग में योगदान का लक्ष्य कितना भी श्रेष्ठ क्यों न हो, सत्ता में बने रहने का मार्ग प्रशस्त करने की इच्छा ही अक्सर विजयी होती है, इसलिए सिर्फ लोकतांत्रिक संस्थानों को स्थायी करना होगा, जो इस अंतरिम बाधा को दूर करेगा।

अंत में, साथ ही सबसे महत्त्वपूर्ण भी, क्षेत्रीय और उपक्षेत्रीय सहयोग पर विश्व के किसी भी हिस्से में प्रभावी हो रहा तथ्य है उस रीति से जुड़े दृष्टिकोणों की सामान्यता, जिसके तहत क्षेत्रीय स्थायित्व सुनिश्चित किया जा सकता है और इस क्षेत्र पर प्रभाव डाल रहे सुरक्षा और रणनीतिक मसलों के प्रति एक साझा नजरिया। वास्तविकता की मांग यह है कि भारत क्षेत्रीय सहयोग के प्रयास में भाग लेने के लिए अपनी इच्छानुसार सीमा और तरीके का निर्णय लेते समय निदान के नजरिए से अपने प्रति अपने पड़ोसियों के रुख का विश्लेषण करे। जहां भूटान, नेपाल और मालदीव को रणनीतिक और सुरक्षा सरोकारों से जुड़े मामलों में भारत को लेकर कोई स्पष्ट आपत्तियां नहीं है, पर पाकिस्तान, बांग्लादेश और श्रीलंका के मन में अवश्य ऐसे संदेह और आपत्तियां घुमड़ती है। ये उचित या न्यायसंगत हैं या नहीं; यह अलग पहलू है। अत: यह बात नजर आती है कि जब तक भारत और इसके पड़ोसियों के बीच कई जटिल द्विपक्षीय राजनीतिक मसलों का निपटारा नहीं हो जाता, ये देश अधोलिखित बिन्दुओं पर उलझे रहेंगे:

(क) क्षेत्र के बाहर के देशों के साथ संतुलनकारी समीकरणों की तलाश जारी रखना;

(ख) उस सीमा तक क्षेत्रीय सहयोग में भाग लेने की उनकी इच्छा सीमित और संयमित, दोनों ही है। अतएव आने वाले समय में सहयोग की प्रक्रिया धीरे-धीरे और क्रमवार तरीके से बढ़ेगी।

1991 तक भारत का नजरिया दक्षेस को वैसे कार्यक्रमों और परियोजनाओं की ओर ले जाने का था, जो व्यावहारिक, उपयुक्त और राजनीतिक विवादों से परे थे। वह दक्षेस द्वारा उन क्षेत्रों बढ़ाई जा रही गतिविधियों के खिलाफ था, जो राजनीतिक समस्याएं खड़ी कर सकते थे, या जो क्षेत्रीय मामले में अनावश्यक गैर-क्षेत्रीय हस्तक्षेप या उपस्थिति को बढ़ावा दे सकते थे। नवम्बर, 1991 में उसने दक्षेस के प्रति अपनी नीतियों में एक सूक्ष्म अर्थभेद का समावेश किया था। हालांकि, बाद में, भारत ने निर्णय लिया और अन्य सदस्य देशों को यह संदेश दिया कि वह अन्य सदस्यों द्वारा स्वीकृत गति, सीमा और स्तर के आधार पर ही सहयोगात्मक प्रयास में शामिल होगा। उसने यह बात भी दुहराई कि वह दक्षेस सचिवालय द्वारा अन्य क्षेत्रिय गुटों ओर देशों के साथ दक्षेस गतिविधियों

के लिए सूचना और अतिरिक्त संसाधनों की निविष्टियों के लिए सम्भावनाओं को तलाशने के लिहाज से सम्पर्क आरम्भ करने के प्रयासों का विरोध नहीं करेगा, बशर्ते ये गतिविधियां दक्षेस घोषणा पत्र के शर्तों के अनुरूप हों और अब तक आजमाई गई और पाई गई बाह्य सूचनाएं दक्षेस क्षेत्र के दायरे में सहयोग के संदर्भ–सूत्रों के विपरीत न हों। भारत के इस नीतिगत कदम से गरीबी उन्मूलन कार्यक्रमों की रचना हुई और साप्टा का गठन हुआ।

यहां पर राजनीतिक नजरिये को तकनीकी और भौतिक, अत्यधिक रूप से भारत–केन्द्रित दलीलों से परे होना चाहिए। भारत को उन मुद्दों पर समझौता नहीं करना चाहिए जो उचित राष्ट्रीय हित के हैं; जैसे–उसकी सुरक्षा और आर्थिक सम्पन्नता, पर इस विचार के तहत अन्योन्यता के लिए किए जा रहे आग्रह के बनिस्पत समायोजन की चाह उसकी समझौता वार्ताओं का संचालन करने वाली शक्ति होनी चाहिए। यहां तक कि कश्मीर पर जबकि दोनों ही पक्षों द्वारा एकपक्षीय दावों पर आधारित कोई भी समाधान सम्भव नहीं है, समस्या के समाधान के लिए एक सैन्य कदम का जोखिम या विवाद उठाना पाकिस्तान या भारत के सर्वसाधारण की दृष्टि में स्वीकार करने योग्य नहीं है। क्षेत्रीय और अन्तर्राष्ट्रीय जनमत के सिलसिले में यह बात और स्पष्ट दिखती है। दोनों ही देशों में शक्ति संरचनाओं की राजनीतिक आकांक्षा में इस रूझान का योगदान होना चाहिए, जिससे समस्या के समाधान के लिए एक प्रयोजन सिद्ध वार्ता की ओर वे बढ़े, चाहे वह प्रक्रिया कितनी भी धीमी या दु:सह क्यों न हो। भारत के पड़ोसी पहचान के संकट का भी सामना कर रहे हैं, क्योंकि उनका सामाजिक–धार्मिक, जातिगत और भाषागत सम्पूर्ण व्यक्तित्व भारतीय मूल से ही निकल कर आया है। भौगोलिकी इस स्थिति को भारत के भूभाग और दक्षेस के अन्य छह–देशों से जुड़ी सामुद्रिक सीमाओं के रूप में चिन्हित करती है, जबकि उनमें से कोई भी किसी भी अन्य देशों का सीधा पड़ोसी नहीं है। इसका समाधान भारत द्वारा उसके सारे पड़ोसियों की अलग–अलग राजनीतिक पहचान पर एक चैतन्य, निरन्तर और यहां तक की बारम्बार दिए दावे और डाले गए जोर में छुपा है, साथ ही इस संदेश में भी कि जब आवश्यकता हो उन्हें इस बात का दृढ़ आश्वासन दिया जाता है कि भारत के मन में उन्हें पुनः संघटित कर किसी भी युक्तिपूर्ण या केन्द्रस्थ 'भारतीय उपमहाद्वीपीय राजनीतिक व्यवस्था' का हिस्सा बनाने की मंशा कतई नहीं है।

जहां तक दक्षिण एशिया में क्षेत्रीय सहयोग के रणनीतिक और सुरक्षा पहलूओं का संबंध है, इसका बुनियादी कारक है भारत और पाकिस्तान के बीच के रिश्ते का प्रतिकूल होना। रातों रात इसका समाधान निकल आए, ऐसा नहीं

हो सकता है। इस स्थिति में नाभिकीय अस्त्रीकरण कारक भी जुड़ गया है, जिसे पाकिस्तान तेजी के साथ भारत के ऊपर बढ़ते दबाव के रूप में इस्तेमाल कर रहा है। यह प्रवृत्ति काम नहीं आएगी, न ही दोनों देशों का अस्त्र-प्राप्ति की होड़ में उलझना समस्या का कोई समाधान निकालेगा। पाकिस्तान की जिद पर ध्यान दिए बगैर हमें विश्वास बढ़ाने के उपायों को अपना कर, नाभिकीय क्षेत्र को शामिल करते हुए, तनाव को कम करने पर जोर देना चाहिए। हमें पाकिस्तान के ऊपर विश्वास बढ़ाने के उपायों (सी. बी.एम.) की राह अपनाने के लिए क्षेत्रीय, साथ ही साथ, अन्तर्राष्ट्रीय दबाव भी डालना चाहिए, जिससे मतभेद की सम्भावनाएं दूर हों और क्षेत्रीय सुरक्षा वातावरण स्थिर हो। हमें परस्पर विश्वास बढ़ाने के उपाय, क्षेत्र के देशों के बीच विवादों के निपटारे के लिए सैन्य बलों का इस्तेमाल नहीं करने के प्रति वचनबद्धता और किसी भी व्यापक संहार के हथियारों का 'पहले इस्तेमाल नहीं' करने के सिद्धान्त से जुड़े बहुपक्षीय समझौते की सम्भावनाएं तलाशनी चाहिए, जिससे दक्षेस के अन्तर्गत दक्षिण एशियाई देशों में शांति और स्थिरता स्थापित हो सके।

यह कहने के साथ, मेरे विचार से, समय आ गया है कि दक्षेस क्षेत्र के देशों को प्रभावित कर रहे राजनीतिक मामलों पर बहस के लिए एक मंच का रूप अख्तियार करने से परहेज नहीं, करे। मुझे कोई कारण नजर नहीं आती कि राष्ट्राध्यक्षों और क्षेत्र की सरकार के बीच राजनीतिक मुद्दों पर विचारों का आदान-प्रदान क्यों नहीं होता है या फिर वे मिल कर क्यों नहीं समस्याओं का व्यावहारिक और स्थायी समाधान निकालते हैं। ऐसे मुद्दों पर यह दक्षेस के किसी भी अनिवार्य क्षेत्राधिकार को या दक्षिण एशिया में राष्ट्रों की संप्रभुता में किसी हस्तक्षेप को आरोपित नहीं करेगा। जिस समझौते के लिए अभी सुझाव दिया गया, उसे परस्पर सुरक्षा और आदान-प्रदान के समझौतापूर्ण मानकों के आधार पर सशस्त्र बलों के आकार साथ ही साथ रक्षा व्यय को कम करने की इच्छा का संकेत देना चाहिए। शुरूआत में ऐसे प्रयासों का विरोध होगा यहां तक कि सीधे-सीधे खारिज भी कर दिया जाएगा, पर ऐसे राजनीतिक प्रयासों को, जिन्हें बढ़ते हुए आर्थिक सहयोग का सहारा मिला हो, स्थायी क्षेत्रीय समीकरणों के लिए व्यावहारिक और टिकाऊ ढांचे को निर्माण करना चाहिए।

क्षेत्रीय सहयोग की सरंचना के लिए क्षेत्र-पार आयाम मौजूद है। अगर प्रयास सफल होता है, यह अन्य क्षेत्रीय गुटों को संबंधित क्षेत्र से राजनीतिक और आर्थिक प्रतिफलों की सम्भावनाओं की ओर खींच कर ले जाएगा। यूरोपीय समुदाय और आसीयान के बीच आपसी संवाद, और जिस तरह से उन्होंने अन्य उभरते हुए क्षेत्रीय गुटों का ध्यान खींचा है: इस बात को प्रभावित करते हैं।

दक्षिण एशियाई क्षेत्र की प्रतिस्पर्धी श्रम शक्ति, कच्चे माल की उपलब्धता, प्राकृतिक संसाधन, प्रशिक्षित मानव संसाधन और बड़ा बाजार विश्व के अन्य देशों को इस क्षेत्र की ओर आकर्षित कर सकेगा। इसे हासिल करने क्षेत्र के अन्दर समन्वित आर्थिक प्रदर्शन के लिए एक प्रामाणिक क्षमता और एक राजनीतिक स्थिरता का माहौल पूर्वापेक्षित आवश्यकता है। लोकतांत्रिक राजनीतिक व्यवस्थाओं का अभ्युदय, भूमंडलीय रूझानों के अनुरूप राष्ट्रीय अर्थव्यवस्थाओं की पुनर्संरचना और दक्षिण एशिया के लोगों का परस्पर वैर-भाव और मतभेदों से परे जाने की साझा प्रवृति दक्षिण एशिया के देशों द्वारा ऊपर लिखे लक्ष्य की पूर्ति के लिए समन्वित प्रयास का आवश्यक आधार मुहैया करते हैं। ई. ई. सी. ए. पी. ई. सी और *आसियान* या *नाफ्टा* के साथ संवाद के सकारात्मक परिणामों पर जोर डालने की जरूरत नहीं है।

इस क्षेत्र के अन्य देशों की तुलना में भारत को एक ज्यादा जटिल और मुश्किल भूमिका निभानी है। अपने सारभूत राजनीतिक, सुरक्षा और आर्थिक हितों के दृढ़ रहने और उनकी रक्षा करते समय उसे अपने पड़ोसियों को पुनः आश्वस्त करना है। भारत की स्थिति मुश्किल से भरी है, क्योंकि उसके पड़ोसी उसकी नेकनीयती को इस मूल कसौटी पर आंकते हैं कि क्या वह उनके साथ अपने रिश्तों को प्रभावित करने वाली समस्याओं का समाधान करने के लिए उनके मशविरे को पूरे तौर पर स्वीकार करता है। भावनाओं का संयोजन और प्राप्त की हुई प्रवृत्तियां और वास्तविक राजनीति की बाध्यताएं मिल कर एक हलचल भरे माहौल की रचना करते हैं, जिसमें सारे राष्ट्र अपने ज्यादा बुनियादी आकांक्षाओं की पूर्ति के लिए विवेकपूर्ण सांस्थानिक प्रणालियों की रूप-रेखा तैयार करने की तलाश में हैं। क्षेत्र का सबसे बड़ा संघटित राज्य होने की वजह से भारत को स्थायी क्षेत्रीय समीकरणों के लिए आगे बढ़ने में नेतृत्व का जिम्मा उठाना होगा।

'बड़े भाई' की प्रवृति को किनारे कर अपने पड़ोसियों के सरोकारों के विवेकपूर्ण समायोजन के लिए एक अच्छा, वैसी नीतियों को अपनाना, जो उनके स्थायित्व, सुरक्षा अहसास और विकास को आगे बढ़ाए-भारत को इन्हीं मानकों का अनुसरण करना है। इसी प्रवृत्ति का पालन करना चाहिए, चाहे इसका प्रतिदान मिले या न मिले।